编 委 会

全国职业院校实习管理50强案例集萃

QUANGUO ZHIYE YUANXIAO SHIXI GUANLI 50 QIANG ANLI JICUI

王扬南 ◎ 主　编

白汉刚 ◎ 副主编

首都经济贸易大学出版社

Capital University of Economics and Business Press

·北　京·

图书在版编目(CIP)数据

全国职业院校实习管理 50 强案例集萃/王扬南主编.
-- 北京:首都经济贸易大学出版社,2021.4
ISBN 978-7-5638-2932-3

Ⅰ.①全⋯ Ⅱ.①王⋯ Ⅲ.①高等职业教育—教育
实习—教学管理—案例 Ⅳ.①G718.5

中国版本图书馆 CIP 数据核字(2019)第 058972 号

全国职业院校实习管理 50 强案例集萃
王扬南 主编 白汉刚 副主编

责任编辑	曲 洪
封面设计	砚祥志远·激光照排 TEL:010-65976003
出版发行	首都经济贸易大学出版社
地 址	北京市朝阳区红庙(邮编 100026)
电 话	(010)65976483 65065761 65071505(传真)
网 址	http://www.sjmcb.com
E-mail	publish@cueb.edu.cn
经 销	全国新华书店
照 排	北京砚祥志远激光照排技术有限公司
印 刷	北京玺诚印务有限公司
成品尺寸	185 毫米×260 毫米 1/16
字 数	396 千字
印 张	22.5
版 次	2021 年 4 月第 1 版 2021 年 4 月第 1 次印刷
书 号	ISBN 978-7-5638-2932-3
定 价	98.00 元

前　言

为深入贯彻落实《职业院校管理水平提升行动计划（2015—2018）》精神，推动职业院校以强化教育教学管理为重点，不断提高管理工作规范化、科学化、精细化水平，加快实现职业院校治理能力现代化，教育部职业教育与成人教育司委托教育部职业技术教育中心研究所（下文简称"教育部职教所"）开展全国职业院校管理500强案例遴选工作。为突出职业教育特点，关注发展重点，教育部职教所首次遴选实习管理案例，以案例遴选为抓手，组织熟悉职业院校实习管理工作的教育行政部门、研究机构、行业企业和职业院校专家共同研究起草评审方案，制定遴选标准。通过学校申报、省级推荐、专家评审、答辩评审等环节，遴选出实习管理50强案例，推选出一批典型案例，在职教战线产生了良好反应。

本案例集汇总了实习管理50强学校优秀案例。各学校根据自身办学特色和专业方向，结合图表和数据分析，全面详细地介绍了实习管理的典型做法、具体措施及成效，案例各具特色，内容丰富，具有十分重要的借鉴和参考价值。例如，北京电子科技职业学院在校企深度合作的基础上，形成"订单培养+顶岗实习"一体化、"顶岗实习+就业"一体化、"校企联合体+双导师"一体化的顶岗实习模式，实现了零事故、零投诉、零辞退的实习管理目标；贵州电子信息职业技术学院利用学校信息技术背景优势，对接实习企业管理平台，建成"大数据+实习管理"系统，融入诊改功能，实时收集学生实习过程数据，自动评判实习成效，对学生实习进行精准指导与管理；武汉市第一商业学校探索形成"三层对接"的实习管理机制，即学校决策层对接企业高管层、教学职能部门层对接企业人力资源部层、各专业部层对接企业店组长层，在此管理机制下，构建了"4343"实习管理体系，实现了从规划、组织、实施到保障的实习全过程管理。

由于案例收集过程中存在的局限性和不确定因素，本案例集肯定存在不足之处，敬请读者朋友们批评指正。

编　者

2019 年 5 月

.

目　录

以强化实习管理为抓手　书写校企协同育人新篇章

安徽商贸职业技术学院

【摘要】安徽商贸职业技术学院在实习管理的顶层设计上将实习管理纳入学校发展规划，形成"目标链"，落实实习管理目标；将实习管理纳入"人才培养方案"，形成"标准链"，实施"阶段、综合、顶岗"三层递进实践教学体系；将实习管理纳入校、系部、专业考核体系，形成"绩效链"，保障实习效果。学校通过完善组织机构、实习方案、多元评价、激励措施等有效落实了实习过程管控，在制度、标准、基地建设等方面强化实习保障，按照"教育、制度、督查"六字方针把牢实习安全底线，构建三级实习管理机制，开发了顶岗实习管理软件和手机客户端，保障实习实训管理全程信息化运行。

安徽商贸职业技术学院作为国家优秀骨干高职院校、安徽省高校综合改革首批试点院校、首批地方技能型高水平大学立项建设单位，软件、硬件办学条件优良，建有设备先进、配套齐全的校内实训基地 96 个、校外实习就业基地 162 个。

学校年均近 4 000 人的顶岗实习锤炼了学生技术技能，有效提升了人才培养质量，成就了学校"学生职业技能突出"的特色。学生先后获得创新专利成果 32 项，全国职业院校技能大赛一等奖 15 项、省赛一等奖 95 项。毕业生初次就业率稳居 95% 以上，毕业一年后月收入平均达到 4 355 元，毕业生职业发展后劲十足，多人在三年内走上领导岗位。教师相关研究论文 50 多篇，获批国家级、省级基地 15 项，获得多项国家级、省级教学成果奖。

一、管理创新背景

（一）校企合作体制机制创新

1. "三层次双元"校企合作新机制

学校坚持需求导向，利益共赢，构建学校与行业、专业与企业、学校指导教师与企业指导教师的"三层次双元"校企合作长效机制，运行良好（见图 1）。

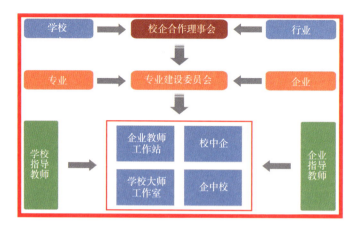

图 1　学校"三层次双元"校企合作长效机制

2. 建立校企合作理事会

2012 年，学校成立由政府主管部门、行业协会、企事业单位共同参与的校企合作理事会，经过 6 年的发展，已成为学校促进校企合作的重要抓手和主渠道。

3. 牵头成立"商科联盟"

在安徽省教育厅的指导下，学校联合省内商科高职院校与知名企业于 2011 年成立"商科联盟"，以"6 个合作"（合作办学、合作育人、合作就业、合作发展、合作建设、合作研究）为主要任务，实现校企合作、抱团发展。

4. 引企入校，打造"校中企"式实习基地

学校以"校中企"为抓手，全面展开实习实训条件建设，为实习工作提供了便利条件。学校先后引入上海晓庄公司、北京大账房公司等六家企业进驻，建成了六个具有真实工作环境，集人才培养、企业培训和技术服务为一体的"校中企"。

（二）实践教学体系创新

1. 修订人才培养方案，完善实践教学体系

学校依托专业（群）建设委员会，充分听取校内外专家，特别是行业、企业专家意见，优化实践教学体系，将阶段实训对接典型工作任务，综合实训对应复杂工作过程，顶岗实习对应真实工作环境，形成"点、线、面"有机组合的"阶段、综合、顶岗"实践教学体系。其中，阶段实训时间安排每学期 1~2 周，依托专业核心课程教学目标，落实落细落小知识点、技能点的教学要求；综合实训每届学生时间安排 2~4 周，依托专业培养目标，进行系统化实操训练；顶岗实习时间安排 6 个月，让学生以准职业人身份进入企业实习，锻炼和培养综合职业能力。

2. 构建三级实习管理机制，保障实习实训运行

学校构建了三级实习管理机制，即学校层面由教务处和校企合作处对全校实习工作进行协调管理；系部层面与企业直接对接成立实习管理小组，负责全系的实习对接、管理工作；专业教研室层面则组织骨干教师、企业专家担任学生实习指导老师。自主开发了顶岗实习管理软件和手机客户端，实现实习管理全程信息化，有效串联三级实习管理机制（见图2）。

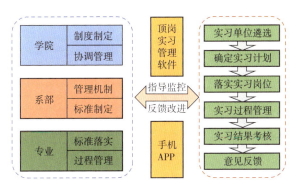

图2　三级实习管理机制

（三）协同育人模式创新

借助校企合作理事会平台，"政校行企"协力，深化产教融合、校企合作，催生了一批可复制的协同育人成果。

典型1：教育部"现代学徒制"试点——"松鼠新商业学院"

电子商务专业与三只松鼠公司共建"现代学徒制""松鼠新商业学院"模式，实行"招生招工"一体化试点，共招生120名。自2012年校企合作以来，共有2 500余人次参与三只松鼠公司顶岗实习，首届"松鼠班"26位学生顺利拿到"三只松鼠"结业证书；校企共同申报教科研项目，先后获得省级质量工程项目7项、安徽省大学生创客实验室建设计划4项、教育部"现代学徒制"项目1项；电子商务骨干教师段文忠等在全国职业院校信息化教学大赛教学设计赛项目中获得全国第一名。该项目由于领导重视、基础良好、制度完善、推进有序、保障有力，获得了安徽省教育厅"现代学徒制"试点工作调研专家组的好评。

典型2：真账真做——"互联网+"会计工厂

会计专业与北京大账房公司共同创建的"大账房会计班"，实现了"互联网+"与传统会计的有机结合，利用大账房业务平台进行远程在线账务处理，突破时空限制，进行真账真做，开启会计专业学生"半工半读"式校企合作新模式。目前，大账房会计班实现订单培养学生近150名，完成校企合作开发课程5门，成功获批国家级"十二五"规划教材4本，实现全国职业院校技能大赛（高职组）会计技能赛项"四连冠"。

典型3：真实法庭——校院协同共育法律人才

法律专业与芜湖市司法机关共同成立校内真实法庭和校外法律实习基地16家，为法律专业学生顶岗实习提供了有力保障。近年来，芜湖市地方法院先后录用校法律专业毕业生共计63人；先后有50多人通过司法考试，从事司法相关工作。

二、典型做法与具体措施

（一）顶层设计凸显实习管理地位

1. 纳入学校发展规划

将校外实习基地管理、校企协同育人等纳入学校、系部和专业三级发展规划，统筹建设目标和建设举措，形成"目标链"，落实实习管理目标。

2. 纳入人才培养方案

紧密对接企业需求，引入行业标准，与企业专家联合制定实习标准，修订人才培养方案，明确实习目标、实习要求、实习条件、实习内容、实习成果和考核标准，形成"标准链"，实施"阶段、综合、顶岗"三层递进实践教学体系。

3. 纳入考核指标体系

在学校考核、部门考核、系部考核和专业考核中，将实习管理作为重要的考核内容，形成"绩效链"，提高实习管理质量，保障实习效果。

（二）过程管控成就实习管理机制

1. 完善组织机构

学校成立实验实训中心（校企合作处），配备优秀管理人员，全面管理全校的实习实训工作。

2. 发挥实习方案引领作用

依据人才培养方案和实习标准，校企双方共同拟订实习方案，录入学校"顶岗实习管理系统"，方便学生和指导老师使用电脑或手机查看，引领实习开展。

3. 重视过程管控

学校服务与管理并重，做好联系、开拓校外实习基地、购买学生实习保险等服务工作，利用"顶岗实习管理系统"，对各专业实习进行监督管控；系部与企业共同组织开展实习，巡查、监督指导老师的日常指导活动，处理实习过程中的突发事件；加强实习指导，企业导师负责学生现场业务指导，校内指导老师采取实地探访、信息化手段、电话联络等方式进行实习指导，并保持与实习单位的紧密联系。

4. 实施多元评价

学生实习成果评价采用"校企结合、企业为主、综合评定"的方式，学校过程考核占20%，企业过程考核占50%，现场终结考核占30%。

5. 完善激励措施

将教师指导实习实训作为职称评审的必要条件；学校对实习指导工作发放每班每周20课时的实习指导津贴；评选"优秀实习指导教师"；校企联合为参加实习的学生颁发"实习经历证书"，奖励优秀实习生。

（三）实习保障支撑实现实习教学目标

1. 制度保障

政府重视，省、市出台相关制度，提升了学生参加实习和实习企业提供实习岗位的积极性；学校落实教育部《职业学校学生实习管理规定》，先后出台了《校外实习基地管理办法》《学生企业综合实训管理规定》等 9 项制度。

2. 标准保障

学校各专业以国家公布的顶岗实习标准为基础，结合各专业实际，修订了各专业顶岗实习标准。

3. 基地保障

按照学校考察、专题论证、签订协议、安排项目、定期巡查、评价考核、动态调整的方式，强化了实习基地的动态管理，遴选出"专业对口、企业规模大、行业知名度高、管理规范"的实习单位。

4. 安全保障

按照"教育、制度、督查"六字方针把牢实习安全底线。一是加强安全教育。实习前，校企双方指导老师和辅导员对实习生开展入职安全教育；实习过程中，指导老师借助信息化手段及时与学生沟通，做好安全防范工作。二是健全安全管理制度。实行指导教师负责制，落实管理制度，为学生实习安全提供保障。三是购买实习保险，做好督查工作，强化沟通。校系两级领导经常深入企业巡查，听取学生意见反馈，保障学生实习期间的人身安全和健康。

三、工作成效与反响

（一）工作成效

1. 促进了产教融合

学校与企业合作体制机制创新有效地促进了学校的产教融合、校企合作，同时也获得了广泛认可。在 2014 年国家骨干高职院校建设项目验收时，构建的"三层次双元"校企合作长效机制等得到教育部专家组肯定；"搭建'商科联盟'平台，提升专业服务产业发展能力的探索与实践"获得国家教学成果二等奖；"深化'引企入教'改革，加强信息化资源建设，构建财经商贸类专业课赛融合教学模式"获得省级教学成果特等奖；"财经类高等职业院校产教深度融合研究"获批 2016 年省级重大教研项目，经过两年多的研究与探索，特别是随着学院地方技能型高水平大学建设项目和"创新发展行动计划"的如期推进，本项目完成了"建设任务书"规划的研究任务，取得了一批科学性、实用性成果。

2. 促进提升了学生就业质量和水平

学校很好地完成了年均近 4 000 人的顶岗实习工作，使学生得以真正锤炼技术技能，有效提升了人才培养质量，成就了学校"学生职业技能突出"的特色。

麦可思调研数据显示，近年来，学校毕业生初次就业率稳居 95% 以上，2017 届毕业生初次就业率 98.3%。2016 届毕业生毕业一年后月收入平均达到 4 355 元。

涌现了一批学生创新专利成果，以电信系郑志峰等为代表的学生先后获得实用新型、外观设计专利等 32 项。近 5 年来，在实习学生直接参与的为社会机构、企事业单位等提供市场调查、管理咨询、技术服务等社会服务项目近 30 项，项目经费达 600 余万元。

各专业均有一定数量的毕业生通过实习走上实习单位的重要岗位，成为企业主要管理者和骨干力量。如在三只松鼠公司实习的电子商务专业学生，在重要岗位就业 11 人；在合作企业实习的酒店管理专业学生，就业后走上领导岗位 14 人；在法院实习的法律事务专业学生在原实习单位就业 60 余人等。

3. 促进了职业技能大赛

学生在各级各类技能竞赛中表现优异，先后获得全国职业院校技能大赛一等奖 15 项、省赛一等奖 95 项，其中 2017 年全国职业院校技能大赛总得奖数、一等奖得奖数均位列全国第 10 位，均为安徽省第一；2018 年全国职业院校技能大赛总得奖数位列全国第 14 位，安徽省第一位。

4. 促进了理论研究

学校教师积极进行实习管理工作理论与实践研究，研究成果在省内外产生了一定的影响，形成良好的示范带动作用。如发表与"实践教学"相关的论文共计 34 篇；近三年在省级校企合作典型案例征集和主题征文中获奖 19 项；完成"顶岗实习管理系统"软件开发，获著作权 1 项；先后获批立项建设国家级物流实训中心 1 项，省级实验实训中心、校企合作实践教育基地等 15 项。

（二）社会反响

电子商务专业骆中情同学，2012 年在安徽三只松鼠电子商务有限公司（现三只松鼠股份有限公司）实习后，因表现优秀被企业留用，从客服专员做起，现任客服部高级经理，当选安徽省第十三届人大代表。

酒店管理专业林露露同学，2014 年在杭州开元名都大酒店餐饮部实习期间，因表现优异被遴选参与了 G20 杭州峰会接待工作，还先后参加了国家五星复评接待活动、博鳌亚洲论坛等一系列接待工作，被酒店评为"优秀实习生"，并在 2015 年毕业后被评为酒店"高级宴会师"。

图 3　法律事务专业 2016 届学生胡紫薇荣登
《人民法院报》头版（图中女生）

学院在芜湖市两级法院、检察院、公证处、律师事务所建立学生实习实训基地，2016 年，校内挂牌新建"芜湖市弋江区法院第十法庭"，在校内公开审理了多起案件，人才培养模式荣获 2016 年芜湖司法机关十大经典案例。法律事务专业 2016 届学生胡紫薇（见图 3）荣登

《人民法院报》头版。

营销与策划 134 班学生朱健在 2015 年 1~6 月的实习中，获得盖洛普全球访问员月度绩效第 8 名的好成绩，受到美国总部的嘉奖（见图 4）。

TOP 25 OUTBOUND GLOBAL INTERVIEWERS

JUNE 2015

			LEADER	UNITS	LEVEL
1	RACHEL GLANTZ	EDGEWOOD	JENNY HIGGINS	232.79	116.60%
2	ALISHA HARMON	WD	LAURA MORENO	228.98	116.10%
3	SHARI RYAN	FALLBROOK	KEN ROSA	228.61	114.40%
4	RYAN MCCOY	WD	LAURA MORENO	225.03	108.90%
5	BOB REEKS	WD	LAURA MORENO	223.57	109.70%
6	LAURA BISHOP	EDGEWOOD	JENNY HIGGINS	220.94	106.90%
7	CATHERINE STUELPNAGEL	FALLBROOK	KEN ROSA	215.83	106.20%
8	JIAN ZHU	KAI KAI	WEINI CHEN	214.69	134.90%
9	JEOVANY ZELAYA	WD	JOHN CLEVELAND	212.74	103.40%
10	BUFFFIE DENNING	WD	LAURA MORENO	211.6	111.40%
11	SAM JELLISON	WD	LAURA MORENO	210.5	110.70%
12	BRENDA MEREDITH	FALLBROOK	KEN ROSA	209.78	104.70%
13	DUSTIN SCHLAKE	FALLBROOK	ELI BARNES	209.32	106.90%
14	NICK SHURILA	BELLEVUE	KEVIN SLATER	204.81	105.80%
15	CRAIG JOHNSON	EDGEWOOD	JENNY HIGGINS	204.56	102.20%
16	RATTANA JAMSAI	BANGKOK	KRIS NIYOMTES	204.51	103.10%
17	ELISHA O'BRIEN	WD	LAURA MORENO	201.9	106.00%
18	CHARLIE HENNINGS	BELLEVUE	KEVIN SLATER	201.11	105.90%
19	ANITA HAVLENA	EDGEWOOD	JENNY HIGGINS	199.45	99.00%
20	DIANE BROOKSTEIN	WD	LAURA MORENO	198.12	93.80%
21	KANIT PONGKEAW	BANGKOK	KRIS NIYOMTES	198.35	107.20%
22	ROCIO AVILA	FALLBROOK	ELI BARNES	197.94	106.30%
23	WASANA THAMSOM	BANGKOK	KRIS NIYOMTES	197.83	100.06%
24	SHAUNA BENJAMIN	WD	JOHN BOYCE	197.65	144.30%
25	VIOLA VINSON	EDGEWOOD	TED ALGAIER	197.63	99.7%

陈纬霓
电话访问中心经理 021-61932627
盖洛普咨询有限公司

WEINI CHEN
Call Center Manager
862 16193 2627
Suite K, 15/F, Kai Kai Plaza
888 Wan Hang Du Road
Shanghai, 200042 China GALLUP

陈伟霓 7/10/2015

Achiever | Arranger | Maximizer | Learner | Responsibility

图 4 盖洛普全球访问员月度绩效排行榜

四、未来发展

党的十九大描绘了新时代的宏伟蓝图，提出了"完善职业教育和培训体系、深化产教融合、校企合作"的要求，国务院办公厅印发了《关于深化产教融合的若干意见》、教育部等六部委印发了《职业学校校企合作促进办法》，从国家层面对深化产教融合做出制度安排。学校将以党的十九大精神和习近平新时代中国特色社会主义思想为指导，全面落实国务院办公厅《关于深化产教融合的若干意见》，对接安徽战略新兴产业与现代服务业，构建学校专业建设新格局，在学校与企业之间寻找或创造更多的利益平衡点和连接点，在人才培养、科技研发、技术培训、社会服务等方面实现与企业的精准对接，探索产教融合、校企协同育人机制，助推人才培养供给侧结构性改革，不断提升人才供给能力和供给质量，为建设"五大发展美好安徽"做出更大贡献。

校企深度合作的多形态一体化
实习管理模式的创新与实践

北京电子科技职业学院

【摘要】北京电子科技职业学院依据教育部实习管理文件，校企合作制订和实施实习方案，加强顶层设计，完善实习管理体系，充分利用信息化手段科学实施实习过程管理；实现双主体的实习评价，建立安全联动互动机制，建立了专门的实践教学管理机构，制定了一系列实习管理制度和教学文件，形成了"订单培养+顶岗实习"一体化，"顶岗实习+就业"一体化，"校企联合体+双导师"一体化，"多学期、分段式"教学管理四种顶岗实习模式，实现了"安全零事故、学生零投诉、企业零辞退"的实习管理目标。学生实习实训工作取得了一定成效和经验。

北京电子科技职业学院认真落实教育部《职业学校学生实习管理规定》《职业学校专业（类）顶岗实习标准》和北京市教育委员会的相关规定，系统加强学校实习实训管理工作，将实习单位的遴选纳入学校人才培养"三化"战略之"校企合作品牌化"的框架中，按照品牌原则遴选学生实习单位。

一、实践背景

学校坚持"人才培养高端化、校企合作品牌化、教育标准国际化"的"三化"战略，形成了独具特色的"产学协同"培养高素质技术技能人才的新模式、新方法，全面提升了人才培养质量和服务区域经济社会发展的能力。学校多年来坚持聚焦首都"四个中心"建设和高精尖产业结构调整，开设机电类、汽车类、电信类、生物类、经管类、艺术类六大类44个专业。

学校与多家现代化知名企业合作，订单定向培养学生比例超过高职在校生总数的44%。学校聘请行业企业大师和技术骨干担任兼职教师，为企业订单培养学生，为企业培训员工，开展技术服务，企业在学校投入设备和研发服务经费，接收学生实习和就业。

二、做法与措施

（一）加强实践教学管理顶层设计

1. 构建四级能力递进的实践教学体系

学校以创新实践能力培养为主线，创建了基本技能、综合技能、生产技能和创新实践能力四级递进的实践教学体系，把工程意识和精湛技能的养成贯穿全程，系统培养学生综合运用知识、理论和技术，分析和解决生产实际问题的工程实践能力和创新能力（见图 1）。

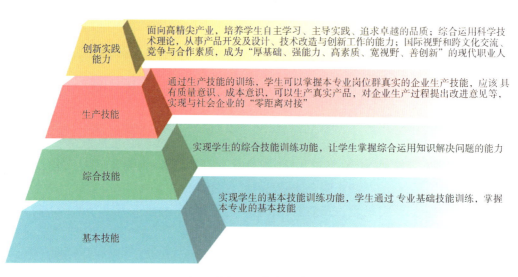

图 1　学校四级实践教学体系

2. 校企深度融合，分类建设实训基地

实训基地分为：专业教室、综合实训室、生产性实训基地和创新实践教学基地（见图 2）。实训基地建设的重心转向生产性实训基地和创新实践教学基地以及提高校外实训基地的质量。按照"贴近生产、贴近技术、贴近工艺"的建设特点，建设集"教学、生产、培训、研发"多功能一体化的实训基地。学校与北京奔驰、西门子有限公司等国内外知名企业合作，引进企业设备、技术和人才资源共建共享"校中厂"和"厂中校"实训基地。学校现有实训基地 20 个，其中生产性实训基地 10 个，创新实践教学基地 5 个，国家级实训基地 6 个，北京市级实训基地 2 个，实训基地建筑面积 37 945 平方米，设备总值 4.61 亿元，设备总数 18 540 台套，校外实习基地 210 个。

3. 系统实施三级实习

学校在人才培养方案的设计中设置认识实习、跟岗实习和顶岗实习三类不同的实习，并根据专业特点开展实习工作（见图 3）。

一年级主要开展认识实习，组织学生到企业进行参观、观摩和体验活动，形成对企业和相关岗位的初步认识。

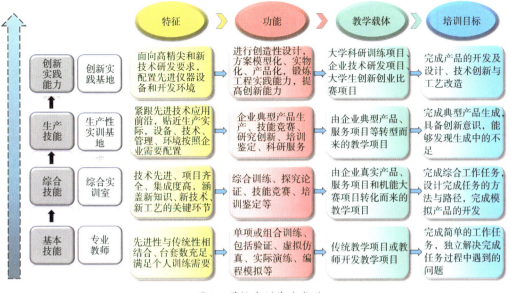

图 2　学校实训基地类型

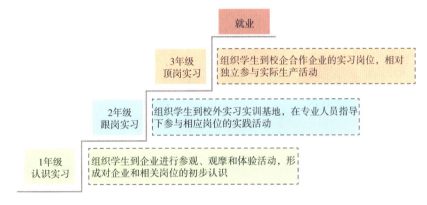

图 3　学校三级实习体系

二年级主要开展跟岗实习，组织学生到校外实训基地，在专业人员指导下参与相应岗位的实践活动。

三年级开展顶岗实习，组织学生到校企合作企业的实习岗位，相对独立参与实际生产活动。

（二）加强实习管理制度建设

1. 制定实习制度

加强实习制度建设，确保实习教学高效有序开展。学校制定了《顶岗实习管理办法》，规定顶岗实习的性质是"必修"课程，16学分。学生顶岗实习考核不合格，不准予毕业。规范顶岗实习协议内容，保证了学校、企业、学生三方的合法权益。制定《顶岗实习安全及突发事件应急预案》，确保实习教学工作中发生的安全问题得到快速处置。

2. 规范教学文件

规范教学文件，保证实习教学工作有效实施。制定了"顶岗实习报告的规范及要求""专业顶岗实习标准""顶岗实习指导书""顶岗实习任务书""顶岗实习企业考核表""学生顶岗实习登记表""学生顶岗实习申报表""顶岗实习报告"等实习教学管理文件，保障了实习工作的落实，提高了实习工作质量。

（三）校企合作制订实习方案

1. 按照品牌原则遴选顶岗实习单位

学校在人才培养中实施"人才培养高端化，校企合作品牌化，教育标准国际化"的"三化"战略，把实习单位的遴选纳入"校企合作品牌化"的框架中。建立实习单位库和实习师资库，确保顶岗实习能够高质量完成。强调专业实习对口，对顶岗实习岗位与专业不对口的实习，实施一票否决。目前，学校与北京奔驰汽车公司、招商局物流集团、北京地铁、北京航天集团、北京市邮电局、SMC、捷成世纪、西门子公司、捷豹路虎公司等企业确立了实习合作关系（见图 4）。

图 4　校企合作单位

2. 校企共同制订实习方案

学校统一规定在实习前，合作单位、学校和学生必须签订三方协议。各专业与合作企业共同制订实习实施方案，实习方案中包含安全条件、实习起始时间、确定校企双方指导教师、实习教学内容、实习岗位、实习待遇、食宿要求等。

（四）科学实施实习过程管理

1. 加强组织建设，完善实习管理体系

为了确保实习工作的顺利实施，学校成立了实习工作领导小组，由教学校长为组长，教务处、招生就业处、学生处、财务处及二级学院相关部门负责人为成员，统一协调顶岗实习管理工作。顶岗实习管理职责明确，职能部门、二级学院、教学系各司其职，确保了实习的过程管理有效。

2. 严格实施过程管理，确保实习教学效果

实施双导师制度，依照实习指导教师遴选标准，由企业和学校共同选派指导教师，

共同制订实习方案，共同开展实习教学，共同进行实习过程管理。实施实习每周小结制度，学生每周在实习管理系统提交小结，教师在实习管理系统中批改小结。实施教师定期走访制度，了解实习状态，开展实习指导。实施顶岗实习抽查制度，教务处不定期走访实习单位，了解实习状态及教师指导状态，发现问题及时解决。

3. 充分利用信息化手段，解决实习管理难题

实习管理工作特别是顶岗实习存在着学生分散、距离较远、无法实时监控、师生无法有效沟通和交流、管理难度大等问题。2008 年，学校开发和投入使用了顶岗实习管理系统（见图 5），教师和学生随时可以在管理系统中相互交流，教师随时指导学生，答疑解惑。

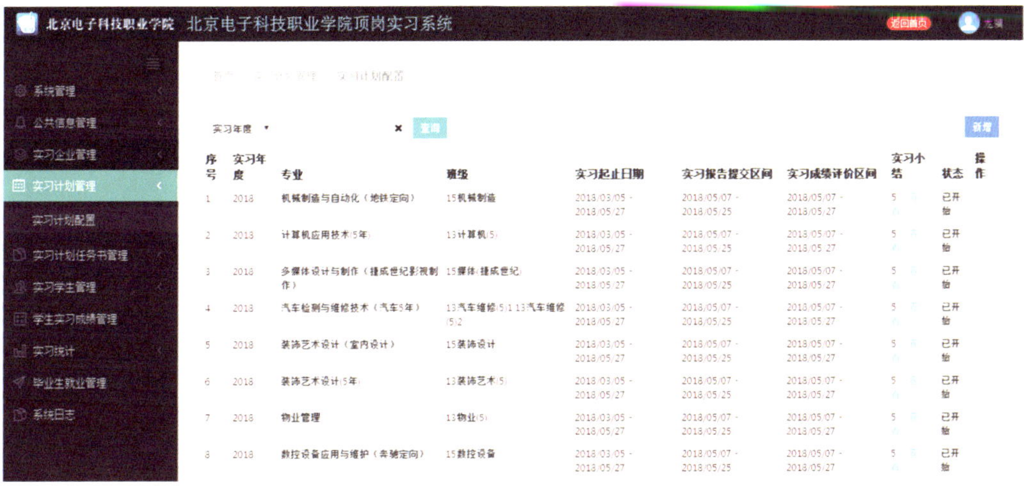

图 5　学校顶岗实习管理系统

4. 实施双主体评价，完善校企协同育人机制

企业和学校是实习评价的主体，共同制定评价标准和具体的评价指标，共同考核实习效果。评价指标包括职业道德、岗位技能、任务完成、团队合作等。顶岗实习在企业完成，由企业和学校双导师实施指导，评价由企业、学校教师、学生自评三方完成，各方评价权重为 5∶4∶1。

（五）实施联动互动安全管理

1. 建立安全联动互动机制

成立学校与企业联合安全小组，由二级学院院长及企业人力资源部部长任组长，由双方指定安全联络员，安全联络员定期联系通报安全情况，确保实习学生人身、财产安全。在实习小组中设立安全小组长，对实习小组实施安全监督。强化安全保障措施，按照《教育部办公厅关于实施全国职业院校学生实习责任保险统保示范项目的通知》要求，规范实习责任险缴纳，按照文件标准额度和费率，统一为全体实习学生足额缴纳实习责任保险。

2. 强化实习安全教育

在实习开始的时候，二级学院、教学系部要开展安全教育，使学生树立安全意识，掌握必要的安全知识，为实习安全打好基础。到实习单位后，第一课即安全教育，结合单位的安全须知、岗位的安全要求，教育学生掌握工作安全知识和技能，强化安全责任意识。

3. 加强实习保障

由学校统一为全体实习学生缴纳实习责任保险，2009 年，学校开始实施实习保险全覆盖，学生一旦有实习任务，学校及时为学生缴纳实习责任保险。从 2013 年开始，按照《教育部办公厅关于实施全国职业院校学生实习责任保险统保示范项目的通知》（教职成厅函〔2012〕13 号）要求，进一步规范实习责任险缴纳，按照文件标准额度和费率，足额缴纳实习责任保险。

三、特色与创新

（一）校企共建实习实训基地

学校本着"优势互补，互惠互利"的原则与企业合作共建实习实训基地，各专业与北京市支柱产业中的龙头企业均建立了校外实训基地。

以生物专业为例，学校在开发区医药园投入 700 万元设备，开发区提供 1 400 平方米场地，创建了"'校园企'合作、'产教研'同步"的校企合作模式（见图 6）。双方共建共管"生物医药技术平台"，满足人才培养和服务企业的双向要求，学校享用园区 170 多家企业的人力、技术和设备资源；与驻园企业共组教学和研发团队，共同开发课程，构建与产业升级同步的创新实践课程体系。双方共建国家生物医药国际创新园 1 个，北京市高新技术产业孵化基地 1 个，北京市级人才培养基地 1 个，开发课程 58 门。园区被北京市科委、教委联合授予"G20 北京生物医药产业跨越发展工程应用型人才培养基地"。

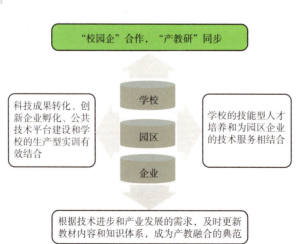

图 6　生物专业校企合作模式

（二）顶岗实习实现信息化管理

为加强对学生在实习岗位的教学过程、实习工作情况的了解，有效解决时空管理难题，从 2008 年开始，学校开发了顶岗实习管理系统，实现了实习教学的有效延伸，学生和教师可以在管理系统中实时沟通，实现自主的教与学，将线上与线下教育有机结合，克服了时空的限制，提升了实习教学的有效监控与管理。

（三）建立了多形态的实习管理模式

学校系统研究职业教育学生实习实训管理规律和特征，与企业开展深度合作，建立了"订单培养+顶岗实习""顶岗实习+就业""校企联合体+双导师"等一体化模式，实现了企业参与职业教育人才培养全过程，将课程内容与职业标准对接，教学过程与生产过程对接；深化了产教融合、校企合作，推进了工学结合、知行合一，培养了学生的社会责任感、创新精神、实践能力，全面提升了学校技术技能人才的培养能力和水平。

四、成效与反响

（一）"订单培养+顶岗实习"一体化

实施"订单培养+顶岗实习"一体化模式。学校与用人企业签订培养协议，共同开发人才培养方案，一年级和二年级在校内开展实习实训活动，适当增加企业文化等课程，到企业体验参观，建立企业忠诚度。三年级到企业实习，由企业与学校共同实施教学，以企业为主，学生成为企业准员工。在企业学习工作期间，学生进入岗位实习，完成实习教学任务，企业提供一定的报酬和劳动保障及安全保障。目前，学校与北京奔驰汽车公司、北京地铁公司、北京市邮电局、中航赛维航电科技有限公司等企业开展此类合作，由于学生是企业准员工，企业实习安排到位，实习教学效果良好。通过这种合作模式，学校累计为戴姆勒奔驰输送了 2 000 多名学生，部分学生已经成为车间主任、段长等，其中巩森经过 5 年时间已经成为北汽集团 6 位首席技师之一，梁康被评为全国"最美汽车人"。

（二）"顶岗实习+就业"一体化

实施"顶岗实习+就业"一体化模式。用人单位与学校共同确定学业优秀、素质好的学生，在最后半年到企业开展顶岗实习。学生是企业准员工，到专业对口的生产一线直接参与企业生产过程，综合运用本专业所学的知识和技能，完成企业规定的生产任务，进一步获得感性认识，掌握岗位操作技能，学习企业管理，养成正确劳动态度。实习内容由学校和企业共同制定，由企业实施，学生毕业后即进入企业就业，实现学校与企业的无缝对接。采用这种模式，为校人才培养提供了坚实支撑，毕业生就业形势良好，北京奔驰汽车公司每年接收毕业生 100~150 人，北京地铁公司每年接收毕业生 200~300 人，北京市邮电局连续 14 年在我校每年招收在编员工 100~150 人；毕业生就业单位好，工资起薪高，学校就业率稳定在 98% 以上，连续多年获得北京市先进就业单位称号。

（三）"校企联合体+双导师"一体化模式

学校牵头组建了由北京市教委批准的北京现代制造业职业教育集团，建立了"合作主体多元化、运行机制市场化、投入方式多样化"的校企合作新机制，依托职教集团，建立了 14 个各具专业特色的校企合作联合体（见图 7），建立了由 55 个企业专家组成的兼职教师流动站和覆盖不同专业的双师培训、实习实训基地，学校与行业企业在学生实习实训、企业员工培训等多方面合作集约化、常态化、制度化。还以大师工作室为纽带，由企业大师牵头组建顶岗实习教学团队，团队包括学校教师及大师团队成员；建立校企双导师工作制，形成校企共建、共管一体化实习教学管理模式，共同开展顶岗实习教学工作。在此过程中实现了教师到企业学习一线技能，企业员工接受学校教师培训，学习理论知识，实现了校企"双向培训"，从而提升了实习指导教师队伍的理论与实践教学能力。

	合作企业	创建的校企联合体名称
1	德国戴姆勒大中华区投资有限公司	·戴姆勒中国汽车学院（DCTC）
2	北京奔驰汽车有限公司	·北京奔驰汽车技术培训中心
3	法国雪铁龙公司	·中法雪铁龙培训中心
4	英国捷豹路虎公司	·卓越培训计划——北京培训中心
5	国家生物医药产业基地"亦庄生物医药园"和北京市科委托授予的G20生物医药企业	·生物医药中试技术服务平台（药品食品研究中心）G20应用型人才培养基地
6	招商局物流集团	·校外物流人才培养基地
7	西门子（中国）有限公司	·西门子中国自动技术培训中心
8	智翔集团	·嵌入式人才培养实训基地
9	北京工美集团 北京工业设计促进会等品牌企业及行业协会、20余所院校	·旅游商品产学研联盟
10	大连机床集团有限责任公司等企业	·数控设备装调维修培训中心
11	思科（中国）有限公司	·思科网络学院
12	金风科技股份有限公司	·绿色能源应用实验室
13	北京新能源汽车有限公司	·能源汽车发动机测试研究室
14	北京地铁运营有限公司	·小型电子产品研发中心

图 7 学校与企业合作建立的校企联合体

（四）"多学期、分段式"教学管理模式

为解决学校教学时间与企业生产时间之间的矛盾，学校实施"多学期、分段式"教学管理模式。根据校企合作、工学交替的教学需求，把教学过程分为多个时间段，按照企业的生产时间灵活调整实习时间，采取多学期分段制的形式安排实习。"多学期、分段式"实施柔性化管理，增强了教学组织的弹性和灵活性，将教学管理向企业延伸，加强对学生到企业实践的管理；针对不同的教学模式和教学环节制定相应的管理制度，明确管理职责，形成一套既能满足多样化教学组织形式要求又能切实保证良好运行秩序的教学运行管理模式和管理办法。

截至 2017 年年底，订单、"现代学徒制"学生占比超 40%，就业率超 98%，企业满意度超 95%，就业质量名列北京市职业院校前茅，并多次获得教育部和北京市表彰。

学生获得全国职业院校技能大赛一等奖 38 项、二等奖 53 项，全国大学生电子设计大赛一等奖 4 项、二等奖 6 项，全国大学生数学建模比赛二等奖 6 项，全国职业院校"彩虹人生——挑战杯"创新创业大赛一等奖 4 项，全国"发明杯"大赛一等奖 1 项，北京市职业院校技能大赛一等奖 126 项。获国家级专业教学资源库 3 个，精品资源共享课程 4 门，规划教材 27 部和实训基地 6 个，全国职业院校信息化大赛一等奖 10 项；获北京市高等学校教学名师 18 人，北京市级教学成果奖特等奖 1 项、一等奖 10 项、二等奖 10 项；2017 年，学校在中国高等教育学会发布的"2012—2016 年全国普通高校竞赛评估结果（高职）TOP300"统计结果中排名全国第三，学校在中国科学评价研究中心（RCCSE）和中国教育质量评价中心（ECCEQ）等联合发布的"中国高职高专院校竞争力排行榜"中 2017 年、2018 年连续两年排名全国第三。

五、未来发展

未来，学校的实习管理工作将严格按照教育部和北京市教委的相关规定和要求，不断更新实习管理理念，完善实习管理制度体系，加强实训基地建设，并在以下几个方面进行突破。

一是围绕"一带一路"国家战略，服务国内走出去企业，依托校企合作项目，适当组织学生赴国（境）外跨国企业（机构）进行实习，拓展高职学生的国际视野，提高高职学生的国际竞争力。

二是要以教育部"现代学徒制试点"工作为基础，与企业探索校企协同育人机制，建立以育人为目标的实习课程的开发、实施、评价及反馈等机制，确保双主体作用的充分发挥，使企业真正以"教育者"的身份而不是"企业者"的身份与学校协同开展实习管理工作，落实育人目标。

三是围绕学校内部质量保证体系和教学诊断实施改进方案，对实习管理工作进行质量监控，既要对实习过程进行监控，旨在对问题立见立改，又要对实习结果进行监控，使得对学生的实习评价符合实习标准的规定且反映出学生的实际水平，并根据监控总结创造新条件，采取新举措，达到新目标。

发挥"工程师学院"协同育人作用
做好学生实习管理工作

北京市昌平职业学校

【摘要】学校充分整合政、校、企、行多方资源，为学生实习实践提供平台，在协同育人、创新学生实习管理等方面形成经验，并向全国兄弟院校辐射推广。学校始终坚持以规范和安全为原则，完善顶岗实习系统管理制度，创新校企协同的管理机制，引入社会监督的评价机制，形成整套的顶岗实习管理制度、办法和流程。

北京市昌平职业学校是国家中等职业教育改革发展示范学校。现开设汽车运用与维修、航空服务、学前教育、马术、冰雪运动等 41 个专业、84 个专业技能方向，在校生 3 000 余人。学校高度重视学生实习管理工作，以教育部等五部委联合印发的《职业学校学生实习管理规定》、教育部印发的《教育部职业院校学生顶岗实习管理规定》作为规范学校实习管理工作的根本依据。

一、管理创新背景

学校将实习管理作为依法治教和学校治理能力现代化建设的重要内容，严格执行教育部关于实习管理的文件要求，以保证学生实习安全、提高学生职业素养为目的，将顶岗实习课程纳入人才培养体系中，着力提高实习管理工作的规范化、科学化和信息化。

（一）合理规划实习时间

学校将学生实习划分为三个阶段：第一，认知实习为学生一年级的第二学期，时间一至两周；第二，跟岗实习为学生三年级的第一学期，时间为四周；第三，顶岗实习为学生三年级的第二学期，时间为整个学期。

（二）健全实习管理组织

学校设立"招生与就业合作办学部"，下设"职业指导办公室"，负责整体实习管理工作，每个专业设置一名实习指导教师（见图 1），全面负责学生实习工作，每个班级设有一名实习班主任，全程跟进学生实习。同时制定《顶岗实习管理工作组织机构及职责》，实现对顶岗实习工作的规范化管理。

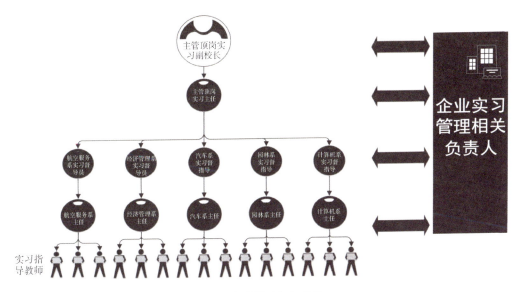

图 1 实习管理组织架构

（三）严格实施实习管理制度

第一，坚持"六严禁""十不准"，严选实习单位。学校严格执行实习准入制度，明确"专业对口、安全稳定、先大后小、校企双赢"的实习单位遴选原则，并安排专门法务人员严格审查学生顶岗实习前的校、企、生三方实习协议。

第二，制订课程化实习方案，"双导师"共同育人。学校将学生顶岗实习纳入人才培养体系，制订实习课程方案。实行学生实习管理的校企"双导师制"，即学校派出实习班主任担任学生的实习管理与生活指导导师，企业安排工作熟练的员工担任学生的技能指导和素养指导师。

第三，校企共同考核实习成果，落实课程评价制度。校企共同开发绩效可视化的综合评价体系，综合评定学生实习成果。双导师利用微信、照片、视频等途径落实日常管理，形成"日汇报、周检查、月总结"的考评机制。

（四）实习管理保障

学校实习管理制度健全，汇编形成包含 17 个管理制度及办法的《北京市昌平职业学校顶岗实习管理办法》，制定《顶岗实习学生手册》《实习指导教师工作手册》；将实习责任险费用纳入学校年度财政预算，将购买意外伤害险作为学生进入顶岗实习的必要条件，由学校、企业与学生共同协商购买，保证了学生实习的合法权益。

二、典型做法与具体措施

（一）实习管理创新

1. 构建"四步、五查、两评价"体系，实现精细化管理

"四步"即学生、企业信息审核、校企双选会、入职到岗、实习管理；"五查"即

入职前材料检查、安全教育检查、走访企业检查、联系学生检查、实习指导检查；"两评价"即校企共同对学生评价、校企共同对导师评价（见图 2）。通过"四步、五查、两评价"形成有效的检查报告和考评成绩，让学生实习过程可管、可控、可视，优化了实习过程管理。

图 2　四步、五查、两评价流程图

2. 充分利用信息化手段，实现动态化管理

学校建立实习生管理平台，将实习企业信息发布、实习管理、就业管理、毕业生追踪等功能进行整合，落实"日汇报、周联系、月见面"的管理制度，做到实习管理无死角、无遗漏，实现了实习就业线上全程、动态化管理。

3. 充分发挥家庭教育力量，实现家校化管理

学校在学生进入实习单位顶岗实习前召开家长会，向家长说明实习单位情况、实习工作内容、实习生活环境等，并与家长当面签订"学生实习家长知情同意书"，明确各方的责任、权利和义务。

4. 学生实习信息通报制度

实习班主任定期向家长报告学生实习情况；邀请部分家长到实习单位了解学生实习情况，并听取家长对实习管理改进的意见；实习班主任不定期进行家访，与家长一起帮助学生解决实习中的问题。

（二）构建"工程师学院"，校企协同育人才

学校提出"校企双主体，教产二合一"的人才培养模式，积极响应北京市教委重点建设 100 个左右"工程师学院"的要求，整合政、校、企、行多方资源，通过引进知名企业，建立校内实训基地等方式，共建成 8 个"工程师学院"，即联想工程师学院、昌职亿和影视生产制作中心、上汽大众 SCEP 北京培训基地、京东农村电商生态中心、昌平全域旅游管理学院、昌平职业教育农业文化园区、曹继桐烘焙文化艺术学院、CKU 宠物文化产业学院。

"工程师学院"以人才培养为核心，具备标准研发、产业运营和区域发展服务三大功能（见图3）。校企共同开发顶岗实习课程标准、确定课程内容、制定评价标准，实现顶岗实习的课程化；校企共同开发岗位胜任力评价工具，从任职资质、专业基础能力、职业道德、职业能力、企业实践五个维度对学生实习情况进行评价，并将其纳入综合学业评价中。

图3　校企协同育人三大功能

　　学生在顶岗实习期间直接参与到企业运营之中，能够接触到真实的企业任务和前沿技术，感受企业的文化氛围，增强了学生的岗位胜任力和职业素养，实现学生从课堂到岗位的无缝链接，实现教学链、生产链、育人链的有机融合。

　　（三）依托"工程师学院"创新实习教学模式

　　学校依托8个"工程师学院"，创新实习教学模式，形成具有学校特色、充分体现校企协同育人的5种实习教学模式。

　　1. 参与生产式实习教学

　　依托昌平职业教育农业文化园区，园林绿化专业学生参与到蝴蝶兰新品种研发和扩繁项目中，培育出的"昌平天使""昌平爵士"等9个蝴蝶兰新品种，通过了英国皇家园艺协会蝴蝶兰新品种认证。"昌平天使"在第九届中国国际园林博览会上荣获金奖，学校也成为中国首个科研成果得到世界级行业权威机构认可的中职院校。

　　食品工艺工程专业学生参与到北京市昌平区真顺村苹果酒蒸馏技术的研发和生产中，在实际生产中提升专业知识与专业技能，还带动了区域农业的转型发展。

　　2. 社会服务式实习教学

　　学校航空服务专业构建校内校外双课堂，全面服务首都"四个中心"建设。学生先后参与2008年北京夏季奥运会、国庆60周年、2014年北京APEC峰会、党的十八大、党的十九大、全国两会等大型社会活动的志愿服务，在实践中学习，在服务中成长，被誉为"京城礼仪之花"。

3. 企业项目式实习教学

昌职亿和影视生产制作中心把来自企业后期制作订单引进数字影像专业，学生承担了《老炮儿》《军师联盟》《孤芳不自赏》《繁星四月》等 16 部影视剧的素材处理、视频编辑等工作，通过真实的项目实习提升了技能，增进了对专业的了解。

电子商务专业学生参与京东农村电商生态中心孵化的区域电商项目，独立运营 22 家店铺，代理 500 余个产品，帮扶昌平区 15 个农业合作社，策划了昌平区神路樱桃庄园众筹项目，年销量增加 1 万公斤，增幅 30%，年销售额增加 18 万元，增幅 45%。不仅为农民打开新的致富门路，也使学校的创新创业教育落了地，结了果。

4. "现代学徒制"式实习教学

作为教育部首批"现代学徒制"试点学校，与京东集团开展电子商务专业的现代学徒培养，形成"3+2"教学模式，即每周三天在校系统学习专业知识，开展技能训练；两天在企业，通过师傅带徒弟的形式，进行岗位技能训练、企业文化渗透和综合职业能力培养，实现了学校培养、企业培训、企业岗位实践的有机结合。

5. 大师引领式实习教学

学校依托曹继桐烘焙文化艺术学院，以大师工作室为引领构建学生实习实践新模式，携手烘焙行业顶级大师曹继桐全面指导学生实习实践，为学生营造良好的实习环境，学生师从大师，接触烘焙行业标准，培养学生"工匠精神"，感受传统烘焙工艺。

6. 参赛式实习教学

学校与中国小动物保护协会共建"中小保—昌职爱心教育基地"，与宠爱堡数字（北京）网络科技有限公司共建"CKU 宠物文化产业学院"，为宠物养护与经营专业学生提供参与 CKU 宠物美容师资格认证考试、牵犬师资格认证考试、模型犬造型大赛等重要认证和赛事的机会，让学生与行业强者零距离接触，深入了解企业、行业标准，提高专业技能水平。

三、实习工作成效与反响

（一）管理机制有效果

学校建立实习管理工作激励的长效机制，将实习管理工作与评优评先、晋级晋职挂钩，充分利用上级教育教学引导奖，将实习管理与安全纳入该奖项的评奖范围，同时制定了顶岗实习工作积分激励机制，有效的实习管理激励机制确保了实习工作的有序开展，实现学校多年实习管理零事故，学生家长满意零投诉。

（二）学生成长显成效

学校除了加快 8 所"工程师学院"建设之外，还积极与北京航空食品有限公司、北京乐多港发展有限公司、北京京港地铁有限公司等企业深度合作，目前签订学生实习协议，开展合作育人的企业达 300 多家。

学生在企业实习实践中提升技能，培育素养。近五年，学校学生在各级职业院校技能比赛中共获国家级奖项 90 余项、省市级奖项 435 项。近三年，在全国职业院校中职组技能大赛中，汽修专业学生连续获得车身修复（钣金）赛项冠军，大赛冠军均曾获北京市中小学生银帆奖。

（三）实习促就业

学校毕业生每年保持高比例就业率，一半以上毕业生在京东、联想、北京地铁等知名企业就业。近五年，学生就业率达 99.8% 以上，在联想、京东、海南航空、北京地铁、首都机场、泰康之家等知名企业就业比例达 70%。首批上汽大众订单班 90 名学生走上工作岗位，联想班 54 名优秀毕业生正式入职，打破了知名企业招聘对学历要求的限制。学生毕业一年后的平均月薪达 4 000~5 500 元，企业用人满意度超过 95%。

（四）实习成果丰富

在实习中涌现出一批优秀实习生、毕业生。园林专业毕业生曹雪成立个人工作室，成为京城花艺婚礼策划第一人；计算机专业毕业生顾显程创办"万康互联"公司，在互联网医疗行业崭露头角；数字影像技术专业毕业生曹艳良成立个人影视工作室，担任《彭德怀元帅》等多部热剧的拍摄工作；烹饪专业毕业生边玉峰在校内开办"爱的味道"西饼屋，并将其作为校内生产实训基地；电子商务专业毕业生于小雪带头创立"小雪校园派"快递服务团队，实现创业梦想，等等。

（五）经验推广辐射

学校实习管理的经验得到兄弟院校的认可。每年有几十批职业院校领导来校交流、学习实习经验；帮助北京市昌平职业学校唐山分校依此模式建立京唐产教中心，建立学生实习标准规范；推进京津冀协同发展，与河北唐山市、巨鹿县、阜平县进行职教合作；支持中西部职教发展，接纳内蒙古、青海玉树、河南栾川库区学生到校强化技能学习，落实学生在本地企业实习就业；深入开展京银职教合作，为实习指导教师培训，提高银川职业教育师资水平，同时为银川参加技能大赛学生提供实训场所和专业指导。

四、未来发展

学生实习阶段培养是中等职业教育教学的一个重要环节，对人才培养的质量起到重要作用。党的十九大报告指出，完善职业教育和培训体系，深化产教融合、校企合作。学校将继续推进与企业的深度合作，把握行业动态，及时调整实习管理工作战略，创新实习管理工作机制，为社会培养优秀的技术技能型人才。

（一）发挥职教集团作用，将实习工作融入区域经济建设

学校牵头昌平职教集团成立"旅游休闲产业产教联盟""全国职业院校京东电商产

教联盟"等以专业为基础的产教联盟，推进职业教育服务全域旅游、电商进农村、京津冀协同发展背景下的北京产业转移。学校将充分运用职教集团内部优质资源，为学生实习实践提供广阔平台，为区域经济发展提供人才支撑。

（二）落实"七个一"工程，夯实实习基地建设

学校将进一步夯实学生实习基地建设，特别提出了"七个一"专业建设工程，其中"一专业一企业"指的是每个专业必须建设一个生产性实训基地或与一家规范企业开展深度合作。学校已建成昌职汽修厂、北郡嘉源幼儿园等 5 家生产性实习企业；通过引企入校建成京东农村电商生态中心、联想 3C 多品牌服务中心、正通亿和影视后期制作工作室等 7 家驻校企业。学校近两年开设了宠物养护与经营、飞行技术与航务管理等新专业，与华彬天星、上汽大众等多个企业共建了实训基地，为有序开展学生顶岗实习提供了对口、充足、规范的岗位资源。

深化校企合作 加强实习管理

亳州中药科技学校

【摘要】亳州中药科技学校按照专业培养目标和人才培养方案，以提高学生技能操作水平和综合职业素养为目标，拓展管理和实施思路，扎实开展学生实习工作，取得阶段性成效。

一、实施背景

《国家中长期教育改革和发展规划纲要（2010—2020年）》明确指出：建立健全政府主导、行业指导、企业参与的办学机制，制定促进校企合作办学法规，推进校企合作制度化。中药产业发展目标的实现，急需大量的技能专业人才，但传统中职中药专业人才培养中存在一定的问题，对教学培养目标的实现有着直接影响。

（一）对培养目标内涵理解有偏差

传统教学普遍存在把了解中药基本药理作为高技能，把熟悉中药药理和中药知识作为高素质的观念，所以，相当一部分毕业生不具备中药产业所必需的素质和技能。

（二）传统的教学模式不能适应现代中药人才培养目标

传统的教学模式与本科教学模式相似，即重知识传授、课堂教学，轻岗位标准技能训练，实践环节特别薄弱，这种在"听中学"操作技能的培养模式不能适应现代中药产业所需人才的要求。

（三）教学条件不足

中药专业的发展设计离开中药环境，职业情境和教学环境极不相似，教学环境缺乏真实的工作氛围，成为培养能力目标的主要瓶颈，学生的职业素质和能力的培养受到严重的制约，以能力为本位的培养目标得不到实现。

传统教学模式中的课堂"填鸭式"授课和教师简单模拟示范，已经完全不能满足学生职业能力培养的要求。针对企业行业用人标准，亳州中药科技学校（以下简称学校）与合作企业系统设计了中药专业实习改革新模式，弥补了传统实习教学模式的缺陷，同时利用合作企业资源培养高素质、高技能人才。

图1　亳州中药科技学校承办全省现代学徒制试点经验交流会

二、实习管理情况

(一) 确定企业是基础

为遴选优秀企业，保证学生顶岗实习质量，学校 2013 年制定了《顶岗实习企业遴选规定》，并严格按照规定遴选企业，每次学生实习前，学校相关负责人都会到多家同类型的企业中实地考察，经校党委会研究决定之后，最后确定实习合作企业，切实做到优中选优。目前，学校已与 55 家企业共建校外实习基地，与 100 多家企业达成合作关系。

遴选确定出合作企业之后，签订校企合作协议和学生实习协议，明确学校、企业、学生的权利和义务，以规范的形式开展实习工作。

(二) 落实规划是前提

为推动实习工作，切实加强实习管理，确保实习的质量和效果，校企双方制订切实可行的实习方案。

第一，明确顶岗实习的目的与任务。要求学生按时完成实习任务，熟悉具体部门和岗位的业务流程、工作规范、处理方法；熟练掌握相应岗位的操作技能；形成职业能力和养成职业素养。

第二，确定顶岗实习流程安排。从准备阶段、实习实施阶段到总结交流和表彰阶段，每个阶段的任务、职责都在方案中明确指出，涉及的负责人都必须按照此方案严格执行。

第三，顶岗实习的组织与管理。为加强顶岗实习的组织领导和管理，学校制定《校企合作实习管理制度》和《校企合作管理规定》，建立顶岗实习领导小组，确定顶岗实习负责人，做好顶岗实习学生学习、成绩评定与考核工作，加强学生管理工作。

第四，制定学生实习要求，包括严格遵守实习单位的考勤制度和纪律，按时完成实习过程，做好实习报告等；确定成绩考核的方式为等级制，分优秀、良好、及格和不及格四个等级，学生不合格者不予毕业。

（三）组织实施是关键

第一，实习准备。宣传《中职学生顶岗实习指导》，使学生了解各实习阶段的学习目标、任务和考核标准；联系实习企业、制定实习方案。

第二，实习期间。学校教师和企业骨干共同指导学生，使学生在顶岗实习过程中初步完成由"生手"到"熟手"、由"学生"到"员工"的角色转变；进行实习回访，向实习学生了解实习情况，发现问题及时与企业沟通。

第三，实习后期。做好实习生成绩评定及总结，组织总结交流会，提交实习总结，录入实习成绩。

（四）实习管理是保障

第一，完善管理制度。学校和实习企业共同制定《顶岗实习教学管理办法》《顶岗实习学生管理办法》《顶岗实习学生考核和奖励办法》《顶岗实习突发事件应急预案》等相关管理制度，对各管理层面的职责、责任、管理内容、手段等做出明确规定，对能够预见的各种问题提出处理预案。这一系列管理办法每年均根据执行的实际情况和新出现的问题进行补充完善。

第二，学校和实习单位共同对实习学生进行安全防护知识、岗位操作规程教育培训并考核。未经教育培训和未通过考核的学生不得参加实习。

第三，建立学生实习强制保险制度。为实习学生购买实习意外伤害险，责任保险范围覆盖实习活动的全过程，包括学生实习期间遭受意外事故及由于被保险人疏忽或过失导致的学生人身伤亡，被保险人依法应承担的责任，以及相关法律费用等。

第四，老师驻厂协同企业管理。学校驻厂教师是学生安全管理人和直接责任者。工作职能主要是加强驻厂学生的管理，及时落实学校各项工作指示、维护驻厂学生的直接利益，协调驻厂学生与厂方的关系，加强驻厂学生与家长的联系，为驻厂学生处理相关具体事务。

三、实习管理特色创新

（一）引入"现代学徒制"校企协同育人模式

学校创新运用"现代学徒制"实训和教学相结合的育人模式，在中药和中药制药专业教学上实现"教、学、做"一体化。

1. 对接企业"招生招工"一体化

学校与安徽沪谯中药科技有限公司、安徽华善堂中药饮片有限公司进行校企合作。合作企业参与学校教学计划、人才培养方案的制订，学生入学与企业招工一体化，便于学生顶岗实习时，能够更快地适应企业需求。

2. "分段式"教学多方护航

学徒第一年以校内岗位模拟实训和专业基础课理论学习为主，并多次赴企业参观体验，为第二年企业的轮岗和项目实训打下良好基础。第三年学生参加省药监系统组织的中药士考试和人社系统组织的从业资格考试，同时，学校和企业共同对学徒的理论知识和实践技能进行综合考核，合格者颁发毕业证，多方护航，就业有保障。

3. 校企轮转"双导师"协同育人

校企合作循序渐进完成第一阶段学徒培养。学校先后完成了拜师仪式、学徒制试点班的组建等工作。试点班的学徒深入企业生产车间，与导师对接、了解企业文化和岗位要求，明确在企业的学习任务，制定各自职业规划。根据学生的职业定位和企业岗位需求，合作企业分别从生产、采购、质检、仓管、质量监控五大岗位模块选出技术骨干担任企业导师，与校内导师共同对顶岗实习学生进行岗位教学和阶段性考核，促进其岗位技能水平不断提高。

4. "三步法"实习教学提升技能水平

在"现代学徒制"试点工作第二阶段，根据企业的生产实际需要，学徒在企业的实习由"导师学徒一对一教学、企业导师集中教学、学徒自学自查"三步法教学方式组成。通过试点工作改革教学模式，育人效果较为明显，学生在学校已经熟练掌握未来的岗位技能，不需要再经过培训学习就可以直接上岗，企业反响比较好。

5. 构建"问题集中"顶岗实习新模式

把学生送到合作企业进行顶岗实习，这一阶段是把所学东西运用到实践，每月必须进行一次集合例会，每位学生都要带着问题来，及时探讨工作中遇到的新情况、新问题以及该如何解决等。这样的学习方式激发了学生的学习热情，构建了便于学生掌握技能的实习教学新模式。

（二）创新三级管理模式

为更好地开展实习工作，避免顶岗实习工作流于形式，学校采用决策层、管理监督层、操作执行层三级管理模式。

第一，决策层。由校企双方负责人、部门负责人组成的校企合作顶岗实习领导小组，统筹和指导顶岗实习工作，与顶岗实习企业确定接收实习学生人数及实习内容，确保学生实习工作得到有效落实。

第二，管理监督层。由学校招生就业处、教务处、企业人力管理部门组成。招生就业处负责对顶岗实习的监控，汇总顶岗实习工作信息，定期巡查实习计划的执行情况，提出改进建议。教务处和企业部门负责审核各专业《顶岗实习教学大纲》《顶岗实习计划》等教学文件，负责顶岗实习成绩管理。

第三，操作执行层。由企业车间主任、学校顶岗实习指导教师组成"顶岗实习实施小组"，确定学生实习岗位，具体执行实习计划，领导、组织顶岗实习工作。实训专职教师、校内指导教师、企业指导教师、带队教师负责实习学生的管理等工作。顶岗实习实施小组有企业车间领导人参加，较好地保证了学生实习岗位的落实和实习项目的完成。

（三）利用网络新技术与自我监管辅助管理实习

学校采用三级管理模式和网络新技术与学生自我监管辅助相结合的管理办法，建立了全方位的顶岗实习管理网络系统，确保每一名实习学生都处于学校的有效监控之下，让每个问题都得到及时有效的解决。

针对专业特点，以班级为单位，发挥班委会作用，在学生中成立现场小组、宿管小组，配合企业通过查寝制度、宿舍管理及生产现场巡视制度，及时掌握学生动态，将日常管理落到实处。

通过QQ群、微信群在线交流，实习指导老师、企业指导老师与学生可以在群中实现视频对话和交流，解决诸如何时请假回校、参加国家级考试和专业证书的培训等问题，做到沟通无限，理解互通。顶岗实习的学生可以通过手机摄像功能，将实习过程的相关影像、视频资料等发给指导老师，方便对学生的顶岗实习成绩进行考核评价。

四、实习工作成效

（一）师资队伍建设得以强化

通过双导师教学，学校教师参与企业一线教学管理，提升其理论联系实际的能力，教师在教学过程中，结合企业需求，可以灵活调整教学方案。同时，学校导师定期轮转，对学校教师队伍梯队建设也有极大帮助，截至2018年初学校的双师型教师由原来的16人增长到现在的168人。

（二）学生技能水平得以提升

在校企双导师的共同培养下，学生各项技能水平得到较大提高。近年来，学生在全国职业院校的各大赛事中取得6金8银21铜的优异成绩；企业对学生实习期间的技能水平和职业道德高度认可，"优秀"率达到了90%以上，很多学生实习结束后能直接留在企业，成为正式员工，例如：2015年毕业的王永磊在康美医药已经成为质管部经理，季腾辉、徐梦茹成为企业的化验室主任，张文祥成为质量副总……近年来，学校毕业生年平均数近2 000人，就业率在97%以上，"双证率"（毕业证、技能证）达到98%以上。

（三）产学研能力得以增强

校企双导师共同编写《中药固体制剂工艺》《中药检验操作技术》《中药材及饮片真伪鉴别图谱》3门实用校本教材；共同研发《九蒸九制》系列产品，现已申请专利并投入生产，市场前景良好；在2018年安徽省中等职业学院教学成果奖评选中，学校的"现代学徒制"项目荣获一等奖。近年来，学校不断探索，形成了健全的实习管理制度和切实可行的实习评价体系，制度化、规范化实习管理工作；学校教师不断研究校企合作、实习管理理论，2018年，10位教师撰写的校企合作典型案例和论文在安徽省获奖。

（四）毕业生认可度提高

经过实习工作的有效开展，学生岗位工作能力和适应工作能力得到极大提升，就业稳定率和就业质量逐年提升，企业和学校实现双赢。学校"现代学徒制"试点合作企业安徽华善堂中药饮片有限公司被授予"安徽省校企合作示范基地"，学校和亳州市残疾人联合会共同创建的亳州市残疾人综合服务中心被评为国家级盲人医疗按摩、保健按摩规范化实训基地，海尔公司授予学校"产教融合示范基地"，酒店专业学生在中国纪检监察学院北戴河校区实习，多次获得参训纪检干部及院领导的好评。

五、未来发展

习近平在党的十九大报告中提出，建设教育强国，完善职业教育和培训体系，深化产教融合，校企合作，为职业教育发展指明了方向。学校坚持面向社会需求，立足亳州实际，抢抓首批国家"现代学徒制试点单位"和国家中等职业教育改革示范校建设机遇，深化改革创新，强化产教融合，校企合作，在锻造工匠人才和一流教师技能强校上积极探索，取得了显著成效。

学校专业设置思路清晰，特点鲜明，突出特色办学，开展校企共建专业，校企深度合作，为全面推广"现代学徒制"奠定坚实的基础，与华唐教育集团共建信息客服专业，建成商教一体化、120 席位的信息客服实训室两个；与京东集团合作共建电子商务专业，建成实训室一个，特色馆一个，运营中心一个，培训中心一个，使用面积2 400平方米，邀请京东有关专家到校进行指导，开展技能培训，开发校本教材，建立电子商务教学资源库，满足师生的实训教学需求；与西锐公司共建 3D 打印专业，建设3D 打印实训室一个，企业安排技术人员授课，定期维护 3D 打印设备；与四川泛美教育集团（西南航空职业技术学院）共建高铁空乘专业；学校投入中药检测设备与安徽百萃金方药业合作共建中药检测中心；与亳州市残联联合建设 6 000 平方米的康复中心作为康复技术和护理专业的学生实习实训基地；与交投集团合建经营性机械加工中心一个，生产销售宣传栏、高速公路路标牌、制药设备、环保设备等产品；与亳州市公交公司在学校内建公交车维修中心，作为汽车专业学生实训基地。

学校通过特色专业共建，校企深度合作，打造成基础设施完善、配套设施齐全、实训设备先进、师资力量雄厚、教育教学管理先进的"全国知名、全省一流"职教名校，培养高技能人才，为服务社会和区域经济发展做出贡献。

创新政校企协同管理机制　提升实习质量

福州职业技术学院

【摘要】 福州职业技术学院在实习管理中突出政府主导作用，政校企协同共建多元实习平台，构建"政校企协同、行业龙头引领、五业贯通"的实习管理机制，"系统化、规范化、信息化"的实习管理模式、"三级管理、三段运作"实习管理运行体系、"五位一体"的实习管理制度体系，不断完善全方位立体化实习体系建设，实践育人成效显著。

一、管理创新背景

职业院校学生的实习是教育教学的基本环节和核心部分，提高技术技能人才培养质量的内在要求。随着职业教育内外部发展环境的快速变化，学校实习工作遇到了许多新的问题与挑战，亟须进一步完善顶层设计，规范实习管理，创新管理模式。

福州职业技术学院全面实施"政校企合作，内涵式发展"的办学理念，构建了政府、企业、学校"三方联动"的办学模式。成立了由市长担任理事长，分管副市长担任执行理事长，28个政府相关部门以及50多家相关行业龙头企业参与的"福州职业技术学院政校企合作办学理事会"；与政府有关部门、行业、企业联合组建了4个行业、两个园区"政校企合作工作委员会"以及福建省电梯职教集团；全国首家与阿里巴巴合作成立阿里巴巴大数据学院，全国首家与微软（中国）合作成立微软创新学院，并与苹果、百度、腾讯、华为、网龙网络控股有限公司等企业共建专业培养人才。由于政校企三方利益共同体的建立和完善，逐步形成了三个层级政校企协同育人体系。学校由此相应形成政府主导的多元实习平台与管理体系，充分发挥政校企三方的资源优势和整体合力，为切实提高实习管理质量提供了关键保障。

二、典型做法与具体措施

（一）构建"政校企协同、行业龙头引领、五业贯通"的实习管理机制

学校实施政校企协同，多元主体合作办学，依托"政校企合作办学理事会"，与政府有关部门、相关行业园区龙头企业，以及福建省电梯职教集团等共建专业人才培养

实习平台。重点专业与区域产业深度融合，依托高端产业办学，与一流企业合作建设优质企业实习基地，切实提高学生实习质量。学校 131 个紧密型校外实训基地中与大中型企业合作的有 49 个。政校企协同为学生提供适合所学专业的实习岗位和就业岗位，使学校的专业建设贯通产业、行业、职业、企业和就业。

电梯工程技术专业联合福建省质量技术监督局、福建省特种设备协会、中高职院校、瑞士迅达电梯等行业骨干企业，组建福建省电梯职业教育集团。共建 3+2 实训基地，设立了校内综合实训基地、企业综合实训基地及移动实训基地三类实训基地。为适应互联网+、大数据时代的需要，集团设立了福建省电梯大数据中心和呼叫中心，提高福建省电梯数字化和社会服务水平。企业投入学校的设备价值 120 万元，技术人员 50 人次，学校投入企业的设备价值 20 万元，专业教师 80 人次。实训基地在人才培养过程中发挥了极大作用，有效解决了理论应用及学校与企业的无缝对接问题。学生考证通过率达 100%，实习生和毕业生受到集团企业成员的高度评价。《契合校企生需求共育电梯工匠福建省电梯职业教育集团人才培养机制的探索与实践》获得 2017 年福建省职业教育教学成果特等奖。

由政府部门牵线搭桥，交通技术专业群城市轨道交通专业与福州地铁合作实施"现代学徒制"，汽车制造与装配技术专业与福建东南汽车合作实施"二元制"人才培养新模式改革。政校企共建校内外实习基地，主要设备价值达 3 500 多万元，为学生提供符合技能岗位最新要求的实习环境（见图 1）。实习企业选拔优秀技术技能人员和管理骨干担任学生的导师，负责学生在企业的岗位技能操作训练。专业课程实习运用真实任务、真实案例教学的覆盖率达 90% 以上。企业导师承担学生 60% 以上实践课程教学任务。建立以学生自我评价、教师评价、导师评价、行业（企业）评价为核心的学生学业成绩考核机制。实习单位对合作培养的人才质量高度认同，90% 以上实习学生被实习单位录用就业，多名学生荣获原铁道部、南昌铁路局和福建团省委的表彰。

图 1　福州职业技术学院与东南汽车共建
新能源汽车试制车间

信息技术专业群与阿里巴巴、思科、星网锐捷等合作，校企双主体深度合作，共建二级学院，共同制定"现代学徒制"人才培养方案、共建实训基地。采用"2+0.5+0.5"的教学模式，其中，半年时间在合作企业进行"项目实训"或"轮岗实训"，后半年到合作企业进行顶岗实习。计算机网络技术专业成为全国首批"现代学徒制"试点项目，有 23 位学生获得 CCIE 证书，近三年获得全国职业技能大赛一等奖三次，二等奖两次，三等奖五次。《基于"现代学徒制"的网络专业群人才培养实践与创新》获得 2017 年福建省职业教育教学成果二等奖。

（二）构建"系统化、规范化、信息化"实习管理模式

1. 构建三段递进与标准化实习管理体系

学校构建认识实习、跟岗实习、顶岗实习三段递进，课内实训与课外实践、单项实训与综合实训、课内实训与专周实训相结合的实践教学体系（见图 2）。建立标准体系，从专业教学标准、课程标准到顶岗实习标准，从人才培养方案、实习计划、组织实施到实习考核，形成一套完善的实习管理体系。

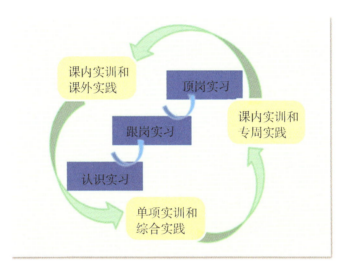

图 2　实践教学体系

2. 强化实习管理规范化

严格执行《教育部等五部门关于印发〈职业学校学生实习管理规定〉的通知》（教职成〔2016〕3 号）等相关规定，做到"无计划不实习、无协议不实习、无标准不实习、无规范不实习、无考核不实习"。为实习学生购买实习责任保险，责任保险范围覆盖实习活动全过程。贯彻落实新文件精神，开展学生实习专项检查，各项实习均规范合理。

运行管理规范化。实践性教学运行管理做到七个落实：人才培养方案落实、课程标准落实、教学计划落实、实践教师落实、实践经费落实、实践场所和考核方式落实；抓好四个环节：准备工作环节、初期安排落实环节、中期开展检查环节和结束阶段的成绩评定及工作总结环节（见图 3）。

3. 推进实习管理信息化

学校不断探索实习管理模式，针对学生分散在不同的地区、不同的企业、不同岗

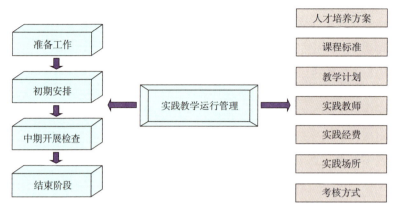

图 3 实践教学运行管理图

位的实际情况，构建信息化管理平台，有效解决传统管理模式在实时管理和指导方面存在的难题，建立了教师能全程管理学生的保障机制。学校出台《加强使用网络教学平台对独立设置实习课程实施教学与考核》的文件，大量的学生实习安排数据、实习周记、实习总结、实习评价等信息可以实现在线统计、查询，便于及时发现问题、调整管理策略。探索应用"工学云实习管理平台"开展移动实习管理，管理平台涵盖了顶岗实习管理的全部功能。通过顶岗实习信息化管理平台建设，学校规范了实习环节和过程，受到实习企业、学生和指导教师的广泛好评。

（三）构建"三级管理、三段运作"实习管理运行体系

学生实习形成"学校、二级学院、专业"三级管理体系。学生实习工作由教务处负责统筹协调，学生工作处、督导室、财务处、保卫处等配合协助。学校制定一系列关于与实践教学实施形式相配套的实践教学管理文件，将学生实习费用纳入预算，保障实践教学环节的顺利开展。各二级学院负责落实专业群实践教学的具体工作，协调处理各类实践教学实施过程中的各类情况。各专业负责组织有关专业负责人、教师和企业专家共同调研和论证，制订本专业实践教学体系、编制实践教学甘特图、制定实习计划以及实习组织与实施方案。学生实习形成"准备、实施、考核"三个具体运作阶段（见图 4）。

（四）构建"五位一体"实习管理制度体系

1. 制定"政策保障"制度，促进实习平台建设

福州市政府与有关部门相继出台《关于促进福州职业技术学院政校企合作办学的意见》《支持福州职业技术学院开展合作办学的实施意见》《政校企合作实施细则》《福州市职业院校实习补贴实施办法》等文件。出台符合国家规定的相关税收优惠政策和补贴政策，鼓励和引导相关行业企业主动承担合作办学与实习任务，开展订单培养，深度融入人才培养全过程。每年投入 400 多万元专项资金用于联合建设职教集团、实习基地，共同开发地方行业特色教材等。学校出台了《关于支持"现代学徒制"试点

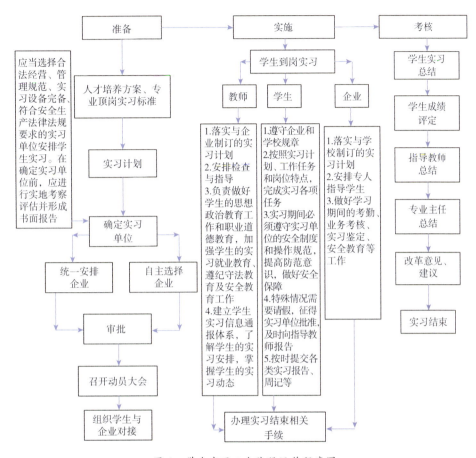

图 4 学生实习三个阶段运作程序图

工作的实施意见》《电梯职教集团建设方案》《福建省电梯职教集团章程》，明确规定了合作办学、人才培养、实习、校企人员"互兼互聘"、校内外实训基地建设、过程监控与结果评价等方面的职责权益和具体要求。

2. 制定"共建共享"制度，促进实习教学资源建设

学校制定了《校企合作校内生产性实训基地实施办法》《校企合作共享型校内实训基地管理办法》等制度文件，明确规定了校企双方在资金或设备投入、共同参与实习基地建设与管理、共同开发工学结合实践项目等方面的责任与权利，实践教学基地的建设能充分满足人才培养、实习、资格鉴定等校企双方的实际需要。

3. 制定"互兼互聘"制度，促进实习教学团队建设

学校制定了《校企人员"互兼互聘"管理办法》，明确规定了兼职人员的岗位职务、工作职责、具体任务、相应待遇以及考核奖励办法。鼓励在行业、企业有影响的专业技术人员或管理人员兼任专业带头人或教研室主任，负责指导和参与专业建设、实习基地建设、教学团队建设、学生实习以及教学过程管理和教学结果评价等工作，

促进企业专家主动融入学校人才培养过程。

4. 制定"过程共管"制度，促进实习质量持续提升

学校制定了《实习管理办法》《教学质量管理暂行规定》《学生参加生产性实训平行课程教学管理实施细则》等制度文件，要求引入行业企业专家共同制定人才培养方案，共同开发专业课程标准，共同编写校本教材和实习指导书，共同实施教学过程管理与实习质量监控。通过定期召开校企联席会议，统筹安排学生实习工作、企业兼职教师承担专业课教学及学生实习指导工作，确保合作育人工作有序开展和实习质量不断提升。

5. 制定"结果共评"制度，保证实习成效

学校制定了《督导工作管理办法》《行业企业评教评学实施办法》《毕业生就业跟踪服务管理办法》等制度文件，出台了引入企业参与实习教学结果评价以及合作育人奖励政策的具体措施，开展了毕业生质量跟踪调查与分析工作，及时了解用人单位对毕业生的评价，为学校专业建设与教育教学改革提供依据。

三、成效与反响

（一）创新合作育人机制，提高实习与人才培养质量

学校不断深化校企协同育人工作，从单纯的校企合作订单班到校企联办二级学院，从单纯聘请企业兼职教师到校企人员全面实现"互兼互聘"，从企业参与实训基地建设到校企合作共建共享"校中厂、厂中校"，从单一的学校育人到试点"招生即招工"的校企合作"现代学徒制、二元制"人才培养模式改革，再到成立职教集团，通过建设更加科学、高效的多元合作实习平台，培养了大批高素质技术技能人才。2017 届毕业生就业率达 99.96%，居全省 88 所高校第一。顶岗实习对口率 88.38%，主要合作企业订单培养人数占在校生人数的 6.11%，学生实习满意率达 95%。近三年毕业生平均初次就业率达 98% 以上，签约率达 84% 以上，对口率达 80% 以上，毕业生就业满意度超过 90%，毕业生用人单位满意率在 95% 以上。学校"政校企协同，合作育人机制创新与实践"成果荣获 2014 年职业教育国家级教学成果二等奖，学校"政校企协同，全员全程育人"工作被教育部评为"2015 年全国毕业生就业典型经验高校"，荣获教育部"首批'现代学徒制'试点单位"。五个国家级、省级"现代学徒制"人才培养模式改革试点项目，三个福建省"二元制"人才培养模式改革试点项目建设成效显著。

（二）创新全方位立体化实习体系，实践育人成效不断增强

学校构建贯穿一二三课堂，融"专业实习、工学结合实践项目、社会实践、创新创业、志愿服务、社团活动"于一体的全方位实践育人体系。如旅游、会展等专业学生多年坚持参加"5·18"、"6·18"、市"两会"等志愿者服务活动，受到好评，既增长了才干，更增强了高职学生的自信心。学校曾被评为"中国百个优秀青年志愿服务集体"，连续 5 年获评福建省大中专院校暑期"三下乡"社会实践活动先进单位，1

个志愿者服务队荣获团中央"镜头中的三下乡"优秀团队奖。强化创新创业实践育人,建有园区面积达 6 431 平方米的大学生创新创业园和孵化园,培育了 63 个创业团队和 19 家学生创业品牌公司,2017 年被教育部评为"全国第二批深化创新创业教育改革示范高校"。学生在广泛开展实习实践活动中不断加强国家意识、法治意识、社会责任意识与"工匠精神"职业素养,激励学生自信自强。

四、未来发展

学校将进一步完善政策保障、共建共享、互兼互聘、过程共管、结果共评的政校企协同育人机制。不断完善实习平台,通过组建职校联盟、职教集团,成立具有混合所有制特征的二级学院,推进"现代学徒制""二元制"人才培养改革模式,完善各项试点改革项目制度建设,使企业在合作过程中树立办学主体意识,优化合作办学模式,促进企业深度参与实习与人才培养全过程,企业兼职教师深度融入专业教学团队,校企双方共同参与实习教学过程的监控和教学结果的评价等,进而提高人才培养质量,使毕业生的职业能力更加符合行业企业一线岗位要求,为地方经济建设提供有力的智力保障。

探索校企协同实习管理模式 构建高效运行机制

广东轻工职业技术学院

【摘要】实习是高职教育教学过程的关键环节，如何实施有效的实习管理提高教育实效，是众多高职院校面临的共同难题。国家示范高职院校广东轻工职业技术学院实践探索了"机制引领、平台支撑、双元共管、多元考核、巡查保障"校企协同共管共育的实习管理新模式，实现了信息化、可监控、全过程的规范化实习管理，极大提升了实习的教育成效，为高职院校实习管理提供了有效借鉴。

一、管理创新背景

实习给学生提供了一个真实的生产环境，对学生技能的培养、职业道德的养成、角色身份的转变作用明显，但与此同时，实习教学的时间跨度与空间变化较大，如学习环境的变化、管理对象的变化、学习形式的变化、考核方式的变化、学生身份的变化，特别是学生实习安排不同步，实习过程考核困难，学生安全问题突出，由此带来的实习管理系列问题成为众多高职院校面临的共同课题。作为国家示范高职院校、广东省一流高职院校建设单位，广东轻工职业技术学院在学生实习管理方面不断探索与实践，构建了校企协同共管共育的实习管理新模式，实现了信息化、可监控、全过程的规范化实习管理，极大提升了实习的教育成效。

二、实习管理模式的内涵与实践

针对实习管理难题，广东轻工职业技术学院在认真落实教育部等五部委《职业学院实习管理规定》《广东省高等学校学生实习和毕业生就业见习条例》等文件要求的同时，坚持以学生为本的管理理念，与企业对接协同育人，不断完善实习管理体制机制，形成了"机制引领、平台支撑、双元共管、多元考核、巡查保障"的实习管理模式（见图 1）。

（一）机制引领

校企共管，构建高效运行机制。针对顶岗实习时间长、分布区域广、实习岗位多、涉及因素复杂等特点，学校每年组织校企座谈会，共同制订实习方案，实现实习标准

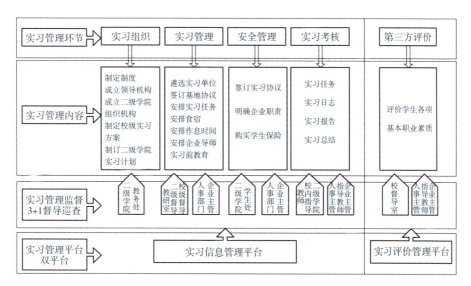

图 1　实习管理运行体系

化和规范化。先后制定校级实习管理制度，确保了实习管理规范运行；实行校企共管对话机制，实施了每月一次的校企实习共管联席会议机制。

学校遵循学生成长规律和教学规律，强化校企协同育人，将职业精神、"工匠精神"、创新精神的养成教育贯穿于实习全过程，以教育教学为重点，积极培育学生社会主义核心价值观，积极提高技术技能人才培养质量和就业创业能力。

学校成立实习领导小组，校长任组长，主管教学副校长、广东轻工职教联盟理事长（企业）任副组长，相关职能部门、二级学院院长为小组成员。领导小组负责指导全校实习工作政策落实、制度制定、实习组织及安全管理。各二级学院成立实习工作小组。

（二）平台支撑

开发信息化实习管理平台，实行全过程实习管理。校企合作开发实习管理平台。为解决实习管理远程监控难、过程管理难等问题，2009 年，学校与软件公司合作开发了实习管理平台，该平台具有系统管理、选课模块、作业模块、成绩系统、定位系统、邮件系统、数据分析七个功能模块，不同用户具有不同权限，进行实习管理和学生指导。为了对学生进行区域定位和实习场景监控，学院与中国电信合作开发了"翼岗通"实习管理平台，该平台具有视频和 GPS 定位技术，学校通过实习管理平台能够实施定位学生实习地点，并能通过视频，查看实习场景。学生能够利用手机发送相关信息，实时和校内指导老师进行在线沟通和交流。对学生职业素养、专业技能、完成岗位工作效果、轮岗情况、团队能力、学习能力、解决问题的能力、实习期间的周志、与校内指导老师和校外指导老师的互动情况、校外安全等层面进行管理，实现校内指导老师与学生的实时互动，实现对学生实习周志的及时回复与指导，实现对学生真实工作环境的了解，并通过实习网络管理平台予以记录。该平台解决了实习管理操作难题。

自主开发第三方评价管理平台。学校自主开发了广东轻工职业技术学院实习企业评教评学调查系统（著作权登记号：2012SR127115），依托该系统学校每年在全校按每个专业随机抽取实习企业进行问卷调查，帮助学校了解办学短板的同时，还从多元视角测评学生职业发展及满足企业需求等变化趋势。

（三）双元共管

打造优质实习基地，精准对接企业。

1. 多渠道遴选优质实习基地

以广东轻工职教集团为依托，以国际化、集团化办学和产业学院为抓手，学校按照瞄准世界 500 强精选实习企业、对接珠三角遴选优质实习企业、拓展境外实习基地的原则，成立职教联盟，结合各专业培养特点及未来就业导向，从稳定性、发展性、专业化的角度，通过多种途径，遴选企业文化优秀、符合学生近期、长远诉求并在业内具有一定知名度，具有相当人才培养塑造能力的企业作为实习单位。

首先，建立高质量的国内实习基地。学校立足珠三角大湾区，依托学校政校行企联盟、工业设计创新创业园、职教联盟等平台，遴选规模大、专业对接度高，实习岗位充足，企业责任心强的企业。如华为等世界 500 强企业，白天鹅酒店、香格里拉酒店、一汽大众等行业龙头，实习基地达 1 200 多个（见图 2）。

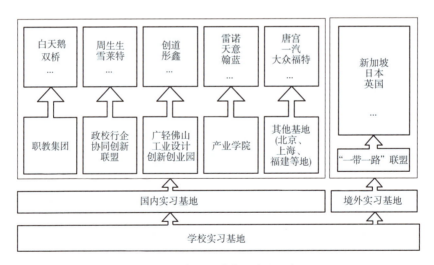

图 2　国（境）内外实训基地分布图

其次，拓展国际化的境外实习基地，打造广东轻工职教集团的国际职教品牌。在对接国内优质实习基地的同时，积极开拓境外实习基地，如管理学院在英国，轻化工技术学院在新加坡，应用外语国际交流学院在日本分别建立了境外实习基地。

再次，校企共建产业学院，打造优质实习基地。学校瞄准世界 500 强企业，先后与华为技术有限公司、白天鹅集团、瀚蓝环境股份有限公司、深圳雷诺表业有限公司、天意有福科技有限公司、清华大学苏州汽车研究院等知名企业合作，分别成立了华为信息与网络技术产业学院、白天鹅酒店产业学院、瀚蓝环境产业学院、雷诺钟表产业学院、天意数码创意产业学院、清研车联产业学院 6 个产业学院，打造了一批优质实习基地，实施了校企精准协同育人（见图 3）。

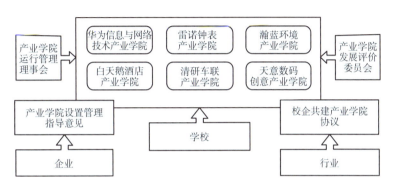

图 3　校企共建产业学院体系图

　　2. 理清校企责任

　　从制度上划清学校与企业的管理责任，在学校层面，我校高度重视实习安全管理工作，将实习安全管理纳入年度实习方案，并作为重点工作进行布置。在二级学院层面，将安全管理纳入实习方案或计划，并在实习前集中组织学生进行人身财产安全、生产实习安全等方面的安全教育。在专业教研室层面，根据不同工作环境制定不同的安全保障措施。在企业层面，实施企业安全教育，强化岗位标准和职责。

　　3. 校企共建实习管理标准

　　学校联合企业共同制定实习管理标准，形成了"专业教育—实习动员—面试—录用—实习报到—实习过程管理—实习总结评价—颁发工作经历证书"的实习工作流程，保证了学生对实习的认知，保障了学生的实习效果和实习安全。

　　（四）多元考核

　　引入第三方评价机制，建立多元化实习考核评价体系。

　　1. 构建过程化考核评价标准

　　为建立多元考核评价机制，学校联合企业共同制定了实习教学标准和考核标准，实现了实习多元化评价主体和多元化评价内容体系，使校内指导老师、企业指导老师和企业管理人员共同参与学生评价，评价内容包括学生遵守纪律情况、岗位技能、实习日志、实习报告、答辩表现等。结合《职业学校专业（类）顶岗实习标准》，学校要求各二级学院针对每个专业学生实习应达到的目标，分别与企业共同制定实习教学标准，要求企业指导老师按实习标准指导学生进行规范化实习。同时要求各二级学院与企业制定各专业实习考核评价标准。

2. 实施动态管理与实习成果记录

通过信息化平台，记录实习期间的周志、学生与校内指导老师和校外指导老师的互动情况、学生撰写实习报告等信息，同时，通过实习管理平台能实时上传学生的工作场景和遇到的问题，实现对学生真实工作情况进行了解和评价。各专业在实习结束后组织学生开展实习答辩，由学校和企业专职、兼职教师对学生实习效果进行考核。

3. 设置"工作经历证明"证书制度

我校与合作企业协商，实习后，通过多元考核，对胜任岗位工作、具备熟练技能的学生，由校企联合为学生开具"工作经历证明"，作为学生工作能力的有力证明。"工作经历证明"在学生就业应聘过程中发挥了积极的作用。

（五）巡查保障

校企协同"四层级、多维度、全方位"保障机制。

为保证与合作企业的良好沟通，了解学生实习情况，我校在学生实习期间组织多层次的实习巡查，实现了实习巡查的常态化。

第一，各教研室选派校内指导老师到实习单位现场巡查，并与企业进行现场交流，检查学生实习及生活食宿情况，了解并解决学生在实习过程中的困难。

第二，二级学院实习领导小组成员巡查，了解指导教师工作情况并及时解决校企合作过程中产生的各种问题。

第三，学校督导室每年协同二级督导组到实习现场随机抽查专业实习情况，包括实习教学保障、实习现场管理和学生岗位表现等。

第四，校级领导小组不定期到各基地巡查，了解基地建设情况并与各基地管理层交流对话。

建立企业实习巡查机制，能够全面了解学生的实习过程、工作质量、安全防范等情况。

三、实习管理的成效反响与难题突破

（一）"双管理、四合作、多联动"协同育人，实现了有效的校企对话

建立了校企共管对话机制，实行了每月一次的校企实习共管联席会议机制。"双管理"就是学校和企业双方共同管理实习过程，明确双方职责，用机制调动企业参与管理的积极性。"四合作"就是"合作办学，合作育人，合作就业，合作发展"，加强机制建设，实现校企双赢。"多联动"就是体现实习参与者和管理者在实习过程中的角色和职责，包括学生、校内指导老师、学校管理人员、企业指导老师、企业管理人员及企业负责人多方联动，保障实习工作取得实效。

（二）信息化"三三制"，实施实习教学全过程管理

依托实习管理平台，学校积极探索学生实习管理制度建设，逐步形成了"三三制"

信息化全过程监控体系，采取三个过程管理和三个关键点控制相结合，确保学生的实习质量。"三个过程管理"即实施双导师制指导、实习"工作日志"记载、实习管理平台；"三个关键点控制"，即通过完整的岗位技能训练项目、实习答辩和校企共同签发的"工作经历证书"实施关键点控制。并通过互联网、GPS定位系统等信息化手段，提高了学生岗位选择的自主性，实施了在线监控学生实习过程与工作场景，实现了实习全过程管理。

（三）全面量化考核，提高实习教学的质量

学生经历了半年的实习后，接受校企双方考核。考核包括是否达到实习岗位技能项目要求，是否完成完整的实习日志和周志，是否具备工作岗位职业道德和素养，是否完成实习报告和通过答辩，考核合格后，由校企双方共同签发"工作经历证书"。"工作经历证书"是体现学生经过实习后，是否真正由学生向职业人转变，等级包括优秀、良好、合格和不合格四个等次，是对学生实习质量的最终评价。在企业参与下发放的"工作经历证书"，学生拥有合格以上等次的，是企业对学生实习期间工作的肯定和褒奖，对学生在其他企业就业具有较强的优势，对学生未来的就业提供了重要的资质证明，提高了学生的就业竞争力。

（四）实习规范化管理，提高学生技能水平

近年来，实习企业对学生各项职业基本素质学习成果的总体满意度（5分制），2012年为4.20、2013年为4.10、2014年为4.07、2015年为4.20、2016年为4.30、2017年为4.30，基本稳定在比较满意的范畴。

四、未来发展与展望

校企合作是职业院校学生实习的职业教育办学模式、培养模式、教学模式、评价模式的关键环节。而作为校企合作的重要抓手，学生实习是职业教育发展内涵、彰显特色、融入社会的关键要素，通过学生实习，实现产教深度融合，通过实习，实施校企双主体管理，并将实习管理中遇到的问题反馈到职业院校，以促进学校人才培养方案的制订和改进校内教学内容，最终实现校企共赢。

作为国家示范高职院校、广东省一流高职院校建设单位，广东轻工职业技术学院深入进行内涵建设，积极推动实习管理和教育教学改革，构建了校企协同共管共育的实习管理新模式，为高职教育改革与发展提供了典型范例，进一步优化了高职教育教学管理体系，提升了教育成效。

展望未来，校企协同实习管理体系要进一步完善和做出实效，要在学生实习单位的遴选、共建，实习过程的精细、精准，实习手段的全程、可控，实习考核的多元、多点，实习安全的防控、应对等方向做出努力并落到实处，才能切实提高高职院校人才培养质量。

强化学生实习管理　提高校企育人质量

广西理工职业技术学校

【摘要】 广西理工职业技术学校高度重视学生实习管理工作，在规范实习管理的基础上，深化产教融合、校企合作，创新校企协同育人模式，对实习途径、实习内容、实施方式等方面不断优化和完善。实施"名校学生到名企工作"策略，在实践中摸索创新具有学校特色的实习教学模式，打造"实习—就业"直通车，不断提升人才培养质量和服务产业的精准度，真正实现"校、企、生"三方共赢。

广西理工职业技术学校直属广西壮族自治区工业和信息化委员会，是国家级重点中专学校、广西办学规模最大的国办中专学校。一直以来，学校坚持以服务发展为宗旨，以促进就业为导向，以需求者为中心，秉承"人人有才，人人成才，人人出彩"的教育思想，构建现代职业教育体系，打通职业教育学生从中职到研究生的深造通道，搭建人人皆可成才的"立交桥"，实现技术技能人才的系统培养。学校以建设"国际水准、全国一流、广西第一"的职业院校为目标，坚持立德树人、质量立校、特色发展的办学理念。

一、管理措施创新背景

随着国家对职业教育及校企合作、产教融合方面的大力支持，职业教育的人才培养正在迈向一个新的高度。

为规范学生实习管理，保证实习教学效果，提高人才培养质量，我校认真贯彻落实《关于印发〈职业学校学生实习管理规定〉的通知》（教职成〔2016〕3号）、《关于印发〈职业学校校企合作促进办法〉的通知》（教职成〔2018〕1号）等国家政策及文件精神，狠抓学生实习管理环节，形成了校企合作共管共育的学生实习管理模式。

（一）组织机构健全

学校成立学生实习管理工作领导小组，由学校校长任组长，分管副校长任副组长，各处系主任任组员。学校还专门设立就业指导中心，负责学生实习以及就业工作的具体组织、实施及全过程管理（图1）。

（二）制度完善

学校结合实际情况，完善实习管理制度，修订了《广西理工职业技术学校学生实习实施方案》《驻厂教师管理规定》《广西理工职业技术学校学生实习安全突发事件应急预案》等系列制度，确保学生实习科学组织、依法实施。

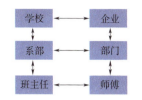

图1 校企三级对接实习管理机制

（三）实施有力

1. 制订实习计划

每学年，各专业系与就业指导中心、实习单位一起，根据各专业人才培养方案的目标要求，制订实习计划，明确实习目标、实习任务和考核要求。

2. 有序开展学生实习

（1）开展顶岗实习安全教育，并下发"家长知情书"。

（2）以班级为单位开展实习，按照每100人安排1位实习指导老师的要求，跟随学生到企业进行实习，与企业一起对学生实习过程进行全过程跟踪监控。

（3）实施督查监控实习。由就业指导中心和各系组成实习督查小组，定期和不定期对各实习点进行检查和监控，及时纠正实习中的问题。若发现学生在校外实习时突发安全性事故，如交通事故、食物中毒、溺水事故、突发急病、人员走失（失踪、进入传销等）、打架、火灾、爆炸、机械创伤、工伤，以及发生盗窃、聚众打砸抢、黄赌毒等违法犯罪行为，立即启动《学生实习安全突发事件应急预案》。

（4）实习期间，实习班班主任、指导教师和学生保持密切联系，通过智慧校园信息化实习就业管理系统平台、实习就业公众号、微信群、QQ群等途径，对学生实习动态进行实时跟踪、交流，及时掌握学生思想动态，解决学生实习、生活困难等。

（5）实习考核评定。学生实习成绩由三部分组成：实习单位人力部门评定占40%，企业实习导师评定占30%，学校班主任评定占30%。

（四）保障得力

1. 人员保障

学校严格按照国家对学生顶岗实习人员配备要求配足实习指导老师。

2. 经费保障

学校每年将学生实习所需的实习组织、实习检查、实习路费、实习保险、实习指导教师差旅费用等列入年初预算，给予专项资金支持。

二、创新显活力，特色有章法

（一）严选优秀企业 拓宽就业渠道

实施"名校学生到名企工作"策略，严格遴选优秀企业，拓宽实习就业渠道。为提高顶岗实习对口率与实习质量，2007年以来，学校实施"名校学生到名企工作"策略，严格遴选实习单位，所有实习岗位均进行实地考察并形成书面报告，由学校学生实习管理工作领导小组审核，公示后与企业签订校企合作协议。同时，学校与企业共同制订人才培养方案和教学计划，保证了实习岗位的安排符合专业培养目标要求，与学生所学专业对口或相近。

学校先后与华为科技、中兴通讯、珠海格力电器、海信科龙集团、福建七匹狼服饰、广西金岸制冷有限公司、上汽通用五菱、华润水泥、海螺水泥等优秀企业建立了合作关系，每年为实习生储备近 2 万个实习岗位，为顺利安置实习生奠定了坚实的基础。

（二）实现校企政联动 为学生提供更好的实习平台

在与富士康合作 8 年的基础上，2016 年，学校与南宁市江南区政府、富士康南宁科技园区共同成立了"富士康理工学院"（见图 2）。南宁市江南区政府为学校和企业提供政策、资金支持；富士康南宁科技园区为学校提供设备和实习岗位。

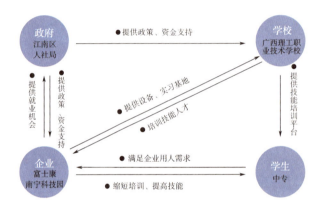

图 2 "富士康理工学院"建设

富士康理工学院的成立，是贯彻《国家中长期教育改革和发展规划纲要（2010—2020 年）》和《国务院关于加快发展现代职业教育的决定》，以及发展职业教育的文件精神，充分发挥校企双方的优势，实现为社会、为企业培养高水平的高技能人才目标的重要举措，是探索"混合所有制"二级学院和探索建立"现代学徒制"教学模式的重要载体，对学校深入拓展产教融合，对企业实现人才培养新模式具有重要意义。为此，校企双方审议通过了《富士康理工学院董事会章程》《富士康理工学院董事会议事规则》《富士康理工学院组织机构设置及职责》《富士康理工学院"十三五"规划实施方案》等文件，为学院各项工作的开展提供了保障。

在 2016 年和 2017 年中，学校先后有 6 批共计 3 800 多人次到富士康南宁科技园区进行跟岗实习和顶岗实习。学生实习期间，充分发挥富士康理工学院校企合作机制作用，校企双方共管共育，实现了学生直接到企业实习，提高学生操作技能。同时满足了企业的用人需求，形成了良好的实习就业氛围。

（三）校企强强联手 创新实习教学模式

1. "工地学校"实习教学模式

2012年，我校建筑施工专业与广西昌桂源投资有限公司等12家实力雄厚的建筑类企业强强联手，把"学校"搬到工地，共同投资1 200万元人民币，建立了1.5万平方米的"昌桂源教学工地"。在"教学工地"，企业派能工巧匠担任学生实习指导教师，学生在"工地学校"边做边学。顶岗实习学生按照不同项目把实习内容分为施工员、预算员、质检员、安全员、材料员、试验员、测量员、资料员，每隔一段时间轮换一个岗位，实现理论和实践统一、工作和学习统一，形成"寓学于工、学工直通"的校企共同育人模式。近3年来，"昌桂源教学工地"共培养学生3 154人次。5年来，从"工地学校"实习训练出来的学生参加全区、全国技能比赛均取得优异成绩，共获得国家级奖17项，自治区级奖46项；连续3年毕业生初次就业率达到99.1%，99.6%，99.8%，实现人才培养与就业平台畅通对接。2014年，该"工地学校"教学模式荣获国家教学成果二等奖，并在自治区政府的大力推动下向全区职业院校推广。

2. "海信工长制"实习教学模式

2013年，学校制冷专业与海信（广东）空调有限责任公司签订共同办学协议，开设5个班250人以海信工长岗位需求为导向的"海信工长班"（见图3），在教学计划、课程建设、实训基地、师资队伍、评价体系五方面全程参与共建。并在学校专门设立了一条实训生产线用于学生的认识实习，每年安排企业管理人员到校指导学生180学

图3 "海信工长制"实习教学模式

时。在学生二年级第一学期安排三个月到海信（广东）空调有限责任公司进行跟岗实习。到三年级学生顶岗实习的时候，学生已经能完全胜任工长的岗位，节约了企业培养领导干部的时间。五年来为企业节约培训经费达 1 000 多万元，提高了企业效益，为学生搭建了更加广阔的就业创业平台，拓宽了就业渠道，提高了学生实践能力，实现了校、生、企三方共赢。

（四）校企合作，探索现代学徒制协同育人模式

2015 年，我校汽车运用与维护专业通过与柳州上汽通用五菱汽车股份有限公司合作，建立"现代学徒制"协同育人模式，校企共建实训基地。企业为学校提供设备、教材及师资，建立招生招工一体化育人机制（见图4）。学生入学后择优成立"宝骏汽修学徒班"，实施校企互聘教师，共享资源，并引入企业认证体系，形成具有区域特色的校企"双主体"现代学徒制育人模式，提高人才培养质量。几年来，通过与柳州上汽通用五菱汽车股份有限公司学徒制的实践，我校每年为企业输送合格实习学生 300 多人，解决了企业用工技能不熟、水平不高的难题。

图 4　探索"现代学徒制"协同育人模式

三、实习效果显著，办学能力增强

（一）就业率高

学校每年毕业生达 7 000 多人，就业率达 98% 以上（见表 1）。

表1 2013—2017年毕业生就业率

年份	毕业生数	安置顶岗实习生	就业率（%）
2013	6 874	6 792	98.81
2014	7 025	6 932	98.68
2015	7 085	6 987	98.62
2016	7 118	7 030	98.77
2017	7 212	7 121	98.75

（二）贡献率高

学校作为广西最大的国家中职改革发展示范学校，着力打造持续、快速发展的中职教育品牌，以培养高技能人才为着力点，连续三年年均招生超8 000多人，年均毕业生7 000余人，就业地点主要在广西的南宁、柳州、桂林、北海等区内知名企业，以及区外广东的广州、深圳、东莞、珠海、中山、顺德、佛山，还有上海、杭州、苏州等市的知名企业，为广西以及全国经济社会发展做出了贡献。

（三）辐射力强

五年来，英国卡迪夫河谷学院、辽宁锦州市教育考察团、新疆阿勒泰畜牧兽医职业学校、江门市第一职业技术学校、福建建筑学校和广西机电职业技术学院、广西城市建设学校、广西机电工程学校等170多家职业院校，2 700人次先后到我校参观学习。

（四）教学质量不断提高

实习管理工作的有效开展，促进了学校办学模式、教学模式的改革，教学质量不断提升，学生专业技能和综合素质明确增强。在广西职业院校技能大赛中我校已经连续10年蝉联金牌数、奖牌数、获奖人数"三个第一"。

四、学校持续大发展

（一）中职招生人数连续13年稳居广西第一

2006年，学校成为广西第一所万人国办中专学校，之后，每年招生人数在6 000人以上。近三年，每年招生人数达到8 000余人，已连续13年稳居广西中职招生第一。被誉为"广西中职技能型人才的摇篮""广西职业教育的航母"。

（二）广西职业教育的排头兵

学校建设和发展取得优异成绩，被自治区领导誉为"广西职业教育的排头兵"，被国家中职示范校"南方十校联盟"誉为"一直被模仿，从未被超越"。近五年来，学校先后荣获第一批国家中等职业教育改革发展示范学校，被授予中华职教社——"黄炎培优秀学校奖"，全国职业教育先进单位，中国企业教育培训机构百强，全国职业教育管理创新学校，全国德育管理先进学校，全国关心成长模范学校，全国"十一五"

教育科研先进集体，全国中等职业学校百佳网站单位，全国文明风采优秀学校，全区职业教育攻坚工作先进集体，广西依法治校示范学校，广西德育工作先进单位，全区职业教育先进单位，自治区绩效考评先进单位，自治区扶贫培训先进单位，全区学生资助工作先进单位，广西中等职业学校教科研"20 强"，自治区级示范性中等职业技术学校等 496 项荣誉称号。

学校将继续强化学生实习管理，深化校企共育共管，按照"世界水准、全国一流、广西第一"的办学目标，提升实习管理工作水平和校企育人质量，建设高水平的现代职业院校实习管理体系。

创新"大数据+实习管理"体系
全面提升人才培养质量

贵州电子信息职业技术学院

【摘要】利用学校信息技术和行业背景优势，整合校内外信息资源，对接实习企业考勤、人事管理平台，共享学生企业实习数据，依托微信公众平台实时推送信息，建成"大数据+实习管理"系统，通过对学生实习任务、日常行为、思想动态、职业倾向的分析，实时收集过程数据，自动评判实习成效，对学生实习进行精准指导与管理。系统融入诊断与改进功能，构建实习管理工作诊改体系，提高人才培养质量。

一、"大数据"是实现教育现代化的新动力

2015年10月，党的十八届五中全会提出"实施国家大数据战略"，国务院印发《促进大数据发展行动纲要》，全面推进大数据发展，加快建设数据强国。党的十九大报告指出，增强改革创新本领，保持锐意进取的精神风貌，善于结合实际创造性推动工作，善于运用互联网技术和信息化手段开展工作。2018年4月，教育部《教育信息化2.0行动计划》指出，优化教育业务管理信息系统，深化教育大数据应用，全面提升教育管理信息化支撑教育业务管理、政务服务、教学管理等工作的能力。教育部等五部门联合印发的《职业学校学生实习管理规定》明确指出，学校应该充分运用现代信息技术，构建信息化实习管理平台，与实习单位共同加强顶岗实习过程管理。

当前，大数据已成为信息技术最新发展成果的典型代表，是"中国制造2025"战略下各行业新一轮重大变革的主要推手，并对教育行业产生了重大影响，基于大数据的个性化教学、科学化评价、精细化管理、智能化决策、精准化科研等，将对促进教育公平、提高教育质量、培养创新人才具有不可估量的作用。

从2010年起，学校开始探索、实践基于信息技术的学生实习管理与指导。2012年建成实习综合管理信息平台。2015年，学校以贵州省启动建设我国首个大数据综合试验区为契机，整合优势资源，创新"大数据+实习管理"体系，并不断探索和改进，有效推进了学校实习管理信息化水平的提升和完善。

二、"大数据+实习管理"体系的创新与实践

（一）整合资源，建设"大数据+实习管理"系统

2015 年，学校借助贵州省大力发展大数据产业的政策红利，在上级部门的支持和指导下，以学校原有数据中心为基础，建设"大数据+实习管理"系统。该系统分为数据采集、数据传输、数据处理以及应用服务四层，其体系结构如图 1 所示。鉴于校内、校外实习对学生管理的要求不同，系统的数据采集和实习管理、指导方式也各有侧重。

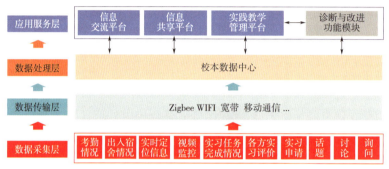

图 1 "大数据+实习管理"体系结构

系统中，数据采集层负责采集学生的实习过程数据、指导教师评价、实习学生考勤、指导人员考勤、学生实习期间的实时位置等信息。数据传输层通过 Zigbee，WIFI 和宽带、移动通信系统等途径将信息传送给数据处理层。数据处理层以校本数据中心为核心，分别以实习学生、班级、院系、学校四个层次以及实习企业为单位，对学生的实习情况进行分析处理。应用服务层主要包含信息交流、实践教学管理、信息共享三个平台，以及一个诊断与改进功能模块。

实习管理系统 PC 端和移动端界面分别如图 2、图 3 所示。

图 2 实习管理系统 PC 端界面

（二）开放管理，发挥学生实习主导作用

在校内，实习基地、实训中心和实训室是培养学生技术技能和创新能力的重要场所，学校"大数据+实习管理"系统将教学资源库、门禁管理、考勤管理、教学日志管理、设备管理、实训室使用率统计、实训室预约和实训室远程监控等功能整合起来，通过实践教学管理和实时交流两个平台，构建学校实习开放管理模式。学生可通过系统申请使用实习场地和设备，指导教师通过平台对学生实习进行指导，形成"一个中心、一个平台、两条主线、五个步骤（'1125'）"的校内实习管理体系，即以校本数据中心为核心，依托实践教学管理平台，围绕"教学计划规定的实习项目"和"学生自主开展的实习项目"两条主线，将实施过程分为"申请、审核、准备、实施、分析"五个步骤。其结构如图4所示。

图3　实习管理系统移动端界面

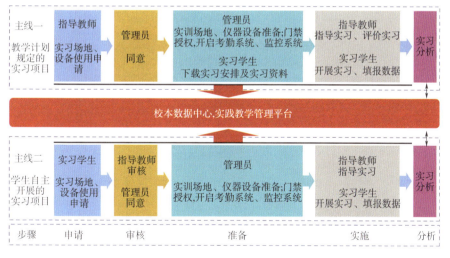

图4　"1125"校内实习管理体系

对于按教学计划安排的校内实习任务，实习前，指导教师在实践教学管理平台上提出实习场地、设备的使用申请，上传实习计划、要求和资料，提出耗材需求；学生下载实习安排及实习资料，提前预习，做好实习准备；实习管理员做好实习前的基本准备工作，对实习师生在规定时段内开启门禁授权和考勤管理。实习中，通过视频监控，记录实习过程参数，实习学生通过移动终端或 PC 在实践教学管理平台上填写实习过程数据、总结等。实习后，指导教师在平台上填写授课自评；平台自动对学生实习数据进行评判，汇总班级出勤率，分析实习效果，将各类数据推送给学生、教师及相关人员。

对于学生自主的校内实习需求，可在系统中提出场地、设备和耗材的使用申请，待管理员审核后，系统自动授权给学生，在授权时段内开启门禁和监控系统。指导教师、实训管理员通过监控系统实时查看学生的实训情况，结合信息交流平台进行远程指导。对具有一定危险性或有其他特殊要求的实习项目，学生提交申请时需要填写指导教师的信息并获得指导教师批准。系统按学期分别以学生个体、班级、院系、学校为单位，统计分析学生自主实习实训的情况，并推送给学生本人及相关管理人员。

此外，系统以学生个体和班级为单位，分别统计不同实习场地的使用情况，分析学生技术技能训练的重点和创新方向，不同专业技术技能培养的重点，为学校人才培养方案的修订、学生顶岗实习岗位的选择以及就业单位的推荐提供支持。"大数据+实习管理"系统的校内应用，进一步优化了资源配置，有效提高了学生校内实习管理与指导的灵活性，激发了学生实习活动的主动性，减少了学校实习管理的工作量，提高了实习效果。

（三）把握细节，实现学生实习精准管理

学校依托"大数据+实习管理"系统，多维度收集实习企业、学生实习过程、指导教师和企业师傅的指导评定等信息，为实现精准管理和指导提供有效支撑，在不断探索实践中，形成了"一中心、两平台、三阶段、八维度"的校外实习管理体系，其主要内涵为以依托校本数据中心与实践教学管理和实施交流两个平台，按照实习前、实习中、实习后三个阶段对实习进行管理和指导，实习结束后，从八个维度对实习成效进行评价。其体系如图 5 所示。

图 5　"一中心、两平台、三阶段、八维度"校外实习管理体系

1. 实时定位，预防安全隐患

学校以实习学生安全为根本，将"大数据+实习管理"系统与校外实习企业的考勤

系统对接。实习前，要求学生在其移动终端安装统一的实时定位 APP，对于不愿安装 APP 的学生，需由监护人与学校签订安全责任承诺书。该定位 APP 按照实习企业的具体情况划定地理区域"红线"。实习期间，当系统在一定时间内监测不到学生在该"红线"范围内时，则判定学生脱离实习企业，并自动推送该生信息到指导教师和辅导员的移动终端上，提醒其及时核实和处理。同时，系统定期统计实习学生的考勤数据，推送给校企双方相关人员以及学生监护人，实现学生在实习期间位置动态的精准管理，保障学生实习安全。

2. 注重细节，提升实习成效

学校以学生素质培养为核心，以实践教学管理、实时交流平台为纽带，提升学生的职业素养。顶岗实习前，按照"一企一策"的方式，由院系确定学生顶岗实习期间需要完成的毕业课题，与实习单位共同制定实习方案，明确实习内容和预期目标，制定量化监测标准，并导入学校实践教学管理平台。实习期间，指导教师和企业师傅在实践教学管理平台上实时记录学生实习过程，对其实习期间的表现和实习效果进行评价；实习学生在实践教学管理平台上填写实习日志和毕业课题的完成情况。指导教师、企业师傅对学生的实习任务考核结果，学生对指导教师、企业师傅的评价等通过实践教学管理平台进行填报。数据中心定期对学生实习情况、指导教师和企业师傅的实习指导情况进行分析，将分析结果推送给实习学生、企业师傅和指导教师，并作为各方的考评依据。

同时，实习企业需要将学生的实习津贴明细表上传到实践教学管理平台，数据中心以企业为单位，结合实习时长分析学生所得的津贴，作为学生实习成效的一项考评依据。

3. 多维考评，优化实习管理

实习结束后，系统从学生实习内容、毕业课题、实习津贴、企业评价、师傅评价、教师评价、学生自评以及家长评价八个维度，按不同权重生成学生实习肖像，评定学生实习成绩，并推送给学校、企业、学生三方。学校通过系统定期向上级部门报送实习工作简报和总结。通过授权，上级部门可在实践教学管理平台上查看各项实习记录，了解学校实习管理情况，对学校的实习工作进行监督与指导。

自学校"大数据+实习管理"系统应用以来，指导教师、企业师傅对实习学生的指导、管理和服务质量得到明显提高，为学生校外实习安全和实习质量提供了有力保障。

（四）持续诊断改进，保证学生实习管理质量

实习是技术技能人才培养的主要环节，学校依托校本数据中心，以实习结果为导向，以过程数据为支撑，结合"上级主管部门考核、实习单位评价、第三方数据机构测评、学校自评"四方考评，构建学生实习管理质量保证体系，进行诊断与改进，助推学校实习及管理工作的全面提升。学校实习管理工作质量保证体系如图 6 所示。

图 6　实习管理质量保证体系

学校"大数据+实习管理"系统以保障学生实习安全和成效为重点，从学生实习活动开展的各环节采集过程数据，并委托麦可思数据有限公司对学生实习情况进行科学分析，对实习工作进行测评，结合实习单位、指导教师、实习学生反馈的意见以及上级主管部门的考核调整意见，为学校后续实习工作提供数据支撑。学校方面，由诊断改进办公室牵头，组织学生处、教务处、就业办等部门，依托"大数据+实习管理"系统对学生实习工作进行监控，开展自评，及时调整、完善实习工作，保证实习管理工作质量。

三、取得成效

（一）依托系统，理论支持，实习管理成效显著

学校认真贯彻落实《职业学校学生实习管理规定》，依托"大数据+实习管理"系统，为实习学生提供精确定位、实时互动、在线教育、综合考评等多样化服务，实现多方对实习信息的共享，对学生实习进行全过程管理、指导和互动，实现了远程管理、指导和服务。2015 年以来，学校在实习管理方面获得省级教学成果一等奖 2 项、二等奖 3 项；与实习及管理相关的省级课题 7 项，校级课题 12 项，发表论文 57 篇。因实习管理工作成绩突出，学校 14 名教师获得省、市、校（企）表彰。友达光电（厦门）有限公司授予学校"人才战略合作基地'产学推广先锋　校企合作典范'"称号。在上级部门考核中，学校实习管理工作连续三年获得优秀等次。

（二）技能引领，就业导向，实践教学成效显著

实习管理的规范高效，有力地提升了学生的实践技能和职业素养，全方位提升了学生的培养质量。2015—2018 年，学生在全国职业院校技能大赛中获奖共计 54 项，其中，国家比赛项目二等奖及以上奖项 16 项。学生在全国职业院校技能大赛贵州省选拔赛中获奖共计 277 项，其中，一等奖 64 项。2017 年，学校在国家比赛项目中获得 28 个奖项，获奖数在全国高职学校中排第 17 名；2018 年，获国家比赛项目一等奖两项；同年，在"一带一路"暨金砖国家技能发展与技术创新大赛中，学院以第一名的成绩获得"移动机器人赛项"一等奖，实现我省在国际大赛中一等奖零的突破；在此次比赛中，学院同时获得三等奖 3 项，被授予最佳组织奖。技能竞赛成绩显著。

近年来，学校 63.2% 的学生在顶岗实习后继续留在实习单位工作，20.5% 更换单

位，9.2%的学生进入本科院校继续深造，4.3%的学生自主就业，2.8%的学生自主创业。初次就业对口率为 92.25%，就业平均起薪 3 521 元，就业学生工作满意度达到 93.4%，就业质量稳居全省前列。

（三）立足贵州，服务行业，社会服务成效显著

学校依托通信技术、大数据、云计算、物联网、工业机器人、机电一体化等骨干专业，以及电子信息技术、计算机技术、智能制造三个重点专业群，对接贵州以大数据为引领的电子信息产业、智能制造业的发展需求，助推学院服务地方经济社会发展能力的全面提升。专业教师协同企业共同解决技术难题，实习学生的技术革新有效助推了实习单位提质增效，为地方经济发展提供智力支持，培育行业企业需要的技术技能人才。2015—2018 年，学生在实习期间，271 人参与实习单位 64 个项目的开发，获得专利、软件著作 79 部，其中，学校署名为第一单位的 28 项，企业为第一单位的 51 项。实习学生参与项目开发的比例为 1.925%，创新能力得到有效提升。

四、未来展望

（一）实习案例的真实化和立体化

学校"大数据+实习管理"系统大量采集了学生实习的过程数据，但对音频、视频和照片资料的记录略显不足。学校将进一步优化此项功能，学生可以用移动终端设备将真实工作场景或案例录制下来，上传系统作为工作日志，形成真实化和立体化的案例库，教师将企业真实案例运用到实际教学中，可进一步丰富课程教学资源。

（二）实习交互的实时性和智能化

在实习的过程中，实习交互主要围绕着"大数据+实习管理"系统进行，重点是管理人员、指导教师、企业师傅、实习学生、学生家长、相关管理人员五方的交互，管理者与使用者的交互等。学校将增加系统关注功能、排名机制、人气指数等功能，优化实时语音和视频交流、任务提示提醒、预警等功能，缩短师生交互反馈时间，提高学生实习的主动性和积极性。

（三）素质评价的全面性和个性化

学校将扩建"大数据+实习管理"系统的数据中心，继续增加原始数据的采集维度，优化实习数据的分析维度，对学生职业核心能力、职业态度、职业知识与技能进行综合分析和职业画像，把优秀的学生通过系统自动推荐给优质的企业，提高学生就业竞争力，真正体现以学生发展为根本，以就业为导向的人才培养目标。

学校将继续依托"大数据+实习管理"系统，构建更为高效、智能、开放的职业院校学生实习管理体系，与更多兄弟院校、实习企业进行信息共享和经验交流，将其打造成为贵州职业院校学生实习管理的公共平台，凝练共性，形成学生实习及管理的"贵州模式"。

"一体两翼四驱动"实习管理模式

海南经贸职业技术学院

【摘要】学院以整体设计将校训"笃学砺能，知行合一"可视化、具体化和执行化，通过"政校企外"四方合作体系联动优质资源参与实习实训建设，通过"三双一突出"人才培养模式推动教学方式适应实习实训要求，通过"工学云平台"信息化项目驱动管理手段契合实习实训特点，通过"诊断改进"内部治理保证体系带动权责一体保障实习实训质量，使实习管理工作不断精细化、个性化和优质化，使职业技能的磨砺和职业精神的养成得到有效提升，学生就业和创新创业能力得到长足进步。

一、管理创新背景

在全社会弘扬"工匠精神"、倡行创新创业背景下，学院以应用性、财经类、开放型、国际化为办学定位，以促进就业创业为导向，将职业精神和职业技能培养高度融合，实施双主体、双课堂、双导师，突出培养学生职业能力的"三双一突出"人才培养模式；推行两个"三进"，即企业家进校、企业进校、企业优秀文化进校和学生进企业、教师进行业、学校进社会；努力提高"三力"，即学生的就业竞争力、教师的行业影响力、学校的社会贡献力。

为实现以上目标，学院从体制机制改革入手，建立"一体两翼"管理机制，同时紧抓实习实训的资源建设、教学运行、管理手段、质量保证四个要素（见图1），不断推进实习管理工作的精细化、个性化和优质化，并以培育自信自强的人文精神为切入点，以促成创新发展的体制机制改革为突破点，以调动师生主体的主观能动性为生长点，努力培育实干兴校的校园文化，培养经贸学子实干家精神和"双创"竞争力，其中"三阶递进"创新创业教育体系荣获 2017 年海南省教学成果一等奖，"三企进校"和"经贸自强之星"文化育人模式被教育部评为全国职业院校德育创新暨校园文化建设典型案例。

二、典型做法与具体举措

（一）以"一体两翼"为抓手理顺实习管理内部结构

学院成立领导机构，实施"一把手"工程，成立了以党委书记为组长的"就业创

图1

业工作领导小组",将实习管理统一纳入就业创业管理中,负责创新创业教育重大决策工作。明确各教学单位和各行政部门作为"两翼",即:各教学单位成立创新创业工作小组,全方位推进"校、院、专业"三级就业创业工作组织体系,按照《就业创业工作考核标准》《就业干事工作年度考评办法》实行绩效考核;校企合作和实习管理统筹工作由教务处负责,校团委、实训中心、招生就业办公室协调开展实习实训工作,下设职业发展指导中心,内设就业创业服务大厅、洽谈室和咨询室等。学校据此构建全员参与、全程指导、全方位推进"校、院、专业"三级实习管理工作组织体系,为做好学生实习管理工作提供了组织保障。出台《海南经贸职业技术学院实习管理工作奖惩办法》等,每年依据《海南经贸职业技术学院就业干事年度考评标准》和《海南经贸职业技术学院二级学院就业与创新创业工作考核细则》分别对各二级学院的就业干事及就业创业工作进行考评,分别评出就业创业工作优秀单位和先进个人,纳入绩效表彰奖励。

(二)以"政校企外"为平台服务实习实训建设

学院立足海南自由贸易岛区位优势,以"政校企外"办学理事会为平台,吸引政府、行业企业和境外优质资源参与办学,学院与海口市旅游委员会、三亚市旅游委员会签订战略合作协议,合作培养国际旅游岛国际化技术技能人才;与海口旅游投资控股集团、金光纸业集团等多家龙头企业成立"人才班""订单班"共计35个,保障该类班百分之百顶岗实习、百分之百对口就业。企业家走进校园,以校外职业发展导师身份辅导学生实习及自主创业,共有校外职业发展导师220余名,涵盖全部专业。如学院办学合作理事会成员单位用友新道科技有限公司,为学院提供超过60家合作企业;海南光明会计人才优配管理有限公司投入45万元成立"光明会计班",用于教师教改补贴、学生奖学金、班级活动及管理经费等,并主动为该班学生选配行业企业能手和优秀管理人才，该班特别着重职业素养与职业道德的培养，在团省委组织开展的"十佳文明班级"评选中以总票数第一的成绩当选；此外香港运豪集团副总裁、国际车迷会执行董事陈晓晖先生为学院汽车检测与维修专业捐赠模型汽车 300 余辆，机床设备 6 台，并斥资在图书馆二楼建设香港国际车迷会模型汽车收藏馆。

（三）以"三双一突出"人才培养体系适应实习实训要求

通过"三双一突出"人才培养模式，共商人才培养路径，探索"现代学徒制"、人才班、驻店班等合作形式，使企业充分认识并享受了合作成果，企业人力资源得到有效保障，政府政策得到充分落实，社会资源得到极大扩展，有效提高企业参与职业教育人才培养的积极性，学校实习实训资源得到极大保障。在学院"三双一突出"人才培养体系下，各专业根据专业特点和市场需求建构并完善了 20 多个各具特色的人才培养模式，充分保证了不同专业的实习实训需求。开发"岗课证赛"四融通的实习实训课程体系，通过考试改革，学校考核课程共 309 门，采用笔试方式考核的课程共 139 门，占总数的 45%，采用面试、口试、论文、实际操作等方式考核的课程共 170 门，占总数的 55%，极大适应了实践学习的考核需求。

（四）以"工学云平台"信息化项目强化实习实训管理

为全面解决实习工作中所涉及的各项工作的信息化问题，学院建设了"海经贸智慧就业中心系统"，将"工学云平台"信息无缝接入中心系统，包括实习管理系统、就业创业管理系统、就业创业门户网站、就业创业微信平台等几大模块。通过整合现有的分散业务，将各项工作中互相涉及的各项数据相互打通，形成信息网络，做到精准岗位信息推送、精准帮扶及精准就业创业服务，形成了适合学校就业管理和分析的职能辅助平台。其中实习管理系统，实现实习实训监管体系，将实习日志信息实时推送、实习信息深度共享、实习实训服务指导和跟踪回访等功能，以便学生随时随地关注学校、企业发布的信息，进行精准查询、在线咨询、互动答疑等。

（五）以"诊断改进"内部治理保证体系保障实习实训质量

学院作为海南省高职院校内部质量保证体系诊断与改进工作秘书处所在学校，正大力率先探索内部质量保证体系诊断与改进工作的实施路径，通过"九定"，明确责任主体，实现实习实训管理流程化、制度化。

三、成效与反响

（一）建立了一批优质校内外实习实训基地

通过建设主体多元化的原则，利用优质资源共建校内外实训基地，学院建有 107 个布局合理、设备先进、功能齐全的校内生产性（或仿真性）实训室，校外实习实训基地 177 个，境外实习实训基地 39 个，实现了专业全覆盖。

（二）组建了一支优秀实习管理师资队伍

学院围绕实习管理实践产生了丰富的理论成果，培养了一批实习就业优秀指导教师。目前，学院共聘请220余名企业家、风险投资人等各行各业优秀人才担任校外职业发展导师，服务于学院校企合作人才培养、实习与就业基地建设、就业指导服务等工作。近年来，学院教师在国家级和省级报刊发表了实习管理相关论文23篇，承担省教育厅课题3项，省社科联课题4项，学校资助课题6项，获评优秀论文4篇。获得国际注册高级涉外事务管理师职业资格证书3人，获得澳大利亚TAE项目培训合格证书3人，获得英国创新创业教育师资培训合格证书4人，获得全球职业规划师培训合格证书9人，获得国家职业指导师15人，获得KAB创业教育（中国）项目师资证书43人，讲师证书6人。6名教师担任海口市创业就业协会创业导师。

（三）合建了一批"一带一路"实习就业基地

学院响应"一带一路"倡议，实现教育资源走出去，努力开拓迪拜、马尔代夫和新加坡等地的境外就业实习资源，提高毕业生就业质量和就业满意度。截至目前，我校毕业生在境外就业人数已达260多人，有效发挥了海南"一带一路"桥头堡的战略区位优势。

（四）推广经验做法

学院利用海南省高职高专教育研究会驻会单位、海南省职业教育师资培训中心所在单位的交流平台，相继举办了高职高专教育研究会年会、全国外经贸职业院校德育工作会议、海峡两岸琼台职业教育论坛等影响力较大的会议和赛事，组织教师学习实训管理模式、资源建设和教法改革等经验，省内外主流媒体对学院实习实训和校企合作等成就进行了广泛报道，有效提升了学院办学效益，增强了社会服务能力。

四、未来发展

在过去丰富实践的基础上，我们将加强理论的总结和指导作用，并着力做好课程衔接、师资匹配和实践平台三个方面的工作。

以三阶递进课程推动实习实训理实衔接，进一步解决人才培养衔接问题、有效融入专业难题和实战需求问题。我们将实习实训与创业就业紧密结合，遵循"通识教育+技能培养+创业实践与孵化"的层级培养，探索实行"三个一工程"（主修一门创业管理课程、完成一门专业创新课程、主导一个商业计划），确保创新创业教育贯穿在校全过程。学校根据不同专业群，从知识互补的角度搭配适当的选修课供学生选择，并通过人才培养方案的设计和修订，将创新创业理念等内容编入课程教材和讲义，对专任教师的创新创业竞赛指导成绩予以绩效考核。学校将创新创业纳入校企合作内容，通过政校企外合作理事会运作，将企业的创意、研发移入校园，有效实现创新创业人才的共育。

以"三师"育人打造实习实训团队，进一步解决师资薄弱问题、经验缺乏问题和个性发展问题。学校将通过校内、校外"双导师"制和岗位、课程、考证、竞赛"四融通"制，组建一支涵盖创新学、创业学、心理学及管理学等多学科的高水平创新创业教师队伍，并形成"三师并重"制度设计：将教学团队分为专业老师、校外导师和管理教师三个部分，所有专业老师需作为指导教师参与校园创业大赛和"互联网+"创新创业大赛，所有校外导师结合行业和产业知识做好创新创业培训，所有创新创业行政管理教师必须持相关证书上岗，"三师"各有侧重，共同服务于创新创业教学和管理。针对学生的个性化学习，学校将实行创新创业实践转换学分制度和弹性学制，确保学校专业教师加企业创业导师，全程"一对一"指导和帮扶参与创新创业的学生。

以三企资源构筑实习实训平台，进一步解决平台支持问题、授课多元问题和文化氛围问题。学校将企业、企业家、企业文化继续校本化、可视化、显现化，着力推进的"一个园区、三大中心、专业共享、辐射海南、全国示范"创业实践平台项目，已获国家发改委"十三五"产教融合项目重点投入建设，在完善物质载体的同时，以经贸精神培育创新文化，弘扬"开荒精神""骨干精神""敢拼精神"等，把学校"经贸自强之星"、创意文化节等活动发展为校园文化品牌。

六抓手规范实习管理　三模式创新育人机制

河北工业职业技术学院

【摘要】河北工业职业技术学院作为河北省规模最大、以钢铁冶金为特色的高职院校，与企业共同努力，通过"六个抓手"，即：抓规划、抓组织、抓实施、抓标准、抓责任、抓保障，不断提高实习管理规范化、精细化、科学化水平。通过不断总结与凝练，创新了以"四大观念"为引领的管理模式、"虚拟工厂+云课堂"的实习教学模式、校企协同共建共享的育人模式，形成了校企协同共建共育的实践育人机制以及基于信息化平台的诊断与改进管理机制。实现了学生实践创新能力和就业质量双提高，教师服务能力和教学研究双提升，顶岗实习服务"一带一路"实现新突破。

一、管理创新背景

提升实习管理水平是促进学院产教融合、工学结合的现实要求，是提升实践教学，提高学院人才培养质量的重要保障。近年来，学院依法开展实习管理，实习管理制度不断完善，实习管理工作得到各级普遍重视。学院建立了以全国钢铁行业龙头企业为依托的稳定的校外实训基地469家，开创了"集团牵头，协会架桥，名企支撑"的实习管理合作运行机制，建立了较为完善的实习管理制度，建成了初步集群化的实习信息管理系统。

随着职业教育内外部发展环境的快速变化，与加快推进依法治教和治理能力现代化的新要求相比，学院实习管理在管理理念、能力和信息化水平等方面仍有差距。实习工作遇到了新的问题与挑战，急需加强系统治理、综合治理，进一步完善顶层设计。

在这样的背景下，学院通过向上找标准，严格落实教育部等五部委发布的《职业学校学生实习管理规定》《职业学校专业（类）顶岗实习标准》等政策文件；向外看做法，对标职教强省和国内高水平职业院校典型经验做法，找差距、找不足；向内诊问题，坚持将诊断改进工作融入实习管理，形成基于问题的反馈管理机制，其中，2016—2017学年学院基于信息化管理水平大幅提升下的大数据应用，通过以诊断改进为手段，对完整学年实习管理进行了全面跟踪和诊断，优化改进管理措施；校企共协同，加强与企业合作，共建校企实习工作委员会，积极拓宽优质实习企业，共定方案、共同考核、共同管理，形成"产中有教、教中有产"的新生态。充分发挥了实习管理工作对学院职业教育改革发展的推动、引领和保障作用，不断提高实习管理规范化、精细化、科学化水平。

二、典型做法与具体措施

学院依托顶岗实习管理云平台，坚持育人主线，强化质量特色，建立了"红黄牌+星级"的动态与分类的实习单位管理制度、"四运行+四监督"的全方位过程管理体系、"四坚持、两提升"的考核评价理念、"制度—协议—保险—预案—预警—监督"的安全工作措施，切实抓好实习工作。

（一）典型做法

1. 抓规划

学院以"坚持育人主线，规范过程管理，持续诊改提升，强化安全保障"为整体设计思路，建立了"设计遴选、过程控制、考核评价、安全管理、监督激励"的运行机制，形成了校企协同共赢的信息化、系统化的实习管理模式（见图 1）。

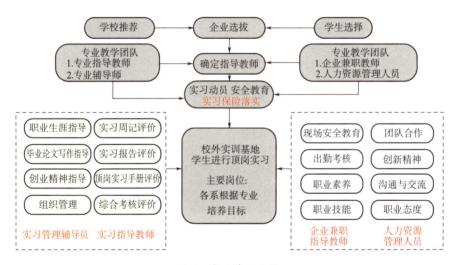

图 1　实习管理结构

2. 抓组织

健全组织机构，建立了院系两级"校企实习工作委员会"和"顶岗实习工作专委会"；完善制度体系，制定了一系列实习管理制度；完备操作文件，各专业结合行业特点制订实施办法、方案、手册等。明确工作要求，坚持"四原则"，采用"六共同"的做法，确保有效实施。优选实习单位，采用"红黄牌+星级"模式，动态管理实习单位；制订实习方案，依据国家顶岗实习标准，结合企业实际和专业特点，校企共同制订实习方案。

3. 抓实施

建立了"制度建设全面化，协议签订全员化，校企共管专人化，云端平台全程化"的运行模式，以"教师巡查，系部核查、学院督察，平台调查"为手段开展监督检查，形成了"运行+监督"的过程管理机制。从 2010 年起，学院从实习管理入手开展管理信息化建设，平台版本也从 1.0 升级到 4.0（见图 2）。

图 2　持续改进的实习管理信息化平台建设

4. 抓标准

规范评价过程，按照"理论与实践相结合，技术技能与职业素养相结合，过程考核与结果评价相结合"的要求，不断优化专业顶岗实习考核评价标准，严格组织实施。

5. 抓责任

通过建立安全制度，共保实习安全（见图 3）。签署三方协议，投保责任保险，制订应急预案，强化预警机制，严格监督巡查，全面保障学生实习期间的人身安全和健康。

图 3　实习安全教育管理

6. 抓保障

机制保障方面，建立了校企共订方案，共同管理，共同考评，共保安全的实习运行机制；资金保障方面，将学生实习保险、管理平台、兼职教师课时等费用纳入预算管理；条件保障方面，搭建了实习管理信息化平台，实施业绩考核及激励机制，全面保障实习工作（见图 4）。

（二）创新举措

1. 创新以"四大观念"为引领的管理模式

（1）将立德树人与"工匠精神"融入管理理念的"大思政观"。统筹学院党政各部门及企业导师，以思想政治理论课、专业课、文化及企业家大讲堂、学生社团、名师工作室、新媒体等为抓手，培养学生坚持正确价值导向，树立崇尚劳动、敬业守信的意志品质，培养精益求精、严谨细致的"工匠精神"，打造"大思政"教育管理格局。

（2）将行业企业与实践要素融入管理体系的"融合观"。外部融合，建立了行业企业全程参与的实践教学与管理机制。内部融合，建立了德育实践、教学实践、科技实践、双创实践、文化实践、社会实践等实践全要素相互融合的协同育人机制。

（3）将信息平台与多端协作融入管理过程的"信息观"。一是管理信息化。将学生、导师、企业、岗位等顶岗实习四个关键要素纳入信息管理系统，进行"实习意向库""实习单位信息库""指导教师库""校友库"筛选匹配，确保实习企业（岗位）符合学院、专业、学生需求。二是服务信息化。搭建了实习管理云服务信息系统，依托移动互联网与云服务，实现"云平台+APP"多端协作，实现学校、企业、学生、家长多方远程式、多角色协同实习管理，并实现实习过程中实时数据统计及全面监管。

（4）将质量标准与诊断改进融入保证体系的"质量观"。制定了顶岗实习质量标准，将诊断改进理念融入顶岗实习管理过程，借助实习管理平台，建立了学校、企业、学生、师傅等共同参与的顶岗实习质量评价与反馈控制机制。

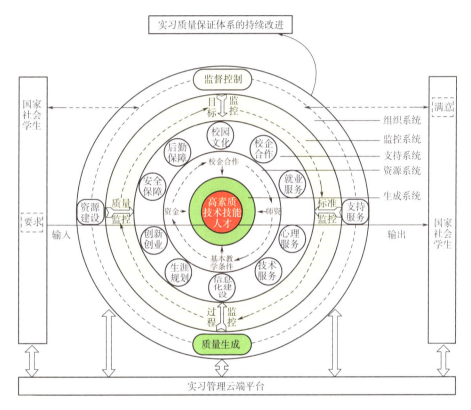

图4 实习质量保证体系

2. 创新了"虚拟工厂+云课堂"的实习教学模式

认识实习阶段，根据行业企业特点及部分高危行业真实生产环境，融合虚拟漫游、模拟仿真等技术，开发建立了钢铁生产实践教学系统、环境工程虚拟仿真实训中心、虚拟现实VR漫游系统、实习安全仿真教育系统等，以满足专业实习实训要求，并服务于行业企业培训工作。顶岗实习阶段，按照企业实际生产运行开展顶岗实习，如冶金类专业形成"整班入分厂、分组入工段、3人一个岗、4班两运转"的"准员工式"顶岗实习模式。同时，借助学院网络教学平台，将实习教学与"思想政治理论课""创新创业课""职业生涯课""心理健康课""安全教育课"等职业素养类课程有机结合，实现了"素质培养不断线"。

3. 创新了校企协同共建共享的育人模式

积极探索校企协同育人模式，先后与福特、通用、济源钢铁、河北钢铁集团、博世西门子等企业开展了"现代学徒制"试点、"企业新型学徒制"试点，与长安福特、博西华等企业开展订单培养。2017年企业捐赠及共建资金达4 000余万元。

三、成效与反响

（一）形成了校企协同共建共育的实践育人机制

一是校企合作建基地。学校与优质规模企业合作建成了稳定的校外实习基地469家，其中30家世界500强企业，230余家中国500强企业（见图5）。二是校企协同育人才。率先在汽修、应用电子技术、电子商务专业开展教育部"现代学徒制"试点培养；与济源钢铁、奥威钢铁等大型企业建立"企业新型学徒制"定向班；超过一半专业与企业建立了不同形式的订单培养模式，合作方式逐年深化。

钢铁冶金类	宝武钢铁集团、河钢集团、首钢集团、沙钢集团、鞍钢集团等
装备制造类	中国一重、三一重工、新兴能源、中车、南车等
汽车类	长城汽车、福特、通用、庞大集团、北汽、广汇等
化工制药类	万华集团、开滦集团、华药、石药、神威等
电子电工类	中国电子科技集团13所、23所、45所、54所、河北通建、博西华等
建筑类	中电建、中铁、20冶、22冶、河北电建、河北建工、河北冶建、业之峰等
服务三产类	中粮、中储、人保、银河证券、康辉、中青旅等

图5　2017—2018学年部分典型实习合作企业

（二）形成了基于信息化平台的诊断与改进管理机制

按照国家顶岗实习标准设立学校顶岗实习质量监控点，依托顶岗实习云管理平台及校内诊断与改进数据管理平台，建立了全方位、多角度、可量化的监控机制，保证了实习效果（见图6）。相关案例获评2016年全国高职高专校长联席会议年会优秀案例。

图6　学生在实习现场工作

（三）实现学生实践创新能力和就业质量双提高

2015级学生王一鑫的"姜黄素—胡椒碱联合抑菌防腐作用研究"在核心期刊《中国食品添加剂》发表。2017年学院师生团队申报各项专利116项，其中发明专利23件，授权71项，申报量、授权量居省内高职前列。实践育人与创新创业相融合，获评2017年教育部"全国高校实践育人创新创业基地"。据麦可思毕业生培养质量中期评价报告显示，我院毕业生三年后平均月收入5 993元，高于全国平均水平，3 000余名学生入职宝武钢铁集团等世界500强企业及中国100强企业，用人单位满意度达95%以上。

（四）实现教师服务能力和教学研究双提升

2017年学院横向技术服务到款额530.4万元，技术交易到款额483万元，非学历培训到款额1 009.3万元，学院社会服务能力和影响力大幅提升。近几年在《职业技术教育》《职教论坛》等有影响力的刊物发表"实践教学"相关研究论文49篇。2017年获全国职业院校信息化教学大赛二、三等奖三项。自主研发的"全玻璃仿真焦炉煤气净化车间生产实训技术"获第八届河北省教学成果奖二等奖。在2018年全国职业院校技能大赛中，获物联网技术应用赛项一等奖，工业机器人技术应用、市场营销技能、建筑工程识图等赛项三等奖。

（五）顶岗实习服务"一带一路"实现新突破

河北钢铁集团塞尔维亚公司是国家"一带一路"的重点项目，收购仅半年，就结束了其连续7年亏损的历史，成为塞尔维亚第二大出口企业，成为带动其出口增长的重要动力之一。习近平总书记对该项目高度关注，并对河北钢铁集团提出了殷切希望。

2018年8月，学院轧钢、冶金、质检、机电、电气、IT、环保等岗位相关专业共计20名学生，赴河北钢铁集团塞尔维亚公司实习，开启了学院实习学生走出去，服务"一带一路"的突破。学生们在实习过程中拓宽了视野，加深了对服务企业"走出去"国家战略的理解，对国外钢厂设备及钢铁工艺流程，职业理念和管理制度有了切身体验。学院也在实习学生走出去的过程中，积累了丰富的配套实习管理经验，为企业下一步培养"一带一路"急需人才，海外职工培训、应用技术研发等方面合作奠定了坚实的基础，探索出职业教育国际化的新路子。

四、未来发展

我们将进一步贯彻落实《关于深化产教融合的若干意见》《职业学校校企合作促进办法》，以钉"钉子"的精神，勇于探索、科学规划、严密组织、规范实施、强化保障，不断创新实习管理模式，全面提升人才培养质量。

（一）深入推进学徒制，校企深度协同实习管理

在校企的共同努力下，学院"现代学徒制"试点工作有序开展，稳步推进，积累了丰富的校企合作开展学徒制办学经验。并以此为契机，深入推进了产教融合。但是

也发现一些问题，比如，校企双主体育人作用有待进一步加强；"现代学徒制"理论成果有待提升凝练，配套的实习管理制度需进一步完善。下一步学院将积极探索学徒制人才培养机制，充分发挥学校和企业各自优势，统筹利用校企双方资源，开展"现代学徒"制背景下的实习管理研究与实践。

（二）加强信息化管理，大数据分析过程数据

学院的实习管理虽然经历了从 1.0 到 4.0 的飞跃，实习指导老师能清楚地了解学生顶岗实习期的动态，每天实习学生都需要到 APP 上签到，正如上班族"打卡"一样。指导老师可以通过 APP 平台查看到各系部、班级、学生个人的实习详细情况。采用移动互联网管理学生实习，解决了职业院校一直被社会所诟病的"放羊式实习管理"问题，让学校全员都重视学生实习，还减少了实习管理成本。但是在执行的过程中，互联网手段还只是工具，只是解决了职业学校学生实习时"放羊不丢羊"问题，还需要解决学生实习时"放的羊是否吃饱、是否吃得有营养"等问题，这才是顶岗实习作为重要的教学环节所要达到的最终目的。今后学院将加强大数据应用，在实习情况分析、学习行为分析、就业规划、心理咨询、校友联络等方面借助大数据分析技术，挖掘数据中潜在的价值。

（三）重视安全教育，建立安全管理体系

第一，完善课程设置。将大学生安全教育纳入学院教育教学体系，按年级、按专业、按需要分级分类实施，明确大学生入学第一周内，必须集中开展安全教育，每学期应安排若干学时的集中安全教育；逐步将安全教育课列入大学生公共必修课，并落实相应学分。

第二，充实教学资源。积极开发利用与大学生安全教育相关，为教学服务的多种教学资源。落实教学所需书籍、投影、录音、录像、多媒体、实训器材等教学工具和场所，积极制作教育教学计划、教案、课件等教学文件和配套材料，探索案例教育和自我教育新途径，鼓励教师积极开发安全教育类校本教材。

第三，将大学生安全教育教师队伍建设纳入学院师资队伍建设规划，一般性、通识性的安全教育教师纳入思想政治理论教师系列。积极构建"专职为主、专兼结合、社会参与"的安全教育师资队伍，建立"双岗双职"复合师资群。

创新实习管理　培育技能英才

河北省张家口市职教中心

【摘要】中职学生实习工作的创新与优化，是实现职业教育培养目标，增强学生综合职业能力的根本环节，让学生成为一名合格的准职业人，是中职学校实习管理工作的重点与目标。

一、管理创新背景

张家口市职教中心是一所学历教育近 8 000 人、年短期培训 5 000 多人的超万人首批中职改革发展示范校；开设有信息技术、航空服务、动漫游戏、学前教育、冰雪运动等八个专业，建有 3 万多平方米的专业实训基地；现已有 30 000 余名毕业生广泛分布在京津冀地区 2 000 多家高层企业。

在多年的办学实践中学校深深体会到，学生实习工作的创新与优化是实现职业教育培养目标，增强学生综合职业能力的根本环节。因此学校在不断深化产教融合、工学结合人才培养模式的进程中，全力推进了实习组织管理体系、运行机制、教育教学体系的创新与改革，不仅为社会培养输送了大批实用性、高素质的劳动者，也创造了良好的办学效益与社会效益，提升了学校整体的服务能力、办学质量，为国家相关产业的发展提供了有力的人才支撑。

二、典型做法与具体措施

（一）构建实习组织管理体系

构建"校企双主体、部门联动管理、校内层级负责"的实习组织管理体系。

在实习管理工作中，学校实施了校企双主体管理机制。学校充分发挥毗邻京津的区位优势，与 200 余家优质企业建立了稳固的合作关系，共建了"一校百企联盟"，积极引导企业发挥技术和资源优势，广泛参与到学校的招生、教学、实训，特别是实习管理等育人活动的各个环节当中，并于 2011 年联合 30 多家行业企业与政府部门成立了校企合作委员会，重点专业建设指导委员会，构筑了校企合作有效运行的稳固平台。通过不断完善互利双赢的利益机制、资源共享的参与机制、心系企业的情感机制，深化"订单式""学工交替""厂中校""校中厂""实习管理双导师"等合作模式，极大地推动了校企双方课程共研、基地共建、人才共育、实习共管和成果共享。

学校实习管理工作实施"一把手"工程，成立了由校长为组长的领导小组。校内设实习就业处，为学生实习提供全程化保障服务，同时负责对各专业实习工作的指导、巡查、监督及考核工作。德育处负责指导培训实习学生职业精神、职业道德素养、安全素养和心理健康教育工作；教务处负责实习计划的指导、审定工作，并对学生实习期间的学业成绩予以考核。校内三部门与合作企业以定期及不定期的联席会形式，互通岗位需求与日常教育教学脱节问题，共同研究推动人才培养模式改革与课程体系建设。

在具体实习工作中，学校实行低重心管理，各专业部专设一名实习管理副主任，专职负责本专业实习计划的制订、实习指导教师培训以及实习组织、管理、指导等工作，形成了由校长—主管校长—实习就业处—专业部—实习指导教师组成的"五层级"管理架构。

（二）建立健全实习管理运行机制

针对学校实际情况，根据国家、省市出台的相关文件、法律法规和制度，学校对实习工作实行严格的目标责任制、巡查制和绩效奖励制，将实习管理工作纳入团队及个人的目标考核体系，现已建立起包括《学生实习管理制度》《实习指导教师管理办法》《校外实训基地建设与管理办法》《实习生考核评分细则》《优秀实习生评比办法》《实习指导教师工作绩效考核办法》《不合格实习学生召回制度》《实习生意外伤害应急预案》等实习管理制度，形成了刚性管理、柔性服务和活性激励的制度体系，有效保障了学生、学校、企业三方的合法权益，使实习管理工作有章可循，有据可依。

学校实习管理工作实行"现场管理"与"跟踪管理"相结合的管理模式。在现场管理阶段中，按照"每15人选派一名实习指导教师"的原则，学校常年选派实习指导教师深入实习企业，进行半年到一年的集中片区管理，同时参与企业生产实践，实现了强化实习管理和提升教师专业化水平的双重目标。经过多年的实践与摸索，现已建立起"日报告、周小结、月例会、学期督查考核"的实习管理运行机制，最大限度地提升了管理效能。比如：学校要求学生每日填写实习手册、每周撰写实习周记。实习指导教师每日深入企业巡岗实行微信签到，填写工作日志；每周召开实习生例会、批阅实习周记；每月与所有实习生谈心一次、与家长联系一次，并撰写详细的月度汇报。实习就业处每周召开实习管理例会。主管校长每月组织召开实习工作汇报会。领导小组、实习就业处及督导处每学期不定时巡视实习单位，淘汰不合格企业，召回不合格实习学生。实习结束，学校根据评比考核办法，对各专业实习工作、实习指导教师、实习生进行全面考核评价，对不合格实习生予以延缓毕业等。

学校将传统管理方式与信息化手段相结合，利用微信、QQ、电话及不定期走访等多种方式进行跟踪管理，实现了线上线下的交互作用、实时交流，加强了动态管理，也实现了学校、企业、学生及家长的四方互动，从而保障了实习质量。

学校还重点强化了实习指导教师的管理及服务。在实习指导教师的任用上，学校坚持全员参与、慎重选拔、精心挑选，选派爱岗敬业、组织管理能力强、沟通协调能力优、专业技术水平较高的中青年专业教师深入企业，进行管理并参与企业实践。在日常工作中，校领导、实习就业处人员经常通过电话、微信等方式与教师进行沟通交流；每逢节假日，校领导要专门打电话对身处异地的教师进行慰问，将慰问品送到教师手上，有时还要亲自到实地看望，对实习师生给予高度关注。在生活上，学校努力提高实习指导教师的待遇水平，在评优评先、晋级晋职等方面一律予以倾斜，还尽全力为异地工作的教师排忧解难，解决后顾之忧，使他们能够安心在外工作。

（三）不断优化校企育人模式

实习是教育教学的核心部分，是提高校企合作育人质量的关键环节。为了能够为企业、产业和社会培养输送高素质的技能型人才，学校全力推进了校企协同育人模式。

第一，紧密对接职业标准、行业标准和岗位标准，逐年优化教学标准、课程标准、考核标准、核心素养标准，实现了教学过程与工作过程、教学内容与工作内容、考核标准与工作标准、核心素养标准与职业素养标准的有效对接。现已形成"理实一体、学岗直通、课证融合、模块灵活"的课程体系，创新了"2211"（"两学期基础+两学期专门化技术+一学期企业项目实战+一学期企业顶岗实习"）人才培养模式。特别是近几年，学校先后引入了联想、那弩、超星等优质企业的人才标准及其认证体系，将企业的培训课程、运行流程、规范制度、工作方法、考核标准融入专业课程体系，将企业的运营服务体系引入学校教学实训平台和实践基地，极大地推动了人才培养模式的创新与培养质量的提高。

第二，以"工匠精神"、职场标准为引领，融合企业文化元素，创新开展了礼仪课、职业指导课、心理健康课、活动课的改革，精心构建了三年3个序列、5个维度、10个品牌活动的具有校本特色的德育教育体系，探索出"课堂教学建构素质、文明养成规范素质、特色活动拓展素质、劳动训练强化素质、社会实践提升素质"学生职业素养培养模式，不断提升学生综合职业能力和职业素养。

第三，先后引入联想、阿里巴巴、上海奥趣、美国Base、北京超星、河北玛雅等20余家企业车间模式，新建了60个专业实训室，还建立了120个稳定的校外实训基地，形成了集专业实训、大赛研发、实习就业、社会培训服务为一体的专业实训平台。

第四，对学生思想品德、学业考试、校技能大赛、企业生产任务考核、综合职业能力、毕业汇报进行综合评价，形成了学校、行业、企业、社会等多元主体参与，体现德、智、体、美、劳多维度的学生综合评价体系。

三、成效与反响

（一）学生深受用人单位的欢迎和好评，技能大赛成绩突出

目前，学校3万余名毕业生均以良好的文明礼仪习惯，扎实的专业技能，勤奋

踏实的工作态度，吃苦耐劳的精神，深受实习和用人单位的欢迎和好评。1 000 多名学生走上了领导岗位，300 多名学生成为企业家，学校影响力、美誉度、吸引力增强，招生连年爆满，年均招生 2 800 余人。千余名学生在国家、省、市级技能大赛和行业技能大赛中摘金夺银，近五年共捧回 24 项国赛、省赛团体一等奖，夺得奖牌近 500 枚，涌现出全国五一劳动奖章获得者、全国职业道德十佳标兵郑美兰，全国优秀农民工贾晓飞，全国航空安检员大赛冠军土志兰，全国向上向善好青年郑鹏，世界技能大赛国家集训队选手王亚伟，市级烹饪大师、国赛金牌获得者郭强等一大批技能明星、劳动模范。

（二）教师队伍素质不断提升

通过选派教师深入企业跟岗实习、指导学生顶岗实习和企业实践，极大提高了教师管理能力、岗位实践能力和教科研能力。目前，学校"双师比"达到 81.8%，680 余人次在各级各类教育教学竞赛、技能大赛中获奖；有 50 余人获得职业考评员资格，担任省级、全国职业技能大赛评委，形成了一支专兼结合、理念先进、师德良好、业务过硬的优秀专业教师团队。

（三）办学质量与服务能力显著提升

近 10 年来，学校先后有 3 000 余名师生圆满完成了北京奥运会、上海世博会、锦州园博会、北京 APEC 峰会、"九三"阅兵式、全国两会、"一带一路"国际合作高峰论坛以及京张联合申奥办奥等国内外盛事盛会的安检、礼仪服务工作；年均为省市机关、企事业单位大型会议与活动、国家各类考试提供技术服务百余次；100 余人次干部、教师在各类高层会议、论坛做经验介绍；美国、英国、法国、加拿大、荷兰等十余个国家代表团、千余所国内兄弟院校 5 万余名干部、教师到校参观交流；《新闻联播》《人民日报》、腾讯网等多家主流媒体宣传报道了学校的办学成果和经验，较好地发挥了示范引领作用。学校还先后荣获全国文明单位、首届全国文明校园、全国教育系统先进集体等 300 余项荣誉。2017 年 12 月 25 日，张高丽、刘延东两位副总理，亲临学校视察指导，对学校的办学成果和学生的出色表现给予了高度评价，并鼓励要创办世界一流的职业学校。

四、未来发展

近年来，为了进一步推动全国职业院校强化教育教学管理，规范学生实习工作，国家相继出台了《国务院关于加快发展现代职业教育的决定》《职业院校管理水平提升行动计划》（2015—2018 年）和《职业学校学生实习管理规定》（2018 年）等政策性文件，着重对实习管理工作进行了新的部署和规定。学校将继续严格贯彻落实国家的政策及相关要求，巩固现有成果，依托校企合作优势，继续改革优化工作运行机制，提高工作质量，建立实习管理信息平台，强化信息化管理手段的应用和推广，努力提升学生的就业竞争力、岗位适应能力，打造京津冀地区技能型人才培养培训中心，为区域经济和社会发展做出贡献。

强化实习管理改革　提升人才培养质量

河南工业职业技术学院

【摘要】多年来学校持续深化学生实习管理研究与实践改革，在校企"双主体"育人模式、顶岗实习质量监控和保障方面取得了突出的研究成果，为实习管理实践提供了强有力的指导。近年来为充分利用信息化手段严格落实校外实习各环节要求，提升实习管理效率和实习质量，学校进一步加强了整体规划，完善制度，明确标准，加强保障，在实施中逐步建立了实习前"十到位"，实习中"八对接"，实习后"五评价"的实习管理模式，实现了实习教学全方位、全过程、高质量管理，在学生职业技能、就业质量等方面收获丰硕，特别是在"双主体"和学徒制背景下形成的"六共六双"校企协同育人模式具有普遍的借鉴和推广价值。

一、管理创新背景

河南工业职业技术学院是国家骨干高职院校、国家优质校立项建设单位、国家"现代学徒制"试点单位和全国教学诊改试点单位，曾荣获全国职业教育先进单位、全国就业先进工作单位、国家技能人才培育突出贡献奖等荣誉。

学院一贯高度重视实习工作，持续不断地深化教学改革研究和实践，并取得实效，"校企'双主体'育人模式的研究与实践"项目荣获河南省高等教育教学改革成果特等奖。研究成果有效推动了实习管理模式改革、信息化管理手段应用和实习管理水平的不断提升。

在学生实习管理实践中，学校自主开发了实习管理系统，提升了实习管理效率。但是，随着近年来信息化的发展和实习管理新要求的产生，学校现有的实习管理信息系统逐渐不适应学校实际需求，通过市场调研和到兄弟院校考察，没有找到令人满意的适合我校实际的系统，最终学校决定投入 25 万元专项经费，引进企业先进技术手段，共同组织团队依据实习管理相关规定、实习标准，结合学校实际及过程化管理要求，系统规划、定制研发实习全流程信息化管理系统，力求做到方便实习师生、提升工作效率，该系统及相应的管理模式在实践中不断完善和成熟。

学校不断加大校企合作力度，深入开展校企协同育人。2010 年，我校借鉴德国

"双元制"教育模式，依托河南军工职业教育集团企业，探索校企"双主体"人才培养模式改革。2015年，学校被教育部确定为"现代学徒制"试点单位，继续深化实施校企"双主体"人才培养，在校企协同育人方面积累了丰富的经验，具有我校特色的校企协同育人模式逐步形成。

二、典型做法与具体措施

（一）高度重视，科学规划

学校党委、行政高度重视学生实习工作，成立了由校长任组长的实习工作领导小组，各院系均成立工作组，形成了校系两级实习管理组织体系。学校把学生实习工作纳入学校"十三五"发展规划中，把实习教学纳入专业人才培养方案中，保证实践教学比例不低于50%，顶岗实习时间累计一般为6个月，把实习工作纳入年度工作计划中，学校定期召开实习工作专题会，研究解决实习工作中遇到的问题，年底进行实习工作总结表彰。

（二）完善制度，明确标准

依据《职业学校学生实习管理规定》等文件精神，结合学校实际制定了《校外实践教学管理规定》《校外实习基地建设与管理办法》等实习管理规章制度，形成了完善的实习管理制度体系。针对实习单位遴选、实习岗位确定、实习过程指导、实习成绩考核、实习安全管理等各环节，均制定了明确的质量标准和工作标准，保证学生实习工作的组织实施有制度可依、有标准可循、有规矩可守。

（三）认真组织，规范实施

1. 实习工作开始前做到"十到位"

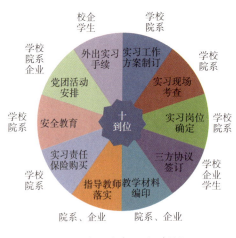

图1 实习准备"十到位"

为保障充分的实习条件，校企双方严密组织，相关组织和参与人员在实习前必须做到"十到位"（见图1），然后才能实施，即：实习工作方案制订到位，实习现场考查到位，实习岗位确定到位，三方协议签订到位，教学材料编印到位，指导教师落实到位，实习责任保险购买到位，安全教育到位，党团活动安排到位，外出实习手续办理到位。

2. 实习管理过程中依托实习管理信息系统实施"八对接"

经过多年积累和不断探索，学校逐步建立并实施了实习管理信息系统与实习管理各环节、全过程对接的"八对接"信息化管理模式（见图2）。实习中，利用实习管理信息系统（以下简称"实习系统"），实现对实习工作的全方位、全过程实时监控，落实实习考勤、指导、日志、实习成绩评定等各环节任务。

第一，对接《职业学校学生实习管理规定》和学校实习管理制度，将实习管理各项制度、规范纳入实习系统，实现了制度的信息化管理和落实。学校在实习系统规划建设中，为落实制度要求，将实习组织、实习管理、实习考核、实习安全等全部纳入实习系统建设。例如，学生实习责任保险、实习资格审查、实习企业遴选、实习协议办理审核、学生实习安全监管、实习任务和作业评价考核等，力求与制度全面对接，促进和提升实际工作效果。

图 2　实习管理"八对接"

第二，对接《职业学校专业（类）顶岗实习标准》和学校各专业实习标准，实现专业实习标准信息化管理和使用。将《职业学校专业（类）顶岗实习标准》的 72 个专业实习标准内容和学校，根据国家标准修订的 52 个专业实习标准内容在实习系统发布，树立实习标杆，各专业班级依据实习标准制订和发布实习计划，开展实习教学。同时严格专业对口实习要求，力求实习目标明确，实习条件完善，实习内容合理，保障实习教学规范开展。

第三，对接国家工商管理局企业注册信息，师生在实习前可对实习企业的资质和条件进行审查，为实习单位的遴选提供准确、可靠的依据，提升实习企业遴选的效率和质量。

第四，对接实习过程管理，将实习教学和管理全过程纳入实习系统，促进了实习工作的全过程动态化精细化管理。实习系统包括实习计划的发布、指导教师和学生的安排、实习企业遴选、实习协议签订、实习申请手续的提交、实习两级审批、学生考勤、学生日常报告撰写、教师实时批阅报告、对学生日常指导交流记录、实习成绩的评定与管理、实习材料归档、各院系及教师工作的统计评价等功能模块，实习工作随时随地进行，后台全过程实时掌控学生实习的状态。

第五，对接实习安全管理，实现考勤、统计、提醒和遇险报警等工作的信息化。学生通过实习系统手机 APP，每天定位签到、拍照，教师通过 APP 每天考勤；实习系统根据签到情况自动发送系统消息或手机短信，提醒超地点或时间范围的学生及指导教师；教师和管理人员通过后台统计查看学生实习轨迹，考勤签到时间、地点等信息；学生在实习中遇到危险，可向家长和指导老师一键发送 SOS 报警求助短信。另外，师生可在实习系统实时上传和查看实习协议和实习责任保险单。

第六，对接招聘就业，搭建实习与就业的桥梁，为学生实习就业提供一条龙服务。学生在实习系统发布个人简历，学校、企业或教师在实习系统发布招聘信息，查看学生毕业去向、初次就业薪资、岗位实习就业情况、就业地域分布，查看企业招聘学生总体情况等，及时反馈到工作中，全面促进学生职业发展。

第七，对接院系、专业、教师和学生，实时对四个对象的实习工作状态进行统计、分析和评价，为教学工作的诊断与改进提供了依据和抓手。在实习系统的设计和建设中，将院系、专业、教师和学生四个角色的职责或任务量化到实习各环节，管理中实时分角色统计工作职责或任务落实完成情况，例如，院系实习是否按教学进程及时开展，专业发布实习计划是否及时规范，学生手续办理、日常签到、报告撰写提交是否及时认真，校内教师实习审批、日常指导、周报批阅、成绩评定是否及时认真，企业教师评价情况等每周在校园网统计发布实习信息周报，有效促进了工作的开展和改进。同时，强大的数据采集、管理、挖掘、分析功能，为校外专业教学的诊改提供了有力支撑。

第八，对接学生学习和生活，便于师生沟通交流、成果展示，调动实习积极性，促进学生实习任务的完成。

为整合实习过程中信息交流渠道，汇总以往 QQ、微信等通信过程中分散的实习信息，实习系统设计了类似 QQ 的实习群组，便于实习师生讨论问题；设计了类似朋友圈的"实习圈"，供实习师生展示实习心情、交流实习生活；设计了实习积分和排名规则，每完成 1 项任务和工作就可以得到实习积分，学生用实习积分可以在实习商城兑换奖品。

3. 实习工作结束，做好"五评价"

依据实习考评制度和实习教学与管理过程工作质量，评选实习管理先进单位、实习管理先进个人、优秀指导教师、优秀企业师傅、优秀实习生，并公开表彰。

通过以上措施，实习工作做到了事事有标准，事事有人管，事事有考评，实习教学和管理工作得到持续提升。

4. 创新"六共六双"校企协同育人模式

逐步构建并形成了以"六共六双"为核心内涵的校企协同育人模式（见图 3）。

在"六共六双"校企协同育人模式下，校企共同组织招生和招工，确定在校生和企业准员工"双身份"；校企共同制订人才培养方案，人才培养设计体现校企"双智慧"；校企共同建设师资队伍，教师队伍实现校企"双共享"；校企共同进行教学资源建设，人才培养支撑体现校企"双优势"；校企共同完成人才培养，培养过程体现校企"双交替"；校企共同进行质量管理和评价，质量责任体现"双保证"。企业以育人主体的身份参与职业教育人才培养工作中来，其积极性得到充分发挥，学生实习的质量得到了有效保证。

图3　"六共六双"校企协同育人模式

（四）措施到位，保障有力

组织保障健全了校系两级管理机构，形成了完善的校系两级组织管理体系。制度保障：形成了完善的实习管理制度体系，按制度办事，奖惩分明，保障了实习有序开展。经费保障：学校每年足额拨付实习工作专项经费、实习差旅费、学生补助、指导教师课时津贴等费用，保证了实习教学工作正常开展。人员保障：落实实习教学双导师制度，为每位实习学生确定学校和企业的指导老师，全程实施指导和管理。技术保障：建立了学生实习管理信息系统，全程对接实习管理和教学流程，及时掌握实习动态和相关信息，提高了实习管理的效率和质量。

三、成效与反响

（一）实习管理工作水平处于河南省领先地位

学校建立了科学完善的实习教学管理体系和运行机制，实现了实习管理规范化和制度化，上级文件精神在我校得到严格贯彻落实，学生实习为人才培养质量的提升提供了有力保障。目前，我校实习管理工作整体上处于河南省高职院校领先地位，多次被河南省评为教学管理、实习管理先进单位。

（二）学生的职业技能和综合职业素质不断提高

学校坚持改革创新，持续深化"双主体"育人、"现代学徒制"等协同育人模式改革，充分调动企业积极性，保证了实习效果和质量，提高了学生的职业技能和综合职业素质。

近年来，学生在全国职业院校技能大赛中获国家一等奖9项，省级以上奖励共184项。2017年，我校学生职业技能大赛获奖数量全国排名第7。

（三）毕业生就业率和就业质量不断攀升

学校依托河南省军工职教集团，建设实习基地360多个，并结合学生就业情况，遴选专业对口、技术先进、学生认可的企业建设实习就业基地，学校把实习和就业一体化考虑，提高了学生的就业满意度、对口率和稳定性。

在社会第三方评价中，我校毕业生的就业率、就业对口率、满意度等指标，一直处于河南高职院校领先地位，部分指标处于全国先进行列，曾被国务院授予全国就业先进工作单位。我校毕业生连续四年就业率在 98% 以上，月收入和就业现状满意度均高于全国骨干院校平均数并持续攀升。

（四）学生实习成果丰硕

近三年来，学生在实习过程中参与企业生产技术改造项目 120 余项，获得专利 112 项，发表论文 226 篇，在提高自身职业技能水平的同时，也为实习企业的发展贡献了力量。

学生在实习单位表现突出，为企业解决技术难题，获得企业高度认可。2017 年，汽车工程学院学生在重庆长安汽车实习，获得企业好评，企业进一步与学校合作开展人才培养，并先后捐赠学校实训车辆 11 台、发动机 5 台，合作建设校内实训室 2 个；机械工程学院、机电自动化学院学生在实习中为中南钻石公司、中光学集团做出了突出贡献，企业为更好地培养高素质技术技能人才，在校内建立了"包玉合大师工作室""梁兵大师工作室"等 4 个大师工作室。

（五）实习研究成果显著

近年来，学校先后发表《高职院校顶岗实习的探索与研究》等实习教学与管理相关研究论文 40 余篇，《高职院校顶岗实习质量监控体系和保障机制的研究与实践》等校级以上研究课题 20 余项，荣获河南省高等教育教学改革成果特等奖 1 项，河南省高等教育教学改革成果一等奖 1 项。

四、未来发展

学校在巩固既有实习管理成果的基础上将继续深入开展实习管理研究，创新实习管理内涵建设和实践方法；持续强化信息化管理手段，不断优化完善实习系统，及时落实理论创新和实践方法，提升实习管理效率；充分挖掘实习数据并开展有效分析，为校内外教学提供诊断与改进的依据，促进人才培养质量的持续提升。

园校紧密合作　共促就业软着陆

河南省幼儿师范学校

【摘要】在园校紧密合作、互惠共赢的理念指导下，在极具女校特色的人才培养模式育人环境中，学生在园校"双导师"的引领下，通过参加"理实一体课堂""精英园长沙龙"等校内学习实践活动，以及"三学年、六阶段、理实多轮交替"的校外实践活动，顺利实现了就业软着陆，完成了由学前教育专业中职生到幼儿园教师，由在校生到职业人的身份转变。

河南省幼儿师范学校高度重视实习管理工作，专门成立了实习领导小组，组建了"专业建设指导委员会"和"校企合作指导委员会"，切实加强对实习工作的设计规划、统筹管理。

一、管理创新背景

河南省幼儿师范学校创建于 1949 年，隶属河南省妇女联合会，是河南省目前唯一一所培养综合型女性人才的省属全日制师范类重点女子中等职业学校。

学校是河南省重点中等职业学校、省文明学校，省首批职业教育特色学校，省普通大中专毕业生就业创业工作先进单位，省首批中等职业学校管理强校和校园文化建设示范校，省教育系统学雷锋活动优秀群体，省博士后研发基地；全国职业教育先进单位、国防教育特色学校，全国巾帼文明岗，中国职业技术教育学会会员。

2012 年，以河南省职业教育特色学校项目建设为契机，学校坚持开放办学、互利双赢的校企合作方式，积极拓展校企合作的深度和广度，聘请高校教育理论专家、幼儿园教育实践专家等教育行政机构人士，吸纳学校骨干教师组建成立了学校"专业建设指导委员会"和"校企合作指导委员会"。两个委员会定期召开会议，结合学校实际情况，在园校合作、人才培养模式改革、师资队伍建设、课程体系建设、教学模式改革，以及实习实训基地建设等领域提供专业指导和帮助。

在"专业建设指导委员会"的指导下，学校进一步厘清、确立了人才培养模式以及培养目标。

学校人才培养模式为"园校结合、理实一体、多轮交替、师德、技能、女性教育三位一体"。园校结合即幼儿园与学校在实习管理、教育教学等方面深度合作;理实一体即理论实践一体化,让学生在做中学、学中做;多轮交替指理论和实践交替进行,直观和抽象交错出现,没有固定的先实后理或先理后实,而是理中有实,实中有理。突出学生动手能力和专业技能的培养,充分调动和激发学生学习兴趣。三位一体指师德、技能、女性教育三者是一个整体。

学校人才培养目标为:沿着"人—教师—幼儿教师—幼儿教育管理者—具有女校文化特质的幼教工作者"的主线,培养具有性别平等意识,掌握学前教育专业必备知识,具备从事实践教学、幼儿园组织管理和教学能力,有一定信息素养、适应现代幼教发展需要的学前教育工作者。

二、典型做法与具体措施

(一)加强顶层规划,规范管理制度

1. 成立领导小组,抓好统筹规划

学校成立了实习领导小组,校长任组长,主抓教学、学生、招生就业的两位副校长任副组长,办公室设在教务科,成员由教务科、招生就业办、学生科等相关科室负责人组成,确保实习工作的正常开展;邀请"专业建设指导委员会"和"校企合作指导委员会"专家对实习管理工作进行顶层设计,全面规划。

2. 固化工作流程,健全管理机制

学校进一步健全实习管理长效机制,制定了一系列规章制度,固化了工作流程,强化了责任担当,提高了工作执行力:第一,进一步强调实习工作的重要性,将实习纳入《学前专业教学计划》,实习实践课程贯穿教学始终;第二,制订《实习工作实施方案》,明确实习目标、实习任务、实习计划、实施方法和考评方法;第三,制定《实习管理办法》《园长及指导教师职责》《实习生指导手册》《实习生守则》《顶岗实习计划书》等,加强实习过程监督和管理;第四,制定《实习实训安全管理规定》,保证实习实训期间学生人身、财产安全;第五,制定《教育教学实践基地认定标准及流程》,为科学遴选实践基地提供依据;第六,制定《实习成绩考察和评定办法》,做好实习考核及激励工作。

(二)创新运行机制,助力就业软着陆

学校加强园校合作,与幼儿园形成了"利益共赢、责任共担、人才共育、过程共管、成果共享"的园校合作长效运行机制,提高了育人质量,帮助学生实现了就业软着陆。

1. 夯实实践基础,园校共赢中提高实习质量

第一,严格遴选实践基地,为实习提供质量保障。学校对合作的教育教学实践基

地严格把关，制定了实践基地认定标准及流程，只有递交申请表、通过资质验证和实地检验、合作至少1学年，且获得师生评估认可的幼儿园才能成为我校的实践基地。目前学校已经遴选了28所幼儿园（机构）作为我校教育教学实践基地（见图1、图2）。在多年合作、认真考察的基础上，学校与600余园所签订了顶岗实习合作协议，为学生开辟了安全、广阔的实习空间。

图1　学校为教育教学实践基地授牌　　　　图2　学校供需招聘会资质验证

第二，完善校内实训设施，丰富了实习环境。在"校企合作指导委员会"的指导下，学校陆续投资建设了一批与幼儿园实际教学接轨的各类实训室，师生可以直接到相应实训室进行操作、体验和模拟教学。

第三，通过搭建多类型洽谈平台，力求精准实习、就业。学校召开教学实践基地幼儿园专场招聘会、特色园所招聘会，为基地幼儿园提供高素质实习生，为特长生提供对口实习平台；组织大型双向供需洽谈会，方便实习生和用人单位双向选择；安排订单班学生进入订单园所实习，尽量做到人尽其才，园校共赢，为进一步就业、用人筑牢根基。

2. 构建实习模式，多轮交替中增强角色认同

学校依据《幼儿园教师专业标准》《3~6岁儿童学习与发展指南》《职业学校学生实习管理规定》（教职成〔2016〕3号）和《职业学校专业（类）顶岗实习标准》等文件要求，结合学校、学生及幼儿园实际，构建了相对完善的"三学年、六阶段、理实多轮交替"的学前教育专业学生实习模式，将实习有机融合进我校学前教育专业课程体系之中。

其中"六阶段"是指"了解职业""认识职业""模拟职业""体验职业""职业适应""职业提升"。

了解职业——新生入校时即选派部分实践基地的实践导师参与入学教育，邀请优秀毕业生代表介绍职业，分享学习经历和工作经历，让学生初步了解职业，增加角色认同感和使命感。

认识职业——安排一年级学生入园见习 1 周，以见习幼儿园一日流程和保育工作为主，在幼儿园导师的指导下，能完成简单的保育工作，与幼儿正常沟通，使学生完成最初的职业认识。

模拟职业——邀请幼儿园教师参加，在学校教师指导下，以校内仿真实训室为教学环境，开展以幼儿园实践为主题的系列班会、以幼儿园教学活动为主题的模拟课堂，鼓励学生大胆交流，在教师答疑解惑中完成实习过程的模拟体验。

图 3　学校实习生在幼儿园实习

体验职业——安排二年级学生 3 周跟岗实习，实习任务进一步细化并逐周推进（见图 3），在幼儿园实践导师的指导下，学生第 1 周独立完成幼儿园保育工作不少于两天，书写保育员一日工作流程；第 2 周完成教学活动设计方案，并尝试独立组织集体教学活动 1 次；第 3 周独立制作教具学具、创设环境，并在实习班级内组织开展 1 次公开汇报课（见图 4）。通过 3 周实习，学生基本具备幼儿园实习教师的能力，完成具体的职业体验。其间，园校导师全程指导并参与评价。

图 4　实习生在幼儿园开展教学活动

职业适应——在学校和实践基地的管理考核下，开展 6 个月以上的顶岗实习，完成职业适应。

职业提升——通过参加毕业生各类技能大赛，提升职业素养和职业技能，实现职业提升。

3. 严把实习全程，双导师助力提升实习效果

第一，制定指导手册，细化实习任务。在多年实践基础上，学校专业导师团反复论证，制定了细化实习任务的"实习指导手册"，该"手册"囊括了学生实习的全过程，不仅能帮助学生分模块、分任务、分时段、分领域地完成实习任务，还能助力学生进一步提升自身理论知识和逻辑思维能力；"实习指导手册"中幼儿园实践导师和我校专业导师的意见，为学生实习提供了具体有效的帮助。

第二，专业导师入园，确保 2 对 1 辅导。学生实习期间，学校教师亦随同入园实践。学校执行"双导师"制，即学生入园实习后，可得到幼儿园的实践导师和学校的

专业导师的指导。导师针对学生在实习中遇到的问题，做到个性化、全方位、全过程指导（见图5、图6）。

图5　学校专业导师在幼儿园指导学生实习

图6　幼儿园实践导师指导实习生

第三，注重交流沟通、依托信息化手段。学校启用习讯云实习实训管理系统，要求实习期间，实习生每日有签到，请假有假条，每周有反思，每半年有总结；专业导师需时刻在线及时答疑，批阅评价，反馈给学生。学校还将实习生及导师的习讯云登录使用情况纳入实习考核。

图7　优秀实习生代表做实习总结汇报

第四，抓实习全过程，做到有始有终。实习是学校教学工作的重要环节。每次外出实习，学校都做到实习前有动员，如统一思想、教授实践方法、布置实践内容、交流实践案例等；实习中有双导师，确保实时解决实习过程中发生的一切问题；实习后有总结汇报、反思和表彰（见图7），为下一次实习积累宝贵经验，为调整实践方案提供现实依据。

4. 引入多元评价，园校考核中完善实习管理

为加强实习管理，全方位考核实习效果，学校引入多元评价机制。评价包括实践导师对实习生的考核，专业导师对学生的实习过程、实习报告、成果的考核，家长对实习生家园联系工作的评价，习讯云系统使用情况等。其中实践导师考核重点包括：实习岗位的基本素质和专业技能的应用能力，填写"实习评价表"；专业导师考核重点包括：实习任务的完成情况，内容包括学生的实习日志、实习报告、实习任务书内容完成情况及实习课题成果等，填写"实习指导手册"。

实习期间，实习工作领导小组会对基地幼儿园进行回访和调研，对实习情况进行综合评估考核。考核对象除了实习生，还有双导师以及实践基地。

学校每年举办教育教学实践基地授牌仪式，对优秀导师、实习生、教育实践基地

进行表彰，并根据情况发展新的实践基地。

通过紧密有效的园校合作，我校学生在职业道德、专业理论和技能上获得了成长，拥有较强的可持续发展能力。

5. 加强职业指导，园校共促就业软着陆

学校的就业指导贯穿教育教学始终。

第一，新生入学，参加入学职业指导讲座，初步了解职业。

第二，就业指导纳入课程设置，邀请园长、幼儿园骨干教师等一线幼儿园精英担任课程：学校在一年级开设"职业指导与规划"和"学前教育政策与法规"课，1 周见习活动课，帮助学生从微观上认识职业，宏观上规划职业；二年级开设五大领域七门教法课，3 周实习活动课，通过模拟课堂和入园实习，进一步促进理论实践相融合；不定期地模拟实习课，通过开展以幼儿园为主题的班会，可以发现学生的兴趣特点、纠正其认识偏差。

图 8　学校精英园长沙龙活动

第三，定期举办幼教专家讲座，指导学生实习，帮助学生实现理论和实践的平稳过渡。

第四，做好顶岗实习前的就业指导工作，帮助学生进一步熟悉职业，增强职业认同感。如组织学生参加职教宣传周，邀请劳保部门专家入校进行就业指导，开展精英园长沙龙、优秀毕业生讲座，幼儿园观摩课入校园等活动（见图 8）。

（三）提高安全意识，保护学生身心健康

第一，设置安全教育类课程，举办法律知识讲座，对学生进行系列安全教育，增强学生的法制观念、安全意识，提高防范技能。同时要求实践基地在实习过程中对实习生进行劳动纪律、职业道德、幼儿安全等教育或培训。

第二，完善制度，加强实习安全管理。不断完善《学生实习工作具体管理办法》《安全管理规定》《实习学生安全及突发事件应急预案》等制度性文件；与学生、实习单位签订三方协议，明确各方责任、权利和义务。明确规定实习中的安全管理和安全事故的责任鉴定与处理办法。

第三，应用习讯云实习管理平台，在管理上做到精准定位，动态监管。通过手机签到、预警提醒等功能有效解决了以前因实习单位分散、距离远难以监管实习生的难题。

第四，从细微处杜绝安全隐患。如一、二年级的实习，学校统一安排专业导师团队带队外出，确保每天、每个实践基地都有负责导师，专业导师需与学生保持紧密联系，实时关注实习生状态，做好实习情况记录；学校统一租赁车辆每天接送实习生离校返校；为每位学生购买保险等。

三、成效与反响

（一）各类实习成果丰硕

学校经过调研和探索，制定了一系列实习任务书，要求学生分时段、分模块完成实习任务，并总结分享实习成果。长久以来，实习成果积累成为学校的宝贵财富，包括：幼儿园保育、教学教案、优质课视频、玩教具、实习总结等。

（二）实习管理理论研究成果丰富

三年来，我校已结项的25个课题中，关于实习实践内容的项目有10项，其中：一等奖项目6项。2018年，我校关于实习实践内容有3个科研课题立项，意味着我校在学生实习管理方面的研究会更深入、完善。

（三）园校协同育人成效显著

园校协同育人培养方案的实施，使学生表现出学习效率高，实践能力强的特点。2014年以来，我校共有23名毕业生获得全省毕业生技能大赛一等奖。2017年，在省首届中职学校"五项技能"大赛中，学校获团体一等奖（见图9）；在省素质能力大赛中获一等奖3项；在全国和省级啦啦操联赛中获一等奖7项。2018年，在全国啦啦操联赛中获一等奖2项，在省运会中获一等奖。

图9　学校学生参赛胜利归来

学生展示的良好职业素养，不仅在各实训园所获得了一致好评，在我校首次赴疆送教的援疆项目"爱上新疆·豫哈青少年手拉手文化交流活动"中，也得到了新疆生产建设兵团十三师红星幼儿园园长、教师和当地职业院校教师的极力赞赏。

（四）学生就业质量高

实践证明，多轮交替的实习模式、扎实有效的园校合作，成功促进了我校学生的就业软着陆，相比而言，我校学生能更快进入工作角色，更容易产生职业认同感。多年来，我校一批又一批毕业生走向社会，她们中的大多数已经成长为幼教行业的优秀人才，为学前教育事业做出了贡献。

四、未来发展

在互联网+时代背景下，我们将进一步发挥园校合作优势，探索更科学有效的人才培养模式；充分利用信息化手段，坚持创新管理方法，持续助力学生就业软着陆；进一步加强实践教学，坚持创新教学模式；探索"订单式培养"的新方法、新途径，坚持创新园校协同育人模式；坚持发挥女校优势，加强特色培养，弘扬"四自"精神，融性别意识教育于教学实践之中，提升女性主体意识，激发学生内在创造力，更好地促进新时代女性的成长和成才。

夯实基础　创新管理　稳定就业

吉林女子学校

【摘要】吉林女子学校的实习管理坚持理论与实际相结合，强化校企协同育人，将职业精神养成教育贯穿于学生实习全过程，促进职业技能与职业精神高度融合，服务学生全面发展，提高技术技能人才培养质量。

面对日益激烈的国际竞争，要提升企业的竞争力，结合当前我国正在进行的"深化供给侧结构性改革"，加快从制造业大国到制造业强国的转化，实现"中国制造2025"的奋斗目标，迎接工业"4.0 时代"的到来，实施国家品牌战略，都迫切需要培养出一大批一心一意专注工作、不断追求卓越品质奋斗目标的具有一定理论技术水平的大国工匠。

职业教育的发展必须深化产教融合、校企合作，吉林女子学校一直把学生实习作为教育教学的核心部分，把学生实习作为实现职业教育培养目标、增强学生综合能力的基本环节，坚持科学组织、依法实施，遵循学生成长规律和职业能力形成规律，保护学生合法权益。

一、管理创新背景

（一）职业学校学生的培养目标为实习管理创新发展明确了方向

职业学校学生的培养目标是提高技术技能型人才的质量，增强学生社会责任感和实践能力，更好服务产业转型和升级需要，因此，要求职业学校的实习管理必须走创新发展之路。

（二）职业学校学生的基本状况为实习管理工作创新发展提出具体要求

我校的实习管理工作根据学生的实际状况有的放矢地制定政策措施。中等职业学校的学生大部分是初中阶段文化课基础较差、家庭经济条件相对较差的学生，相当一部分学生身上带着一些不良习惯，这与他们的成长环境密不可分。吉林女子学校约20%左右的学生是单亲家庭，许多离异家庭的孩子是在祖父祖母和外祖父外祖母身边长大的，这些学生对未来的人生规划、职业发展存在一些悲观情绪，对社会的责任感相对差一些，缺少担当。

面对这样的学生群体，要求我们在实习管理工作中把理想教育、激发工作热情放在首位。要用爱心唤醒她们对未来、对生活的美好憧憬，让她们在实习工作中学会尊重别人、关心他人，养成不怕困难、勇于拼搏、团结协作的团队精神，将职业精神的养成教育贯穿于实习管理工作的全过程。

（三）现代服务业的发展为实习管理工作提供了有利条件

就业市场的变化，特别是产业结构升级转型，以及现代服务业迅猛发展，为实习管理工作创新发展提供了有利条件。

吉林女子学校实习管理工作发展的轨迹与其他职业学校一样，从最初学校想方设法寻找企业，给学生找就业渠道，到企业尝到接纳中职学生实习的甜头，主动找学校要学生、选学生、挑学生，这种变化的背后是中国经济大发展、产业快速升级的巨大推手的作用，尤其是现代服务业吸引和容纳大量劳动力的结果。形势的变化使实习管理工作者有时间、有精力梳理实习就业走过的路，使我们清醒地认识到实习管理必须由粗放向精细过渡，由教学、实训、实习、就业的管理方式向教学、实训、实习、就业一体化推进，最大限度地缩短从学生身份到员工身份转化的时间。实习管理工作催生了学校教学模式、育人模式、评价模式的一系列脱胎换骨的蜕变，在这一变化过程中，实现了校企协同育人，资金、技术、劳动力（新型技术技能型社会主义新时代的建设者、大国工匠的候选人）最佳的完美组合。

二、创新做法与具体措施

（一）明晰技能标准，改革培养模式

通过专业论证，制定"学生岗位技能标准"，作为师生共同执行的教学标准，并将其贯穿于学习、见习、顶岗实习、技能大赛和技能展示等教学环节中。学生毕业时，都需通过"学生岗位技能标准"验收，将其作为能否毕业的重要依据。由于预先设定了岗位技能标准，学生在学习中便明晰了学习目标，教师在教学中也有了标准。为创新人才培养模式，深化课程体系改革，学校架构了文化课+专业理论课+专业技能课+专业实践课+女性特色课"五位一体"的课程体系。编写了《女性家政指南》《女性礼仪与形象设计》《形体训练》《女性成才指南》等校本教材。在实施女性特色教育中，我校学生形成了"秀外慧中、智德婵媛"的女性特质，赢得了就业的优势。

（二）毕业跟踪回访，保护学生权益

学校为第三年顶岗实习的学生制定一本《学生顶岗实习手册》，手册包括实习管理规定、岗位体验细则，实习历程记录，要求学生随时记录在企业的成长经历、心得体会及企业的评价。就业办的老师定期回访企业，查看每位学生的手册，这个做法得到了企业的认可。此外，为保证学生在实训、实习中的人身安全，学校为每位学生购买了顶岗实习学生意外伤害保险，最大限度地保障学生的人身利益，同时建立相应的安全应急预案以应对各种突发事件，免除企业、学校和学生的后顾之忧。

（三）创新评价模式，选拔专业人才

学校将每年的毕业生招聘会改为每年9月的"学生专业技能汇报月"期间。届时，各专业毕业生各尽所能、各展所长，与各专业老师配合精心准备，邀请各企业和行业的专家进行观摩，并根据企业和行业岗位需求及用人标准，对学生进行现场专业选拔。这样既满足了企业生产第一线的要求，又能提升职业技能培训的标准。学生通过这种活动，极大地提高了专业技能。美容美体专业及服装设计与工艺专业连续七年独立组队代表吉林省参加全国大赛，均取得了优异的成绩。

（四）仿真教学环境，提升学生素养

突破传统实训概念，设计建造仿真场景。以"魂在技术、命在经营、根在企业"为主题，挖掘企业文化的精神内涵，设立渗透女性特色教育，提高学生就业与创业能力的培养目标。按照企业文化设计场景，营造真实环境氛围，仿真实训室的布局完全按照真实的工作场景设计，循序渐进，升华课程，上课如上班，实训就是工作。通过理论实训零距离教学，教室以工作室风格设计，教室紧邻实训室，在学中做、做中学，使师生关系更加亲近，教学互动更加及时，职业岗位意识不断增强，职业能力不断提高。

（五）构建信息化平台，实现实习就业多维性管理

充分利用信息化建设网络平台，逐级构建以班主任为主，家长为成员的信息沟通群；以就业专职教师为主，各班主任为成员的信息公告群；以实习指导教师为主，各就业企业实习学生为成员的信息交流群的信息化管理团队。信息化管理团队的建立做到了就业信息及时通告，学生实习情况及时反馈，问题出现及时解决。实习管理工作有的放矢，井井有条，实现了实习就业多维性管理机制。

（六）开展帮扶计划，提供创业平台

近年来，通过学校的"天使基金"项目，启动了"天使创业帮扶计划"，旨在通过集团资源，为学生提供自主创业机会，以资金、技术、指导等形式帮助那些有好的创业项目和发展潜力的学生，助力她们实现梦想。虽然该项目仍在探索期，但已为多位学生提供了创业帮扶，如孙琦同学创办的吉林东北亚旅行社、王兆琦同学创办的上海瑞宇服饰有限公司等10多家企业均得到帮助。

（七）实施"现代学徒制"，培养"工匠精神"

学校美容美体专业与吉林长风集团建立"现代学徒制"合作机制，制定了"现代学徒制"合作协议、校外实习基地实习方案、校外实习基地建设管理制度、校外实习基地建设管理办法及"现代学徒制"考核方案及办法。将学校的专业发展与企业发展有机结合，使学生学以致用，所学即所用。

三、成效与反响

学生实习管理工作水平的不断提高，对学校的教学、学生管理提出了更高的要求，

学校的整体管理水平实现了巨大提升，学校的办学规模得到了巨大发展。

（一）集团化办学，加快资金、技术、劳动力融合

2007 年，学校成立了吉林省第一个职教集团——天使职业教育集团，依托职教集团成立了学前教育、旅游服务与管理、美容美体、服装设计与工艺四大专业的专业建设委员会，在各专业委员会参与和指导下制定了"学生岗位技能标准"。

（二）订单融入，保障学生就业

多年来，学校的旅游服务与管理专业先后与全国人大会议中心、钓鱼台国宾馆、长春龙嘉国际机场、中国民生银行、京东集团等签订了"学校与企业订单协议书"。我校学生王凤玲，现在北京全国人大会议中心工作，从校园迈入社会不到一年时间，由于工作中踏实肯干，省时高效，从未出现失误，已经从普通的服务员成长为"两会"期间为中共中央政治局常委服务的工作人员。

（三）校企共建专业，加速技术与劳动力紧密结合，实现工学交替

学校引进长风美容集团，利用企业资金和设备，为学生创设了直观、真实的教学环境和条件。企业参与学校教学计划的制订，并指派专业人员参与学校的专业教学，按照企业模式，建设学校校内"仿真工作室"，实现了学校的实践教学功能和学生实习功能的有机结合，体现职场与课堂、理论与实践、教与做的高度统一。

（四）引企入校，实现教学与实习的零距离对接

学校成功地将集团内部的李曼服装厂引进校园，成立了吉林女子学校天秀服装有限公司，又将"鹏辉影视工作室"引进学校，直接吸纳学校"影视与节目制作"专业的学生就业，通过鹏辉语音制作公司与学校的影视与节目制作专业的合作，拍摄了校园剧《男生女生》，实现了教学与学生实习的无缝对接。

（五）课岗交互，实现教学与实习模式联动创新

学前教育专业以"课岗交互为前导、体验岗位为载体"，在"体验—反思—学习—再体验—再学习—再实践"的学习过程中，达到理论联系实际的功效。

（六）实习管理工作水平的提升，打开了良好的就业局面

由"吉林女子学校学生就业情况统计表"可以看出吉林女子学校近 10 年来的就业率、一次性就业率、专业对口就业率、就业稳定率呈逐年稳定上升趋势（见表 1）。

表 1　吉林女子学校学生就业情况统计（%）

年份	就业率	一次性就业率	专业对口就业率	就业稳定率
2007	93.7	82.3	85.5	86.1
2008	95.2	84.15	83.02	84.5
2009	97.5	83.06	81.28	85.2
2010	98.6	81.9	80.7	86.9

续表

年份	就业率	一次性就业率	专业对口就业率	就业稳定率
2011	97.1	87.41	83.5	85.26
2012	96.8	85.2	83.64	84.6
2013	97.08	86.5	84.7	85.54
2014	98.10	87.12	83.04	85.12
2015	98.01	85.73	84.3	86.30
2016	98.02	86.3	84.1	85.4
2017	98.06	85.6	86.01	86.05
2018	97.68	85.2	85.06	87.6

吉林女子学校的实习管理不断夯实基础、创新方法、完善制度、强化过程管理，使学生得到了良好的培养，为事业的成功打下了坚实的基础。她们在走向工作岗位后，有的成为党和政府各级领导干部；有的成为艺术家、技术专家、知名学者；有的成为全国劳动模范、三八红旗手……更多的是在各自的工作岗位上默默奉献着的新时代女性，她们用青春、热情、诚挚和爱心谱写出一曲曲动人的乐章。

（七）出口畅、进口旺，良好的就业局面促进了学校招生工作

学校先后与镇赉县职教中心、白城市第一职业学校、乾安县职教中心、扶余市职教中心、长春市通维职业学校、长春市国际贸易中等专业学校、舒兰市职教中心、吉林市龙潭职教中心、抚松县职教中心、柳河县职教中心、集安市职教中心等开展联合办学，特别是吉林女子学校学前教育专业的教学模式改革给这些学校带来了巨大的影响，迅速提升了这些学校的教学水平，吉林女子学校的办学辐射作用极大彰显，为吉林省职业教育的发展做出了示范和引领。

（八）经验

第一，学生实习管理必须遵循学生成长规律和职业能力形成规律，精心设计方案，合理安排岗位，严格过程管理，科学考核评价。坚持理论与实践相结合，强化校企协同育人，促进知识、技能与职业精神的有机融合，服务学生全面发展。

第二，制定科学组织程序，实现实习管理工作有序进行，为学生实习提供前提保障。学校认真考察、筛选实习单位，认真填写"顶岗实习单位考察表"，确定了管理规范、符合安全生产要求的实习单位；与企业共同制订了"学生顶岗实习计划"，明确了顶岗实习目的、责任和任务，构建学校、企业、学生三方考核体系；制定了《实习指导教师管理办法》《顶岗实习指导教师制度》，学校与企业共同安排专门人员指导学生实习，加强对实习工作的指导和管理。

第三，建立健全各种管理制度，强化过程管理。学校建立健全《吉林女子学校学生实习管理制度》《吉林女子学校顶岗实习管理规定》《吉林女子学校顶岗实习管理细则》《吉林女校学生校外顶岗实习安全管理制度》《学生顶岗实习期间突发事件应急预案》《校外实习基地建设方案》《校外实习基地管理办法》《学校订单培养管理制度》《顶岗实习指导教师制度》《实习指导教师管理办法》《顶岗实习考核办法》《学生实训方案》《学生顶岗实习守则》《订单班教学管理办法》《订单班学生成绩考核办法》共计 15 项实习管理制度，加强对学生实习的过程管理。

四、未来发展

吉林女子学校的实习管理有力地推动了学校的发展，学校正在为振兴东北老工业基地、实施吉林市三大功能布局、十大园区建设服务。在"国家中等职业教育改革发展示范学校"建设基础上，瞄准中等职业教育改革创新趋势，打造中等职业教育的升级版，使学校的实习管理不断创新，向特色化、精品化、信息化、国际化、优质化不断推进，创建全国中等职业教育知名学校。

立足"四个多"
探索分层分类的实习教学组织与管理

金华职业技术学院

【摘要】金华职业技术学院遵循不同专业技术技能培养的规律和特征，针对专业多元的办学特点，实施分层分类的实习教学组织与管理，积极探索实践教学多层次、实习基地多平台、实习组织多模式、实习管理多举措的"四个多"建设，有效提升实习教学质量。

金华职业技术学院是国家示范性高职院校和浙江省 5 所重点高职院校之一，现有招生专业 63 个，在校生 2.3 万余人，校外基地 807 家。学校始终坚持高职教育的办学定位，高度重视实习教学的改革创新和规范管理，针对专业多元、规模较大的办学特点，紧扣产教融合的主线，坚持以学生为本的育人理念，注重信息化技术的充分运用，抓住实习教学的关键环节，从实践教学多层次、实习基地多平台、实习组织多模式、实习管理多举措的"四个多"入手，积极应对实习教学面临的新要求和新问题，推动实习教学组织与管理的创新与改革。

一、构建"四种类型、四个层次"的实践教学体系

学校深入分析学生职业面向和职业技能形成的规律与特点，将专业划分为工程技术、设计制作、管理服务和公共教育四种类型。在四类专业的基础上，按照各类专业职业技能从简单到复杂，从单一到综合，从显性到隐性的形成规律，以及企业接受学生实训实习的不同情形，将四类专业的实践教学划分为四个层次，形成"四种类型、四个层次"的实践教学框架体系（见图 1）。从工程技术类专业的实践层次看："仿真实训"是模拟工程场景，学生在教师指导下完成某一实际或仿真工作任务，达成从不会到会的目标；"跟班作业"是学生在校内或校外基地的实际工作岗位上，充当指导教师的助手、助理或徒弟；"轮岗实训"是在多个相关工作岗位上轮流跟班实习（这两个实践层次使学生达成从会到熟练的目标）；"顶岗实习"则是学生以企业员工身份在真实的工作环境中完成真实的工作任务，强化实践技能，提升职业素养，完成从学生到

职业人的转变。各个实践教学环节做到环环相扣、层层递进，提升了实习教学尤其是顶岗实习的教育教学功能和有效性。

图 1 "四种类型、四个层次"的实践教学体系

二、分层分类建设实习基地

（一）基地"两化"建设

针对高职院校校内基地质量低、数量不足，校外基地教学组织可控性差的问题，学校提出"校内基地生产化、校外基地教学化"，通过校内基地进行企业化改造，引进企业标准和生产线、组建项目部、工作室等形式，实现"校内基地生产化"；通过政府支持引导紧密型基地提升，在企业开辟教学场所，将科技合作项目引入课程、将教学要素引入企业文化建设，联合开发实训教材等方式，实现"校外基地教学化"。其中，学校按照一般基地、紧密型基地和示范性基地三个层次建立校外实习基地建设标准，并进行评级，其中，能批量安排学生实习，并承担一定课时量课程教学的定为示范性校外基地。

（二）"校企利益共同体"建设

在基地"两化"基础上，以校企"利益"为基点，与政府部门、行业和企业联合建立"校企利益共同体"，联合制定制度以保障运行。学校依托校企利益共同体开展"双元制"的本土化实践，校企共定标准、共同考核、联合录取，赋予学生"员工"身份，实习期计入工龄；实行师徒结对，学生在两个教学场所由两类教师共同指导；以毕业答辩、技能展示、现场签约"三结合"来竞争具体岗位，形成了"招生、培养、就业"等校企贯通的人才培养新路径。

（三）产教融合 高端平台建设

学校重点推动每个专业群建立一个高端的产教融合平台，支持全方位的产教融合和全面深入的实习教学。主要有五种类型：区域共享型，如装备制造类专业群与西子航空集团等高端企业共建"智能化精密制造实训中心"，总投入 1.28 亿元，建设生产性的公共实训基地；集团联盟型，如现代农业专业群牵头成立浙江省现代农业职教集团，整合现代农业企业的教育资源，培养新型职业农民；资本混合型，如学前教育专业以优势资源入股，与三家公司共同组建混合所有制的博伦沃德幼教集团，旗下幼儿园成为专业的优质实习基地；校地合作型，如与金华经济技术开发区开展全面战略合作，为实现学生当地就业和拓展高质量就业渠道提供全面的政策和平台支持；研发引领型，如化工制药类专业引进四川抗菌素工业研究所，在学校成立分所，以高层次科研来提升专业实习的层次。

三、探索专业个性化教学模式

（一）"现代学徒制"模式

依托教育部"现代学徒制"首批试点项目，通过"分阶段培养、双基地轮训"，实现"招工招生同步，学习顶岗联动"。其中，汽车制造与装配技术专业与众泰汽车集团合作，通过多形式师带徒，建立了校企深度融合、联系的常态模式，强化学生汽车装配及工艺编制方面的技能，提升了顶岗实习稳岗率。酒店管理专业与宁波南苑集团合作，在实习安排上根据企业需求灵活安排弹性学习，真正实施"旺进淡出"，有效解决服务行业季节性用工需求波动大的难题。

（二）"滚动式"实习模式

化工制药类专业按照化工医药企业安全生产以及岗位持续用工的特点，与区域内大中型企业合作，将平行班级的学生分成两批，一批在校内上课，另一批在企业顶岗，定期滚动轮换，这一"滚动式"顶岗实习模式保证了企业岗位始终有学生顶岗、学生始终有固定岗位实习，破解了化工制药类学生顶岗实习难的问题（见图2）。

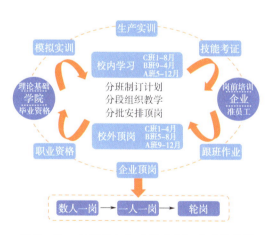

图2　化工制药类专业"滚动式"实习模式图

（三）网络化平台的"12345"模式

电子信息类专业针对"小企业、大集群"行业企业背景特征和学生实习分散的特点，依托网络化平台创立"12345"模式（见图3），即建立1个顶岗实习管理网，围绕职业素养和岗位技能提升两个目标；关注工作、指导、就业3种状态；通过现场、电话、E-mail、Web交互4种手段进行指导与跟踪；设置出勤、工作质量、工作量、工作日志、总结答辩5个考核点。

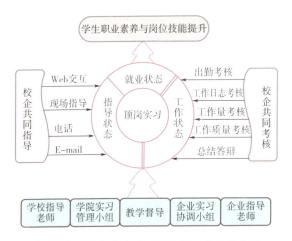

图3 电子信息类专业"12345"实习模式图

（四）"走园"实习模式

学前教育专业针对基于实践性反思教师专业养成的特点，组织学生第三至第六学期隔周下幼儿园、小学开展"走园""走校"观摩研讨活动，通过"获取任务—设计与实施—研讨与反思—改进与提升"项目化实习活动，利用在线平台管理将学生走前理论学习、走中观察思考、走后交流改进各阶段资源融会贯通，将过去教师的"单向填充"局面转变为幼儿园教师、专业教师和学生共同参与的研究性学习。

（五）"专业+"双创教育模式

将创新创业与专业教育有机融合，分阶段将创业认知、创业模拟、创业实践课程全面融入专业课程体系中。网络经济专业群通过成立教学型公司——金华市双翼网络科技有限公司（见图4），开通天猫店、京东店等电商平台，实行"教学+企业化"运作；园艺技术专业以浙江省现代农业职教集团为平台，设立"现代青年农场主"订单班，毕业生自主创业率达22.2%，从事农业技术推广工作的占43.75%。

图4 电子商务专业学生依托教学型公司开展创业实习

（六）专业文化培育职业精神

加强专业课程与企业文化的融合，综合考虑以知识与技能、过程与方法、情感态度与价值观确定课程目标，在每个环节融入职业精神元素的培养。护理专业以"上善若水"的专业文化，在临床护理实习中强化学生的人文关怀；机械类专业引入"5S"企业管理文化，培养学生"精益求精"的"工匠精神"；农业类专业传承和发扬"从劳力上劳心"的人文农学，树立学生"学农、爱农、务农"的职业情怀。

四、健全保障机制 细化过程管理 优化考核评价

（一）健全实习工作保障

实行实习工作的校院二级管理，上下协同、各司其职；在多个专项经费预算实习经费，每年的总支出在 1 600 万元左右；组织制（修）定了决策、执行和操作层面的一系列制度，确立教学管理各环节的工作流程、标准和细则，保证顶岗实习工作落实到位。

（二）推行实习手册与实习导学教材

引入企业的管理标准和流程，全面推行顶岗实习手册和指导教师工作手册制度，突出职业技能训练和职业素养养成的关键要素，设计了一系列与教学质量保障体系相配套的以过程质量控制为基本特征的作业文件，实现了过程质量的有效控制。开发实习导学教材，推动实习教学的课程化，有效提升了实习的教学功能（见图5）。

图 5 护理专业开发的系列实习导学教材

（三）实施线上线下融合管理

学校自主开发了教学质量管理系统，开辟了顶岗实习管理模块。平台突出毕业实践教学环节的师生间互动和监控的实时性，通过网络化手段实时接收来自利益相关者的教学意见，便于教学反思与改进。线下管理实现岗前安全教育、实习保险、定期巡查"三个全覆盖"，签订"顶岗实习安全责任书"，落实学校、基地和学生"三方实习

协议"；建立学生实习强制保险制度，每位实习学生均购买城镇居民医疗保险和实习责任保险。

（四）建立多元主体评价的三级指标体系

学校按照不同专业大类对顶岗实习的不同要求，分别制定质量标准，以顶岗实习教学任务、实施过程和教学效果为评价对象，遵循质量评价的针对性、科学性、系统性和可操作性，逐步完善了三级评价指标体系的顶岗实习评价表（见表1）。由校企共同考核评价，涵盖计划、实施、检查、总结四个阶段。同时，建立学分认定与转换制度，对学生在实习期间取得的成果进行学分认定和转换。

表 1　顶岗实习评价指标

一级指标	二级指标	三级观测点
岗位任务评价	专业贴近度	实习岗位专业贴近度高，对应相应的岗位或岗位群；注重学生职业技能、职业素养和创新能力的提高
	训练时效性	制订岗位培训计划；及时更新人才培养方案；实习内容符合行业企业主流趋势；体现新技术、新工艺、新方法
	与毕业设计（论文）结合度	针对学生顶岗实习的内容，结合专业必须掌握的基本技能进行毕业设计（论文）
过程评价	学导合作	建设与优化督导队伍、评价标准、评价手段和信息反馈四个环节，广泛引入社会评价，强化教学质量监控
	工作日	除相关专业和实习岗位有特殊要求，并报上级主管部门备案的实习安排外，学生跟岗和顶岗实习期间，实习单位应遵守国家关于工作时间和休息休假的规定
	薪酬	应参考本单位相同岗位的报酬标准和顶岗实习学生的工作量、工作强度、工作时间等因素，合理确定顶岗实习报酬；原则上不低于本单位相同岗位试用期工资标准的80%，并按照实习协议约定，以货币形式及时、足额支付给学生
	业务能力表现	工作效率高，在规定时间内保质保量完成任务；按技能由简单至复杂程度分别达到熟悉、掌握、熟练操作不同标准
	工作学习态度	能虚心请教企业指导教师，快速适应岗位需求；能主动发现工作中存在的问题，并分析解决
	顶岗实习手册	了解顶岗实习的要求和任务；按时完成每周的实习日志
成果评价	职业资格考证	按取得的相关专业技师、高级职业资格证书、国际企业职业资格证书、行业协会职业资格证书四个类型认证赋分
	作品（产品）设计制作与方案	展示成果与专业相关，能够综合展示实习的效果，如开发产品、创新工艺等

续表

一级指标	二级指标	三级观测点
成果评价	竞赛或评比中获得的荣誉	按学科竞赛、职业技能大赛、职业职场类竞赛分类,对省级以上获奖项目进行认定
	业务(总结)报告	总结格式正确,排版和字数符合要求;内容包括实习岗位职责描述、实习收获与体会、不足与努力方向等方面
	答辩	汇报材料丰富多样,语言表述清楚,思路清晰,仪态大方
加分项目	与实习单位签订就业协议、参与技术解决等	取得实习任务规划书之外的成绩,如受到特别表扬,工作中开拓创新等,或工作表现出色,实习期间提前与企业签订劳动人事合同
减分项目	发生责任事故、严重违纪等	在实习过程中发生安全事故,擅离岗位造成不良后果;未按照规定程序组织生产,造成产品大量报废的质量问题

(五)探索"临时党支部+双导师"的实习管理新机制

实习是一种完全开放的教学形态,学生在顶岗实习期间广泛接触社会、融入职场,既对学生的政治思想教育提出了更高要求,也为开展学生职业素养教育提供了良好的平台。为此,学校根据顶岗实习学生党员数确定设立党小组或临时党支部,建立"双导师"帮扶,即学生党员在实习期间配备校内党员指导教师和校外党员指导师傅。通过企业师傅的言传身教、立德树人,逐步培养学生党员的模范意识和奉献精神,磨炼吃苦耐劳和艰苦奋斗的意志,培育精益求精的"工匠精神",形成良好的团队协作能力,有效发挥基层党组织战斗堡垒作用和党员先锋模范作用。

学校分层分类的实践教学组织与管理,遵循教学整体性和发展性的原则,取得了积极成效。一是有效提升了实习教学质量,各实践教学环节做到环环相扣、层层递进,提升了实习教学尤其是顶岗实习的教育教学功能和有效性;二是促进学生高质量就业,学生通过系统规范的实习教学活动,不断加强自我和职业探索,树立正确的就业观,在每年举行的毕业答辩、作品展示、现场签约"三结合"毕业生就业招聘现场会上,毕业生广受社会认可,初次就业率超过95%,毕业生起薪水平超过全国示范校平均水平,入选全国高校毕业生就业典型经验年度50强院校;三是学生技能竞赛成绩显著,通过顶岗实习校企协同育人模式的不断创新,强化了学生的技能与素养,在近三年全国职业院校技能大赛中,每年获奖总数和一等奖数均位居全国第一,其中2018年获一等奖7项、二等奖14项,三等奖4项,获奖人数71人。

跨入新时代,实习教学在高职教育的高质量发展中愈加凸显出重要性,学校将进一步审视实习教学工作的新问题,在全面落实专业教学标准的基础上,积极推动实习教学的"三化"。一是推动学生实习标准化管理,完善实习制度,设定严格科学的分层实施方案,落实分层教学保障机制和科学的评价体系等;二是推动学生实习管理的智能化，适应"互联网+"的信息技术发展，实习管理系统以及网络平台全面覆盖学生、教师、学校和企业，动态优化实习内容、实习方案，实习过程全程互动；三是推动学生实习方案定制的个性化，不断拓展和丰富实习教学资源，定制适合学生职业发展规划的"实习菜单"，进一步提升实习教学在促进学生个性化就业选择中的功能与作用。

基于"云平台 大数据"的实习管理创新与实践

九江职业技术学院

【摘要】 九江职业技术学院高度重视实习教学工作，通过深化校企合作、健全工作机制，全面创新了"工学结合、校企交替"人才培养模式，基于"云平台、大数据"实现了实习过程精准管理，切实提升了实习成效和教学质量，有效强化了学生专业技能和职业素质培养，促进了毕业生优质就业。

九江职业技术学院是国家示范性高职院校，先后荣获"全国职业教育先进单位"和"全国高校毕业生就业典型经验高校"，入选原国防科工委授予的全国 15 个重点建设国防科技工业职业教育实训基地，是"中央与地方共建项目"高校、教育部高职高专教育教学改革试点院校、全国机械行业骨干职业院校、江西省首批联合培养应用技术型本科人才试点院校。2016 年被列为江西省"国家优质专科高等职业院校建设立项单位"，2018 年入选"全国高职院校教学资源 50 强"和"全国职业院校实习管理 50 强"。

一、实习管理创新背景

2014 年，《国务院关于加快发展现代职业教育的决定》明确要求"加大实习实训在教学中的比重，创新顶岗实习形式，强化以育人为目标的实习实训考核评价，健全学生实习责任保险制度"。2015 年，《职业院校管理水平提升行动计划（2015—2018年）》部署开展"实习管理规范活动"。2016 年，《职业学校学生实习管理规定》对实习组织、实习管理、实习考核和安全职责等内容做出了明确规定。2017 年，江西省《关于进一步加强职业院校实习管理的通知》强调"规范实习管理，消除实习隐患，提高实习质量"。

近年来，学校主动服务"中国制造 2025"战略和"一带一路"建设，深度聚焦江西产业转型升级和船舶工业发展需求，按照专业基础能力、专业核心能力、专业综合能力和专业创新能力"四层次递进"的思路，全面优化专业人才培养方案，各专业实践环节学时比例均达 50% 以上，其中认知实习、跟岗实习和顶岗实习的总学时占比达

30%。针对实习人数多、分布广、学时长、管理难等问题，学校以深化校企合作为动力，以健全管理机制为保障，以信息技术应用为手段，深入探索基于"云平台、大数据"的实习管理创新。

二、典型做法与具体措施

（一）细化各级职责　健全管理制度

学校坚持"安全第一"原则，按照"党政同责、一岗双责"要求，每年书记校长与中层干部、中层部门与教师员工逐级签订"教学安全目标责任状"，重点强调实习教学安全。学校建立了较完备的实习管理考核激励体系：第一，将实习基地开发和实习教学管理纳入部门绩效考核重要指标，对实习安全稳定和学生权益保障等方面出现重大责任事故的，评优评先"一票否决"并进行追究问责；第二，将实习指导列入教师工作考核和职称评聘的业绩条件，并开展了"优秀实习指导教师"评选表彰；第三，将实习考核结果作为学生毕业以及"优秀毕业生"评选的重要条件，"顶岗实习鉴定表"须进入毕业生档案。

学校全面梳理实习组织、实习管理、实习考核、安全职责等方面的流程规范和管理制度，进一步完善了《校外实习管理办法》《顶岗实习管理办法》及其配套的《实习管理程序》《安全管理条例》《实习保密条例》《顶岗实习网络管理系统操作使用规范》等系列文件，新增了《实践教学学生安全及突发事件应急处置预案》，统一发布了《实习单位考察表》《顶岗实习协议书》《学生顶岗实习申请表》《学生顶岗实习任务书》等规范性教学文件。各分院相应制定了二级实习管理实施细则，依据教育部《职业院校专业（类）顶岗实习标准》，分类编制了《顶岗实习指导书》和《顶岗实习实施方案》，为实习教学组织提供了基础依据和规范指导。

（二）拓展实习资源　规范基地遴选

学校通过政府投入、行企共建和自筹资金，建设了集教学、培训、鉴定、生产和科研功能"五位一体"的功能齐全、设施先进的校内实践场地，为学生校内实习提供了充沛的优质资源保障。学校专设校企合作办公室，出台了《校企合作管理办法》，将校外实习基地建设作为重要内容纳入统筹管理和指导。遵照"共建共享、互惠互利"的原则，各专业广泛汇聚职教集团、合作企业和各地校友等资源，不断拓展校外实习基地。目前，学校签约合作企业达 483 家，建立校外实习基地 249 个，形成了相对稳定、动态调整的实习基地网络。

学校建立了教学、学工、招就三方联动的实习基地检查制度，结合行业企业调研、用人单位走访、就业市场开拓等，对集中实习企业进行实地考察，重点调研企业资质、管理水平、岗位性质和工作内容、工作时间、工作环境、生活环境及安全防护等情况，形成书面考察报告后提交分院和教务处审批，确保遴选经营合法、管理规范、设施完备、安全合规、专业对口的企业建立实习基地。对于学生自主联系的顶岗实习单位，学校利用实习管理信息平台，通过"启信宝"和"天眼查"等工具对企业的身份性质、机构代码、注册资金、生产规模、信用状况等进行核查，确认实习岗位的真实有效性。

（三）签订实习协议　明晰计划安排

学校重新修订了实习协议框架文本，进一步明确了实习企业遵照培养目标、提供对口岗位、派员指导实习、安排学生食宿、实施实习考核、支付合理报酬、择优录取就业、落实劳动保护、承担意外风险等义务；强调了实习学生服从计划安排、遵守企业制度、承担工作任务、完成周报总结、接受校企考核等方面要求；规定了学校协调企业关系、编制实习计划、安排校企导师、做好实习指导、开展过程监控、购买实习保险、处置应急状况等方面职责。目前，学校所有实习环节均签订了三方协议，切实维护了学生、学校及企业的合法权益。近两年，学校还安排专项资金 22.67 万元，为 2017 届 5 400 名、2018 届 5 879 名毕业生顶岗实习购买了"实习责任险"。

各教学分院依据专业人才培养方案预报来年各类实习工作方案，经教务处汇总、审核，向省教育厅进行实习计划报备。在进入集中实习环节前，各专业与实习企业共同制订实习计划，明确实习目标、实习内容、组织形式、考核要求、教师分工和经费预算、条件保障，经分院审定、教务处审核、分管领导批准后，方可具体实施。学生自主联系顶岗实习也在教师指导下，合理编制实习计划，经部门审核报学校备案。此外，少部分学生因故未能及时确定顶岗实习单位的，由所在部门安排指导教师制订实习计划，统一在校内综合性专业实践基地开展校内实习。

（四）优化师资配备　强化过程指导

学校现有专任教师 645 人，其中专业教师双师素质比达 80% 以上。此外，还聘请了 390 余名行业企业管理骨干和技术能手，建立了动态稳定的兼职教师库。学校素质精良、专兼结合的师资队伍，为有效管理和指导实习教学提供了优质的人力资源保障。

学校遴选经验丰富、责任心强、安全意识高、业务素质好的专任教师，按照 1∶16 的师生比配备实习指导教师。实习离校前，学校积极开展实习动员和行前教育，要求学生熟悉实习规范、了解考核标准和掌握网络平台操作；进入企业后，实习单位安排专员开展岗前培训，宣讲企业文化、劳动纪律、工作内容、安全规程、操作规范和应急措施等内容，帮助学生尽快树立劳动观念、提高安全意识、适应工作环境并胜任岗位要求。实习期间，学校跟队导师实地开展企业沟通、日常管理、教学组织、现场指导和实习考核；学校异地导师则要求会同班主任、辅导员等，通过网络平台以及电话、邮件、信函等方式，每周至少开展一次远程指导、审阅一次学生周记，及时了解学生思想动态、关心学生学习生活、解决学生疑难问题。同时，实习单位按照协议要求，安排业务能力强的企业导师对实习生进行日常考勤、业务指导和过程评价，帮助学生顺利完成实习任务。

（五）加强督查诊改　完善考核评价

学校发布了《加强校外实习远程指导与异地巡查的通知》，针对学生实习相对集中的区域和企业，教务处、学工处、招就处与各分院联合制订了走访路线和巡查方案，深入一线调研企业生产状况和人才需求，关心学生实习生活、关注学生实习收获、考查学生实习表现、了解学生问题困难、协助学生企业沟通、商榷实习改进措施。学生实习结束返校后，学校通过校院两级座谈会和"问卷星"等形式，广泛调查了解毕业生顶岗实习的工作性质、专业对口、岗位胜任、教师指导、权益保护、条件保障、满意程度等方面情况，综合各方意见反馈，不断推动实习管理工作的持续改进。

校企共同制定了实习考核评价标准，实施"五结合"考核评价改革，即：过程考核与结果评价相结合、自我评价与导师考核相结合、学校评价与企业认定相结合、教学评价与工作评价相结合、工作能力与职业素养相结合，从考勤记录、日常表现、周记报告、参与互动等方面，综合考量学生劳动纪律、职业道德、专业能力、创新精神和工作成效。学生实习结束返校参加答辩后，记录有各方评价意见的"顶岗实习鉴定表"存入学生档案。此外，实习协议、实习计划、实习周记、实习报告、实习鉴定表、实习检查记录、实习工作总结等均按分院教学资料存档要求存档，接受学校专项抽查考核。

三、成效与反响

（一）多方联动创新了工作机制

学校教学部门与学工部门共同编制、实施实习教学方案，共同组织专业教师与班主任开展实习指导和过程管理，联合开展实习单位考察和实习异地巡查，并将企业用人单位走访、实习就业基地开发和专业人才需求调研、校企合作项目开发等与之有机融合，实现了教学与学工的有效联动。学校与合作企业共建共管实习教学基地、共同编制实习工作计划、共同实施实习管理考核，并在此基础上不断拓展专业共建等合作内涵，实现了学校与企业的良性互动。学生通过顶岗实习，熟悉企业文化、了解企业管理、锻炼专业技能和提升职业素质，企业则将实习过程与岗前培训、实习考核与员工录用相结合，有效解决了技术技能人才用工需求，实现了实习与就业的有效衔接。

（二）精准管理实现了有效实习

2009 年，学校引进顶岗实习网络管理系统，管理部门、指导教师、实习学生和实习企业等均授权进入平台，利用平台的信息发布、任务分配、资料上传和交流互动等功能，开展远程指导、报表审核、实习考核和资料存档。近两年，学校适应互联网+时代发展，引进了基于云平台的顶岗实习管理系统，一是新增企业资质网络审核功能，提高了岗位审查的及时性和有效性；二是新增移动端（APP）功能，提升了实习管理的便捷性和实时性；三是改进了学生签到、周记填写以及预警机制等过程化管理功能，方便管理部门和指导老师实时跟踪了解学生的实习状况，提高了实习管理的精准性和可靠性；四是利用基于云平台的大数据分析功能，实现了对实习工作客观的评价分析，有效促进了实习的持续改进。统计显示，2018 届 5 879 名毕业生到岗率达 98.91%，对

口率 82.30%，转岗率 7.42%，签到率 96.39%，周记提交率 82.89%，导师满意度为
98.96%，实习满意度为 98.43%，实习单位与学生已经或意向签约就业占比
为 85.06%。

（三）产教融合推动了模式创新

学校坚持"校企合作办学，工学结合育人"，与江南造船、广船国际、联想集团、
爱普华顿、欧迅船务等大型知名企业开设订单班 71 个。主持和参与国家第二批"现代
学徒制"试点项目 3 个。各专业依托合作企业不断创新人才培养模式、优化实习教学
设计、完善合作实习管理。机械学院与东莞谷崧集团、九江明阳科技等合作开展数控、
模具专业"现代学徒制"试点，共同实施企业跟岗实习和顶岗实习；电气学院与中兴
通信共建"中兴学院"，利用企业驻地资源组织学生认知实习和顶岗实习；经管学院酒
店管理专业实施"轮岗实训"培养模式，组织学生赴九江远洲国际大酒店跟岗实习；
船舶学院与江南造船、江州造船等骨干船企共建校外教学基地，在"四学段校企交替"
中实施认知实习和跟岗实习；信息学院组织动漫专业在安徽宏村、常州国家动漫基地、
江西务本传媒等校外基地开展校外写生、认知实习和顶岗实习"三段式"教学；建工
学院与武汉沐昇装饰合作开展"订单培养"，组织室内设计专业赴企业顶岗实习。

（四）提升质量促进了优质就业

学校与实习企业合作，共同开发实习项目，共同确定各实习环节教学目标，共同
设计教学内容（项目）与考核评价标准，共同编制项目教学实施计划、技能实践训练
任务书、指导书、报告书等实习教学文件。基于企业工程项目、真实产品、工艺流程、
检测方案、工作案例等实际工作任务设计的实习教学项目，增强了实习教学的职业性、
针对性和实用性，显著提升了学生的专业技术技能应用能力，促进了毕业生优质就业。
根据第三方机构麦可思调查报告的数据，我校 2017 届毕业生就业率 98.3%，初次就业
的平均起薪线为 3 675 元，均高于全国示范性高职院校的平均水平。

（五）部委检查得到了高度评价

2017 年 5 月，学校代表江西省高职院校，接受了人社部、教育部等五部门实习管
理工作联合检查。相关部门领导深入学校认真查阅了学生实习管理制度文件和过程资
料，详细了解了学生实习工作环境、条件保障、工资待遇、实习保险、安全管理等方
面落实情况，重点考察了我校顶岗实习管理信息系统运行状况；对我校积极开展的实
习情况自查、实习单位巡查、信息系统跟踪、双师管理指导、购买实习保险等加强实
习过程监控和规范实习管理的措施给予了充分肯定。检查组认为，学校制度完善、管
理规范，做到了落实有办法、执行有力度、操作有创新。

四、未来发展

总结成绩的同时，我们也清醒地认识到，实习管理工作中还面临以下亟待解决的
问题。

（一）遴选培育优秀实习单位

学校将进一步深化校企合作，充分发挥行业办学背景优势并依托区域骨干龙头企业，努力培育一批优秀实习单位，通过订单培养和"现代学徒制"等培养模式创新，不断拓展校外实习基地和对口实习岗位数量，扩大集中顶岗安排，通过产教深度融合，提升实习教学成效和人才培养质量。

（二）加强企业导师队伍建设

目前，企业导师总体数量不足、质量不高、管理不到位等现象仍然存在。学校将出台相关管理办法提高企业指导教师待遇，加快从行业企业一线聘请技术专家、能工巧匠充实企业实习指导教师队伍。同时提升管理平台的易用性、共享性和拓展性，方便企业导师的日常使用和信息反馈。

构建网络实习管理平台　提升学生实习工作实效

兰州石化职业技术学院

【摘要】学院依托移动"互联网+"，建立"三位一体"的"工学云"网络实习管理平台，对学生顶岗实习过程实行远程管理，有效进行事前、事中、事后监控，顶岗实习的计划、实施、控制实现学校、企业、学生三方远程实时交流，真正做到实习安排、过程管理、结果考核"可视化与动态化"，提高了学生顶岗实习过程的信息化管理水平，保障了实习管理工作平稳有效运行。

学院根据教育部《职业学校学生实习管理规定》和《职业学校专业（类）顶岗实习标准》的要求，积极推进实习管理工作，不断完善学生实习管理制度，积极探索学生实习管理新模式。

一、管理创新背景

兰州石化职业技术学院是首批 28 所国家示范性高职院校之一，甘肃省"双一流""优质校"立项建设院校，现有全日制在校生 13 000 多名，每年毕业生人数超过 4 000 人。学院传统的顶岗实习管理中，管理手段基本是以书面制度约束、书面总结汇报、书面考核、传统教育为主，辅以电话、QQ、微信等管理手段，实习管理的工作量和难度都较大，效率也较低。且因学生主要是在企业完成顶岗实习任务，所以学生的顶岗实习管理工作主要是依赖企业师傅一方来完成，企业师傅全权负责学生顶岗实习过程的理论知识学习、专业技能锻炼、安全教育、考核奖惩和职业生涯发展。学校指导老师在管理中的作用仅限于接收和批阅学生的顶岗实习报告，配合企业处理学生顶岗实习过程中的突发事故等，其作用非常有限。学生本人的自我管理在顶岗实习过程中体现出的作用更是微乎其微。

在"互联网+"时代，信息化和数字化的移动互联环境作为一种辅助的教学管理模式已被众多高校广泛使用。兰州石化职业技术学院在"校企协同"顶岗实习模式的基础上，依托移动"互联网+"，积极定制搭建了"工学云"网络实习管理平台，通过该平台，将校内指导教师、企业师傅和学生紧密互联，实现学校、企业、学生三方远程式、多角色协同实习管理，显著提升了学生顶岗实习管理的效率，使学院的实习管理工作迈上了信息化管理的新台阶。

二、典型做法与具体措施

（一）依托"工学云"网络实习管理平台　信息化管理学生实习全过程

在实习管理过程中，学院依托校园数字化管理平台，专门定制"工学云"网络实习管理平台。"工学云"平台是一款专注高（中）职院校实习管理的云服务信息系统（见图 1），根据教育部顶岗实习管理规定，依托移动"互联网+"，在全国首创"PC+APP"多端协作。基于"工学云"平台，依托手机 APP——"蘑菇丁"（见图 2），实现学校、企业、学生多方远程、多角色协同实习管理；并依托 PC 端强大功能，帮助教师在实习过程中进行数据统计，全面监管学生实习活动。

图 1　信息化管理——定制"工学云"网络实习管理平台

图 2　"蘑菇丁"实习管理手机端——答疑—反馈—双导师评分—实习成绩

　　"工学云"网络实习管理平台有管理员端、教师端、学生端三个不同的管理端口，校内指导老师和学生可通过各自的端口进行互动交流。老师和学生可以查看本专业的总实习方案；实习过程中，老师可以通过发布信息，布置阶段性实习任务。督促学生在实习过程中每天按时签到、按时写实习周记和月总结，实时掌握学生的实习状况。同时，学生可通过"工学云"端口及时进行实习反馈、实习答疑。这些功能机制，可帮助校内指导老师在第一时间做出反应，尽可能避免安全事故的发生。

　　校内指导教师可根据专业、地域、企业等特殊需求自由创建群组，灵活管理学生。此系统所拥有的调查问卷功能，方便学校有针对性地了解学生实习情况，及时调整实习方案。

　　"工学云"网络实习管理平台还具有多维度的大数据分析模块（见图3），对学生的在岗率、签到率、考核情况等进行全面、细致、直观的管理监控。系统将学生实习

查看信息　　　　　签到　　　　　撰写周记

创建群组　　　　大数据分析　　　　问卷调查

就业信息上报

图3　"工学会"网络实习管理平台的大数据分析模块

过程的数据整理成实习档案，并可按需导出，节约了学校整理学生实习档案的工作成本。对接国家诊断与改进平台，自动生成数据报表，极大地减轻了学校数据采集上报的工作量。

（二）采用"O2O"线上线下协同教学模式，培养德技兼备的优秀人才

在实习教学过程中，学院采用"O2O"线上线下协同教学模式（见图 4），即校内导师依托"工学云"、蓝墨云班课、线上教学资源库等网络平台对学生进行远程指导，企业导师现场指导的教学模式，实现对学生的全方位教学，将知识与实际生产相结合，有效提高学生的岗位工作能力。

图 4　网络平台线上学习，企业师傅线下指导的 O2O 教学模式

学生在企业中实习，运用本专业所学的知识和技能完成一定的生产任务，并进一步获得感性认识，掌握操作技能，学习企业文化、企业管理，养成正确劳动态度，迅速成长为德技兼备的优秀人才。

（三）借助"工学云"平台手机端，对学生实习进行考核评价

实习结束后，通过"工学云"平台对学生进行考核评价。根据平台的评价标准，校内指导教师从实习学生在岗率、实习过程表现及实习作业完成率对学生实习情况进行阶段性评价，时时掌控学生动态，降低管理风险，提高管理效率；企业指导教师从职业技能、职业意识及职业素养方面对学生进行多轮次考核评价，帮助学生将所学知识落实到实际工作中，不断提高职业素质和能力，尽快熟悉职业规范，主动适应岗位要求，尽快进入职业角色；学生通过撰写实习总结的方式对实习期间的收获和表现进行自我评价，改进问题与不足，不断完善自己。最后按照"工学云"平台的学生实习成绩评价权重系数计算学生的最终综合得分。

三、成效与反响

（一）就业质量明显提升

良好的实习管理工作实效保证了学生的高就业质量。近两年毕业生签约世界 500

强、全国 500 强、化工 500 强、民营 500 强的比例接近 60%（见图 5），毕业生得到用人单位的普遍认可，就业工作呈现高就业率、高就业质量、高专业对口率、高就业稳定性和高就业满意率的"五高"态势（见图 6）。学院也因此获得"甘肃省毕业生就业工作先进集体""全国毕业生就业工作'星级示范校'""全国高职院校社会服务贡献50 强""全国精神文明单位"等荣誉称号。毕业生在企业表现优秀，提高了办学声誉，吸引了更多企业来校遴选人才。

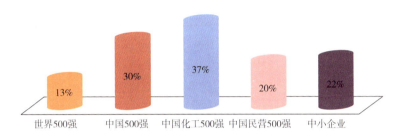

图 5　学院 2017 届毕业生 500 强企业录用比例

图 6　就业工作"五高"态势

（二）协同育人成效显著

在校企协同育人的管理模式下，毕业生在企业迅速成长，岗位胜任能力强。近 10 年毕业生中多人已成长为企业技术骨干或技能专家，在集团公司或行业内举办的各类技能比武中屡获佳绩，特别是工业分析类专业毕业生在 2017 年中国中化集团职工技能大比武化学检验赛项中包揽前三名，并被国资委授予"中央企业技术能手"称号，前 8 名中我校毕业生占有 6 席（见图 7），校企协同育人成效显著。

（三）学生实习成果丰富

1. 服务"一带一路"

2016 年 7 月 13 日，教育部面向全国发出《关于印发〈推进共建"一带一路"教

图 7　技术骨干独当一面

育行动〉的通知》。通知指出，合作交流是沿线各国共建"一带一路"教育共同体的主要方式。通过教育合作交流，培养高素质人才，推进经济社会发展，提高沿线各国人民生活福祉，是我们共同的愿望。通过教育合作交流，扩大人文往来，筑牢地区和平基础，是我们共同的责任。学校抢抓机遇，响应服务"一带一路"国家倡议，与恒逸实业（文莱）有限公司合作共建石油化工技术专业"现代学徒制"试点项目，120名 2018 届毕业生签约恒逸炼化一体化项目，培养炼化装置全流程操作工匠人才，提升了学校的国际化办学影响力。同时，我校招收 25 名国际留学生来校学习，学生来自巴基斯坦、老挝、哈萨克斯坦、吉尔吉斯斯坦等国家，他们来到学校学习技术，体验"工匠精神"，为"一带一路"沿线国家经济发展培养才干，促进丝路经济繁荣发展。

2. 助力脱贫攻坚

近年来，在学院录取的学生中，来自甘肃省 75 个贫困县的生源占 90% 以上，来自 23 个深度贫困县的生源占 40%，来自建档立卡贫困户的生源占 25%。面对这样的生源结构，学院积极落实自主招生政策，瞄准省内 58 个连片特困县和 17 个分散贫困县，实施招生计划和优势专业双倾斜、中高职有效衔接，不仅让贫困地区学生"有学上"，更能"上好学"。仅 2017 年，录取建档立卡贫困户学生 1 388 人，占 30%；自主招生录取 2 400 人，其中，特困县、贫困县学生 2 279 人，占 94.95%，贫困地区考生录取率逐年上升。学生毕业后进入工作单位，带动家庭顺利脱贫，实现"职教一人，就业一个，脱贫一家"的扶贫工作目标（见图 8）。

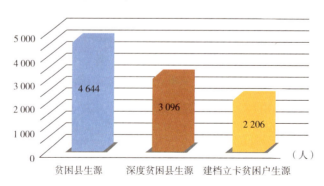

图 8　近 4 年自主招生数

3. 服务边疆发展

学院积极鼓励毕业生到新疆、内蒙古、宁夏等边疆和少数民族地区就业，为区域行业产业发展贡献力量。近 5 年，为边疆和少数民族地区累计输送毕业生 6 665 人，其中，进入新疆工作的 5 164 人，年均超过 1 000 人，占毕业生就业总数的 30%。

四、未来发展

兰州石化职业技术学院将站在全国职业院校实习管理 50 强的新起点上，一方面，进一步强化教育教学管理，完善现代职业院校实习管理制度，规范学生实习工作；深化校企合作，产教融合，强化校企协同育人机制，提高技术技能人才培养质量，全面辐射、示范、引领职业院校实习管理水平提升。另一方面，坚持理论与实践相结合，以"认识—实践—再认识—再实践"的方法论解决学生在顶岗实习中遇到的知识性、生产性、技术性等问题，在企业师傅、学校导师指导下，基于网络实习管理平台，使用学校引进的网络平台课程和学校自建的 117 门覆盖所有骨干专业的教学资源库，实现学生知识、技能的升华，不断总结在实习组织、管理、考核评价、教学模式、信息化管理方面取得的经验，以期为其他同类高职院校提供借鉴，提高实习工作管理水平和质量，为地方及行业企业培养更多更好的人才。

校企"四协同"扎实推进
党团"双引领"强化保障

兰州资源环境职业技术学院

【摘要】兰州资源环境职业技术学院将实习作为教育教学的核心部分，针对实习内容与培养方案对接不紧、校企责任落实不到位、工作循环改进机制不健全等问题，剖析原因、采取措施，全面落实校企"四协同"，加强实习管理，坚持党团"双引领"，强化实习保障，取得了显著成效。

实习是实现职业教育目标，增强学生综合能力的基本环节，是教育教学的核心部分，也是推动校企协同育人、促进产教融合的抓手，是全面提升技术技能人才培养质量的重要举措。

一、工作背景

兰州资源环境职业技术学院高度重视学生实习管理工作，针对实习内容与培养方案对接不紧、校企责任落实不到位、工作循环改进机制不健全等问题，按照校企密切合作，落实全员、全过程、全方位育人要求，按照"强化校企协同推进、突出党团组织引领、督导工作职责落实"的思路，不断加强内容设计，改进管理机制，取得了良好的工作成效，积累了解决现实问题的经验。

二、典型做法与具体措施

（一）校企协同实习规划

第一，坚持"旺工淡学"，强化实习顶层设计。发挥兰州资源环境职教集团资源优势，结合企事业成员单位生产实际，通过各专业建设理事分会审定专业人才培养方案（见图1），合理设置认识实习、跟岗实习和顶岗实习三个综合实践环节，将认识实习安排在第二或第三学期，时间控制在 5 天以内；跟岗实习视行业企事业单位需求可安排在第四或第五学期，时间控制在两个月以内，在第四学期的实习可与暑期社会实践统筹安排，而在第五学期的实习可与后续顶岗实习统筹安排；顶岗实习安排在第六学期集中开展，一般为6个月。特殊情况如"现代学徒制"人才培养、企业订单人才培养专业，在保证课程教学任务的前提下，可根据合作单位的要求灵活调整。

图1　与水电专业建设理事分会成员单位审定专业人才培养方案

第二，按照"岗位实习任务+自主项目"要求，强化实习内容规划。对认识实习，在明确了解未来要从事的职业岗位工作环境、能力要求等任务的同时，要求实习学生撰写心得体会，提高认识；对跟岗实习，在明确职业岗位技能训练科目的同时，要求实习学生提交本岗位实习方案的优化报告，增强效果；对顶岗实习，在明确直接参与生产过程完成一定生产任务的同时，要求实习学生提交实习任务转化方案或专题论文，反刍教学。通过实习，提升了学生的岗位技能，同时还促进了61个专业实习方案的持续完善，丰富了15个校本专业群教学资源库的"碎片化"资源。

第三，统筹"八小时内外活动"，强化实习行程安排。结合学生实习合作单位实际，紧扣认识实习、跟岗实习、顶岗实习有关"岗位实习任务+自主项目"的实习内容设计，综合考虑党团活动、文体活动、人文教育等方面，细化活动安排。认识实习要求按天制定行程，注重企业文化、生产安全等教育的穿插；跟岗实习与顶岗实习要求按周明确行程，并强化党团活动的安排，至少每月组织一次。实习学生的党团活动由临时党支部独立组织，也可参加实习企业有关支部的活动，通过组织专题理论学习、开展组织生活会，统一思想，确保实习与理论学习两不误。

（二）校企协同实习管理

第一，贯彻"十二不得"要求，加强实习协议管理。各专业学生在实习前，根据校企合作办公室、就业工作处提供的联合办学企业或用人单位的情况，结合兰州资源环境职教集团成员单位，由学生所在系按照专业对口或相近且合法经营、管理规范、实习设备完善、符合安全生产法律法规要求遴选实习单位，经教务处审核、主管院长审批后，由各系与实习单位协商，贯彻"十二不得"要求，重点明确实习期内工作时间、实习期间实习报酬、实习过程中伤亡事故的处理、实习生在实习期知识产权归属和发生纠纷处理的约定，双方确定拟签订实习协议的草案并送法律顾问审核，最后提交院务会审批实施。

第二，落实校企"双主体"责任，加强实习学生管理。在实习管理中，坚持学校和企业是实习学生管理的责任主体，并始终坚持"双导师制"。学院一贯选派经验丰富、业务素质好、责任心强、安全防范意识高的实习指导教师或带队教师，具体负责学生实习期间的业务指导和日常巡视工作，及时处理实习中出现的有关问题，并负责实习学生临时党团组织建设和 QQ 群、微信群的组建，做好实习学生管理和思想政治教育工作。实习合作企事业单位由人力资源管理部门相关人员牵头负责学生日常管理，为实习学生配备岗位技能培养师傅，落实实习学生的待遇、安全防护以及食宿、业余文化活动等。

第三，坚持"实施+督查"贯穿始终，加强实习过程管理。学校派出的实习指导教师或带队教师与实习学生临时党团组织，共同落实实习学生的日常行为管理，牵头组织党团活动，并采用"钉钉（DingTalk）"智能移动办公平台进行信息化管理。企业安排的实习学生技能培养师傅与实习指导教师或带队教师共同落实学生"岗位实习任务"，指导实习学生完成"自主项目"，并参与党团活动。学院教学督导室统筹实习工作的巡回检查，院领导及教务处、校企合作办、学生工作部、监察室等管理人员参加，通过不定期深入学生实习单位走访，督查学生岗位实习与党团活动情况，并充分掌握学生思想动态，解决实习学生生活中遇到的困难。

（三）校企协同实习考核

第一，坚持"能力+素养"要求，明晰实习考核标准。在考核中不但重视学生岗位实践绩效的评价，而且突出工作态度、出勤纪律、团队精神、安全意识和人际沟通能力等方面量化考核的方法，将考核结果分优秀、良好、及格和不及格四个等级：实习态度端正，能很好完成"岗位实习任务+自主项目"，有某些独到见解，实习成果突出者，考核结果为优秀；实习态度端正，能较好地完成"岗位实习任务+自主项目"，实习成果明显者，考核结果为良好；实习态度端正，基本完成"岗位实习任务+自主项目"，实习成果较好者，考核结果为合格；实习期间请假或缺席超过全部实习时间1/3以上，未按规定时间提交相关报告或报告编写极不认真，以及内容有原则性错误，实习期间严重违反工作纪律，在校外实习未经批准擅自返校，考核结果为不及格。

第二，按照"企业为主、学校为辅"的考核制度，细化实习考核分工。实习作为一个实践教学环节，由专业指导教师或带队教师和企业指导师傅共同负责实施。实习结束前，根据学生实习综合表现和实习任务的完成情况，结合实习报告册的填写，评定学生实习的总成绩，其中企业指导师傅评定成绩占60%，学校指导教师评定成绩占

40%，作为与实习单位共同组织实习学生表彰的重要依据。如有学生中途更换实习单位的情况，应按在不同实习单位取得的成绩综合评定。同时，坚持实行实习成绩一票否决制，如考核不合格，则无法如期毕业，必须在毕业后一年内按学校安排完成相应实习任务，方可毕业。

（四）校企协同实习诊改

第一，坚持运用计划执行、检查、行动（PDCA）理论，开展实习项目评价。教务处联合实习单位人力资源管理部门对每个实习项目的计划、实施、检查与改进情况进行全面的评价，采取学生评教的方式，科学合理地设计评价指标，并通过信息化采集平台，重点掌握学生对实习内容的设计、实习行程的落实、实习协议的执行、实习过程的管理、实习业绩的考核等服务工作的满意程度，收集对校企双方实习管理工作的意见和建议，为学生实习管理体系的诊断与改进提供依据，助推实习管理制度的完善、实习指导教师职责的修订、实习管理流程的改造，有效地促进了学院实习管理水平的提升。学生对 2015 年、2016 年、2017 年实习管理工作的满意度分别达到了 90%，91.2%，93%。

第二，坚持校企共同总结，联合实施表彰奖励。坚持实习总结表彰制度，回顾实习管理工作、表彰奖励先进个人与团体，并展望本专业实习未来。每次实习学生所在系部、企业人力资源管理部门除要完成实习资料的整理归档外，还要撰写实习总结，并组织召开全体专业学生大会进行公开讲评，统一思想、提高认识。同时还对实习成绩优秀的学生，实习学生成绩优秀率达 30% 以上的校企实习指导教师，以及相应的实习单位、最活跃的临时党团组织进行表彰奖励，充分调动企业岗位技能培养师傅、学校指导教师的积极性和主动性，不断深化校企合作，提高实习管理水平。

三、特色与创新

第一，践行"计划、执行、检查、行动"运行模式，强化实习质量保障。遵循"计划、执行、检查、行动"原则，学生实习按照校企协同"策划→管理→考核→诊改"的步骤高效开展，及时发现问题，分析影响因素，查找问题成因，提出解决策略，复查执行效果，全面总结经验，完善管理机制，持续提升实习质量和管理水平。

第二，明确实习各方权益，强化实习责任保障。坚持执行学校、企业、学生三方签订实习协议，实习协议必须明确各方的责任、权利和义务，坚决做到"三不准"：未按规定签订协议，不准安排实习；未按协议要求组织实习，不准继续实习并限期整改；违反实习协议，不准实习并坚决问责，确保实习责任落实到位。

第三，发挥党团组织作用，强化实习组织保障。实习学生临时党团组织建设与实习工作同步部署、同步管理、同步考核；优先选择党员担任实习指导教师，并全程参与学生党团组织的各项活动，着力打造实习学生思想政治教育的主阵地；推动实习学生党团组织与企业党团组织资源共享、良性互动，搭建实习学生与企业的对话平台，确保学校、企业、学生三方多渠道、无障碍沟通。

第四，全程实施巡回监察，强化学生权益保障。学院监察室全程参与实习巡回检查，全面监督学校和企业执行实习协议情况，实习指导教师（师傅）履职情况，以及实习学生遵守纪律情况，重点监督"五严禁"的执行情况，即严禁向学生收取实习押金，严禁向学生收取顶岗实习报酬提成，严禁收取实习管理费，严禁扣押学生居民身份证，严禁以其他名义收取学生财物，全面保障学生权益。

四、成效与反响

第一，学生的职业素养全面增强。学生实习推动了校企协同育人，强化了职业技能与职业精神高度融合，促进了学生全面发展，提高了人才培养质量。据麦可思——《兰州资源环境职业技术学院 2014—2016 届毕业生培养质量报告》显示，毕业生对学院教学效果满意度均达 90%以上，基本工作能力培养效果满意度达 85%以上。兰州资源环境职业技术学院 2014—2016 届毕业生用人单位跟踪调查显示，用人单位对毕业生满意度持续增长，分别为 95.5%，97.5%，98%。

第二，教学内容与生产实际紧密对接。要求专业课教师必须带着项目指导学生实习，如与实习企业合作开发教材、教学资源共享课程以及教学案例库等。近三年，依托学生实习平台，校企合作开发学训一体化教材 30 余部，教学资源共享课程 46 门，企业生产教学案例 60 余个，其中，4 门课程被评为省级精品资源共享课程，完成全国行业组织指导职业院校专业改革与实践项目 3 个，促进了教学内容与生产实际的紧密对接。

第三，毕业生就业质量显著提升。通过跟岗实习、顶岗实习，学生不但适应了工作环境，提高了技能水平，而且企业也提前确定了"预就业"学生名单，既解决了招工难、招熟练工更难的问题，又促进了毕业生就业率和就业质量的"双增长"。据麦可思——《兰州资源环境职业技术学院 2014—2016 届毕业生培养质量报告》显示，学院毕业生就业率持续提升，分别达到了 93.58%，96.18%，98.08%，且毕业生就业现状满意度逐年提高，分别为 61%，64%，66%。

校企协同共管理　产教融合结硕果

黎明职业大学

【摘要】 黎明职业大学立足区域特点和学校办学实际，结合上级文件精神和要求，不断完善实习管理制度体系，优化实习管理工作流程，落实实习管理责任制，推行实习管理信息化，形成"三级分责、三方联动、三管齐下"的安全管理体系，制定具有学校特色的实习制度体系和实习标准，打造"教育—管理—考核"三管齐下的教育模式。在规范实习管理的基础上，深化校企合作，创新校企协同育人模式，对实习途径、实习内容、实施方式等方面不断优化和完善，打造"实习—就业"直通车，不断提升人才培养质量和服务产业的精准度，实现"校企生"三方共赢，实习工作彰显成效。

一、管理创新背景

黎明职业大学创办于1984年，始终坚守高职教育，致力于培养适应区域经济社会发展需要、德智体美全面发展的技术技能人才。学校先后荣获全国职业教育先进单位、人才培养工作水平评估优秀院校和福建省大中专毕业生就业工作先进集体，是福建省首批示范性高职院校，2016—2017年蝉联全省高职高专院校发展潜力综合排名第一。

学校按"校企合作、工学结合"的人才培养模式改革要求，紧紧围绕人才培养目标，主动适应行业企业对人才需求的变化，积极寻求与实习基地企业开展更为深入的合作，在规范实习管理的基础上，对实习途径、实习内容、实施方式等方面不断优化和完善，实现"校企生"三方共赢。在不断完善实习管理的过程中，学校实现就业工作长期高位运行，75%左右的毕业生留在泉州工作，在福建就业的毕业生超过90%，近五年，毕业生就业率均达99.7%以上，用人单位满意率达95%以上，形成了"招生—人才培养—就业—职业发展"良性循环的局面。

（一）严格落实管理规定等文件精神

严格落实《职业学校学生实习管理规定》和《职业学校专业（类）顶岗实习标准》。2005年，学校制定《黎明职业大学学生实习管理实施办法》，并要求各专业根据自身特点，在《黎明职业大学顶岗实习方案制定指导意见》的基础上，制定各专业的顶岗实习标准和顶岗实习指导书。

2016 年，根据教育部等五部委颁布的《职业学校学生实习管理规定》，以及教育部办公厅公布的首批《职业学校专业（类）顶岗实习标准》，学校修订了《黎明职业大学学生实习管理办法》以及《黎明职业大学专业（群）顶岗实习标准（汇编）》。

（二）完善实习管理制度体系

为了保证实习安全、良好秩序和实习效果，学校根据教育部和省教育厅相关文件精神，结合学校管理实际，制定了《顶岗实习管理办法》《实习基地遴选办法》等 11 项规章制度，从实习单位遴选和管理、指导教师工作规范、学生实习规范及安全管理、实习经费保障等方面形成"规范学校领导责任—规范学院主体责任—规范教师具体责任—健全师生激励机制"的制度体系（见表1）。

表 1　黎明职业大学实习管理制度体系

序号	类别	制度名称
1	规范学校领导责任	黎明职业大学学生实习管理实施办法
2		黎明职业大学关于成立实习工作领导小组的通知
3		黎明职业大学学生实习安全管理规定
4		黎明职业大学学生实习突发事件应急预案
5		黎明职业大学实习经费使用管理规定
6		黎明职业大学关于设立"校—院"两级校企合作办公室的通知
7	规范学院主体责任	黎明职业大学实习基地遴选办法
8		黎明职业大学顶岗实习校企合作管理办法
9	规范教师具体责任	黎明职业大学实习指导教师规范
10	健全师生激励机制	黎明职业大学优秀实习生评选办法
11		黎明职业大学优秀实习指导教师评选办法

（三）健全组织机构

成立由校长为组长的实习工作领导小组，下设办公室，挂靠教务处，具体统筹全校的顶岗实习工作，教学单位具体负责实习方案制订与实施、指导教师管理与考核，学生工作处、保卫处、心理咨询中心等部门协助开展学生安全管理，财务处协助落实实习经费保障等，成立"校—院"两级校企合作办公室，选配两级校企合作办主任，具体推进该工作。形成了教务处统筹、"校—院"两级管理，并"下沉一级"将工作落实到具体指导教师的实习管理运行机制（见图1）。

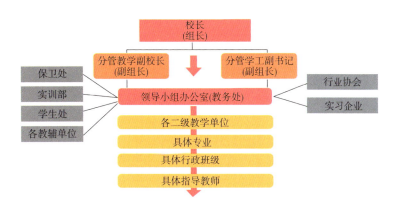

图 1　黎明职业大学实习管理运行机制

二、典型做法与具体措施

（一）构建多部门协作、校企家协同的实习管理长效机制

建立起教务处统筹、二级学院主体、多部门协作的网格化管理模式（见图 2），由教务处统筹开设安全教育通识课程、顶岗实习规划、顶岗实习管理等工作，落实"全程全员全环境"的教育体系；保卫处具体落实相关安全规范；学生工作处、心理咨询中心等部门落实学生安全课程和教育；二级学院落实人才培养和实习就业；成立"校—院"两级校企合作办公室协调"学校方、企业方、家长与学生"等多方协作关系，构建起"学校服务—企业协同—家长参与—学生自律"的多方联动机制。

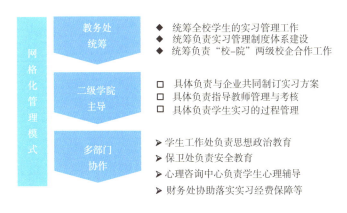

图 2　网格化管理模式

（二）打造"三级分责、三方联动、三管齐下"的安全管理体系

1. 构建"校—院—师"三级分责制度

（1）学校层面承担领导责任，完善组织保障和制度保障，每年投入 20 万元左右用于购买责任险，投入 100 万元以上用于实习耗材补贴。

（2）学院层面承担主体责任，完善二级组织建设，加强安全教育，实施全程管理，制定完善各类管理台账，常规实习安全检查不少于 3 次，抽查不少于 3 次，实现安全管理常态化。

（3）指导教师层面承担具体责任，指导教师既要承担顶岗实习的教学和管理任务，同时也要肩负起安全指导责任，纳入教师年度绩效考核。

2. 构建"校—企—生"三方联动机制

（1）学校服务方面，注重对特殊群体学生的帮扶，每年投入 20 万元左右补助经济困难学生，对心理困难的学生采用"线上—线下"相结合的心理健康咨询。

（2）企业协同方面，在《顶岗实习校企合作管理办法》的框架下，企业协同学校开展学生安全教育、安全培训、安全管理和安全考核。

（3）学生自律方面，要求在家长参与的前提下，实习之前与学生签订"一表一书一协议"，包括顶岗实习申请审批表，学生顶岗实习安全承诺书，顶岗实习安全协议书（见图 3）。

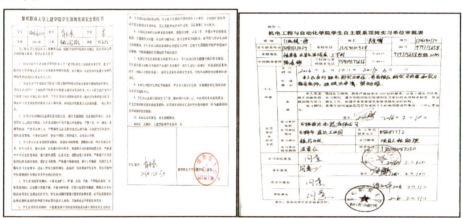

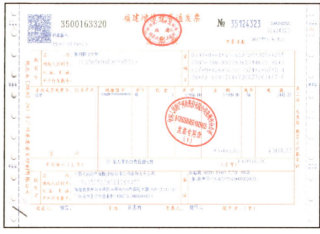

图 3　实习申请书、审批表以及学生实习保险发票

3. 打造"教育—管理—考核"三管齐下教育模式

（1）全程化教育，大一开设"安全始业教育"，大二开设"安全通识教育"，大三开设"岗前安全教育"，并通过购买和自建安全教育课程资源，实现学生安全教育全程常态化。

（2）互动式管理，一方面通过实习管理平台按课程教学要求进行管理；另一方面指导教师定期在线下对学生进行指导和安全管理，实现"线上—线下"互动式管理。

（3）科学化考核，实施评优"一票否决制"，将顶岗实习成效和实习单位评价，作为学校教学工作诊断与改进制度的主要数据来源，进行系统的诊断与改进（见图4）。

图4　学校设置安全教育学分，开设安全教育通识网络课

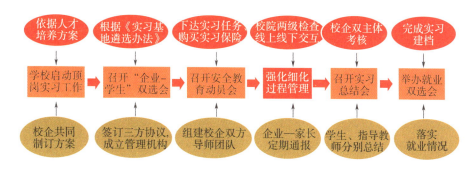

图5　黎明职业大学实习管理工作流程

（三）形成流程化、信息化的实习管理模式

1. 强化实习的流程化管理

学校明确实习管理工作流程（见图5），一是依据人才培养方案，校企双方共同制订实习方案；二是召开"企业—学生"双选会，签订三方协议，学校、企业、家长代表共同成立管理机构；三是召开安全教育动员会，组建校企双方共同参与的导师团队，下达实习任务，购买实习保险；四是落实"校—院"两级检查、"线上—线下"交互、

"企业—家长"定期通报等管理要求，不断强化细化实习过程管理；五是召开实习总结会，校企双主体考核，学生、指导教师分别总结；六是举办就业双选会，完成实习建档，落实"实习—就业"直通车。

2. 充分运用信息化手段

利用创新的"PC+APP"多终端应用模式，对实习过程进行全方位的监控和管理，实现学校、企业、家长多方远程式、多角色协同管理，并在此基础上利用数据挖掘技术，建立实习质量监控体系及顶岗实习数据共享中心（见图6），监控实习的教学质量，确保实习的教学目标，实现职业院校专业教育与企业岗位需求之间"无缝"对接，深化"工学结合"的人才培养模式改革。

图 6　黎明职业大学实习管理信息化

三、成效与反响

（一）创新网格化合作模式，打造"政行企校"育人共同体

学校不断优化"专家咨询、学校统筹、学院实体、专业协作"的校企合作模式，着力完善"合作办学、合作育人、合作就业、合作发展"的政校行企深度融合的长效合力机制。牵头或参与六个职教集团，组建市职业院校联盟和两个省级职教行指委，试点"二元制"改革，与华中数控、嘉泰数控联合开展基于技术研发岗位的联合培养，与泉州纺织服装学院探索混合所有制二级学院，共建"黎明职业大学—华为信息与网络技术学院"，形成了具有独特性、创新性的经验及成果。

学校充分发挥育人共同体的作用，利用信息化手段，以专业、班级、实习小队为网格，以实习岗位为管理内容，并"下沉一级"，落实指导教师的责任主体，通过实习管理信息平台和多方联动机制，实现全程、全员的网格化实习管理模式，受到实习单位的广泛好评，与实习单位形成良好的互动，助力毕业生高质量就业。

（二）强化平台支撑，打造一院一特色

聚焦"泉州制造 2025"和重点产业转型升级路线图，优化"政行企校"共同体建设，构建和完善产业链、创新链、教育链、人才链"四链联动"模式，建设国家人社部高技能人才培训基地等多个"国家—省—市"平台，实施"一院一特色"，搭建上下贯通、左右融通、内外互通的办学"立交桥"（见图 7）。

<table>
<tr><td rowspan="8">一院一特色</td><td>机电学院:"学校—研究院—企业"合作模式,探索混合所有制二级学院</td></tr>
<tr><td>土建学院:开展"二元制"人才培养试点,建设多元投资主体职教集团</td></tr>
<tr><td>信电学院:强化"校中厂"载体建设,实施"政行企校"合作模式</td></tr>
<tr><td>材化学院:推进产学研用协同育人,实施"学校—园区—企业"合作模式</td></tr>
<tr><td>文传学院:融合大师工作室与新媒体工作室,聚集"海丝"文化传播与传承</td></tr>
<tr><td>鞋服学院:构建"政行企校"协同育人机制,打造互联网+鞋服专业群品牌</td></tr>
<tr><td>经管学院:推进订单培养常态化,提升社会服务能力</td></tr>
<tr><td>国贸学院:打造跨境电商服务品牌,加强国际合作交流</td></tr>
</table>

产业链、创新链、教育链、人才链"四链联运"模式

平台支撑	国家级:高技能人才培训基地、央财支持实训基地等
	省　级:省级协同创新中心、公共实训基地、职业院校联盟等
	市　级:泉州市职业教育研究所、大师工作室、名师工作室等

图 7　强化平台建设,打造"一院一特色"

案例 1：实施"二元制"人才培养，推进集团化办学

黎明职业大学联合泉州市住建局、泉州市建筑行业协会、福建省第五建筑工程公司等单位，构建"政行企校"多方投资主体的建筑职业教育集团。在集团内联合开展"招工招生一体化"的"二元制""现代学徒制"等具有"订单培养"特征的人才培养模式改革试点，取得良好的成效，特别是解决了毕业生就业专业对口率不高的问题。

近三年，现代建筑专业群的 1 200 多名毕业生 60% 以上在职教集团内的单位进行顶岗实习（见表 2），超过 90% 的毕业生在职教集团内的相关企业就业，为区域建筑行业企业精准培养了大批量技术技能人才。除此之外，依托职教集团，统筹区域内的员工培训，每年培训人数超过 2 万人次，并搭建区域科研服务与人才交流平台，每年服务中小微企业 20 家以上，构建集团化办学的校企合作长效机制。

表 2　2017 年在建筑职教集团内企业顶岗实习情况

企业名称	合作方式	顶岗实习学生数	企业录用顶岗实习学生数
茂荣集团股份有限公司	"厂中校"订单培养	30	26
泉州视达电子工程公司	订单培养	16	14
泉州市消防安全工程公司	订单培养	21	18
泉州华浔品味装饰有限公司	产教融合顶岗实习	28	27
闽武建筑设计院泉州分公司	教师互聘学生顶岗实习	8	7

续表

企业名称	合作方式	顶岗实习学生数	企业录用顶岗实习学生数
福建路港（集团）有限公司	订单培养 顶岗实习	35	31
福建建工集团	技术研发 学生顶岗实习	12	10
福建省金泉建设集团有限公司	技术研发 学生顶岗实习	23	20
福建省茂盛建设工程有限公司	技术研发 学生顶岗实习	15	12
合计		188	165

案例 2：创新"师徒式"模式，组建项目化实习小分队

黎明职业大学材料化工专业群在人才培养过程中，依托校企共建的协同创新平台——实用化工材料福建省高校应用技术工程中心，校企合作的课题和成果为载体，以创新为魂，构建"师徒式"创新创业培育体系，形成了"产学研用协同育人"的长效机制。专业以校企合作的真实项目为载体，将科研课题和企业项目的研究内容融入专业课程体系中，编写成活页实训指导书，依托校企双导师，创设"师徒式"教学模式，具体落实到实习过程中，材料化工类学生根据参与的项目到相关企业进行实习，并分别组建实习小分队，校企双方共同组建指导教师团，全面落实网格化的实习管理模式，2017 年，材料化工专业群 124 名毕业生在项目合作单位进行顶岗实习，共组建了 7 支实习小分队（见表3）。

表 3　2017 年材料化工组建实习小分队情况

企业名称	合作项目	顶岗实习学生数	实习小分队名称
鑫泰鞋材有限公司	TPU-PVC 鞋材开发	13	高才生小分队
茂泰鞋材有限公司	废旧橡胶鞋底循环再利用	14	我要再生小分队
华银鞋材有限公司	新型双密度发泡鞋材开发	11	两个泡泡小分队
麦丰密封件有限公司	橡胶 O 型圈高值化开发	16	O-O 小分队
德丰行塑胶有限公司	多功能改性助剂的研发	22	我爱改性小分队
正新海燕橡胶制品有限公司	复配耐磨型轮胎的研制	13	正新小分队
百宏集团	超细纤维的产业化研究	20	超级小分队
三净环保科技有限公司	生物转盘的开发与产业化	15	净污小分队
合计		124	

（三）创新校企协同育人新模式，打造"实习—就业"直通车

学校根据各专业群的办学特色，实行"一院一策"的模式，创新形成"集团化办学＋订单培养""研发服务＋项目导向""实体融合＋真题真做"等多种模式，打造"实习—就业"直通车，形成了政行企校协同育人的产教融合长效机制。近三年，学生的实习岗位与专业面向一致率90%以上，留在原单位就业的实习生超过70%，根据《福建省高校毕业生就业质量报告》，我校毕业生初次就业率、就业质量、专业对口率、起薪值等关键指标，均名列全省同类院校前列。

（四）产教融合结硕果，提升学校品牌和声誉

2009年以来，通过持续推进该项工作，取得了10项省级以上教学成果奖，其中省级特等奖两项，省级一等奖3项。2016—2017年，市级以上媒体报道600多次（省级以上1744次），两年接待境内外137所院校来校参访交流。《光明日报》《中国教育报》《福建日报》以及福建电视台多次大幅报道了学校"产教融合、集团化办学、二元制人才培养"等方面的办学成效（见图8）。

图8　《光明日报》《中国教育报》《福建日报》等媒体报道我校办学成效

四、未来发展

深入学习贯彻习近平新时代中国特色社会主义思想和党的十九大、十九届三中全会、全国"两会"精神，以贯彻落实《国务院办公厅关于深化产教融合的若干意见》和教育部等部委《职业学校校企合作促进办法》等文件为抓手，在固化现有实习管理成效的基础上，坚持立德树人的根本任务，弘扬"工匠精神"，锻造职业精英，不断优化学校的实习管理模式，树立底线意识、质量意识、纪律意识等"三"个意识，推进实习与人才培养方案、职业岗位、技能训练、就业创业等"四"个融合，推动建立"政府高度重视、企业共同参与、学校精心组织，各部门积极支持"的齐抓共管的工作格局，为区域产业不断输送急需人才，助力泉州产业转型升级。

构建"顶岗实习、毕业设计、就业三位一体"实习体系

南京工业职业技术学院

【摘要】 南京工业职业技术学院构建了"顶岗实习、毕业设计、就业三位一体"实习体系，实现了顶岗实习与毕业设计有机结合，在提高学生理论与实践水平、提升专业技能及应用能力的同时创造了良好的就业机会，为学生就业奠定良好基础。电气工程学院在学校顶岗实习管理体系下积极结合办学实际，根据过程管理法，牢牢把握顶岗实习过程中学生、学校和企业三大主体的关系，开展全方位合作、责任共担、利益共享，全面推进协同育人，形成了独具特色的顶岗实习运行模式。

一、管理创新背景

南京工业职业技术学院创办于 1918 年，前身是我国近现代著名民主革命家、社会活动家、教育家黄炎培先生在上海创办的中华职业学校——我国近代教育史上第一所以"职业"冠名的职业教育学校。2017 年，我校作为唯一一所高职校，入选国家正式公布的"大众创业万众创新示范基地"（简称双创示范基地）。定岗实习是高职学生深入企业生产一线进行技术技能学习与传承、促进创业就业，形成职业能力不可或缺的实践教学环节。

我校电气工程学院分析近几年用人单位的招聘情况，并深入企业与用人单位沟通交流，发现用人单位有重视学生初次就业时的职业能力，胜过重视学生就业时取得的文凭、学历的倾向。为此，我校电气工程学院在学生顶岗实习实施的过程中，在组织机构建立、职责分工明确、管理制度完善、重点把握环节等方面采取了切实可行的措施；并充分运用学校在 2006 年自主开发的拥有知识产权的，覆盖 PC、苹果 APP 和安卓 APP 等不同类型客户端的"学生毕业顶岗实习—毕业项目网络管理系统"，对顶岗实习和毕业设计中教师、学生的互动交流、日志撰写、检查反馈等教学环节的跟踪、监控和管理，进行数据的收集、统计、分析、挖掘、反馈、指导、改进和优化，保证顶岗实习和毕业设计过程更加规范、有效、可控，保证教学过程正常有序实施，从而保障和提高教学质量。

二、典型做法、措施

（一）规范管理、制度先行，严格执行"三重标准"遴选实习企业

在学校自 2006 年建立的顶岗实习各类制度的基础上，电气工程学院结合 2017 届毕业顶岗实习的实际情况，加强了对 2018 届顶岗实习的指导，制定了相应的规章制度、工作流程，使顶岗实习得以保质保量、有序开展。院部先后出台了《关于做好 2018 届毕业生毕业设计及学生顶岗实习工作的通知》《2018 届毕业班级毕业设计指导教师、课题分配安排》《关于做好 2018 届毕业生顶岗实习、毕业设计工作的补充规定》《如何指导学生填写顶岗实习手册》《毕业答辩工作的有关规定》《电气学院毕业生返校安排》《顶岗实习兼职指导老师协议》等文件，并与合作企业签订了"顶岗实习校企双方协议""校企共建顶岗实习基地计划"，确保实习内容、形式和管理方式有利于培养学生良好的职业道德，有利于学生的身心健康，有利于学生综合素质和就业能力的提高；签订"顶岗实习期间校企双方教育教学环节基本要求""顶岗实习期校企双方教育教学环节学生管理办法"等常规合作协议，明确校企双方在实践教学中的责任和义务，共同保障和促进学生按时完成学业，同时协调好学生实习期间的岗位调配、食宿待遇、工作时间、应急处理等关系，保障学生的各项合法权益，使顶岗实习工作更加规范。

在毕业生人数众多，学生定岗实习岗位竞争异常激烈的情况下，我校电气工程学院努力开发大型实习企业基地，保证了顶岗实习的顺利进行。电气工程学院在遴选实习企业时，严格执行学校制定的"三重标准"，即区域标准、合作标准和岗位标准，遴选了一批区域内影响力较大、知名度较高和管理较规范的优质实习单位作为实习基地，如中兴、通力电梯等，在建立顶岗实习基地的同时，建立合作企业的信息资源库，通过不同的方法发展新的企业实习场所，并与企业签署长期合作协议，并根据企业的发展要求，对学生的相应培养方案进行调整，从而培养出企业需要或企业中所缺乏的人才，同时可以缩短人才培养的时间，可以更加有针对性地对学生进行技能培养。

学校校企合作历经以学生就业为主的"1.0"阶段和企业订单培养为主的"2.0"阶段，目前已进入以校企命运共同体为主要特征的"3.0"阶段。电气工程学院电气自动化技术专业遴选一批优秀学生伴随"走出去"企业开展海外顶岗实习。

（二）加强检查与反馈，促进"三位一体"管理模式的构建

我校电气工程学院大力提倡学生结合岗位实习内容做毕业设计，与顶岗实习相关的论文数 608 篇（不含本科）。虽然大多数毕业生从事组装工作，但我们要求学生从产品的功能、装配工艺、工作原理、调试方法、如何维护等方面入手做毕业设计，让学生了解与实习相关的内容，增加了学生学习的主动性，促进了学生在知识、技术、思想各方面的成长，为学生今后岗位的提升打下了良好的基础，同时使得毕业项目紧密联系实际，有一定实用价值，毕业项目质量有了大幅度提高。所以结合岗位实习内容开展毕业项目是顶岗实习与毕业项目真正融合。

在 2018 年的顶岗实习工作中，我校电气工程学院为了加强管理，要求每一位指导

图 1　学生在顶岗实习企业一线工作

教师推荐一篇优秀毕业设计报告，并重点检查每个指导老师推荐的优秀毕业设计报告，这样，可以从毕业设计的水平上反映指导教师是否认真指导，从而找出在毕业设计指导工作上的不足与缺点，力争提高优秀毕业设计的水平；其次，针对优秀的毕业生指导方面，做了进一步的强化，近两年有不少参加竞赛的、参加老师课题研究的优秀毕业生，这些学生专业能力比较强，因此由分院要求指导教师加强对他们的毕业选题、如何做好毕业设计方面的重点指导，结合顶岗实习或创新项目做毕业设计，取得了较好的效果（见图 1）。另外，学院在毕业设计指导工作上，还有一项重要的改进，要求每个指导教师让学生提供毕业论文查重报告，这项工作用以防止学生偷工减料、临时突击完成毕业设计，造成论文质量下降，在学校电气工程学院的认真执行下，毕业生论文质量有所提高，这点在 2018 年申报优秀毕业设计的数量中有所体现。

（三）加强考核，建立激励机制，保障"三方联动"运行机制

我校电气工程学院辅导员、全体毕业项目指导教师积极协助和配合各班班主任做好就业指导工作，明确就业指导工作是指导教师职责范围内的工作，加强与班主任的配合，承担相应责任，加强协调与配合，齐心协力促进就业签约工作。顶岗实习、毕业设计项目与就业指导一体化的顺利进行，首先需要指导教师的倾心指导。其次也离不开学生工作人员的管理和教育。只有两方面密切配合，实现"教"和"管"的结合，才能提高顶岗实习的质量和效果。一方面，指导教师的工作十分繁重，包括编制顶岗实习计划，指导顶岗实习，了解企业的生产、技术，解决学生实习中遇到的专业问题，布置顶岗实习作业、审批顶岗实习报告等，这些构成了顶岗实习的核心内容；另一方面，班主任、辅导员的工作是顶岗实习不可缺少的组成部分，包括对实习的组织、学生的思想教育、操行评定、违纪处理、解决学生生活问题等。通过齐抓共管，保证顶岗实习工作顺利进行。

在 2018 届毕业生中，每位指导老师平均指导 10 多名学生，毕业生总人数和 2017 年基本持平。

在工作中发现有些老师责任心非常强，认真做好顶岗实习、毕业设计工作，也有一部分教师投入的时间、精力不够，工作不到位。

为了保证毕业顶岗实习、毕业项目的工作质量，我校电气工程学院对相关指导教师进行了考核，将考核成绩作为分配指导下一届学生人数的依据。

为了切实做好毕业顶岗实习、毕业项目工作，我校电气工程学院要求每位学生除了校内指导老师外，还须聘请自己的岗位老师一起指导实习和毕业设计，要求校内指导老师经常与企业指导老师沟通交流，促进校企合作，加强与企业的联系，取得了良好的效果（见图2、图3、图4）。

图2　校内指导老师与企业指导老师沟通交流

图3　企业指导老师指导学生顶岗实习

图4　校内指导老师到企业指导顶岗实习

（四）加强过程指导与管理，"三个到位"提升实习管理水平

我校电气工程学院按照学校"三个到位"的要求，即跟踪到位、指导到位以及作业文件到位，加强了顶岗实习工作的过程指导，强化顶岗实习管理制度制定、工作流程梳理、管理手段创新、管理人员配备，及时追踪毕业生的各方面动态，使学院的顶岗实习工作扎扎实实推进。指导老师充分利用学校的顶岗实习管理系统，及时与学生

沟通，加强过程管理，对顶岗实习和毕业设计中教师、学生的互动交流、日志撰写、检查反馈等教学环节的跟踪、监控和管理，进行数据的收集、统计、分析、挖掘、反馈、指导、改进和优化，保证顶岗实习和毕业设计过程更加规范、有效、可控，保证教学过程正常有序实施，从而保障和提高教学质量。

为确保及时、准确地掌握学生实习情况，要求指导老师与学生建立多种联络方式，如电话、QQ、手机、校信通以及电子邮件、顶岗实习管理系统等，作为沟通的平台，进行全方位、多渠道的联系。并要求实习学生每周与老师联系一次、每月见一次面、每季集中一次研讨总结，及时进行交流沟通，形成"三个一"工作机制。

（五）"三个环节"全覆盖，"三个合一"保质量，规范管理显成效

环节一：为使学生能够尽早做好顶岗实习的各项准备工作，学院提前一个学期开始着手布置论文选题的相关工作，并逐步开展安全教育。每年度都在认真总结以往毕业论文指导工作经验的基础上，充分听取学生的意见。组织全院的专业教师，结合自身科研、竞赛项目等让学生提前选择、申报毕业设计课题，每个指导教师提供15个题目，为学院全体毕业生提供毕业论文参考选题（最多时可达750题），并对课题进行简析，发至各专业班级供毕业生参考，受到了学生的普遍欢迎和好评。由于选题均为各位教师熟悉的研究领域，所以指导起来也会感到得心应手。

环节二：导师确定后，学院分别召开全体指导教师以及全体毕业班学生会议，专门就如何进行论文指导以及如何准备和写作毕业论文进行动员及布置，特别强调要加强师生间的联系和互动。要求各位导师对学生的论文题目进行严格的审定、把关，学生在校期间，老师下达任务书，指导学生查阅相关文献，了解课题的发展动态，写出资料综述，作为毕业设计的准备阶段，进而形成最初的论文写作大纲。在此期间，学校开放学院的机房，以方便全体毕业班学生上网查阅文献。

环节三：电气工程学院安排学生辅导员和实习单位洽谈沟通，落实学生实习期间的企业实践导师，强化学生实习期间安全责任，由企业对顶岗实习学生进行岗位安全宣讲，学校—企业—学生三方签署安全协议，明确各方安全职责。

三、成效与反响

（一）"三重标准" 优中选优

学校积极与优质企业进行接洽，维护并扩展实习企业资源，遴选区域内影响力较大、知名度较高和管理较规范的优质实习单位作为实习基地，与企业签署长期合作协议。高品质企业为学生提供了良好的实习工作环境，学生在优质企业中学习到了新的岗位技能和先进的工作理念。

高品质企业为学生提供了良好的实习工作环境，使学生将专业所学的知识更好地融入现实的工作中，从工作中得到启发和收获，学生在优质企业中学习到了新的岗位技能和先进的工作理念，并对自身的职业素养以及就业经验进行提升和积累，形成了

有竞争优势的职业技能，从而达到学校与企业对学生的要求。

（二）"三位一体" 保量提质

电气工程学院依托学校构建的"顶岗实习、毕业设计、就业三位一体"实习体系、"辅导员班主任、专业教师、企业实践导师三方联动"运行机制，以及学校在2006年即已自主开发的"学生毕业顶岗实习—毕业项目网络管理系统"，创新工作机制，将顶岗实习、毕业设计、就业工作三项工作打通，做到整体推进，充分调动了"辅导员班主任、专业教师、企业实践导师"三方积极性和主动性，对顶岗实习和毕业设计中教师、学生的互动交流、日志撰写、检查反馈等教学环节的跟踪、监控和管理，进行数据的收集、统计、分析、挖掘、反馈、指导、改进和优化，保证顶岗实习和毕业设计过程更加规范、有效、可控，保证教学过程正常有序实施，从而保障和提高实践教学的质量。今年我校电气工程学院新申报的优秀毕业设计数量高于教务处规定的数量，电气工程学院组织专家从中筛选出 9 篇优秀论文，推荐到学校教务处，8 篇获奖。

（三）"三方联动" 齐抓共管

校内专业指导教师和班主任、辅导员承担顶岗实习要求与质量管理的相关内容；企业实践导师与学校专业指导教师共同制定实习结果考核与等级评定的标准。原先由就业部门负责的就业指导工作，由于有了专业指导教师的参与，与专业结合得更紧密、更有针对性；专业指导教师有了班主任、辅导员和企业实践导师的配合，对实习结果的考核也更加科学客观，最终保证了顶岗实习内容的科学全面。

（四）"三个到位" 全面覆盖

到位的管理带来了工作质量的提升，使顶岗实习一体化工作在全校毕业生中全面推行，所有毕业生都真正进行了半年的顶岗实习，学生参与顶岗实习的比例从 2007 届的 94.8% 上升到 2017 届的 98.8%。在强化教学管理的同时，也锻炼形成了一支专兼职结合的顶岗实习指导教师队伍。除了给每位学生安排了校内指导教师外，实习单位也为学生安排了企业实践导师。

（五）"三个环节" 全程覆盖

在顶岗实习课题环节中，师生双向选择，最终由学院严格按照学校的有关规定协调落实指导教师，落实学校的毕业设计（论文）与顶岗实习岗位合一制度。

在顶岗实习布置与指导环节中，按照学校的要求落实每位实习学生在实习期间的保险问题，做到全员全程覆盖，落实学校的实习教学与顶岗工作合一制度。

在顶岗实习的环节中，学院根据企业实践导师指导学生的表现，遴选出具有丰富的一线工作经验的专业技术人员和能工巧匠，聘为学院的兼职教师，使他们能更深地介入到我校的人才培养工作中来，落实学校的教学指导与实习管理合一制度。

四、未来发展

（一）顶岗实习内容定制化

在顶岗实习过程中学生、学校和企业是三大主体，定岗实习内容定制化也主要体现在三大主体上。

学生根据自身在学校期间所学的专业知识，选择自己感兴趣的内容，将所学专业知识与顶岗实习的内容对接，并融入顶岗实习项目，从而制定自己顶岗实习的内容；学校的顶岗实习方案等指导性文件细则需要进一步充实、完善，在内容上，学校内的指导老师会根据自身的科研方向、指导竞赛的题目，围绕培养学生独立观察、分析以及解决实际问题的工作能力、动手实践能力，制定顶岗实习的内容，供学生选择；企业注重学与用的结合，在内容上根据自身的经营方向，让学生完成现场真实的生产过程，进行系统级的设计，从而提高学生的职业能力。

（二）顶岗实习模式个性化

学生根据自身特点，选择适合自己的企业进行顶岗实习，有利于自身个性化的发展，满足不同学生的不同需求。学生可以在学校提供的企业信息库，与用人单位进行双向选择。信息库是学校根据签订顶岗实习基地建设协议的企业特点建立的，比如，技术型的企业、生产加工型等企业。这一模式使学校更容易对定岗实习过程进行跟踪管理，以及及时收到用人单位的信息反馈。

实习模式的个性化，更有利于学生的就业和企业的人才招聘，促进了"顶岗实习、毕业设计、就业"三位一体实习体系的构建。

（三）顶岗实习管理多样化

随着新的科学技术的不断涌现，顶岗实习相关的数据获得的途径也会多样化，数据也会更加全面。

企业通过现代化的技术方法选拔参与企业顶岗实习计划的学生，可以实现顶岗实习与就业招聘"一体化"的目标，降低企业用人成本，提高企业管理水平。

建立 QQ 群、微信群，进一步加大学校专业导师与企业导师的沟通力度，同时确保能够及时获取学生实习的最新情况，根据实际情况有针对性地调整实习计划；建立顶岗实习专网，在专网上传送顶岗实习协议书、顶岗实习任务书、顶岗实习报告书、毕业设计任务书、开题报告、过程检查表以及学生顶岗实习日志等完整规范、具有过程性的作业文档资料，为各项工作开展、反馈、备查提供了便利，提升了顶岗实习管理规范化水平。

五、结束语

顶岗实习是高职教育重要组成部分，应该进一步加深对其重要性的理解，正确处理其与理论教学的关系，建立相对独立的实践教学体系，并加强实习基地与双师型教学队伍即指导教师队伍的建设，做好效果评价与教学质量监控，努力提高顶岗实习的教学水平，为培养更多应用型、技能型人才做出应有的贡献。

系统设计　平台支撑　全程管理　分类评价的顶岗实习管理模式

内蒙古机电职业技术学院

【摘要】针对顶岗实习管理薄弱、内容与评价单一、监控手段落后等问题，校企合作开发了面向全专业的顶岗实习信息化在线管理平台，建立了基于管理平台数据分析的顶岗实习现场检查机制；校企合作共同设计顶岗实习内容体系和"过程考核为重、企业评价为主、学校考核为辅"的分类考核评价体系；校企合作创新顶岗实习全程、动态管理机制；开展学生顶岗实习管理工作的自我诊断与考核性诊断工作，发现问题及时解决，真正实现了学生顶岗实习期间管理的规范性和可控性，提高了顶岗实习的实效性和人才培养质量。

一、管理创新背景

顶岗实习由学校、企业、学生三方共同参与，具有管理主体多元化、实习地点分散化、实习内容多样化等特点。目前，顶岗实习管理普遍存在资料收集难、数据统计难等问题，很大程度上影响了顶岗实习的质量和效果。内蒙古机电职业技术学院经过六年多的实践探索，形成了"系统设计、平台支撑、全程管理、分类评价"的顶岗实习管理模式，有效地解决了高职院校顶岗实习管理薄弱、管理手段落后、监控乏力、指导不及时、实习岗位内容与评价指标单一、诊改机制缺失等问题，学生顶岗实习质量明显提升。

二、典型做法与具体措施

(一) 校企合作设计优化顶岗实习体系

依托企业对工作岗位核心能力的需求，校企合作共同设计和优化顶岗实习的内容体系和分类评价体系。

1. 树立"以生为本、习以养德、习以养技"的顶岗实习理念

树立了"习以养德""习以养技"的育人理念，理清了顶岗实习与课堂学习的逻辑关系，与企业深度合作，根据不同专业特点和职业能力成长规律，科学安排了顶岗

实习内容和岗位，使实习情境的复杂程度递进式上升，实习岗位轮换式交替，有效提升了学生的职业核心素养和综合职业能力。

2. 构建校企联动的"三层"学生顶岗实习组织体系

校企共同成立规划决策层、组织协调层、组织实施层三个层面的顶岗实习组织管理机构，实行校企合作、共同管理（见图1）。遴选理论功底扎实、实践动手能力强的专业教师和企业技术或管理人员担任顶岗实习指导教师，实行双班主任制、双指导教师制，负责顶岗实习各项工作的具体实施和日常管理，促进学生职业素养和专业技能的同步养成。

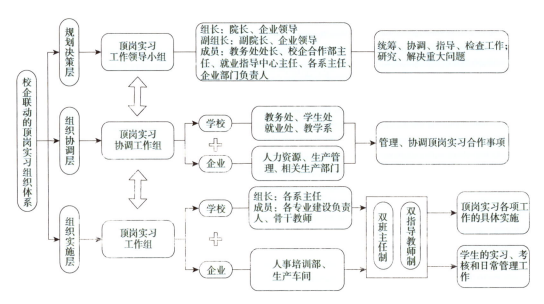

图 1　校企联动的顶岗实习组织体系

3. 建立完善的学生顶岗实习制度体系

根据教育部《职业学校学生实习管理规定》（教职成〔2016〕3 号）等文件精神，修订完善了《内蒙古机电职业技术学院学生顶岗实习管理办法》《顶岗实习校企合作共同管理实施细则》《学生实习安全及突发事件应急预案》《学生顶岗实习考核评价办法》等文件，为学生顶岗实习教学运行与组织管理提供了制度保障。

4. 系统制定顶岗实习课程内容与学习形式

（1）将专业课程学习延伸到实习企业。将部分与企业实际岗位联系密切的课程和实训项目纳入顶岗实习教学内容，在实习企业授课，将专业课程学习延伸到实习企业、车间，真正做到理论与实践相结合。

（2）将顶岗实习与毕业综合实训相结合。把学生毕业综合实训纳入顶岗实习教学体系，毕业综合实训项目是顶岗实习的重要内容，结合专业特点，结合企业实际应用选题，将毕业综合实训作品制作、优秀作品评比、展览与顶岗实习学习、考核评价有机结合。

（3）将顶岗实习与学生就业相结合。建立教务处、教学系、就业处、校企合作部多部门共同参与的管理机制。与企业合作设立"现代学徒制"试点班、订单班，将顶岗实习内容与企业产品生产、技术革新项目相融合，建立实习即就业的双向选择机制。

5. 系统设计顶岗实习管理内容与工作流程

（1）遴选建立实习基地。学院制定了顶岗实习单位遴选制度和标准，基于制度化和规范化的遴选机制，以校企合作发展理事会为平台，多部门合作，多途径遴选符合条件的实习单位，并与其签订协议，建立稳定的顶岗实习基地，确保实习单位的质量，满足学生实习需求。

（2）制订顶岗实习方案。根据不同专业特点和学生职业能力成长规律，校企共同制订顶岗实习教学方案、教学计划及指导书，确立了实习岗位轮替制，使实习情境的复杂程度递进式上升，有效提升了学生的职业核心素养和综合职业能力。

（3）组织宣讲动员。教学系召开顶岗实习动员大会，明确实习目的、基本任务和注意事项及校内外指导教师的职责，重点强调顶岗实习期间安全以及纪律等问题。

（4）协议保障先行。通过管理平台统一发布实习计划，学生选择实习企业后，学校、企业、学生三方签订实习协议，明确各方的责任、权利和义务，并为学生投保实习责任险。印发《学生顶岗实习手册》，明确学生在顶岗实习期间应遵守的纪律规定、校企联系信息及考核评价办法等，为学生顶岗实习提供指导和帮助。

（5）开展岗前培训。校企合作共同开发岗前培训课程，包括：安全教育、工作礼仪、实习纪律及考核试题等内容，通过平台向学生发布，学生在管理平台上进行岗前培训学习和考核。校内指导教师随时通过平台，监督和指导学生完成岗前培训。

（6）全过程管理。通过顶岗实习管理平台实现对实习学生的实时监控、远程指导及过程控制，实习期间的学生安全由校企共同负责。同时根据平台监控和实习指导过程中反馈的问题开展现场检查，确保按时完成顶岗实习教学计划，达到预期的质量效果。

（7）顶岗实习评价。顶岗实习结束后，对学生实习情况和质量进行考核和评价，注重专业技能学习和综合素质养成的评价。

6. 建立顶岗实习分类考核评价体系

建立学校与实习单位、管理平台与实习答辩相结合的顶岗实习分类考核评价体系。

（1）分类考核评价体系。学校和实习单位共同制定《学生顶岗实习考核评价办法》，建立"学校+实习单位、管理平台+实习现场+实习答辩"，"过程考核为重、企业评价为主、学校考核为辅"的顶岗实习分类考核评价体系。根据学生顶岗实习任务完成情况和答辩情况进行综合评价，考核分两类：一是实习单位指导教师的考核，占总成绩的60%；二是学校对顶岗实习的考核，占总成绩的40%。

（2）实行顶岗实习不合格重修制。对顶岗实习成绩不合格的学生，不予毕业、必须重修。重修学生按计划完成实习任务，向所在系提交重修材料，经审核通过后，参加答辩，答辩通过后确认成绩合格。

（二）校企合作创新顶岗实习全程、动态管理机制

校企合作开发了面向全专业的顶岗实习信息化在线管理平台，运用现代信息化技术解决顶岗实习管理手段落后的问题。学院与企业合作开发建设了顶岗实习信息化管理平台，平台包括：信息统计、岗前培训、实训管理、实时报警、远程指导、考勤管理、短信通知和就业跟踪等功能，实现了对顶岗实习的全程、动态管理。

建立了基于管理平台数据分析的顶岗实习现场检查机制。学院顶岗实习工作办公室对顶岗实习管理平台数据定期进行综合分析，发现实习中存在的问题，有针对性地组织开展现场检查工作。一是分别成立学院和教学系顶岗实习现场检查组，明确各部门检查指导工作的主要职责和工作内容；二是明确顶岗实习期间下企业兼职指导教师及学校指导教师的责任；三是组织校内教师定期到顶岗企业开展检查指导工作；四是利用电话和校园网络建立指导教师与学生的联系指导制度和回访制度。实地检查与电话回访结合，顶岗实习检查工作基本覆盖了全院各专业学生。实地检查后，教务处汇总检查信息，形成《顶岗实习实地检查工作总结报告》，提出顶岗实习工作的改进意见和建议，改进管理方式，提高实习质量。

（三）建立质量螺旋递进的常态化诊断改进模式

建立顶岗实习管理工作"目标—标准—运行—诊断—改进"质量螺旋递进的常态化自我诊改模式，持续提高顶岗实习质量。

梳理顶岗实习管理工作任务，明确工作目标、责任和工作标准，制定《学生顶岗实习管理工作职能部门与教学系部目标任务分解表》，将工作任务分解到相关部门，实行实习管理工作责任制。

开展学生顶岗实习管理工作的自我诊断和考核性诊断。顶岗实习的每个教学环节结束后，责任部门对照管理工作目标任务、标准进行自查，填写《学生顶岗实习管理工作任务目标完成情况统计表》《未完成目标任务诊改表》，分析目标任务完成情况，梳理出未完成工作任务，对未完成工作提出改进措施。学院成立顶岗实习考核组，每个实习环节结束后对责任部门完成工作任务情况进行考核，并提出整改意见，持续提升顶岗实习管理质量。

利用平台数据对实习情况实时跟踪，检查分析实习任务、目标与标准达成情况，监控实习质量和状态。利用顶岗实习管理平台随时关注顶岗实习管理关键要素（标准）指标，提取汇总数据，检查分析实习过程中各阶段的任务、目标与标准达成情况。如参加培训的时间、完成培训任务的数量、实习待遇、出勤情况、实习变动情况等；对历年实习生总体情况进行分析，如对不同专业、不同地区、收入待遇等情况进行对比分析。通过数据分析，准确掌握本校学生实习质量和状态，找出学生实

习过程中存在的问题以及差距，发出预警，并反馈到相关部门加以整改，完善顶岗实习的过程管理。

对学生顶岗实习满意度等相关因素进行数据分析，发现问题及时诊改。通过顶岗实习管理平台以及手机 APP 对学生顶岗实习满意度进行问卷调查，分析实习岗位和专业相关性、收入水平、与指导教师沟通等情况反馈，与实习单位共同帮助学生解决岗位适应性等问题，有目的地开展心理疏导、职业精神养成教育。

三、成效与反响

（一）学生成为实习管理的真正受益者

学生顶岗即就业比例逐年提升，平均达 70%；学生顶岗实习期间，4 人次获得国际级比赛一等奖，1 人次获国家级特等奖，9 人次获得国家级比赛一等奖、20 人次获得二等、三等奖，76 人次在自治区级比赛中获奖；近四年，学生"双证书"的获取比例保持在 96% 以上；通过顶岗实习，学生整体就业率逐年提升；学生对口就业率保持在 82% 以上；顶岗实习三方协议签订率 100%，为实习相关各方权益提供法律依据，切实维护了学生、企业和学校三方的权益。

（二）企业由追求廉价劳动力向育才留才转变

企业与学校在顶岗实习合作过程中达成"人才共育、就业共担、资源共享"的共识。学生到达企业后，实习单位为实习生制订规范的培训计划，专门指派企业经理、主管或资深员工作为实习生的师傅，给予实习生 1~3 个月的适应期，在适应期内适当降低劳动强度，减少工作时间，让实习生逐步从学生角色向职业人角色转变，帮助学生更快适应岗位，进入角色，减少离职率；将顶岗实习生纳入企业正式员工的培训体系，培养对企业的忠诚度，使实习生有归属感，能有效地留住优秀人才。

（三）学校成为实习管理的直接受益者

专任教师中双师素质教师比例逐年提高，稳定保持在 70% 以上；学校以顶岗实习管理为范本和切入点，开展全院的教学诊断与改进工作，全面推广了顶岗实习管理的成功经验，管理水平整体提高；2014—2016 年毕业生就业率分别为 95.11%，98.31%，98.10%，高于全国高职院校就业平均水平；学院被教育部评为"全国职业技术学校职业指导工作先进单位"，连续多年被内蒙古自治区教育厅评为"普通高等学校毕业生就业工作先进集体"；由中国科学评价中心和中国科教评价网联合发布的 2017 年中国高职高专院校竞争力排行榜中，我院排名全国 58 位，自治区第 1 名。

（四）实习管理模式发挥了示范引领作用

学院与企业合作开发的面向全专业的顶岗实习信息化在线管理平台，在自治区多家高职院校推广使用，使用后反馈取得了管理实效；学院在 2016 年自治区高职高专教务处长联席会议上做了《提升高职院校管理能力》的主题报告，介绍了"学校+企业、管理平台+现场的学生顶岗实习管理模式"，得到了全区高职院校的好评，为自治区高职院校顶岗实习高效管理提供了可借鉴的实践经验。2018 年 4 月，"系统设计、平台支撑、全程管理、分类评价的顶岗实习管理模式研究与实践"获 2018 年高等教育自治区级教学成果奖一等奖，并申报国家级教学成果奖。

四、未来发展

（一）着重研究学生因素对实习质量的影响

顶岗实习期间，由于学生的个人定位、认识、兴趣、身体状况、工作环境等因素的影响，跳槽现象时有发生，给学校管理带来了很大不便。学校要继续深入开发平台定位跟踪模块，当学生日志、周志等过程性材料填写地点与本人实习企业不符时，系统会自动报警，加强学校跟踪管理。同时，切实提高岗前培训质量，增强学生纪律观念。

（二）实习指导力度不够，应加快形成更有效的指导机制

顶岗实习缺乏有效的指导，一方面与配备的指导教师自身素质、专业技术能力和责任心有关；另一方面与各基地实习生的数量有关，实习生人数多，加之实习基地分散，教师精力有限，难免照顾不周，导致顶岗实习缺乏学校教师的跟踪指导和精准指导。因此，实习指导机制的完善是顶岗实习必须解决的大问题。

（三）政府应进一步完善制度，为顶岗实习提供有效的立法保障

对于职业院校学生顶岗实习，企业承担职业院校人才培养的责任不清，缺乏校企合作承担"合作办学、合作育人、合作就业、合作发展"育人责任的政策法规保障，建议政府进一步完善制度，为顶岗实习提供有效的立法保障。

四方协同　三段合一　德技双修　培育英才

宁波市甬江职业高级中学

一、背景

宁波市甬江职业高级中学的前身，是载入《教育大辞典》的中国第一所女子中学——创办于 1844 年的甬江女中。1995 年，学校转型更名为宁波市甬江职业高级中学。学校先后获得了国家级重点职业学校、国家中等职业教育改革发展示范校、全国教育系统先进集体、首批国家级创新型院校、全国德育工作先进集体、全国青少年健康成长教育基地、浙江省职业教育先进单位、宁波市参加全国职业院校学生技能大赛特别贡献奖、宁波市首批特色中等职业学校、宁波市首批依法治校示范校、宁波市示范性文明学校等多项荣誉。

学校为对接宁波市经济的发展需求，多年来逐渐构建起适应文化创意、旅游产业等产业为主的文化创意类、旅游服务类的重点专业群。学校校企合作坚持"根植企业、提升内涵、服务社会、促进发展"的理念，践行四方协同，深化校企融合，不断创新校企合作方式，从单向到多方互动，从点上突破，到批量发展，积极拓展校外实训基地，与宁波市 80 多家知名企业合作，建立 100 多个专业实训基地。学生培养突出"行业性、应用型"特色，坚持实习就业工作"一把手"工程，抓住人才培养质量是根本、就业市场建设是基础、就业指导教育是手段、就业指导服务是保障四个关键，取得较好的成效。近三年毕业生的初次就业率为 98%，中级工获得率为 91%，专业对口率为 85%。

尽管如此，我们还是应该清醒地认识到实习管理工作中面临的几个矛盾：一是企业用工需求与学生及家长的需求的矛盾。企业需要的是一线的操作技术员工，而学生及家长的期望值往往高于实际情况。二是学生实习阶段"职业形成期"与学校实习期的"管理薄弱期"的矛盾。实践证明，实习生是打造学校声誉的主力军，实习情况是反馈和延伸教学活动的主渠道，实习过程是职业态度形成的主干线，对学生"职业理想"的形成是至关重要的阶段，但是对于学校来说，由于实习生不在校，实习地点散等因素，实习管理工作恰恰是学校管理中最薄弱的环节。三是学生的知识结构、技能水平与企业岗位需求的矛盾。学生经过在校两年的学习，虽已掌握一定的知识与技能，但是与企业直接"顶岗"就职的要求还有一定差距。针对以上矛盾，学校不断探索"发展型"实习管理模式，通过"四方协同，三段合一"改变实习方式，提升实习内涵，施行提前招生锁定优质资源，联合录取提高职业适配，协同培养聚集教学合力，对接实战产出真知技能等举措，从而实现"德技双修，培育英才"的目的。

二、典型做法与措施

学校秉持"四方协同，三段合一，德技双修，培育英才"的理念，将"南苑酒店管理、连锁酒店管理、机关事务管理"三个专业作为试点，探索"发展型实习管理"模式——企业新型学徒制（以下简称"企业新型学徒制试点班"）。

（一）四方协同

"企业新型学徒制试点班"由中职学校（宁波市甬江职业高级中学）、高职院校（浙江育英职业技术学院）、用人单位（宁波南苑集团股份有限公司、青藤酒店集团、宁波市机关事务局）、学生家庭四方协同培养。

实施过程中，四方各司其职，分工合作。甬江职高负责联合高职、企业、家长共同制订人才培养方案，宣传动员"企业新型学徒制试点班"学生参加成人高考，牵头企业岗位综合课程开发与教学，牵头学生在校学习和顶岗实习期间的教学管理与成绩考核。浙江育英职业技术学院负责落实酒店管理专业的招生、培训、考试、录取、学籍、教学等管理工作，牵头学生中职毕业后企业岗位综合课程的开发、教学与学生管理，并在取得学籍满两年半后为成绩及表现合格的学生颁发成人大专毕业证书，同时保障学生申请就读专升本、申请奖助学金、申请评先评优等权利。用人单位作为宁波市甬江职业高级中学和浙江育英职业技术学院的教学实训基地，负责学生在企业期间的日常管理，提供相对集中且便于岗位课程所必需的教学和工作条件，协助共同制订人才培养方案，参与企业岗位综合课程的开发、教学计划制订和质量评价等工作，委派专业技术人员承担企业岗位综合课程的实践教学，并承担项目学费。学生家庭根据四方商定要求，督促学生遵守相关规章制度，及时有效地完成学习、实习及工作任务，并协助做好学生的教育和管理工作，确保课程学习的连贯性，为学生发展创造必要条件、营造积极环境。

（二）三段合一

"企业新型学徒制试点班"紧密联结中职学校、高职院校、用人单位和学生家长，通过定制培养计划、完善实习方案、创新课程体系，实现中职学生职业生涯的顶岗实习期、学历提升期、就业初始期，三个重要阶段有序衔接、一体整合。

以"企业新型学徒制试点班"酒店管理专业为例，该专业学制两年半，学生在中职学校掌握专业基础知识和基本技能，在顶岗实习阶段高职院校开设班级，通过成人专科入学考试后注册学籍并正式上课。学生通过业余学习形式在学历提升阶段修读人才培养方案规定的课程，达到毕业最低学分要求，经四方共同鉴定合格，准予毕业并颁发毕业证书。经由顶岗实习的职业认知和学历提升的拓展强化，学生步入关键的就业初始阶段时，便能获得"岗位技能+专业学历+工作经验"。

为此，宁波市甬江职业高级中学招就处、旅游教研组，浙江育英职业技术学院成教学院招生办、教务处、旅游专业骨干教师，南苑酒店集团、青藤酒店集团、宁波市机关事务局行政会议中心三家用人单位，多次开展调研，反复探讨学生顶岗实习期、学历提升期、就业初始期的框架构建、阶段衔接、课程定制等内容。通过共同制订"企业新型学徒制试点班"人才培养方案，明确各阶段专业培训目标；通过共同参与企业岗位课程开发，对原有酒店管理专业成教课程体系进行改造，使其既符合企业和行业的实际需要，又适应学生各阶段身心特点、满足学生各阶段成长需求；通过共同开展人才培养质量评价，进行教育教学全方位管理服务，确保实习、学习、工作等环节安全规范、高效运行，推动顶岗实习阶段、学历提升阶段、就业初始阶段一脉相承、融合助力。

（三）德技双修

"企业新型学徒制试点班"顺应面向市场、服务社会的职业教育教学改革新态势，构建内容完善、能力递进、对接紧密的课程体系，教学重点立足于学徒职业道德和职业素质的养成以及职业技能和岗位技能的练就。

酒店管理专业课程设计打破传统学科体系，将抽象的职业素养外化为可以施行、考核、评价的成长体系，并在课程教学和项目任务中渗透信息处理、问题解决、人际沟通、团队合作、自我学习、自我管理、自我适应等职业能力。

以中餐服务岗位综合课程为例，课程基础模块梳理归纳岗位所需的知识能力和道德素养（见图1），设置仪容仪表、礼节礼貌、餐前准备、零点餐厅服务员岗位工作、宴会服务员岗位工作、中餐预订服务、结账服务、优质点餐服务、优质席间服务等项目，依据职业要求和教育规律，由理论知识领域向行动操作领域过渡。课程拓展模块以市场动态和工作过程为导向，设置特殊菜肴服务、VIP提升服务、宴会布置等项目，并有针对性地进行调整和开发，递进培养学生内驱化的职业道德和复合型的职业技能。

（四）培育英才

"企业新型学徒制试点班"契合学生和家长对于学历的需求，同时全面提升专业技能，为学生的个体成长蓄电；强化学生对用人单位的认同感，保障企业员工的稳固率，为企业的人才发展储能。南苑酒店、连锁酒店、机关事务班级学生能够充分利用中职学校、高职院校和用人单位共同搭建的平台，在学习中实践，在实践中进步，获得深厚的专业素养和丰富的经验技能，根据定制的培养目标及职业规划，顺利完成学习任务和实习工作，交出满意的答卷（见图2、图3）。

宁波市甬江职业高级中学、浙江育英职业技术学院、南苑酒店集团、青藤酒店集团、宁波市机关事务局和学生家庭，合力探索适合学生职业生涯发展的成长体系，通过"共育、共建、共赢"，培养出适应企业发展需要，对企业有高忠诚度，掌握酒店管

中餐服务实习手册

目录

图 1 中餐服务岗位综合课程

图 2 南苑酒店班级学生互动课堂

理专业知识和职业技能，具有创新精神和实践能力以及较强的组织、管理、策划和沟通能力，能胜任酒店管理工作的高素质应用型人才。

图 3　连锁酒店班级学生实操考评

三、成效

（一）突出"感悟+养成"

学校通过德育教育"联姻"企业素养，以日常细节为基础，丰富活动为平台，社会实践为阵地，职业规划为升华，通过教学设置"联动"企业文化，校企共同"量身打造"课程、教材及教育方法。通过考核制度"联手"岗位需求，做到考核评价学分化，考核训练竞赛化，考核方式项目化，考核全程调控化。

（二）突出"展示+提升"

学生实习一年及学历提升两年期间，以学生层面转向企业员工层面，以企业和高校为主要阵地，运行"入行—懂行—内行"三个阶段。通过"顺性"入行，根据学生的个性特长进行岗位分配，企业文化创造"环境留人"的氛围，将传统实习期德育疲于奔命的管理模式，变成学生修养集中展示提升的良好局面。通过"炼智"懂行，学校每月对学生进行授课教学，加之定期岗位轮换制度，培养学生在事业上的进取心，也将优秀企业的文化内涵提升到"事业留人"的高度。通过"暖心"内行，三方共同关注学生的物质生活与精神生活，时刻注意学生在工作上的情绪变化，从而保证"感情留人"。

（三）突出"影响+反馈"

从"招得进"，看"名气度"。学校"航空""南苑酒店管理"等提前批次面试专业，近几年面试异常火爆（《宁波日报》等多家媒体报道），录取比例超过"10∶1"。从"留得住"，看"巩固率"。酒店业以流动性强，难留人著称，多年来，我校酒店专业学生实习一年，无人离岗，无人处分，出现的小问题仅靠班主任几次谈心就得到圆满解决。从"用得出"，看"反馈面"。2017年4月，宁波市十五届政协一次会议和宁波市十五届人大一次会议召开，订单班16机关事务专业全体学生在宁波市行政服务中心进行了为期半个月的服务，受到了市领导和合作单位的好评。酒店管理专业学生在全国职业院校技能大赛中已获六连冠。

四、思考与展望

"发展型实习管理"是一项长期而艰巨的工作，学生岗位实践能力的培养尤其需要经过实践的反馈，需要我们不断地探索和实践。一是管理机制还有待完善与改进。一个良好的机制是培养成效的有效保障，在实践过程中，如何在培养过程中加强对学生岗位实践能力的研究与评价仍需不断探索。二是四方协同还需加强。培养过程中学校必须进行深入调查与研究，掌握企业用人的第一手资料。同时学校还应采用各种方法，调动"四方"积极参与学生实习管理工作的全过程。三是课程体系还需进一步健全。学校认为必须坚持"模块开发、整体设计、逐步推进"的原则，打破条条框框，积极探索适合学生职业生涯规划和新常态下企业发展需要的课程体系。

创新管理模式　提高学生顶岗实习质量

青岛烹饪职业学校

【摘要】青岛烹饪职业学校运用科学的管理理论，使顶岗实习管理工作规范化、常态化、流程化，逐步探索出适合学生职业发展、校企共管共育的"七化"顶岗实习管理模式。学校的实习管理工作取得了显著的成绩，受到上级主管部门、企业、家长、学生和社会的广泛关注和好评。

一、管理创新背景

青岛烹饪职业学校是国家级重点职业学校，始建于 1958 年。1981 年开办职业教育，设有中餐烹饪、西餐烹饪、中西面点和酒店管理四个专业。实习工作以高三年级顶岗实习为主、高一、高二年级的学徒实训和跟岗实习为辅。

顶岗实习是提高技术技能人才培养质量、增强学生社会责任感、创新精神和实践能力的重要途径。但是顶岗实习管理具有一定的复杂性，目前中职顶岗实习的成效差异较大，管理工作中普遍存在以下问题：①缺乏完善的实习管理制度体系；②管理组织体系不完善，日常管理松懈、不精细；③实习管理教师配备不齐、管理能力不足；④实习管理过程监管考核不科学；⑤合作企业支持力度不够，未能发挥应有的指导功能。

根据国家、省、市相关部门对学生实习管理的相关规定，学校经过多年的探索和实践，确立了实习教学的三大目标：让学生学会做人、提高技能、磨炼意志。通过运用科学的管理理论，使学校的实习管理规范化、常态化、流程化，逐步探索出适合学生职业发展、校企共管共育的"七化"实习管理模式：即实习工作制度化、指导教师专业化、实习过程流程化、实习内容课题化、实习岗位轮岗化、考核管理常态化、安全保障多元化，有效地推进了实习教学与管理工作，确保学生顶岗实习的安全和质量。

二、典型做法与具体措施

（一）实习工作制度化

校企双方共同制定《校企合作委员会章程》《实习指导教师考核办法》《实习学生

管理规定》《实习学生考核办法》《实习管理月例会制度》等 15 个管理制度；学生每人一本《学生实习手册》，包括：实习须知、管理规定、实习计划、实习课题、考核方案、安全制度、安全紧急预案、优秀实习生评选、处分规定等规章细则；学校与企业签订"校企合作协议""安全告知书"，学校、企业、家长、学生四方签订"实习协议""安全协议"等，形成了比较完善的管理制度体系，为规范实习管理奠定了坚实的基础。

（二）指导教师专业化

无论是学校的指导教师还是企业师傅必须熟知实习教学的标准和要求，掌握学生的发展规律，能进行有效的指导。学校每年通过竞聘，选拔责任心强，专业素质高，有良好的沟通协调与洞察能力，善于做学生思想工作的教师组成专职实习指导教师团队。平均每名实习指导教师负责 10 个实习点、55 名学生的教育管理。

企业负责实习生管理的师傅必须具有一定的工作经历和辅导实习生的经验。企业师傅平均每人管理 5 名实习生。

校企指导教师和师傅共同完成对学生进行岗位技能和职业素养的培养。包括学生出勤、工作态度、与同事的配合及存在的问题；每月组织小结例会，对所带学生进行综合评价；每季度按照计划组织实习生岗位考核；指导并参加实习生论文答辩和实习成果展示，对学生实习进行全程专业指导和管理。

（三）实习过程流程化

根据实习管理工作的具体需要，学校形成了完整的工作流程（见图 1）。

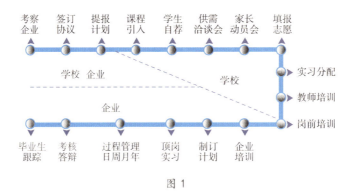

图 1

第一阶段：做好实习前期工作。每年 3~4 月份，根据教育部《职业学校学生实习管理规定》中的企业遴选标准，学校对实习企业的考核办法进行考察评估，形成书面考察报告；考察合格的企业与学校签订"校企合作协议书"并提报实习生需求计划。考核不合格的企业将被淘汰，不再合作，对合作企业实施动态管理。

第二阶段：做好实习准备工作。

（1）每年 5~6 月份，学校将各企业文化、特色课程引进校园；安排实习指导教师开设实习指导课，让学生更多地了解企业和实习工作，做好实习前期的宣传工作。

（2）每年的6月中旬组织召开实习、就业供需洽谈会，为高二学生提供实习岗位，为高三学生提供就业岗位。学生可在洽谈会上进行咨询和自荐。

（3）6月下旬召开高二学生、家长动员会，让学生和家长协商选择适合自己的实习企业和岗位；然后每名学生填报三个实习企业。

（4）7月初，学校实习分配工作小组按照学生的综合素养学分和学业成绩排名进行实习分配；学校、企业、家长、学生四方签订实习协议书。

第三阶段：做好实习管理工作。

（1）对新上岗的实习指导教师进行岗前培训，明确职责。

（2）组织入企前的学生进行岗前指导课程学习，以全体实习生会、家长会、实习指导教师会等形式讲解落实相关事项。

（3）企业对入企后学生进行不少于24学时的安全教育培训和实习岗位规范培训，考核合格者进入正式岗位进行顶岗实习或实训。

（4）实习过程采取"日周月年"的网络管理模式，确保常态化的实习管理落实到位。

（四）实习内容课题化

由于实习教学的特殊性，学校将实习项目具体化、课题化。学生参加实习前，需选择实习课题，按照校企共同制定的研究性课题制订计划并在实习中研究探索。结合具体情况，课题每年进行更新，如：2018年就增加了关于在青岛举行的上合峰会国宴的主题论文。目前共有《探讨打荷岗位在出品中的重要性》《在酒店岗位中水台工作与菜品关系的研究》等14个课题（见表1）。在实习结束前、课题完成后召开结题报告会，学生进行课题答辩。学生必须通过毕业论文答辩和实习年终考核，方可毕业。

表1　2017—2018学年度学生实习课题

序号	实习课题
1	探讨在实习岗位中食品安全与职业道德的重要性
2	请结合你实习的厨房，谈谈在厨房人力资源、卫生和安全管理等方面的见闻和想法
3	在酒店岗位中水台工作与菜品关系的研究
4	如何实现在学校学习的知识与工作岗位的需求零对接
5	现在调味品繁多，请探讨酒店中比较流行的复合味型的调制方法及在菜品中的应用
6	菜品初步加工与菜品的关系
7	作为一名餐饮服务员，如何为酒店带来更大的经济效益和社会效益
8	探讨打荷岗位在出品中的重要性

续表

序号	实习课题
9	明档岗位的工作职责及应具备的专业知识的研究
10	谈一谈在你的实习单位里砧板岗位应具备的专业素养是什么（案例说明）
11	谈一谈在实习岗位中，如何完成学校制定的实习三大目标
12	结合自己的实习单位的菜品，浅谈对分子料理的理解和认识
13	浅谈中、西餐融合在实践中的具体应用
14	2018 年青岛上合峰会国宴菜品之我见

（五）实习岗位轮岗化

校企双方根据企业岗位培养标准，梳理出初加工、水台、打荷、配菜、烧煮、冷菜、饼房、点心等多个实习岗位，并制订各岗位具体的技能培训计划。为了让学生更多了解并掌握各岗位的技能要求，鼓励学生阶段性的实习成果，调动学生的积极性，学校采取季度轮岗制。学生上岗后以《学生实习手册》和日记的形式记录岗位的工作情况和阶段性小结。在本岗位经过一个季度实习之后，对学生进行岗位考核，考核合格者将进入下一个岗位进行轮岗实习；考核不合格者需在本岗位继续学习。一般情况下，学生一年可完成四个岗位的实习计划。学校将学生实习教学计划完成情况作为学生毕业考核的重要指标。

（六）考核管理常态化

实习日常管理是实习的重要环节，而考核是保障实习管理到位的重要手段，学校和企业基于"日周月年"的网络管理模式，构建考核体系，确保常态化的实习管理落实到位（见图 2）。

图 2 "日周月年"网络管理模式

1. 教师考核

"日"即实习指导教师每天要联系学生、企业，进行考勤，做好工作日志。"周"即实习指导教师每周必须到实习岗位实地了解并检查学生情况，填写一周情况汇报表，学校每周召开实习指导教师工作例会，反馈实习情况。"月"即每月举行一次校企和实习生参加的实习例会，有条件时邀请学生家长参加。通过月例会，建立起学校与企业沟通的桥梁。"年"即每学年汇编《实习工作案例》《实习简报》，由实习指导教师和企业师傅共同完成实习管理工作总结。"日周月年"网络式管理产生的数据成为教师考核的依据。

2. 学生考核

学生的考核评价分为实习目标达标情况考核和实习表现量化考核两部分，实施学生自评和学校、企业、家长多元评价办法，学生在实习期间的评价与考核成绩，作为评优和毕业推荐的参考依据。

学生也采取"日周月季年"网络式的考核方式："周"进行出勤和技能学习内容的考核；"月"学习成果阶段性小结，根据课题进度，采取学生演讲汇报—学生互评—师傅小结—教师点评—领导提要求的模式进行实习教学展示；每位学生小结课题的进行情况；企业师傅对学生点评反馈；学生之间相互交流和沟通；实习指导教师表扬先进、通报违纪处理意见。"季"进行轮岗考核。对学生进行岗位考核，考核合格者进入下一个岗位进行轮岗实习。"年"进行课题总结、论文答辩、毕业成果展示。

3. 企业考核

学校对企业在学生实习管理过程中和校企合作的参与情况进行评价，包括实习协议执行情况，如工作时间、住宿安全、工资报酬、岗位安全培训、劳动保护；师傅工作经验、敬业态度、指导能力；月例会；轮岗安排、考核；毕业论文答辩、毕业成果展示；学生家长参与等方面。综合评价之后合作企业进行排名，并将排名结果作为下一轮选择实习单位的依据。同时对合作企业实行末位淘汰、动态管理。每年组织实习生、家长和企业问卷调查，及时了解三方对学校工作的意见和建议，调整工作思路和内容，帮助学生顺利完成实习任务。

（七）安全保障多元化

建立学校、企业、实习生骨干、家长和社会为一体的实习突发事件应急管理联动体系，明确责任与义务；制定一系列安全制度及应急预案，与家长、企业和学生签订承诺书，从制度上进行约束；对学生进行岗前24学时的培训，合格后上岗；积极督促酒店及学生本人购买实习责任保险、雇主责任险、学平险和城镇医疗保险等险种；学校和企业重视学徒（学生）的安全工作，实行责任追究制度。按照预防为主的原则，定期对学徒（学生）进行安全教育和管理；妥善处理安全事故，建立安全预警机制，制订安全事故应急处理预案，全方位为实习学生顶岗实习工作安全保驾护航。

四、成效与反响

通过多年的实践探索，形成了校企协同育人"七化"模式，学生经过校内专业理论与技能的学习与实训，校外跟岗和顶岗实习，专业素质明显提高、就业质量显著提升、学校示范效应迅速扩大。

（一）学生专业素质明显提高

顶岗实习提高了学生的技能水平，历练了学生心理素质。我校实习生是学校历年参加全国、省、市乃至国际技能比赛的主力。2016年在青岛市职业技能烹饪比赛中，实习学生囊括了所有项目的前三名。2016 年山东省职业技能大赛上，两名学生代表青岛队获烹饪类比赛唯一一枚金牌。2016 年全国职业院校技能大赛中职组烹饪比赛中，又获得 6 金 2 银的骄人成绩，是全国职业院校单项比赛获金牌数最多的学校。学校自 2002 年以来在全国职业院校技能大赛中共获得 28 金、26 银、14 铜，累计 68 枚奖牌，成绩斐然，受到教育部、青岛市政府和青岛市教育局的表彰。自开办职业教育以来为青岛市及山东省输送了万余名餐饮专业领军人才。

（二）学生实习就业质量显著提升

学校先后与青岛香格里拉大酒店等 70 余家单位签订长期合作协议，建立优秀校外实习实训基地 17 个，为学生顶岗实习和就业提供了充足优质的岗位，学生平均实习收入为 3 000 元/月。2017 年供需洽谈会上，就业岗位与毕业生数为 3.5∶1，实习岗位与实习生比达 6.5∶1，近 500 名实习生一天全部安排到岗，毕业生就业率 100%，优质岗位就业率 96% 以上。学校烹饪、服务专业被评为青岛市"双高"名牌专业（就业率、对口就业率双高）。毕业生薪水可达到 4 000 元/月，实现了学校、企业、学生的"三赢"。

（三）学校示范效应迅速扩大

2016 年 12 月 21 日，青岛市中等职业学校技能大赛总结会暨教学工作会上，我校做了题为《创新实习教学模式 提高人才培养质量》的校企深度融合实习管理模式经验交流。2017 年 10 月 20 日，青岛市实习工作现场会在我校召开，青岛市教育局领导对我校"七化"实习管理模式给予高度评价：特色明显、工作成果突出，值得全市职业学校借鉴与学习。2015 年以来，教育部网站、《山东教育报》、青岛市教育局网站、微博和微信、《青岛早报》《青岛日报》《青岛晚报》《半岛都市报》等多家媒体以《实现校企合作的精准供给》《胜任高星级酒店多个岗位》《校企共创实习管理模式·助推学生就业成才》《舌尖上的烹饪》等为题对我校的实习管理工作进行广泛宣传报道。

五、未来发展

顶岗实习是职业教育的必要阶段，为规范实习教学的过程，教育部、劳动保障部等多部门联合出台了一系列保障措施，但未来我们将在以下几方面进行更加深入的探讨和研究。

（一）加强安全教育

安全是永恒的主题，安全无小事。在学生实习过程中，我们一直坚持"安全第一"的原则，由于实习的特殊性，我们对安全问题没有丝毫的松懈，继续加强对实习学生的安全教育，强调实习全过程的安全管理，从安全要求、安全制度、岗前培训、实习保险、事故赔偿等多角度，规范安全防患、责任保险以及事故处理，强调实习全过程中的安全保障问题。

（二）重视心理指导

作为独生子女的学生进入企业实习，离开了熟悉的校园和老师的细心呵护，很多时候要独立面对工作、领导、同事、客人等形形色色的人员。尽管实习前和实习中我们反复做了大量的思想工作，让学生学会做人、做事，但仍有极少部分学生存在各种心理问题，无法适应顶岗实习。所以，学校应高度重视学生的心理健康指导，配备心理指导教师，参与实习管理工作的教师必须进行心理指导培训或取得相关职业资格证书。对在校期间就有心理问题的学生提前干预，为学生顶岗实习的顺利进行保驾护航。

校企合作基础在于"合作办学、合作育人、合作就业、合作发展"的共同愿景。今后学校将在明确自身办学定位的基础上，大力拓展合作思路，强化服务企业意识和社会责任感；通过政府政策支持，帮助企业进行人才培养创新、技术创新，为企业的技术进步、经济效益的提高提供持续的优质服务，以此求得企业的认同和大力支持，从而达到双赢。

校企一体化实习管理模式的探索与实践

青岛职业技术学院

【摘要】学院坚持"立足区域、辐射全国、面向世界"的办学定位,围绕经济社会发展和学生学习与就业需求,以培养高素质技术技能型人才为目标,将立德树人根本任务落实到实习管理全过程。通过深化产教融合、校企合作,践行"以学生为中心"育人理念,创新多维广域实习运行机制,建立全程互动的实习管理模式,完善校企立体化实习保障体系,探索形成了"青职特色"的校企一体化实习管理有效模式。

一、创新背景

当前,地方经济与社会发展对高素质技术技能型人才的素质能力要求不断增强,作为培养技能人才的高职院校实习管理环节,依然存在着不平衡和不充分问题:一是实习与学习脱节。"以学生为中心"的教育理念落实不到位,过度强调单一技能的培养,忽视全面发展,实习偏重于"顶岗实习"阶段,没有与学生三年的成长和发展相结合;二是实习与课程脱节。虽已将实习课程纳入专业人才培养方案,但实施过程中,往往被动地受制于企业生产临时性用工需求,学生技能培养效果不理想;三是实习与管理脱节。缺乏对实习学生的指导与监督,学校与实习企业在学生实习管理方面未能形成合力,实习呈现"放羊"状态。

作为全国职业教育先进单位、首批国家示范性高职院校和山东省文明单位,青岛职业技术学院始终坚守立德树人根本任务,以服务区域经济发展为中心,落实教育部《职业学校学生实习管理规定》等相关文件精神,深化产教融合、校企合作,围绕山东省新旧动能转换重大工程,紧盯中国上合地方经贸示范区等重大项目,以建立校企协同实习管理长效机制为基础,搭建多维度、广领域的实习实践平台,构建校企一体化的实习组织、管理和保障体系,育炼学生"工匠精神",积极探索实践科学有效、富有"青职特色"的校企一体化实习管理模式。

二、典型做法

学院贯彻教育部在《关于深化职业教育教学改革　全面提高人才培养质量的若干

意见》中提出的"坚持系统培养、多样成才"和"构建全员、全过程、全方位育人格局"等要求，坚持将实习管理作为实践育人体系中的重要环节，在育人理念和实习组织、管理及保障等方面进行了探索和实践。

（一）践行"以学生为中心"育人理念

1. 深化"学教做合一"的实习课程改革

学院以立德树人根本任务为统领，着眼于学生未来，深化以学生全面可持续发展为目标的课程改革。创新"学教做合一"人才培养模式，构建重点培养学生专业核心技能的实习课程体系，试点推进"1+N""多师同堂""项目教学""课程+""主题教学"等实习课程教学模式改革。突出能力本位和以学为主，调动学生主动学习与实践的积极性，培养学生"学习责任"的意识，增强学生成长发展的"获得感"。

2. 创设"学生自我管理"育人环境

学院出台《全面推进以学生成长为中心的学生支持服务体系的实施意见》，形成"学校、企业、社区、家长、学生、校友"协同育人机制，促进学生自我管理、自我成长。设置实习管理助教、大赛指导教师助理、教师（辅导员）助教等，通过"学生助理制"，在"工作课堂"中引导学生树立正确的职业意识。在实习企业设立临时党支部，组建学生参与的实习管理团队。建设学生自主创业的创业孵化基地和创客中心。

3. 丰富"三全"育人内涵

学院将认识实习、跟岗实习、顶岗实习分层、递进合理地贯穿大学 3 年。将社会实践、劳动教育等职业素质能力培养纳入专业人才培养方案，制订专业课程德育实施方案，聘请企业技术能手和道德模范担任德育导师，开展"校友讲堂""道德讲堂"等系列活动。通过建立"三导师"实习管理机制及学院领导干部"三进一上"（进宿舍、进教室、进车间，上讲台）制度，搭建课堂内外、校园内外"一体化"实践育人体系。

（二）创建多维广域实习运行机制

1. 实施"1+N+1"产教融合战略

各专业依托"1 个企业（行业组织）"，合作"N 家相关企业"，联合"1 个境外机构"，共建海内外实训基地 258 个。先后与海尔集团、海信集团、万豪国际集团等联合成立了"海尔学院""海信学院""喜达屋学院"等二级学院，实现校企合作优势互补、资源共享、互惠互利、共同发展。与青啤集团实施"员工学生联合培养"，与中石油、烟台万华集团等知名企业组建"冠名班"，成立专业建设指导委员会，共同制订人才培养方案，共同进行教学与实习管理。

2. 构建"理实一体"校企合作平台

建立"校中厂"，引入青岛德运达精密机械有限公司等 10 余家企业，开设校内生产性实习、创意产品制作等课程，构建了校内实境化的工学交替"现代学徒制"育人新模式。与海信集团联合组建校内"信息技术研发工作室"，开设手机功能质量测试实训课程；与海晶化工集团在校内共建"化工馆"，开展化工专业典型工艺和流程实习实训。组建机器人科技工作室，以"做中学"方式推出机器人大赛赛题课程与典型科技研发实训项目。

3. 探索"多元化、多形式"工学结合路径

以实施基础素质培养、企业综合能力实训、技能培养为抓手，探索形成包含工学交替式、"现代学徒制"式在内的多元化、多形式的实习模式。如机电一体化专业、软件技术专业与一汽大众、朗讯公司"整班制"的"学做合一"实习模式；酒店管理专业在学生顶岗实习中采用"项目统领、全程学徒、工学交替"的人才培养模式，合作企业全程参与实习教学内容设计和教学过程组织，实现了专业知识和职业技能的充分融合。

（三）建立全程互动的实习管理模式

1. 创新"分段递进式"课程管理

将认识实习、跟岗实习、顶岗实习三阶段纳入人才培养课程管理体系，明确实习的目标、任务、内容、考核评价要求。认知实习作为新生入职教育的重要内容，通过企业参访、企业家讲座、专业导论课等形式，增强学生职业意识。为确保跟岗实习效果，在国内高校中独创"四学期制"，于冬季、夏季学期集中组织实习，并纳入学分管理。顶岗实习与就业相结合，通过"实习双选"见面会等方式安排学生到就业岗位实习，确保"毕业即就业，上岗即上手"的高质量就业效果。

2. 搭建信息化管理系统

学校投资建设智慧校园 CRP 教学管理平台和实习管理手机 APP 系统，形成立体化智能化实习管理体系。教学管理部门利用 CRP 管理平台，按照"策划—执行—评估—反馈—改进"的质量闭环管理模型监督实习方案的执行情况，及时跟踪监控实习进展情况。各二级学院和实习企业利用 CRP 管理平台布置学习任务，批改学生工作日志和报告，利用手机 APP 系统对学生到岗情况实行定位管理。校企导师利用网络学习空间组织学生开展在线学习交流，并对学生进行学业指导。

3. 确立应用能力培养范式

立足"成果导向"，坚持知行合一，校企双方采取多样化培养方式，促进学生将专业理论与解决实际问题相结合，提升技能水平。承接大型赛会服务和技术指导，选派学生、技术工程师等服务上合青岛峰会、世博会、世园会和奥运会等重大项目；鼓励优秀实习生承接企业重大项目，代表企业和学校参加技术比武、技能大赛，在全国、全省取得优异成绩；支持实习学生结合实习开展双创和科技研发，涌现出一批以学生名字命名的发明专利和成功创业典型。

4. 完善实习考核评价方式

学院改变单一评价方式，建立学生实习成长档案，实施由实习学生自我鉴定、校企导师过程考核、成果考核组成的多元化等级制考核，涵盖了对学生的技能水平、职

业道德、职业素养、劳动态度、劳动纪律等方面的综合测评。毕业设计选题来自岗位真实问题。成果考核主要在实习企业进行，通过物化作品和实习典型案例成果展示及毕业设计答辩等方式完成。考核合格者获得学分，并获得由企业和学校共同认定的"大学生工作经历证书"。

（四）健全校企立体化实习保障体系

1. 分工合作，责任共担

按照"合作共赢，职责共担"的原则，校企共同编制人才培养方案及顶岗实习课程标准，明确认识、跟岗、顶岗实习各阶段的时间与任务。与实习单位、学生签订三方"顶岗实习协议"，明确各自责任、权利和义务。依据实习安全管理相关文件规定，会同实习单位对学生进行安全防护知识、岗位操作规程、顶岗实习纪律教育和培训，年均为实习学生投保总额超过 14 万元的实习责任保险。

2. 专兼结合，协同培养

学院通过校企互聘共用、双向挂职锻炼、横向联合技术研发和专业建设等方式建立实习导师队伍，先后聘用包括金牌工人许振超、全国技术能手郭锐、全国劳动模范周勇等在内的境内外专家、顾问和兼职教授 111 人，聘任企业兼职教师 443 人。同时，将学生实习基地功能深化为教师企业研修基地，通过"专业对接企业、教师对接项目"等方式，安排实习指导教师与学生一起从事岗位工作。

3. 立足专业，服务学生

各二级学院通过建立具有专业特色的实习管理"三导师制"，促进学生全方位成长。旅游学院酒店管理专业的"三导师"由辅导员、专业教师、企业兼职教师组成，辅导员任指导教师，负责实习学生管理和思想教育；专业教师任项目导师，负责项目的具体操作过程和项目质量监控并给予相应指导；企业兼职指导教师任专业导师，负责在项目操作过程中给予学生专业方面的指导。

4. 加强遴选，定期认定

学院以长期深度合作企业为基础，择优遴选依法经营、管理规范、安全防护条件完备、能够提供与学生所学专业对口或相近岗位的企（事）业单位为实习基地。学院实施实习管理工作考核评价季通报制度和实习工作总结表彰制度，每年对实习基地进行评估，如酒店管理专业依据实习学生、实习指导教师和专业教研室依据实习企业满意度三个指标对实习企业进行排序，并重新确定实习基地。

三、成效与反响

学院积极探索学生可持续发展能力培养的有效路径，通过建立长效化校企协同育人模式和合作共赢管理机制，实现了校企一体化实习管理，解决了实习与学习、实习与课程、实习与管理脱节等问题，实现了技能人才培养目标，形成了实习管理优势和特色。

（一）校企多元共育人才合作模式形成特色

通过组建冠名学院、冠名班、联合培养、"项目实训"等方式，逐步形成了以大企业（行业）为主干，以中小微企业和境内外院校（机构）为补充的多元合作格局。累计向社会输送毕业生 4.6 万人，其中向新加坡等 10 余个国家（地区）选派实训实习（研修）生 598 名，166 名学生实现海外就业。学院先后获得首批"全国'现代学徒制'试点高职院校"、全国就业竞争力示范校和山东省首批"校企一体化办学示范校"，合作企业酷特集团被评为山东省首批"校企一体化办学示范企业"。

（二）高质量就业彰显学生职场竞争优势

以实习提技能、带就业、促创业，学生实现高水平、宽领域就业，职场、社会竞争力显著提升，"三证"（毕业证、职业资格证、大学生工作经历证书）获取率达到 100%，5 年来在全国、海外技能大赛中获奖 246 项。培养出一批优秀产业技能英才和山东优秀大学生创业者。近三年，毕业生平均就业率为 98%，就业方向与专业匹配度达 90%，毕业生对学院总体满意度达 99%，用人单位对毕业生综合素质评价满意度达 98%，124 名学生在校期间成功创业，70% 以上的毕业生在青岛就业。

（三）实习管理"青职品牌"辐射效应凸显

在国际会议、全国高职会议、教育部校长培训班上，向数百所高职院校介绍和分享学院实践育人经验做法，并在安顺职业技术学院等 20 多所国内同行院校中推广。近三年举办国培、省培、定制等各类培训项目 280 个班次，培训全国职业院校校长、名师、领军人才、专业骨干教师和管理人员近万人。"学生中心"的高职课程改革与实践育人模式受到广泛关注，五年来，境内外媒体报道 916 次，国内外来访院校（机构）314 所，2 787 人次。中国教育在线对我院"现代学徒制"工作进行了专题报道。

（四）实习管理改革与实践获得系列成果

近年来，学院获得国家级教学成果奖 3 项，省级教学成果奖 22 项。《"现代学徒制"下校企合作一体化育人模式探索与实践——以服装与服饰设计专业为例》获山东省教学成果一等奖；《高职院校课程改革的实践研究》获中国职业技术教育学会优秀成果一等奖；《关于"学教做合一"人才培养模式的基本思考》获全国职业教育优秀成果一等奖。2016 年荣获青岛市教育改革创新奖、世界职教院校联盟学生支持服务金奖。2018 年获得世界职教院校联盟"学习与就业机会"卓越院校铜奖。

四、未来发展构想

（一）深入课程改革，推行实习管理模式再创新

启动第二轮课程改革，完善专业核心技能体系，强化面向人人的课赛融通实践教学，不断提升实践育人水平。以教学过程与企业生产过程一体化、"能力标准、课程体系、职业证书"三位一体化为准则，着眼于学生主动学习潜能发挥和可持续终身发展，实施"专业融合""课程+"计划，推进实践育人课程资源库建设。深化学习模式内涵。

（二）加强产教融合，推进实习管理体制再建设

组建以专业、专业群为纽带，行业企业深度参与的专业职业教育集团，健全多元化办学体制，推进现代职业教育体系建设。进一步完善实习管理体系，充分发挥不同主体在培养技能型、应用型人才中的作用，修订实习管理制度与工作流程，加强与合作企业在"现代学徒制"、工学交替等实习管理中的密切合作。深化企业学院合作育人新模式。

（三）促进有机结合，推动实习管理机制再完善

完善学院实践育人工作协调机制，明确分工，形成合力。制定激励机制，调动各方参与实践育人与实习管理工作的积极性。建立学院实践育人年度报告制度，持续推进实践育人专题诊断与改进工作。全面推进学生自我管理，完善实习管理 APP 功能建设，提升实习管理信息化水平，实施精准管理，提升实践育人科学化水平。

分类遴选　岗位导向
校企协同的实习管理模式实践与创新

日照职业技术学院

【摘要】日照职业技术学院结合教育部等有关文件要求，在规范实习教学的基础上，通过系统设计与教学改革，形成一系列实习管理模式创新。分类遴选"三类型、五星级"校外实习基地，实施评估准入和星级评定机制，保障优质实习岗位源头供应；开发"多用户、多终端"实习管理平台，嵌入实习管理制度和实习工作流程要求，实现全过程信息化管理与分析；重构"面向职场"课程体系，实施"岗位导向"的实习教学模式，培养学生突出的岗位胜任能力；以实习促合作，通过为企业解决实际难题和技术服务，带动校企协同育人。

一、管理创新背景

实习是高职院校技能人才培养的重要组成部分，但多年来学校管理跟不上、与教学脱节等"放羊式"实习一直饱受诟病，实习模块缺乏系统设计，实习企业质量参差不齐，实习岗位与专业不对口，实习指导与安全监管不到位，管理制度机制不健全等问题不同程度存在，甚至部分学校出现违规组织学生实习，造成不良的社会影响。2015 年 8 月，教育部印发《职业院校管理水平提升行动计划（2015—2018 年）》，提出："强化以育人为目标的实习过程管理和考核评价，完善学生实习责任保险、信息通报等安全制度，维护学生合法权益，改变学生顶岗实习的岗位与其所学专业面向的岗位群不一致等现象。"2016 年 4 月，教育部联合财政部、人力资源社会保障部、安全监管总局、中国保监会印发《职业学校学生实习管理规定》，进一步规范和强化实习全过程管理，对长期以来存在的突出问题加以规范，促进职业院校实习工作的有序开展。日照职业技术学院一直重视学生实习工作，秉承"理论与实践并重，技术与人文融通"的办学理念，在多年教学改革中不断深化校企合作、产教融合，加强实习的系统规划与组织落实，强化信息化技术在实习管理中的应用，不断提升实习管理水平。

二、典型做法与具体措施

学校严格落实教育部《实习管理规定》和《专业顶岗实习标准》，并制定相应的规章制度，全面保证实习管理规范有序。

（一）主要做法与措施

1. 分类建设和遴选实习单位，保障优质实习岗位供应

（1）分类建设校外实习基地。按照一体化、合作型、实习型三个层次建设校外实习基地，每年对500余家实习基地开展星级评价，实行预警退出机制，保障足够优质实习岗位供应。

（2）实地开展实习单位考察评估。根据实习目标要求和企业岗位匹配程度，对拟承担学生实习的实习单位进行实地考察和评估，保证企业实习资质和专业实习对口率。

（3）举办实习供需见面会。每年举办大型招聘会、小型供需会和实习宣讲会150余场次，为学生提供2万多个岗位，减少学生自择实习单位的盲目性和风险。实施实习单位和学生互选优选，保障学生实习岗位选择权，促进实习就业一体化，实现校企生三方共赢。

2. 教学生产有机融合，岗位导向促进人才培养质量提升

（1）分级分类编制人才培养方案。学校构建面向职场的课程体系，实施"职场体验—实境训练—顶岗历练"人才培养模式，分级分类编制人才培养方案，促进课程与职业标准对接，实训实习与岗位技术对接，搭建起"学生—准员工—职业人"的人才培养路径。第一、第二学期交叉安排职场体验，使学生初步了解专业特点和岗位要求；第三~第五学期安排跟岗实习，提升学生实际操作能力和职业素养；第六学期安排顶岗实习，以就业为目标提升学生的独自操作和岗位适应能力。实践性教学课时原则上占总课时数一半左右，顶岗实习不超过6个月。

（2）校企共订实习方案。系统设计实习内容，明确实习目标和实习任务，以及必要的实习准备和考核标准等，定期组织开展实习检查，及时掌握实习方案执行落实情况，落实专业人才培养目标要求（见图1）。

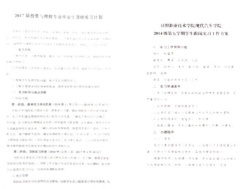

<table>
<tr><td>在上海迪士尼研讨实习方案</td><td>投资与理财专业实习计划</td><td>现代汽车学院实习方案</td></tr>
</table>

图1　校企共同制订实习方案

（3）实施分流实习计划。针对岗位需求大的制造、服务、营销类等专业联合行业领军企业，如一汽、山钢、迪士尼、鲁南制药等实行轮岗分流实习；针对岗位需求小且分散的会计、艺术类专业，开展"一对多"分流实习（见表1）。

表1　不同专业分流实习对应表

实习类型	专业类型	岗位特点	企业类型
轮岗分流实习	制造、加工、信息、服务、营销类等专业	岗位设置多，人员需求大且集中	行业领军企业如一汽、山钢、迪士尼、鲁南制药等
"一对多"分流实习	会计、信息、艺术类等专业	岗位设置少，人员需求小且分散	大中小企业

（4）校企"四个共同"贯穿实习全过程。校企共建教师工作站，实施学校指导教师与企业指导师傅结对子，为教师进驻企业实习指导和顶岗锻炼提供保障；校企共建临时团支部，关注学生思想动态和学习生活需求，发挥实习骨干生示范和帮扶作用；校企共同落实实习任务，结合工作岗位细化实习任务，注重实习教学质量和成效；校企共同制定应急预案，实施学生实习保险全覆盖，建立校企家生信息互通，确保实习安全稳定。

3. 健全实习流程和信息化平台，保障实习全过程管理规范

（1）建立实习全过程管理程序和工作流程。建立起全过程实习程序和工作流程，明确教务处、校企处、学生处、考核办等处室及二级学院的职责分工，明确实习环节每个阶段应形成的档案材料及时归档（见图2）。

（2）建设信息化实习平台，实现实习全过程管理。引入 P-MOC、二维码、智能定位相关技术，建立实习信息化管理平台，通过线上实习审批、定位签到、请假管理、实习预警、在线指导、线上提交实习成果等功能，实现实习数据实时填报、统计分析和质量监控（见图3）。

（3）建立巡查反馈机制。成立校院两级巡查小组，突出问题导向，及时反馈信息。通过定点和抽查等方式开展巡查，发现问题及时反馈。校企定期组织座谈研讨会，发现实习问题并加以解决。

4. 开展立体多元化实习评价，评选优秀实习生

（1）建立校企双向考核评价体系。过程性评价和终结性评价结合，按企业70%、学校30%比例，重点对学生完成实习任务质量，以及实习中表现出的职业精神，如工作纪律、敬业精神、协作意识、创新能力等方面进行考核，扎实落实实习标准和人才培养目标要求。

（2）开展实习总结表彰。校企联合开展总结表彰会，组织学生经验分享和成果总

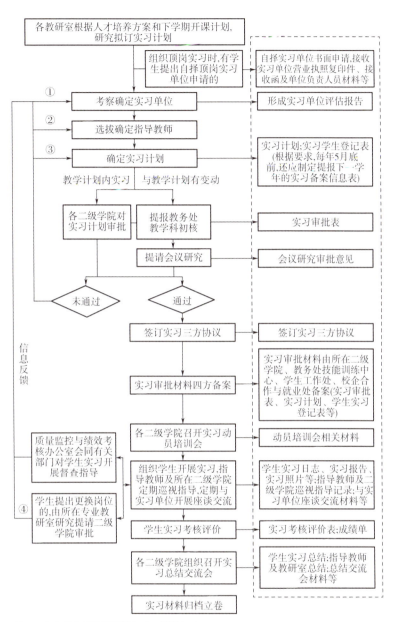

注：1.本流程主要是指跟岗实习、顶岗实习；
　　2.虚线框内是实习组织各个环节应形成的档案材料。

图2　学生实习全过程工作流程

结，表彰奖励实习优秀生，树立实习标兵和模范，实现同年级不同专业和同专业不同年级间的实习引领带动。

图 3　信息化实习平台部分功能

5. 落实全程安全管理和培训，多措并举保障实习安全

（1）做足实习岗前安全培训、岗中思想政治教育和心理疏导。校企联合进行岗前培训考核，配置劳保用品。在实习单位建立临时团支部，强化辅导员、班主任、党团骨干生对实习生的思想政治教育和带动帮扶。

（2）购置实习责任险和意外险。按照规定分年级为学生投保校方责任险和实习险，保险范围覆盖实习全过程。实习单位统一为实习学生办理符合其生产性质要求的责任险。

（3）建立实习安全管理及应急处理预案。校企成立安全管理及应急处理领导小组，每周一反馈、每月一总结，定期开展实习研讨，及时发现和解决问题。建立家校联系群，形成"校企家生"应急联动机制。

（二）特色与创新

1. 分类建设校外实习基地

分类建设"三类型、五星级"校外实习基地，实施评估准入和星级评定机制。找准校企双方需求结合点和利益共生点，分类规划和建设一体化、合作型、实习型三类校外实习基地。在岗位数量、参与实习教学、接收学生等方面设定基本门槛，开展准入评估；从企业规模、场地管理、安全管理、参与教学度、兼职教师等方面，实施五个星级评定，约束和引导合作企业深化协同育人。目前建有三星以上实习基地 479 家，提供 4 600 多个优质对口的实习岗位和管理服务。

2. 实施"岗位导向"实习教学模式

实施"岗位导向"实习教学模式，促进学生技能提升（见图4）。学校重构"面向职场"课程体系，大一拓展专业群基础，奠定基本能力；大二加强专业训练，夯实专业能力；大三自选岗位方向，强化岗位能力。如汽车检测与维修专业在大三学年开出"机电维修"和"钣金喷漆"两个岗位方向，供学生自主选择，校内学习和校外顶岗实习均有明确的岗位方向，确保所学所用相一致，培养学生突出的岗位胜任能力。学生在真实项目和核心岗位历练成长，快速成为企业骨干。

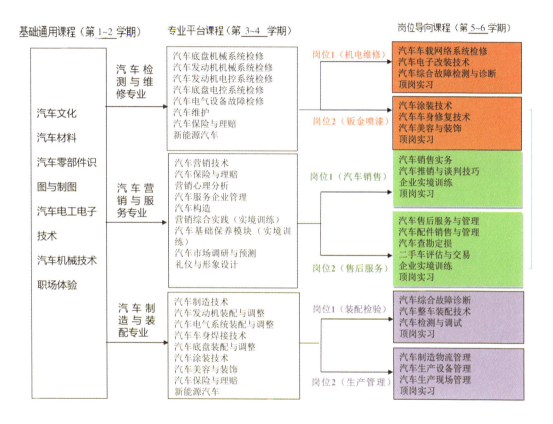

图4 汽车服务专业群面向职场岗位导向课程体系

3. 开发实习管理平台

开发"多用户、多终端"实习管理平台，强化全过程信息化管理。针对学生、教师、学校、企业、家长等多元主体在实习中的不同需求，嵌入实习管理制度和实习工作流程要求，开发了实习管理平台，多方协同、远程互动、网上流程审批、数据实时填报、全程统计监控，实现对实习全过程进行管理、监控、评价。2018年上半年学生顶岗实习计划67项，实习学生4 906人，涉及567家企业、245类岗位，系统记录实习日志60 395条。

图 5　与豪迈集团校企合作、
协同育人发展历程

并合作共建豪迈学院（见图 5）。

4. 带动校企协同育人

以实习促合作，带动校企协同育人。学校师生在实习期间，表现出很强的技术创新能力，为企业解决大量实际难题，学生实习成为追踪产业发展、把握企业需求、促进校企合作的重要渠道。机电专业 9 名教师在豪迈集团指导实习期间，成功解决"轮胎模具花纹块数控加工工艺"技术难题，为此公司向我校捐赠两台电火花设备，并保持每年接收 50 名学生就业。杨坤坤、邢波两名同学在豪迈集团实习期间提出"加工活字块宏程序"，为公司每年节约成本 18 万元，被吸纳成为股东。师生在实习期间的优秀表现和成果，激发了企业参与校企合作的积极性，使校企协同育人走向深入。比如，豪迈集团 2009 年开始接纳我校实习生，2010 年共建订单班，2016 年合作省级一体化示范校专业，2017 年共建省级"现代学徒制"试点，并合作共建豪迈学院（见图 5）。

三、成效与反响

（一）在管理机制上，搭建起全过程的制度体系

健全校企合作制度，建立起选优淘劣、动态管理、协同发展的校企合作机制。规范实习管理制度，建立起全过程的制度体系。完善教师培养管理制度，建立绩效激励机制，将实习管理定性定量考核作为教师绩效奖励、评优树先、职称评聘的重要依据。制定 17 项管理制度，保障实习前有培训，实习中有管理，实习后有考核。"校企家生"联动管理机制，保障实习信息畅通，确保将思想政治教育和德育工作贯穿始终，促进了多方协同育人。

（二）在协同育人上，建立起校企合作发展共同体

以顶岗实习为桥梁和纽带，深化合作层次，拓宽合作领域，丰富育人模式。校企合作建成了五个校企共建的二级学院、36 个校企订单班、7 个国家及省"现代学徒制"试点（见图 6），企业设立"学习车间"，固定"学习岗位"和指导师傅，教学与训练、训练与生产有机结合，实现实习就业直通。吸引豪迈、惠普、一汽、中兴、迪士尼、五征等知名企业开展一体化育人，投资捐赠累计达 8 517 万元，解决了 85.6% 毕业生的顶岗实习和就业问题。

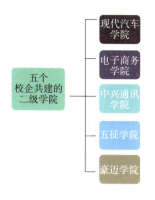

中兴通讯班	中兴通讯股份有限公司
惠普班	惠普（济宁）国际软件人才产业基地
山东师创班	山东师创软件工程有限公司
五征班	五征集团
亚太森博班	亚太森博（山东）浆纸有限公司
临工班	山东临工工程机械有限公司
日钢精英班	日照钢铁集团
豪迈班	豪迈集团
万豪班	万豪国际集团
蓝海精英班	山东蓝海酒店集团
东方领航班	东方领航投资管理有限公司
鲁南制药现代学徒制班	鲁南制药集团
上海迪士尼人才储备班	上海迪士尼旅游度假区

36个订单班

图 6　建立校企合作发展共同体

（三）在就业质量上，实现了学生高质量就业创业

将职业道德和"工匠精神"融入实习教学全过程，学生专业技术技能得到提升，近三年，学院各类技能大赛、创新创业大赛获奖 746 项，在全国位居前茅。学生实现高质量就业，一汽大众实习生常年保持 300 人规模，2017 年山钢集团一次性接收 200 余名学生实习和就业，上海迪士尼设立储备人才专班，提供 110 个实习岗位，汽车专业 41% 毕业生在韩国现代旗下公司就业，学生实现在知名企业的高薪资就业以及在中小企业的高端岗位就业。近年来，创意设计专业群 1 251 名毕业生创办 263 家小微企业，自主创业率达 21%，就业对口率高达 99.6%，实习有效促进了学生核心竞争力和岗位迁移提升。

（四）在实习成果上，转化形成优质资源

通过实习将企业资源转化为教育教学资源，校企共建 64 个培养方案、开发 191 门课程、制定 144 个课程标准、编写 246 部教材，促进和带动专业建设和教学改革。通过实习形成一批丰富多样、企业认可的设计作品、产品项目和技术方案，如在 2017 年全国职业院校艺术作品"广交会"上，27 件学生实习设计作品获奖，其中"日照海景花园大酒店设计方案及实施"获特等奖。建筑设计专业 85% 的学生实习作品或方案被企业采纳。机电专业学生在韩国现代集团日照威亚公司实习期间参与工厂筹建、设备安装和发动机生产，公司把首批下线的 20 台发动机捐赠给我校。公司总经理动情地说，第一批发动机是学校毕业生制造的，把发动机捐给生产者母校，希望培养出更好的学生，制造出更好的发动机（见图 7）。

（五）在理论研究上，形成了具有影响力的研究成果

坚持问题导向，注重工作研究，相继发表实习工作管理论文 40 余篇，获省级及以上教学成果 15 项，《高职教育"职场体验—实境训练—顶岗历练"人才培养范式研究与实践》获国家教学成果二等奖。《中国教育报》等媒体对我校面向职场课程体系、实习管理等进行多次报道（见图 8）。

学生27件实习设计作品在"广交会"获奖

创意设计类专业学生实习作品展

现代汽车集团2017年捐赠249万元设备

服装设计专业学生实习作品展

建筑设计类专业学生实习作品展

毕业生生产的首批发动机捐赠到校

图 7　学生实习作品获得好评

实习管理论文40余篇

《依托校企合作育人平台实施现代学徒制的研究与实践》等12个省级教改项目

《高职院校面向职场课程体系的重构与实践》获山东省教学成果一等奖

《中国教育报》宣传报道

图 8　实习管理相关论文、报道和成果

四、未来发展

实习是职业教育的基本环节，是提高人才培养质量的重要保障。在今后的工作中，我们将进一步深化校企合作模式，完善实习管理模式，强化信息化实习管理平台的应用，加强实习过程数据的统计分析和数据挖掘，用以指导提升实习管理水平。同时以高度的使命感和责任感，促进校企协同育人，提高技术技能人才培养质量。

深化产教融合　强化校企合作　实习工作硕果累累

山东商业职业技术学院

【摘要】学院实施"1+1+N"的校企合作模式，产教融合、校企合作，形成了"多元协同、真实职场""教学经营一体化""双业融通订单式""现代学徒制"等工学结合人才培养模式，在教材建设、课程置换、师资培养、实习就业等方面成效显著。学校坚持为社会用人需求服务、为学生就业成才服务，为学生终生幸福奠基，逐步形成了深植行业背景、产学研协同创新，对接新旧动能转换，服务地方经济发展的学校产教融合新局面。

山东商业职业技术学院是全国第一批设立的高职院校和全国百所示范院校的优秀院校，学校以"立德树人 兴商润民"为使命，以建设"创业型高水平商科院校"为目标愿景，秉承"尚德蕴能，日精日新"的校训，坚持"经营、创新、开放、共生"的发展理念，实施"名校名企育优生"战略，深入推进产教融合校企合作，构建了多元化产学研合作体系。

一、管理创新背景

（一）创业型大学建设激发办学活力

2011 年，学校探索并在全国率先确立了创建创业型大学发展道路，出台"关于加快创业型大学建设的决定"，确定了山东商业职业技术学院特色的创业型大学基本内涵，即以知识传播和技术技能生产、集成创新应用为中心，以德才兼备创新创业型技术技能拔尖人才培养和服务经济社会发展为目的，以开放、合作、共生为价值导向，以激发广大师生自觉弘扬企业家精神，创新创业为动力，自主确定战略方向，主动寻求组织创新以适应内外部变化的变革性生态文化组织。

（二）宏观政策规范实习管理

2015 年，教育部颁发《职业院校管理水平提升行动计划（2015—2018 年）》（教职成〔2015〕7 号），对职业院校管理层面的各项工作分别在政策法规、管理能力、质量保障机制三方面提出了目标要求。2016 年，教育部等五部委印发《职业学校学生实习管理规定》（教职成〔2016〕3号），同年教育部发布《职业学校专业（类）顶岗实习标准》（教职成厅函〔2016〕26号），从顶层设计上进一步规范了实习管理，顶岗实习进入标准化时代。

山东省教育厅先后印发《关于进一步加强中等职业学校学生学籍管理工作的通知》《关于规范中等职业学校招生加强学籍管理的通知》《山东省职业院校基本工作规范》《关于进一步加强职业院校学生实习管理工作的通知》《关于开展职业院校规范办学行为自查工作的通知》等政策文件，每年开展职业院校实习管理自查与检查。主管部门发布的制度和采取的措施为顶岗实习提供了政策保障。

（三）数字化校院构建沟通立交桥

2015年，学校入选国家首批"职业院校数字校园建设实验校"单位。自2014年10月启动智慧校园项目以来，统一信息编码标准，完成校园信息门户平台、统一身份认证平台、共享数据中心平台三大基础应用支撑平台建设，将办公、教务、科研、图书、一卡通、人事等集成到智慧校园平台，实现校内用户的统一身份认证和一站式服务，"移动商院"等移动校园应用平台运行良好，实现了数据资源共建共享。智慧校园的建设，使学校信息化由原来的基础网络、部分孤立应用系统构建，向集成的、全局信息系统建设转变。

二、典型做法与具体措施

（一）构建"一体两翼"专业布局

学校主动适应区域经济社会和行业产业发展的需要，建立专业动态调整机制，招生专业从65个压缩调整至44个，形成了以财经商贸类专业为主体、以信息工程技术类专业和人文艺术类专业为两翼的"一体两翼"专业布局。

（二）紧密结合专业特色，形成灵活实用的校企协同育人模式

1. "多元协同、真实职场"的育人理念

学校立足"知行合一、工学结合"的教育教学理论，提出"多元协同、真实职场"的育人理念，形成"校企深度合作、生产型实践教学"的人才培养模式（见图1）。

图1 "多元协同、真实职场"育人理念

食品与药品学院将教育与生产劳动相结合，手脑并训、知行并进；按照职业人标准，以真实职场主体育人，学用相长、知行合一。学校、行业企业、研究机构联动协同，专业、学业、就业与行业、企业、职业对接融通，人才培养、生产、科研有机结合，形成校企深度合作、生产型实践教学的

人才培养模式。

2. "三融合四协同"的育人模式

以"三全育人"和实践育人理论、协同理论为基本理论框架，构建"三融合、四协同"校企产教融合协同育人模式。

智能制造与服务学院以"三全育人"和实践育人理论、协同理论为基本理论框架，以国家相关产教融合、校企合作的文件精神为基本要求，创建"三融合、四协同"校企产教融合协同育人模式，即：企业岗前培训与学校就业创业教育相融合；企业岗位技术能力要求与学校专业课程建设相融合；企业岗位核心素养与学校学生综合素质培养相融合（见图2）；校企文化协同育人，校企制度协同育人，校企管理协同育人，校企科研协同育人（见图3）。

图2　"三融合"基本内容

（三）建立健全高效实用的管理机制

1. 构建校企联动的实习管理机构

学校建立了校院二级实习管理机构，配备了专门的实习指导教师管理队伍，健全了贯穿顶岗实习全过程的管理制度；成立以校长为组长、教学副校长为副组长、相关人员为组员的学校学生实习自查领导小组，对学校的实习管理定期开展自查自纠。各二级学院与实习企业联合成立实习管理指导小组，为实习学生配备专业导师与企业导师，共同指导学生的成长成才。实习管理过程

图3　"四协同"基本内容

中，突出实习工作在人才培养环节中的重要性和关键性；注重保护学生合法权益，真正把学生实习特别是顶岗实习作为职业道德养成、职业技术技能培养和社会主义核心价值观形成的重要环节；将实习的组织、管理、考核、安全等工作作为学校的一项重要工作来抓。

2. 建立覆盖实习管理全过程的制度体系

（1）做好顶层设计，实现宏观管理与指导。学校一贯重视实习管理的制度建设，定期召开制度修订会议，围绕搜集的实习管理中存在的问题，听取各二级学院、企业、

学生等方面的意见，不断完善制度。2016 年年底，依据国家、省、集团相关文件精神，完成了"实习管理办法""实习企业遴选管理办法""实习信息反馈制度""实习安全管理办法""校外实习实训基地建设与管理办法""实习指导教师管理与考核办法""学生实习考核办法"等制度，保证实习管理的质量与安全。例如，"实习企业遴选管理办法"的合理制定，从源头上杜绝了顶岗实习中潜在的问题。优质的合作对象是学生实习成功的基础和保障。学校非常重视顶岗实习企业的遴选，认真学习了相关文件，针对现有的合作企业开展调研，经过综合分析后，认为优质的顶岗实习企业须符合五个条件：一是重视人才培养并有一套较为系统的培训体系；二是能提供足够的实训岗位、企业导师；三是热衷于职业教育；四是能引领产业发展方向、技术先进的企业。各二级学院与符合条件的企业签订合作协议。校企双方明确实习目标、实习计划、实习任务、考核标准等，形成校企合作育人机制，确保学生实习岗位与其所学专业面向的岗位群一致。

（2）二级院部细化落实，根据不同培养模式进行分类管理，实现微观管理精细化。学校根据"现代学徒制"等不同培养模式的需求，要求各二级学院高度重视不同模式的顶岗实习管理工作，鼓励各二级学院在学校制度体系基础上进行创新，单独制定与学校配套的相关制度，实现不同学科专业管理的差异化与精细化。例如，在"现代学徒制"实施过程中，实习管理一直贯彻其中，结合专业和"现代学徒制"的特点，专业与共育企业共同制定教学运行与质量监控体系，强化过程管理，强化实习管理。遵循必要性原则，分析了在人才培养实施过程中和教学组织管理中的关键控制点，校企双方共同协商，从招生招工，到校内学习，工学交替及就业等方面入手，不断完善有关工作方案、教学运行管理、职责标准、考核评价等四类制度文件。制度的制定采用了延续性改革，对于校企双方已经有的可借鉴的相关制度，经过双方协商，尽量保持校企现执行制度的延续性，同时根据"现代学徒制"的特点，进行适度的添加或者调整（见图 4）。

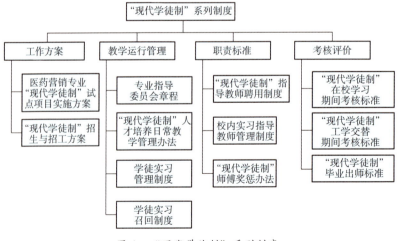

图 4 "现代学徒制"系列制度

（四）自主开发手机微信公众号

为了充分发挥智能终端在实习管理中的强大功能，抓住利用信息化手段进行全过程、全方位管理，学校自主研发了拥有全部知识产权的基于手机微信公众号的"实践教学管理系统"，借助移动互联、大数据、HTML5 等新一代信息技术，为顶岗实习岗位确定、过程管理、质量监控评价提供突破时空限制的管理信息手段支撑，实现了集中实习与分散实习的统一管理，实习过程的"管理不中断、服务不中断、学习不中断"的高效、可视化管控（见图 5）。

图 5 　"实践教学管理系统"功能图

（1）通过 HTML5 和微信公众号实现一套系统支持多种手机操作系统，不用安装单独的手机 APP，便于维护，易于使用。

（2）通过手机微信公众号完成实习工作管理服务。教师在手机上可完成实习申请审批、实习总结审阅等工作。基于模板定制的调查问卷形式的实习总结，便于学生点选填写、学校图表可视化分析。手机签到，通过 GPS 和网络定位及时掌握学生位置信息，避免学生失联、陷入传销等不安全事件的发生。学生通过手机上传实习照片、实习总结，方便快捷、真实有效。

（3）学生通过手机可以利用碎片时间学习指导教师推送的 HTML5 课件，对接网络空间课程，并通过在线测验自动检验学习效果，实现"学习不中断"。建立实习专家知识库，积累学生常见问题和答案，更好地为学生服务。

（4）工作可视，数据驱动。系统提供了直观的图表统计分析功能。通过图表可及时发现问题，采取措施推进工作并随时检查工作效果。学生的实习成绩、教师的实习指导工作量可由系统自动生成，过程资料自动留存，所需指标自动生成，不再用逐级上报、层层统计，大幅提高了工作效率。

（五）校企深度合作、产教深度融合，为实习管理提供保障

学校主动适应区域经济快速发展的需要和产业转型升级对人才的需求，积极构筑产学研一体化平台，深入开展校企联合办学，形成"人才共育、过程共管、成果共享、责任共担"的校企合作机制，致力于培养"重诚信、懂经营、善沟通、能创业"的高素质技术技能人才，为学生顶岗实习奠定良好的基础和条件。

1. 校企共同建设紧密型顶岗实习基地

学校依托鲁商集团行业地位和办学优势，各二级学院与行业有影响力的大型企业签订长期合作协议，共同建设稳定的顶岗实习基地。2011 年，学校评选出首批 12 个校级校企合作示范基地，校企合作共建了 ERP 实训室、上海大众汽车 SCEP 实训中心等教学一体化实训室。在中国职业教育与中国商业服务业创新发展对话活动上，学校荣获中国商业联合会"全国商业服务业校企合作与人才培养优秀院校"荣誉称号。

案例 1：真实账目进课堂

校企合作成立财务共享中心，真实账目进课堂，破解会计专业学生实习中无法独立顶岗的难题。企业会计岗位人员数量需求有限，同时企业会计资料的保密性要求高，实习中学生无法独立顶岗开展会计工作。为解决会计专业顶岗实习瓶颈问题，会计专业先后与银座佳驿股份有限公司、新道科技股份有限公司签约，校企合作建立"商职学院——佳驿酒店财务共享中心"，将企业财务部搬进校园，采取代理记账、业务外包的合作模式，校企共同指导学生承担银座佳驿酒店近 200 家门店的会计核算工作。

案例 2：招生与招工同步，校企共建育人平台

公共管理学院旅游管理专业 2016 年单独招生中，采取招生与招工同步模式，华住集团与学校共同完成招生宣传工作，同时与学校教师共同组成面试专家组，进行单独招生面试，学生除符合学校招生资格外，还与企业签订劳动合同，校企联合交替培养。

学校通过与华住构筑校企利益共同体，引入经济型酒店职业标准确定培养规格，融入华住个性化要求优化教学内容；共建"华住讲师团"，建设华住客房仿真模拟实训室，实施华住课程项目化教学改造，构建了"2+0.5+0.5 分段式育人机制"，实现工学交替贯穿专业培养全过程（见图6）。校企共同组织课程教学，全新塑造"学与教"形态。企业提供订单班的全部顶岗实习岗位，学生以"准员工"身份进入企业实习。

2. 校企共建管理团队，实习管理双重化

根据师资配备、实训条件等，结合企业岗位标准，学校与企业共同制定双向挂职锻炼、横向联合技术研发的"双导师"培养培训机制，建立选拔、考核、激励制度，加强教学团队建设。通过企业推荐、学校面试招聘的方式，开展企业导师选拔工作，初步组建了企业导师资源库，建立健全企业导师、专业导师的双导师制。

学生实习过程中接受学校导师与企业导师的双重指导。一方面专职教师现场指导。顶岗实习中组织校内专职教师含辅导员全程承担学生顶岗实习现场指导，不断熟悉并掌握与专业相关的典型工作任务和工作过程，现场进行一体化教学，不断调整和完善

阶段	学期	学习内容		管理及评价
		理论课	实践课	
第一阶段	第一、第二学期	基础课程	"校内实训""企业体验"	学校教师企业导师
第二阶段	第三学期	专业方向课程	"项目实训"	学校教师企业师傅
第三阶段	第四、第五、第六学期	专业拓展知识	"轮岗实训""综合实践"	企业师傅

图 6　"2+0.5+0.5 分段式育人机制"

顶岗实习工作方案。另一方面企业导师全程指导。在企业导师的现场指导下，学生借助企业完备先进的设施条件进行实战演练，真正实现了专业与产业对接，专业课程内容与职业标准，教学过程与生产过程对接。

3. 创建"双主体、全过程、多元化"顶岗实习考核评价模式

充分利用学校顶岗实习管理平台，用信息化手段构建由企业指导教师、学校带队教师共同完成的"双主体"实习成果评价模式，实现了顶岗实习考核的客观性、全面性和有效性。企业指导教师从工作纪律、职业规范、职业素养、日常表现、业务能力、实践能力、团队协作、学习能力、分析与解决问题能力、适应社会能力、工作业绩等方面设置了 60 余个考核点，针对实习各个环节全过程考核，从而提高其针对性和有效性；在考评环节中从职业素养、实习过程、实习成果等方面进行评价，引导学生职业素养的锤炼与养成。学校指导教师根据实习总结、顶岗实习管理平台签到情况、毕业设计（论文）完成质量、工作能力提升以及政治思想状况等方面进行评价，设置 40 余个考核点，校企双方考核点覆盖学生顶岗实习全过程，考核内容涉及职业素养评价、工作情况评价、工作能力评价等方面，既包含总结提交、毕业设计（论文）完成质量等硬指标，也包含工作态度、团队精神、职业素养、政治思想等软指标，实现了多元化评价。由企业指导教师、学校指导教师双方考核评价，确保考核结果公正、客观、合理，"双主体、全过程、多元化"的评价模式有效地引导学生认真完成实习工作任务。

三、成效与反响

（一）保障并提升 5 000 名在校学生实习品质与质量

学校制定了完整的校企合作管理办法，使企业的技术技能师资和完善先进的设施资源真正融入教学之中，极大地夯实了实践教学的基础条件，实现了校内专业学习和

校外顶岗实习两个教学环节的无缝衔接。目前学校与 240 家企业建立了稳定的战略合作关系，与 1 000 多家企业建立了顶岗实习合作关系，这些优质的企业资源满足了不同阶段、不同岗位的学生顶岗实习。同时，企业和专业双导师在课程实施、课程评价、技能训练、职业态度等方面深度融合，从内容到过程保障学生顶岗实习的教学品质和质量。

（二）理论实践相结合，形成一批物化成果

学校注重理论和实践相结合，用理论指导实践，用实践验证理论，在产教深度融合、技术技能人才培养、实习管理等方面，形成了一大批有影响力的理论成果和实践成果。共发表相关论文 100 余篇，获得国家级教学成果奖一等奖 1 项、二等奖 8 项，省级教学成果奖一等奖 9 项，山东省教学改革研究项目 23 项（重点课题 11 项）。获得 3 个国家级教学资源库立项，3 个省级教学资源库，牵头制定 4 个省级专业标准。

（三）学生的专业技能与职业素养大幅提升，在国家级赛事中表现突出

学校注重岗位技能培养，人才培养质量持续提升。以赛促学、以赛促教，近五年获得全国职业院校技能大赛一等奖 26 项、二等奖 16 项。将创意、创新、创业融为一体，为大学生创新创业能力培养打通绿色通道，2016 年获第二届中国"互联网+"大学生创新创业大赛金奖（全国高职唯一），并被评为"最佳带动就业奖"。2017 年获第三届中国"互联网+"大学生创新创业大赛银奖 2 项。

（四）毕业生就业率高、就业质量好

与近千家知名企业共建实习就业基地，并且大部分都是全国 500 强企业或行业 100 强企业，每年来学校招聘的企业岗位数与毕业生数比例均超过了 4∶1，毕业生就业率达 99%以上，连续多年位列同类院校前列，毕业生质量得到社会高度认可。

四、未来发展

面对产业转型升级、新技术新业态发展，学校将持续深入校企合作、产教融合，提升合作深度广度，持续完善实习管理制度，保障企业、学生的共同利益，保证学生的安全，进一步提升实习后直接就业的比率。依托学校国际化办学优势，进一步开拓国外实习就业市场，由深度合作的国内企业提供国外特别是"一带一路"国家的部分实习岗位，不断拓展国外顶岗实习市场，助力"一带一路"发展。

"校企联动、'3531'模式"的
实习管理机制的探索与实践

陕西工业职业技术学院

【摘要】高职教育以培养高素质技术技能型人才为目标，在理论教学的同时配套大量的实践教学是其重要特色。但在实际教学中，实习管理存在合作企业如何选择、合作方式如何深入、过程管理难以控制等难题。陕西工业职业技术学院实习教学历经厂中校—校中厂—校企一体—基于智慧校园实习信息化建设四个阶段发展，始终坚持以学生技能培养为核心，校企联动构筑起三级配套的实践教学体系与五层递进的学生能力训练体系，探索形成"3531"特色实习管理模式，有效提升了实习效果和人才培养质量。

一、实习管理创新背景

（一）顶岗实习管理模式创新的重要性

顶岗实习作为提高职业教育质量和深化职业教育改革的重要举措，在高职教育中的地位日渐凸显。因实习涉及所有专业，需求的实习岗位数量多，有些实习企业和实习地点远离学校，地点分散。如果缺乏沟通和有效过程管理，学生、学校、企业在这个阶段会出现信息真空和管理疏漏，传统的实习管理方法根本无法保证实习质量，造成顶岗实习因为质量不高而成为"鸡肋"。因此，必须在管理上开拓创新，寻找新的管理模式。

（二）"互联网+"技术是解决"放羊式"实习管理的重要手段

顶岗实习是职业院校教学的重要环节，也是校企合作的关键环节，做好实习教学管理对提升学校人才培养质量及内涵发展十分重要，是促进学生全面发展和稳定就业的重要教学途径。但是，顶岗实习受"空间分散化、时间碎片化、场景复杂化"等因素的制约，一直以来成为职业院校管理的痛点难点。随着互联网技术和现代通信技术的广泛应用，对加快实习管理信息化，实行动态化管理是高职实习管理的迫切要求。互联网作为平台，信息技术作为手段，研发实习管理系统，设置学校、企业、学生三方登录口，随时进行信息交流与互动，这样既有实习的实时动态，又能监控过程，保障信息顺利通达，"放羊式"实习管理问题迎刃而解。

（三）心理疏导是保障实习管理顺利实施的必要环节

学生走出学校，进入工作岗位，不可避免地存在一个过渡期，而顶岗实习的设计恰恰顺应了这样的要求。在这个过渡期中，由于角色的变化，诸如专业技术问题、人际关系问题以及由此产生的个人心理问题等时常困扰着学生。这些问题需要梳理和引导，如果能处理得当，将会增强学生的自信心，对他们今后的工作生活产生积极影响。因此，在顶岗实习管理中除了要应用先进的信息网络技术外，还应该加强学生心理疏导，实施人性化管理，在顶岗实习管理过程中帮助学生平稳完成学生到职员的角色转变，"管""帮"结合，提升顶岗实习管理的质量。

二、典型做法与具体措施

（一）校企联合搭建八个层面实习管理框架

以国家和地方相关实习管理制度为指导，校企联合从制度规范、实习单位遴选、组织协调、远程互动、师资保障、质量监控、安全防范、专项经费八个层面搭建顶岗实习运行管理框架，明确学校、企业、学生三方职责，完善"机制合理、单位规范、有效管理、师资建设、安全得当、经费保障"为核心的实习管理制度体系。

从实习环节、强化制度建设、严格落实执行等方面入手，先后制定《学生实习管理规定》《顶岗实习管理办法》等 17 项规范实习管理制度，保障了专业设置与企业发展、实习内容与技术标准、人才培养与企业需求对接，推进了校企深度融合，发展共赢。

（二）建立"五运行+五监督"的全方位过程管理体系

通过抓好实习前期、中期、后期三个重点环节，建立了以"制度建设全面化、经费保障专项化、协议签订全员化，校企共管专人化，平台使用全程化"的过程管理模式，以"辅导员检查、教师巡查，二级学院核查、学院督察，平台调查"为手段的监督模式，形成完整的过程管理机制（见图 1）。

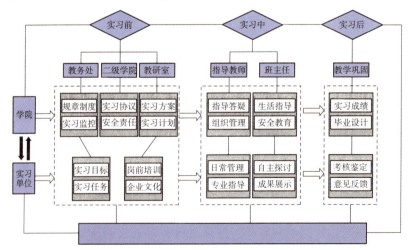

图 1　"五运行+五监督"的全方位过程管理体系

（三）强化职业能力，建立四维的过程化考核指标

以《实习实施方案》为依据，会同实习单位，从岗位评价、业务能力、就业协议、实习成果四个维度，制定了"过程考核+结果考核+职业素质"的实习考核指标（见表1）。实行实习单位和学校共同考核制度，过程考核由企业导师完成，结果考核由学校进行全过程管理。

表1　实习考核指标权重分配表

一级指标	二级指标	权重分配（％）
岗位评价	专业相关度	5
	工作态度与责任	5
业务能力	资料整理	5
	实习周记	15
	实习报告	15
	业务技能	10
就业协议	实习单位认可度	5
	与实习单位签订就业协议	5
实习成果	实习鉴定	20
	毕业设计	5
	创新能力	5
附加	为企业争取的荣誉	5

三、成效与反响

（一）有效解决了实习过程管理五大难题

在实习管理过程中，通过引入信息化手段，解决因区域和专业实习分散、逐级申请、静态管理、信息滞后等难题，实现了工作流程简化、集中管理、全过程考核、动态监控、师生实时交互等功能，升级管理体系，提高实习管理效能。

（二）校企合作进一步深化

校企合作不断深化，2017年由学院牵头组建，携手全国26个省、市、自治区的402家企业，涵盖装备制造、电子电气等10大行业门类，正式成立协同育人战略联盟，签订58个订单班，提供2 200余个岗位，专业对口率大幅提升。

（三）学生职业能力和就业质量明显提升

依托校企协同育人战略联盟，共同开发实习项目，拓宽实习岗位，提升学生首岗适应能力、职业素养、专业能力。通过对近三年毕业生就业情况进行数据分析，学生就业专业相关度在90%以上，雇主满意度稳定在95%以上，学生就业满意度在91%以上（见图2），"双证书"获取率达到97%，学生岗位职业能力和就业质量逐年提升。

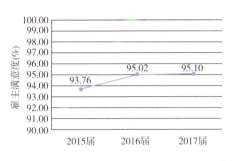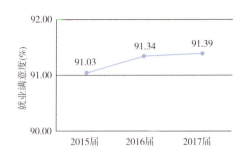

图 2　2015—2017 届毕业生雇主满意度、就业满意度

（四）学生实习成果丰富，培养质量持续提升

深化工学结合，通过引入现代企业技术、开发生产性实训项目，形成如下系列成果：近三年，学生为中船重工十二所等企业设计、生产风轮叶片等 120 多类实际产品；发明申请专利 28 项；参加各级各类技能竞赛获奖累计 1 025 项，其中国家级技能大赛奖项 319 项；创新创业参与学生 2 013 人，项目 504 个，其中获金奖 2 个，已成功孵化 6 个项目。

涌现出一批优秀毕业生。何小虎，2010 年在中国航天科技集团公司第六研究院西安航天发动机有限公司顶岗实习，凭借优异实习成绩成为公司员工，经过几年的培养，从一名普通车工成为全国技术能手、陕西省技术能手、陕西省国防工业十大技术能手。

（五）校企协同开展研究，教研成果不断涌现

以校企协同育人带动学院专业建设、课程建设、实训室建设、职业素质培养等方面研究。近年来，先后荣获国家教学成果奖两项、省级教学成果奖 9 项，承担了教育部重点课题"高职教育集团化办学模式研究"（DJA110293），省级职业教育集团化办学研究项目 3 项，"校企深度合作，促进学生就业"案例入编《中国职业教育集团化办学年度发展报告》。

四、特色创新

（一）基于实习管理系统，形成"3531"特色管理模式

通过在信息透明、平等自愿的基础上签订学校、企业、学生三方协议，明确权利和责任；搭建"学院—二级学院—教研室—指导教师—学生干部"五级顶岗实习管理梯队，由学院教务处负责规划学校层面顶岗实习安排并出台对应管理制度；二级学院负责联系实习单位并协调实习安排；教研室负责顶岗实习组织落实，完善专兼职顶岗实习指导教师队伍以及由学生干部、党员等组成的协助管理团队，对顶岗实习进行宏观规划和具体落实。建立涵盖专业知识、职业技能和综合素质三个方面顶岗实习考核评价体系。搭建实行在线交互式管理的顶岗实习管理平台。实现了对顶岗实习全方位、立体化管理，有效提升了学生顶岗实习的质量（见图 3）。

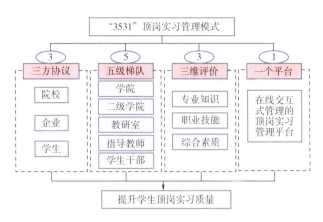

图3　"3531"特色的实习管理模式

（二）借力国家诊改试点，形成了实习管理的持续改进机制

学院作为全国诊改试点院校，将诊改理念融入顶岗实习管理过程，制定了顶岗实习目标、质量标准，借助实习管理平台，引入控制反馈，建立了学校、企业、学生、师傅、教育行政部门等共同参与的顶岗实习质量评价与反馈控制机制。借助实践教学的决策指挥、资源保证、支持服务，监督控制等系统群，通过校企深度合作，共建学生顶岗实习组织系统、支持系统、监测系统、质量生成系统等实习质量保证体系，持续提升顶岗实习质量。

五、发展成果

（一）构建双主体协同育人长效机制，突破产教融合瓶颈

学院作为全国首批"现代学徒制"试点院校，与500强企业联合开展"现代学徒制"培养试点。经过五年的建设，探索建立校企联合招生、联合培养、一体化育人的长效机制，改革人才培养模式，完善学徒制培养的教学文件、教学管理制度，形成校企"双主体、八共同"（培养目标、课程开发、教学计划、教材编写、实训基地建设、师资培养、教学实施、评价），具有明显"现代学徒制"特征的协同育人长效机制。截至目前，培养学徒450余名，制定专业人才培养方案3个、岗位职业标准22个、教学标准6个、专业课程标准23门、企业师傅管理标准5个、质量监控标准5个及相应实施方案，共同编写教材17本，合作共建实训室4个，扩建1个，建立培训中心1个。

（二）以就业为导向，大力开展多元化实习模式，拓宽学生专业视野

1. 形成"课程+实习+就业"的订单培养模式

近年来，陕西工业职业技术学院大力开展与世界知名企业的合作，通过与世界知名企业合作开办订单班，引入企业培训包，开展"课程+实习+就业"的订单培养模式，提高了人才的培养质量，提高了学生的就业水平。

学院先后与日本欧姆龙公司、美国亿滋等知名企业合作，探索并实现了"校企联

动，八个"一流"的合作育人方式，圆满实现了"培育世界一流员工、提升学生综合素质、实现校企文化融合、打造学生就业品牌"的目标。经历五年的实践与探索，校企联合开发了"品质管理""生产过程改善""全员设备管理 TPM""企业理念及 OMRON 产品知识""TWI 班组长管理""计算机应用能力""PLC 技术"等 12 门订单课程，保障了一流培养方案的贯彻执行。

2. 打造"项目+创业"的实习新模式

从 2015 年起，陕西工业职业技术学院以开展创新创业训练活动为抓手，坚持创新引领创业、创业带动就业，通过打造三大实践平台，开展"项目+创业"实习新模式。

（1）能力淬炼平台。依托校内 196 个集专业教学、科学研究、技术开发、技能训练于一体的校内创新创业基地，实施基于大一创新实训项目，大二创新课程设计项目，大三创新毕业设计项目的学习计划，让学生早进实训室、早参与科研项目、早申报专利，实现实境训能；依托连续 13 年举办的技能竞赛月，60%的学生参与其中，实现以赛促能；依托作为陕西省大学生创新创业营承训单位、咸阳市首批定点创业培训机构附设学校，对需求学生进行综合认证，实现专项强能。

（2）实战操练平台。引企入校建成服装设计订制、化妆品制作、机械设计、光伏新能源等工作室集群，由学生作为主体承接市场项目；开办花样年华咖啡厅、汽车美容中心、连锁超市等体验店，由学生作为经理人进行校园实体运营；利用淘宝、京东商城等众创空间开展 O2O 合作，由学生作为企业员工代销产品；最后走进校外双创基地，由学生在社会环境多变因素的考量中全真实战。

（3）孵化培育平台。按照"校内孵化器+校外加速器"的思路，学院以校企共建的创新创业中心为载体积极创建项目孵化室、创新梦工厂和创业苗圃，实现作品转换商品、成果转化效益；同时与陶行知教育基金会、行知创客（北京）创业服务有限公司、北京幸福之星教育科技有限公司合作建立全国大学生创新创业工程示范基地，对接中小企业协会及国家、省市生产力促进中心等机构寻求成果转化企业，让一颗颗创新创业的"金种子"找到合适的土壤生根发芽、开花结果。

（三）加大海外交流，开阔学生的国际化视野，为学生搭建上升平台

陕西工业职业技术学院作为国家示范性高职院校，长期以来，主动适应经济全球化要求和国家"走出去"发展战略需要，积极思考和探索如何为学生提供一条与国外高水平大学对接的学习途径，为学生提供一个上升为国际化人才的培养平台。近年来，学校与德国、俄罗斯、美国、韩国、爱尔兰的高校建立了合作关系，开展一系列学生海外交流项目。

2012 年，学院与德国大学联盟、德国 BSK 国际教育机构签署了合作框架协议，正式启动了学生硕士学位德制工程师的培养，建立了一条中国高职院校与德国公立高校德制工程师培养模式对接的平台，将中国高职院校的毕业生送到德国高校去继续深造，成为国际化的高水平工程师，项目开设三年来，共有 11 名学生赴德国高校学习。

多方联动　多措并举　护航学生实习和就业

上海市城市科技学校

【摘要】本文从国家《职业学校学生实习管理规定》入手，详细阐述了学校多年来在实习管理方面的有效做法和措施，着重从组织保障制、企业准入制、文本指导制、安全防范制、过程管理制、多元评价制六个方面论述实习管理的规范性，从政府搭台产教深融合、柔性宣传递送正能量、就业指导专业化定制三方面论述学校实习管理的创新性，通过政府、学校、企业、家庭四位一体，多方联动，提升实习品质，创新人才培养模式，推动人才培养质量。

一、背景

"劳动光荣、技能宝贵、创造伟大"。国家对职业教育和技能人才培养的重视，有力推动了职业教育的有机发展。上海市城市科技学校作为国家首批改革发展示范学校，一直紧紧围绕国家政策和方针，始终以"为每位学生可持续的职业发展奠基"为办学理念，在"规范运行、质量发展和品牌建设"三大运行策略的指引下，学校不断开拓进取，办学规模有效稳固，办学能力有序提升，学校各项工作扎实推进，实现了学校的内涵发展、特色发展和创新发展，卓越的办学品质及品牌形象赢得了社会各界的一致好评。

实习管理作为学校工作的重要组成部分，直接影响着学生的平安实习和顺利就业，影响着学校的社会形象。《职业学校学生实习管理规定》指出：职业学校学生实习是实现职业教育培养目标，增强学生综合能力的基本环节，是教育教学的核心部分，应当科学组织、依法实施，遵循学生成长规律和职业能力形成规律，保护学生合法权益；应当坚持理论与实践相结合，强化校企协同育人，将职业精神养成教育贯穿学生实习全过程，促进职业技能与职业精神高度融合，服务学生全面发展，提高技术技能人才培养质量和就业创业能力。多年来，学校一直充分重视实习管理，架设组织机构，明确人员职责，以国家政策为导向，以规范管理为抓手，以创新发展为动力，以产教融合为平台，积极探索实习管理方法和途径，在政府、学校、企业、家长四位一体、多方联动下，极大地提升了学校实习管理的品质，助推了优秀技能人才的培养。

二、典型做法与具体措施

多年来，学校严格贯彻《职业学校学生实习管理规定》，认真制定了《上海市城市科技学校毕业生实习管理方案》，编制了《上海市城市科技学校学生实习手册》，通过常规管理抓规范、创新管理抓特色，加强我校学生实习期间的管理，保护实习学生的合法权益，保证实习工作的平安开展，开拓技术技能人才培养的新模式，有效提升了学校实习质量，为学生顺利就业保驾护航。

（一）常规管理抓规范

1. 领导重视实习管理，建立组织保障制

实习管理工作关系到学校的生存和发展，是检验学校综合管理能力的重要评价指标，良好的实习和就业质量是学校外树品牌的基础。多年来，学校充分重视实习管理工作，组建了强有力的组织保障体系，成立了由校长、副校长组成的实习管理领导小组和由招生就业办、学生科、教务科、各专业系正副主任组成的工作小组（见图 1），完善了实习生管理的实习生班主任和实习指导老师两支队伍（见图 2），所有部门明确职责，在工作中认真履职，保证了学生顶岗实习的顺利开展。

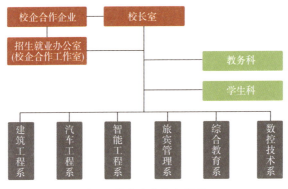

图 1 校企合作组织保障

图 2 学校顶岗实习管理网络

2. 严格遴选实习单位，实行企业准入制

学校的办学品质不断提升，学生的培养方向日渐明确，学生的就业能力不断提升，毕业生越来越受到社会的欢迎，越来越多的企业愿意录用我校的实习生。为了让学生有更好的职业发展和锻炼机会，提升实习岗位和专业学习的对口率和稳定率，近几年，学校对企业的选择启用了严格的准入制（见图3）。企业必须提交给学校企业资质证明，提供的岗位必须与学校专业匹配，实习单位必须具备带教、培训的能力，有完善规范的实习生管理制度和评估制度。目前，学校的合作单位有200多家，其中不乏世界500强企业、国有大中型企业。

图3 学校选择企业的制度

3. 健全实习管理细则，加强文本指导制

学校通过多年的实践和总结，在集思广益的基础上，编写了《上海市城市科技学校学生实习手册》，手册内容丰富，包含实习管理工作人员职责、学生实习守则、毕业实习考核方法、毕业鉴定表等内容，有很强的指导意义（见图4）。文本的制定促进了实习管理的规范和有序，学校、教师、学生充分明确各自职责和任务，为平安健康的顶岗实习提供了基础保障。

图4 学校各类实习管理制度文本

4. 坚持"安全第一"原则，严推安全防范制

学校在实习管理中始终将安全放在第一位，通过学校与企业的教育、培训、监督和考核，牢固树立实习生的安全意识，确保学生平安实习。正式上岗前，学生分别参加四次安全培训：学校实习动员大会暨实习安全讲座、安全主题班会、实习单位人力资源部入职培训暨安全教育、实习单位实习部门工作培训暨安全教育。在实习过程中，实习单位人力资源部和实习部门定期召开座谈会，同时加强安全教育，并定期对学生实习情况进行考核和督查。学校通过走访、电访、短信等加强实习生的安全教育。学校和企业根据校企实习协议共同制定学生实习安全突发事故应急预案，确保学生在发生事故后第一时间得到处理。学校为所有实习生统一购买保险，投保率 100%。

5. 注重实习过程管理，有效落实"八制"

学校在多年的实习管理中，抓规范、重过程、落实效，招生就业办、专业系、实习指导老师各司其职并通力合作，通过推进月会制、走访制、记录制、联系制、返校制、宣传制、跟踪制和协议制，不断优化工作方法，提升实习管理品质，保证顶岗实习的平安健康，推动毕业生就业质量（见图 5）。

（1）月会制。招生就业办公室负责组织每月一次的实习工作推进会议，交流总结各实习班级的实习情况，解决实习管理中发现的问题，提高实习指导老师的管理水平，提交实习学生联系情况表。

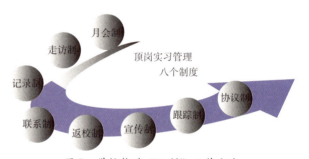

图 5　学校推进"八制"工作方法

（2）走访制。根据学生不同实习单位，学期初推出"走访企业安排表"，由招生就业办牵头协调，专业系领导、实习指导老师定期走访企业，深入了解学生实习情况和企业需求，稳定学生思想，顺利完成任务。

（3）记录制。在工作中，招生就业办严格各种表格的规范填写，做好实习变动的记录，月访月返表的汇总，电话访问反馈内容的记录，学生自我安排实习岗位申请表的填写，学生参加三校生高复暂缓实习申请表的填写，等等。

（4）联系制。实习指导老师认真履行工作职责，在学生实习期间，做到定时与学生、家长保持联系，发送招办推送的周周短信，和家长一起做好学生实习期间的思想工作，督促学生顺利完成实习任务；招生就业办老师每月电话访问实习单位领导，了解实习生总体情况，并且电话访问实习生，了解学生实习体会和感受以及企业对学生的管理情况。

（5）返校制。实习生每月返校一次，实习班主任（实习指导教师）负责做好登记工作，认真组织学生交流讨论，对学生进行职业思想教育工作，加强安全教育、法制教育。

（6）宣传制。通过校园内网、校报、学校微信公众号等媒体宣传学生实习相关情况，让学生了解实习总体情况，加强对优秀实习生的宣传和就业指导，以榜样激励学生。

（7）跟踪制。招生就业办加强对未上岗学生的跟踪联系，每周进行一次动态排摸，并根据各专业大类，对未落实实习岗位的学生组班进行职业道德和专业技能的再培训，通过学校规范的集中学习，提升学生各方面的能力，边培训学习边推荐上岗，让每位学生都有实习锻炼的机会。

（8）协议制。学校按照《职业学校学生实习管理规定》，对每位参加顶岗实习的学生，由校企双方签订实习协议，明确各方责任和义务，保护学生合法权益。

6. 完善实习评价标准，强化多元评价制

毕业实习是在校企双方共同管理下进行的教学行为，旨在培养学生的实践能力、分析和解决问题的能力，以及综合运用所学基础知识和基础技能的能力，从而增强学生的社会竞争力和就业能力。上海市城市科技学校学生的毕业实习成绩严格执行《上海市城市科技学校学生毕业实习考核办法》（见表1），考核内容注重过程和结果相融合，充分体现多元化。毕业考核分为优、良、中、不合格，考核由企业、带教师傅、实习指导老师、专业系完成。根据综合评定，评选优秀毕业生，并进行奖励和奖学金的发放。

表 1　上海市城市科技学校学生毕业实习考核办法

考核项目	考核要求	考核负责人
出勤情况	依据实习单位考勤表	带教师傅、人力资源部
实习周记	符合周记撰写要求与质量	班主任
实习小结	依据实习小结要求与质量	班主任
实习报告	符合报告撰写要求与质量	指导教师
实习单位评价	注重实习过程评价	带教师傅、人力资源部
指导教师评价	注重实习过程评价	指导教师
班主任的评价	注重实习过程评价	班主任

（二）创新管理显特色

1. 政府搭台，产教深融合

为加快推动职业院校与企业的合作，促进职业教育学生的专业成长和企业员工技术技能素质的提高，区教育局、区人保局、区财政局共同签发《关于松江区职业教育校企合作基地建设意见》（沪松教〔2016〕4号）文件，明确了关于深入开展职业院校区级校企合作基地的创建，为助推学生的高质量实习就业做了政府层面的保驾护航。本次区级层面校企合作基地的推出，有力证明了政府在"政府购买服务、助推就业质量"的意识上迈出了可喜的、坚定的一步。通过学校遴选、申报材料的审核，入选区级层面的校企合作基地的企业获得了政府下拨的一年15～20万元的校企合作经费，用于当年的校企合作、人才培养模式的所有项目。实现了政府购买服务，搭建成才育人平台的就业目标，这一举措打破和扭转了一直以来校企合作过程中企业"冷"学校"热"的现象，进一步找到了校企合作的共同"利益点"。通过这个利益链，努力实现专业与行业品牌企业落实高端嫁接，实现学校与企业的深度合作。

学校携手巴特勒（上海）有限公司等 10 家区级校企合作基地，积极探索校企合作新模式，创建了学生认识实习、跟岗实习、顶岗实习的人才培养新模式、"现代学徒制"人才培养模式，开展了行业大咖进校园、课程、教材开发、企业员工培训、教师进企业实践、校企共同开发产品等产学研活动，有效推动了专业教学高度融入行业，形成了校企合作、共育人才的良好格局，进一步创新了中职学校人才培养模式，为学生高质量实习就业护航。

同时，上海市城市科技学校积极贯彻《关于进一步做好本市青年就业创业见习工作的通知》，申报成为参加上海市就业创业见习计划的学校，推荐学生到优质青年见习基地参加实习；政府监督，校企共管。

2. 柔性宣传，递送正能量

学校始终将实习管理作为教育教学的重要组成部分，校报刊登实习生优秀案例，将宣传制和走访制融合，进一步传递了育人的功能；每周短信成为实习管理的一个新常态新亮点（见图 6）；创建蓝卓平台、QQ 群、微信群，便于三方沟通联系，家庭、学校共育优质实习生。这些举措进一步将平安实习的育人思想深植于实习生心中。

图 6 温馨的短信

3. 就业指导，专业化定制

就业指导是中等职业学校学生参加实习和就业的重要内容，有利于学生树立正确的就业观，有利于引导学生找到适合自己的工作，正确认识就业和工作的压力，端正态度，掌握正确的求职方法，成功完成顺利踏入社会的第一步。

学校充分认识到就业指导的重要性，不仅在德育课程中增加就业指导的内容，而且定期邀请行业专家、职业指导师、优秀毕业生等对在校生进行就业指导。尤其是学生的在校学习时间由原来的两年调整为 2.5 年，学生的顶岗实习减少了半年，但是上海市城市科技学校的三年级学生并不因此而推迟与企业、社会的接触，各专业系都定制了适合本专业学生"迈向职场"的系列讲座（见表2），每周一次，邀请本专业的行业大师、知名企业家、优秀毕业生进校为学生宣讲行业发展、职场需求、生涯发展、创业经历等，讲座主题鲜明、内容丰富，具有较强的针对性和指导性，学生被大咖们执着的职业精神所感动，既增长了专业知识，又了解了优秀的职场文化。系列讲座为其顺利踏上实习岗位、职业生涯的发展奠定了基础。

表2　建筑工程系《迈向职场》行业专家进校园系列讲座安排

周次	时间	内容	主讲人	备注	周次	时间	内容	主讲人	备注
1	2017/9/6	绿色建筑实施细则	韩小红	巴特勒（上海）有限公司中国区设计总监	8	2017/11/8	浅谈工程造价在建筑工程的重要性	陈海萍	上海水工建设工程有限公司工会主席
2	2017/9/13	我的专业，我的成长之路	陈海萍	上海水工建设工程有限公司工会主席	9	2017/11/15	施工现场质量、安全管理	曲家丽	上海开天集团有限公司副总工程师
3	2017/9/20	项目总体施工流程介绍	曲家丽	上海开天集团有限公司副总工程师	10	2017/11/22	脚手架构造要求及图例	张晋荣	上海科瑞真诚建设项目管理有限公司副总经理
4	2017/9/27	工程档案资料管理解读	王华	上海科瑞真诚建设项目管理有限公司副总经理	11	2017/11/29	中职生如何定位职业规划和人生目标	高新军	上海隆古建筑装饰工程有限公司董事长
5	2017/10/11	混凝土结构钢筋排布构造及图例	王华	上海科瑞真诚建设项目管理有限公司副总工程师	12	2017/12/6	轻钢结构建造流程	韩小红	巴特勒（上海）有限公司中国区设计总监
6	2017/10/18	建筑装饰的发展过程与趋势	高新军	上海隆古建筑装饰工程有限公司董事长	13	2017/12/13	高大模板专家论证方案案例讲解	曲家丽	上海开天集团有限公司副总工程师
7	2017/11/1	轻型钢结构建筑系统	韩小红	巴特勒（上海）有限公司中国区设计总监	14	2017/12/20	建筑装饰现行项目操作模式和管理内容	孟立东	上海隆古建筑装饰设计有限公司工程部经理

三、成效与反响

春华秋实，十年磨一剑。在政府的支持下，在学校领导、各部科室、实习指导老师的共同努力下，在校企合作单位的配合下，上海市城市科技学校实习管理工作成效显著，硕果累累。

（一）优质实习助推学校品牌建设

学校曾被评为"上海市中等职业学校职业指导与就业服务先进集体学校""上海市中等职业学校职业指导与就业服务工作特色项目学校""上海市10大创业孵化基地"等荣誉称号（见图7）。《校企合作、工学结合运行机制研究》《校企合作工作室的实践与建设》等实习管理校企合作相关论文获得了市职教协会论文评比二等奖。

（二）优质实习助推优质就业

学校的就业率始终保持在98%以上，就业对口率和稳定率逐年上升（见表3），实习单位录用率和满意率也越来越高，越来越多的优质企业向我们的学生抛出橄榄枝，每年校园招聘会的学生、岗位比达到1：2.1至1：3.0，学校为区域经济的发展输送了一大批优秀的一线技术技能人才。

图 7　学校获得荣誉称号

表 3　上海市城市科技学校学生就业推荐情况

年份	毕业生数	对口就业生数	推荐率	就业率	对口率
2015	1356	1299	100%	98.97%	95.8%
2016	1213	1171	100%	98.43%	96.5%
2017	1085	1040	100%	98.62%	95.8%

（三）优质实习助推学生职业能力

通过校企共同育人，上海市城市科技学校学生在各类大赛中屡屡获奖（见表 4、表 5），涌现了航天青年技师舒辉、创业精英罗鞘、全国最美中职生标兵陆梁宏、世界冠军张佳豪等一批优秀学生。

表 4　2017 年上海市城市科技学校各项比赛部分获奖情况

序号	比赛类别	比赛项目	学生姓名	获奖等第
1	2017 年中国国际技能大赛	精细木工	张佳豪	冠军
1	2017 年全国职业院校技能大赛	建筑装饰技能	刘宇晨 、章建斌	二等奖
		建筑设备安装与调控（给排水）	寇恒伟、吴云浩	二等奖
2		工程测量	唐晨皓、奚梦超、顾王佳、姚睿杰	二等奖
3		数控综合应用技术	蒲磊、全忠信、沈健英	三等奖
4		汽车营销	卓鑫欣、范雨欣	三等奖
6	2017 年上海市第七届"星光计划"中等职业学校技能大赛	计算机操作	金铭俊	一等奖
7		数控铣加工	蒲磊、沈健英	一等奖
8		网站设计	潘家宇	一等奖
9		计算机辅助建筑设计（建筑 CAD）	秦博	一等奖
10		建筑设备安装与调控（给排水）	刘洋、陈用杰	一等奖

（四）优质实习助推校企深度合作

通过校企深度合作，师生企业实践、校企专题研讨、课程研发、企业项目开发、企业员工培训、校企文化交流、巴哈车队、企业冠名的技能大赛等特色活动精彩纷呈。

表5　2018年上海市城市科技学校各项比赛部分获奖情况

序号	比赛类别	比赛项目	学生姓名	获奖等第
1	2018年中国技能大赛暨第45届世界技能大赛中国选拔赛	精细木工	张佳豪、李宁	入围国家集训队
		木工	祝文展	入围国家集训队
		家具制作	夏志豪	入围国家集训队
1	2018年全国职业院校技能大赛	建筑CAD	刘昊、沈立豪	二等奖
2		工程测量	奚梦超、赵松涛、顾王佳、陈浩	三等奖
3		汽车营销	卓鑫欣、范雨欣	二等奖
4		数控综合应用技术	徐欣、李健、宋文杰	三等奖

四、未来发展

多年来，上海市城市科技学校在"规范运行、质量发展和品牌建设"三大运行策略的指引下，实习管理的品质有序提升，实现了实习管理工作的内涵发展、特色发展和创新发展，有效推动了毕业生的就业质量，为学校赢得了良好的社会声誉。

回顾过去，展望未来，学校将继续严格贯彻《职业学校学生实习管理规定》，围绕三大运行策略，从实习文本的完善、过程的多元管理、校企的深度合作、就业指导的深入开展等方面继续探索实习管理新方法、校企合作新模式，开拓实习管理新局面，努力培养具有工匠精神的能适应未来工作变化的知识型、发展型技能人才，努力"让每个人都有人生出彩的机会"，争取建设成为引领上海、辐射全国的实习管理标杆学校。

强化平台优势　推行精细管理　提升实习质量

深圳市第二职业技术学校

【摘要】2011 年，深圳市第二职业技术学校在全国率先推行"工学结合、六层推进"人才培养模式。围绕这一模式，我校充分发挥深圳的地域与资源优势，不断强化校外公共实训基地的规模、功能和辐射能力，着力构建学生实习管理长效机制，提炼形成了"保障两个情境（学校、企业）、开辟两个路径（走出去、请进来）、实施三化管理（常态化、精细化、信息化）"的实习管理办法，实现了学校、学生、企业的三方共赢，为职业院校进一步加强实习管理提供了一个可供参考或借鉴的案例。

一、创新背景

　　职业院校实习管理的成败优劣，取决于三大要素：学校、学生和企业，如何使三大要素形成合力并实现共赢，取决于实习管理的顶层设计与过程管理。

　　在探索实践实习管理方式方法的过程中，学校主要基于内外两个环境的创新背景进行。

　　在学校内部环境中，2011 年，我校在全国率先提出并全面推行"工学结合、六层推进"的技能人才培养模式。"工学结合、六层推进"人才培养模式（见图1），是指学生在校三年，须在学校和企业两个学习情境中交替完成"职业认知、职业体验，基础学习、专业实习，岗位训练、顶岗实习"等三个阶段、六个层次的学习，最终养成良好的综合素质与过硬的专业技能。围绕"工学结合、六层推进"人才培养模式，学校在不断优化、强化实习管理工作方面做了探索。

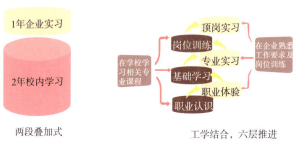

图 1　"工学结合、六层推进"人才培养模式

在外部环境中，学校充分依托深圳的地域、产业和政策利好，为优化、强化实习管理工作构筑功能强大、体系完整的实施平台。经过多年的摸索、整合和优化，学校的实习管理平台已经形成较强的优势，主要体现在：

（1）政策优势。2013年3月，深圳市人民政府办公厅印发了《深圳市职业教育校外公共实训基地认定和管理办法》政策文件，明确提出"经深圳市教育局、深圳市人力资源和社会保障局、深圳市财政委员会联合认定的市级职业教育校外公共实训基地，按基地一次性容纳实习实训的学生数量为基数，按人均1万元的标准给予一次核拨建设经费。实训基地每接收一名职业院校学生开展实习实训，给予所在企业每月300元财政补贴。给予参加实习的学生每月650元财政补贴"。这一政策的出台，解决了校外公共实训基地的资金投入问题，有效减轻了合作企业的经济负担，激发了学生主动参与实习的热情。学校正是上述政策的有力推动者和参与制订者。

（2）平台优势。依托上述政策优势，近5年来，学校成功申报并获批了12个深圳市职业教育校外公共实训基地（见表1）。

表1　深圳市第二职业技术学校市级校外公共实训基地汇总表

序号	对口专业	基地名称	审批时间（年）	投入经费（万元）	企业品牌优势
1	电子商务	深圳创维—RGB电子有限公司实训基地	2013	162	全球知名的视听产品制造商
2	汽车运用与维修	深圳市宗正奥迪贸易有限公司实训基地	2013	350	深圳最早设立的奥迪汽车4S店品牌
3	电子商务	深圳市依谷网电子商务有限公司实训基地	2014	90	辐射全国的农产品在线交易平台
4	会计	深圳市银雁金融配套服务有限公司实训基地	2014	50	全国规模最大的金融服务供应商
5	计算机动漫与游戏制作	京德传媒集团实训基地	2015	50	全国知名的动漫新锐品牌
6	计算机应用	阳光雨露信息技术服务（北京）有限公司实训基地	2015	50	专注于"IT专业服务"的高科技连锁服务企业，联想集团全资子公司
7	社区公共事务管理	深圳慈善公益网实训基地	2016	80	全国第一个慈善公益社区品牌
8	汽车运用与维修	深圳市深业实业有限公司实训基地	2017	150	深圳规模最大的国资企业

序号	对口专业	基地名称	审批时间（年）	投入经费（万元）	企业品牌优势
9	物流管理与服务	深圳家乐福商业有限公司实训基地	2017	50	世界第二大国际化零售连锁集团
10	计算机动漫与游戏制作	深圳市环球数码科技有限公司	2018	待拨付	国内领先的动漫制片公司
11	电子商务	深圳市时间谷（光明）	2018	待拨付	亚洲最大的钟表科技园区
12	物流管理与服务	深圳市德邦物流公司	2018	待拨付	全国知名的物流企业

上述 12 个市级校外公共实训基地的合作方均为国际国内知名企业，涵盖了 8 个专业门类，可同时接纳 1 200 名学生开展职业体验、专业实习和顶岗实习。由于上述基地均具有良好的生产、生活和学习条件，实习管理过程中的一些不安全、不规范、不科学的隐患也迎刃而解。

近年来，在组织学生开展实习的同时，学校还着力拓展市级校外公共实训基地的功能。

第一，依托基地，有效落实教师下企业实践。依托校外公共实训基地，学校有效组织教师成批次地到对口企业的生产服务一线开展企业实践活动，实时把握专业发展的新工艺、新流程、新技术、新经验，确保专业建设始终与行业发展趋势保持同步，甚至适度超前。近五年来，我校教师到企业实践的时间、规模和效果均超过教育部相关政策要求，教师队伍建设呈现出你追我赶、动态优化的良好态势。

第二，依托基地，有效利用学校自身教育资源。依托校外公共实训基地，学校有效地利用学校自身的教育资源，为企业在岗员工开展技能培训和成人学历教育，为企业员工送教上门。此举已经成为企业人力资源建设的重要推手，如我校与创维集团合作开展的成人业余中专学历教育项目，已经帮助 117 名在岗员工取得成人业余中专的学历证书。

第三，依托基地，有效开展专业建设、课程开发。依托校外公共实训基地，学校有效促进校企共同开展专业技能人才培养标准、课程体系、评价体系的探究实践，通过校企合作实施"订单式""企业冠名班"等人才培养模式，为企业输送岗位胜任能力强的专业技能人才。

二、典型做法

在构建实习管理长效机制方面，学校主要通过狠抓"三化"确保实习管理质量。

"三化"即：常态化、精细化、信息化。

（一）实习管理工作的常态化

实习管理工作的常态化是对学生实习实行定时、定量、定性管理。

第一，定时。每年秋季入学时，"学年度工作行事历"和"人才培养方案"均对学生实习的时间安排予以明确；在每届新生入学教育工作中，学校都要组织全体新生到企业开展职业认知活动，为新生打下专业烙印。在三年学业中，不同年级的学生均需到专业对口的校外实训实习基地接受不同学段的企业实习。

第二，定量。一年级学生须统一到企业参加为期一周的职业体验；二年级学生须统一到企业参加为期一个月的专业实习；三年级学生须到企业参加不少于6个月的顶岗实习。

第三，定性。不同年级的学生，参加企业实习的性质不同，按照通俗的表述，学生参加职业体验是启蒙阶段，学习的重点是"看"和"悟"；参加专业实习是学徒阶段，学习的重点是"学"和"渗"；参加顶岗实习是熟练阶段，学习的重点是"做"和"融"。这一学业安排既是"学中做，做中学"的技能人才培养规律的具体体现，也是提升学生综合素养和专业技能的必由之路。

（二）实习管理工作的精细化

学校总结提炼出"四有"管理模式，即：制度有保障，事前有方案，事中有记录，事后有总结。近年来，学校陆续出台了实习管理相关制度20多项，从顶层设计上对实习管理工作进行刚性约束。各专业在组织学生外出开展实习之前，必须向学校提交详细的"××专业赴××企业开展××学段实习的实施方案"。该"方案"不仅涉及学生实习期间的衣食住行，还包括安全应急、劳动保护、意外保险、实习报酬、带队老师和企业师傅安排等每个细节。实习过程中，学生人手一册"实习手册"，由学生本人、指导老师、企业师傅三方共同完成每天的学习和工作记录。实习结束后，以专业为单位，组织召开总结大会，分享感悟、表彰先进、总结经验教训。

（三）实习管理工作的信息化

实习管理工作的信息化是借助网络信息技术手段对学生实习情况进行全天候动态留痕管理。在组织学生到企业开展实习之前，学校要求每个班主任建立一个微信群，用于发布通知、考勤管理、检查实习、沟通交流和解决问题；同时，学校内部交互式管理平台专门设置了学生实习管理系统，对学生的实习信息进行实时管理，并把学生实习情况纳入学分管理和操行评定体系。学生实习情况同时也是教师年度考核、评优评先和职称评定的重要评价指标。在这一全透明的交互式信息化管理体系覆盖下，实习管理工作呈现"人人都参与、事事有人管、处处有要求、全程有留痕"的喜人局面。

三、创新举措

在探索实践实习管理方式方法的过程中，学校还依托具有鲜明本校特色的"双创教育"模式，开辟了"送出去、请进来"的两个实习路径，通过开展全校性的"创新思维+创业体验"实践活动，为学生实习管理开启了一个崭新的路径。

近年来，学校把职业教育发展与技能人才培养置身于大众创业、万众创新的时代背景下，大力探索、实践"创新思维+创业体验"模式，通过"创建平台、创造条件、创设机会"三个维度，在技能人才培养过程中有针对性地导入创业意识与创新思维的指导、培育与挖掘，以此促进技能人才培养质量，赋予技能人才不可估量的未来发展空间。

2014 年以来，学校在全市同类学校中率先投资建设了学生校园创业体验一条街、汽车美容快修店、咖啡馆、电商创客孵化基地，校园创业创新实践基地总面积超过6 000 平方米。近五年来，参与校园创业实践的学生人数超过 700 人；圆创意空间创客实践室被认定为深圳市学生创客实践室，每年获财政资助 15 万元；位于学校图书馆的悠趣茶道（咖啡馆）是一个以规范股份制架构营运的学生创业实体，月盈利能力超过1 万元。与此同时，学校还吸引依谷网、京德影视等 7 家企业进驻校园开办"校中企"。把学校办到企业、把企业引到学校、在学校体验创业，这一系列强有力的举措，不仅激发了学生实习的热情，也丰富了实习的形式，拓展了实习的空间，提升了实习的效能。

探索实践"创新思维+创业体验"模式，一是在校园内创设了学生实习的空间和载体，二是激发了学生的创新意识与创业能力，三是提升了学生的自律能力和团队精神。通过近五年的实践，不仅为学生实习开辟了一条崭新的路径，也进一步锤炼了严谨、积极、创新、和谐的校风、学风和教风。

四、成效与反响

自 2011 年推行"工学结合、六层推进"的技能人才培养模式以来，深圳市第二职业技术学校在实习管理工作方面取得了可喜的成效。

4 ——每名学生在校三年中，须在企业进行 4 次不同阶段的学习，这是其获得学分和取得毕业证的前提。

9 ——到 2017 年年底，学校已经申报并获批 9 个市级校外公共实训基地，数量位居全市同类学校之首。

7 ——到 2017 年年底，学校已经引进 7 家企业进驻校园开办"校中企"。

0 ——到 2017 年年底，学校已经连续 7 年实现学生实习期间安全事故零发生。

4 200 ——以 2017 届毕业生为例，该届学生中有 80.3% 在原顶岗实习单位就业，对口就业率达到 81.2%，就业率达 99.8%，平均月薪酬达到 4 200 元，99.2% 的家长对实习效果满意。

5 050 000 ——以 2017 年为例。2017 年，学校全年核发学生实习管理补贴 505 万元。深圳的政策利好不仅有效减轻了学校和企业的负担，也有效激发了学生的实习热情。

上述数据折射出学校在学生实习管理方面的科学性、系统性、精密性。与之相比，学校更看重的是通过科学统筹、精确实施学生实习管理，学生的岗位胜任能力从整体上发生了质变。

随着学生实习管理工作的进一步加强，越来越多的企业主动参与校企合作、产教融合的职业教育发展大计之中。如计算机应用专业与联想集团合办的"联想专班"，汽车运用与维修专业与奥迪合办的"奥迪专班"，社区工作管理专业与深圳慈善公益网合办的冠名班，电子商务专业与依谷网合办的"依谷网电商专班"，通过校企共同制定专业发展规划、人才培养方案、课程实施方案，把技能人才培养的整个周期置身于校企合作、产教融合的大背景中。在技能人才培养体系中，不仅实习管理的难题得以破解，学校的人才培养质量稳步提升，学生的就业竞争力大幅加强，企业也得到了岗位胜任能力很强的技能人才，从而实现了学校、学生和企业三方共赢。

五、未来发展

近年来，在学生实习管理方面，学校虽然取得了一定成绩，但在成绩面前，学校也一直在反思。在加强实习管理方面，有一些共性的问题值得我们思考和破题。

第一，高考改革形势下的实习意愿下降问题。深圳市第二职业技术学校所在的广东省，在2019年将推行高职类高考改革，深圳市是一个学生高考意愿非常强烈的城市。深圳第二职业技术学校曾专门进行高考意愿摸底调查，调查结果显示，87%的学生要参加高职类高考。在这种情况下，学生的实习意愿明显受到影响，他们更愿意留在学校加强文化课学习。毕竟，广东省目前的高职类高考主要还是考察语数英成绩。

第二，少数企业责任心不强对实习工作的影响。少数企业接收实习学生的动机只是把实习学生当作廉价劳动力使用。在学生实习过程中，既较少关心实习生的专业是否对口，也较少考虑实习生的身心健康，这种逐利行为对中职学生实习工作造成了负面影响。尽管国家和教育部就此出台了各种监管政策，但政策约束的盲区依然存在。

第三，实习管理师资的短缺问题。按照教育部的相关政策文件，职业院校须按在校生比例配备一定数量的实习指导教师和就业指导教师，但这些政策在实际工作还没有得到有效落实。

结合深圳市的区域特征和生源特点，在以后办学实践中，学校将在现有的实习管理工作基础上，进一步探索学生实习的个性化管理模式。根据教育部最新提出的"2.5+0.5"人才培养模式要求，在满足学生强烈高考意愿的前提下，优化学生实习的时间安排，强化学生实习的过程管理，探索学生实习的个性化定制服务，确保学生都学有所成、学有所长！

多元协同下高职顶岗实习信息化过程管理的实践

深圳信息职业技术学院

【摘要】 随着职业教育内外部发展环境的快速变化，实习工作遇到了新的问题与挑战。通过政府、学校、行业、企业多方协同，搭建多个实践综合服务平台，运用信息化实践教学管理系统，实现了顶岗实习管理的制度化、信息化和精准化。

一、管理创新背景

高职院校学生实习是实现职业教育人才培养目标，增强学生专业技能、职业精神和创新创业能力的重要路径，是工学结合人才培养模式的核心部分，与课堂教学等环节和部分有机衔接、相互促进，具有同等重要的地位。但随着职业教育内外部发展环境的快速变化，实习工作遇到了新的问题与挑战。这些问题与挑战在一定程度上受到学生规模较大、院校师资不足和实习企业自身发展状况不好等客观因素的影响。只有政府、学校、行业、企业多方协同，建立完善的现代职业学校实习制度，运用信息化管理手段，才能实现实习的科学有效管理，解决当前实习工作遇到的问题，切实提高技术技能人才培养质量，全面带动职业院校实习管理水平提升。

深圳信息职业技术学院作为 2010 年国家级骨干校建设单位，国家示范性软件职业技术学院，教育部"中德职教汽车机电合作项目"试点院校，正在全力建设有特色的国际化一流职业院校。学校十分重视顶岗实习教学环节的顶层设计与过程管理，在实习管理规范、实习单位选择、实习过程监管、实习成绩评价、实习安全监管和实习教学功能上严格把关。企业参与实习实训的积极性普遍比较高，校企合作走向深入。针对新时代新技术新职教理念的不断变革和发展，我校不断地提高顶岗实习管理水平，通过政府、学校、行业、企业多方协同，搭建多个实践综合服务平台，运用信息化实践教学系统，实现了顶岗实习管理的制度化、信息化和精准化。

二、典型做法与具体措施

（一）"政校行企"协同　搭建实践教学综合服务平台

2014 年 9 月，学校牵头组建了深圳信息职业教育集团，构建了"政府主导、学校主体、行业指导、企业参与"多元协同的办学体制。深圳信息职业教育集团理事会由深圳信息职业技术学院、深圳市教育局职业与终身教育处、深圳软件行业协会、深圳市神舟电脑股份有限公司等 64 家单位组成。集团发挥行业组织在产业动态、行业标准、职业规范和人才需求上的优势，积极寻求行业协会对办学的指导，将人才培养要求前置，加快人才培养速度，为学生就业实习奠定基础。与华为、深信服等著名企业在新技术、课程开发、师资培训、顶级职业证书等方面开展深入合作，满足市场对不同人才培养的需求。政府部门出台引导政策，鼓励职业院校与企业共建集师生教学实践、企业员工培训、技能鉴定和生产经营服务于一体的职业教育校外公共实训基地。根据"深圳市职业教育校外公共实训基地认定和管理办法"，在职教集团理事会成员深圳市教育局职业与终身教育处的组织下，校企协同共建职业教育校外公共实训基地 129 个，其中由我校与行业企业承担建设 42 个，为我校提供了大量的实习工作岗位，实践综合服务平台作用凸显。在组织管理上，各二级学院建立校企合作管委会，各专业完善专业教学指导委员会。学校设立校企合作管理办公室，各二级学院设立合作办学管理办公室，形成了"三会两办"管理体制，优化了内部运行管理（见图1）。各合作机构制定了相应的章程，签署协议，明确了合作职责，创新了合作机制。

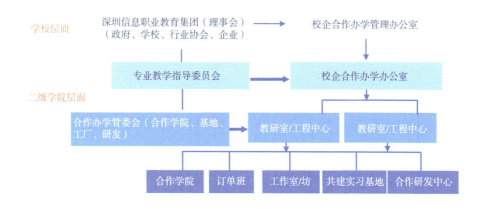

图1 "三会两办"政校行企合作办学组织架构

2017 年 12 月，粤港澳大湾区职业教育产教联盟成立大会在深圳信息职业技术学院召开，学校当选为理事长单位，孙湧校长当选理事长。首批加入联盟的成员单位有 105 家，分别来自粤港澳大湾区的职业院校、行业企业、教育机构自愿组成的非政府、非法人、非营利性民间团体。联盟以实现资源共享、优势互补、协同创新、合作共赢为目的，积极落实党的十九大报告提出的加快粤港澳大湾区建设要求，扎实推进产教融合、校企合作，培养适应新时代、新产业、新技术要求的高素质技能型人才。成员单位在建设实习实训基地、师资培训和产学研合作等方面发挥了积极的作用，比如，大疆科技创新有限公司 2018 年为我校 28 名学生提供了顶岗实习岗位，并成功实现了实习向就业的转变。

（二）建章立制　规范实习教学工作

为了规范学生顶岗实习教学管理，根据教育部等五部委《关于印发〈职业学校学生实习管理规定〉的通知》（教职成〔2016〕3 号）和深圳市政府《关于促进职业教育校企合作的意见》（深府办函〔2013〕13 号）等文件精神，我校先后制定了《毕业生就业实习暂行规定》《毕业生就业实习管理补充规定》（深信院〔2007〕163 号）、《学生顶岗实习实训管理暂行办法》（深信院〔2008〕190 号）、《学生实习和校外公共实训基地申请财政补贴管理办法》（深信院〔2014〕114 号），以及《学生实习实训管理办法（2016 年修订）》（深信院〔2016〕76 号）。以上规定主要从四个方面对实习管理进行了强化。

第一，强化实习的全过程管理。规定覆盖了实习过程各个环节，包括实习组织、实习管理、实习评价、实习后补贴申报等，实现全过程管理。

第二，明确各方的管理职责。教务处是学校对实习教学工作进行宏观管理的部门，负责统筹指导实习工作；教学督导室负责实习的教学质量监控；二级学院负责实习的具体组织、实施和管理工作；企业提供相应岗位，指派师傅，负责开展顶岗实习教学活动。

第三，建立信息化管理手段。针对顶岗学生人数众多，且实习地点相对较为分散的特点，建立了信息化管理手段，极大地提高了管理效率。

第四，强化了实习纪律。以实习评价为基础，利用实习财政补贴，对遵守实习纪律、完成顶岗实习任务的学生和遵纪守法、表现突出的企业给予财政奖励，提高了双方的积极性。

（三）构建实习组织保障体系

1. 健全管理机构

学校层面成立顶岗实习领导小组，由学校书记、校长担任组长，主管教学的副校长担任常务副组长，成员包括各二级学院院长、学生处处长、督导室主任、教务处主管教学处长等。领导小组下设顶岗实习管理办公室、实习教学工作组、实习督导工作组、学生管理工作组、后勤保障工作组和实习安全工作组。管理办公室挂靠在教务处，负责实习管理组织、过程监控与检查、实践教学管理信息化平台（以下简称"平台"）的维护及实习财政补贴的组织申报等工作，由教务处处长担任办公室主任，主管教学副处长担任副主任。二级学院同时成立顶岗实习工作小组，成员包括各二级学院教务办负责人、学生办辅导员、校内指导教师、企业指导教师等，主要负责实习企业的组织遴选、教学任务的编排、实习过程的管理落实、实习成绩的综合评价、实习补贴的申请和审核。校院两级组织和管理机构架构见图 2。

2. 多措并举遴选企业

实习单位遴选的途径多种多样，我校主要采用二级学院统一组织遴选与学生自行选择相结合的方式确定顶岗实习单位。

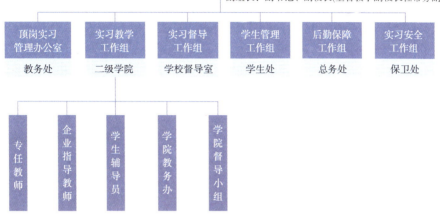

图 2 校院两级组织和管理机构

依托深圳信息职业教育集团、粤港澳大湾区职业教育产教联盟和省级公共实习实训中心等综合合作平台，通过行业协会、明星企业搭桥，遴选培育实践教学基地。在此过程中，根据"短期试用、长期合作"的思路，学院先行与企业开展短期专业综合实训教学合作，契合专业建设需求的企业，将进一步发展为学校校外实践教学基地。例如，我校数字媒体学院与深圳市平面设计联合会、深圳市工业设计协会、广东省商业美术促进会（总部深圳）建立了深度合作关系，合作共建多家实践教学基地。学校专业建设瞄准一流企业开展深度校企合作。通过与深圳地铁、中国联通、神舟电脑、顺丰、百世、DHL 等龙头企业合作，掌握行业动态，汇聚行业精英，指导专业建设，已经与 200 多家企业建立校外实践教学基地，其中省级校外大学生实践教学基地 12 家，市级校外公共实践教学基地 42 家。同时学校与多家企业开展订单培养，为企业提供稳定的专业人才，并且在课程建设、资源建设等方面合作，实现共赢。

学校对接深圳支柱产业的办学方向与深圳产业集聚的地域优势，为学生自主选择优质实习企业创造了极其便捷的条件。学校结合《职业学校学生实习管理规定》相关要求，设计"学生自择实习单位申请表"，对于学生自行选择实习单位的，须在申请表中明确实习单位、实习岗位、实习指导教师及联系方式、实习内容及实习条件、实习时间等，学院采用网络调研、实地考察等方式把关实习单位与岗位，经校内指导教师、专业教研室及二级学院审批通过后，方可与学院及自行选择的实习单位签订三方实习协议，通过层层把关，杜绝"六不得"情况的发生，同时确保学生实习的岗位与所学专业对口或相近，满足专业人才培养目标要求。

3. 校企共同制订实习方案

学校教学和学生管理文件中规定，对人才培养方案、学生实践教学过程、学生综合素质培养过程必须有企业兼职教育教学人员参与论证和评价。顶岗实习管理尤其如此，学生实习单位与岗位落实后，各专业联合实习单位，按照专业与企业、岗位对接、专业课程内容与职业标准对接、教学过程与生产过程对接的原则，邀请企业有经验的专家，共同制定相关专业实习岗位的顶岗实习方案。

4. 经费保障措施得力

根据《深圳市职业教育校外公共实训基地认定和管理办法》（深教〔2013〕115号），市级公共实训基地以一次性容纳实习实训的学生数为基数，按学生人均 1 万元的标准核拨建设经费，并按实际接收实习实训学生数以每人每月 300 元申报财政补贴。在专业建设过程中，学校划拨给学院的年度教学业务经费中，提取至少 20% 的数额用于专业实践教学支出，充分保障实习工作的正常开展。学生按照规定要求，在教学计划内，每人每月可享受 650 元实习补贴和学生实习责任保险。

（四）校企双方实施信息化双线并行全过程管理

1. 实施线上线下双线并行全过程管理

为进一步规范学校顶岗实习管理工作，加强对顶岗实习的过程监控，学校通过校企合作方式引入实践教学管理信息化平台，将所有参加实习的学生统一纳入平台管理，保障教师与实习基地学生间的沟通渠道畅通便捷（见图 3）。通过在线平台，在实习前期，可以实现实习信息采集与管理，通过技术手段严格执行"无协议不实习"政策；实习过程中，平台的手机签到功能可以便捷地实现指导教师远程考勤，配合实习单位现场考勤，确保学生到岗效率，学生还可以通过平台提交日志、周记、实习总结、实习鉴定和申请财政补贴，平台设置了一键提问与解答功能，学生在实习过程中，可以随时联系自己的指导教师；实习结束后，可以完成学生、校内指导教师和实习企业的三方评价，实现大数据的分析，为顶岗实习工作的决策提供参考。

1 前期准备模块 ➡	2 过程管理模块 ➡	3 考核评价模块
岗位信息发布 实习课程录入 实习教师安排 实习信息采集 实习方案制订 实习计划安排 学生名单导出	教师指导记录 实习过程跟踪 实习辅助跟踪 学生实习请假	学生成绩评定 校内教师评价 实习企业评价 评价指标设置 等级分值设置 学生实习补贴

图 3　信息化顶岗实习平台主要功能

同时，在线下实习管理中，加强校企合作，实施"跨界"管理，加强校内指导教师、企业指导教师的配合，将学校管理与企业管理相结合，要求校内指导教师定期下企业，对接企业指导教师开展现场实习指导，切实掌握学生的实习进度与成长情况。此外，在实际管理工作中，校企双方须确定实习基地管理的唯一对接人，避免多头管理。例如，在与某实习基地合作过程中，企业指定人力资源培训部工作人员作为唯一对接导师，学校指定专业主任作为唯一对接教师，方便双方在实习管理过程中及时收集问题，高效处理各方需求，避免产生多头管理困局。

2. 构建实习质量监控体系

顶岗实习考核评价作为顶岗实习管理工作必不可少的环节之一，能够衡量为达到人才培养目标所制订的计划是否得以实现。学生职业能力训练与职业素质养成是一个循序渐进的过程，我校建立企业评价、学校评价相结合的质量监控评价体系，采用过程性考核与总结性评价相结合的方式进行顶岗实习鉴定，并将考核贯穿于实习全过程（见图4）。顶岗实习鉴定的维度主要包括：实习纪律、工作态度、岗位技能、工作质量和团队创新精神。企业以职业资格要求为标准，对学生的职业素养、职业技能和工作业绩等方面进行考核；学校指导教师则根据专业培养目标和实习标准的要求，结合学生实习考勤、顶岗实习周记、中期巡查与指导情况、顶岗实习总结报告完成情况、职业能力的形成情况进行考核。

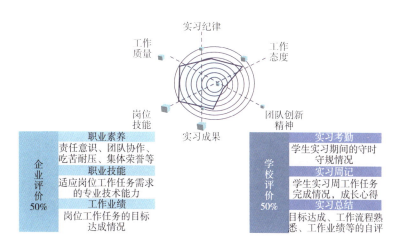

图4 校企双方全程多维评价体系

三、成效与反响

（一）以实践教学为突破口 创新专业人才培育模式

学校作为国家示范（骨干）高职院校、国家示范性软件职业技术学院，高度对接深圳支柱产业。软件学院组织强大的科研团队，创新提出了契合区域产业发展的专业人才培育模式，系统构建了具有5维度评测指标的软件人才实践平台，在校企合作长效机制建设、共享型实训基地建设、实践教学体系建设、专兼结合教学团队建设和实践教学项目资源建设等职业教育教学改革实践方面取得重大突破。

学校在产教融合、校企合作的理念下，针对高职软件人才培养与区域软件产业发展契合度欠佳的问题，以实践教学改革为突破口，创建了软件人才实践平台。借力平台，创建了企业文化鲜明、职场氛围浓厚的软件工程中心，强化项目创新工作室建设，实现成果应用有载体；开展了立体化应用与服务，示范引领成效显著；破解了软件及相关专业毕业生择业难与中小型软件企业招不到合适人才之间的矛盾，取得了重大的人才培养效益。依托该实践平台面向 43 家行企、7 个产业园开展了专业服务，辐射示范了国内 61 所院校。该成果特色鲜明、成效显著、示范性强，获得广东省教学优秀成果一等奖，国家级教学成果一等奖。

（二）助力学生成才　提升人才培养质量

顶岗实习有效提升了学生的职业综合能力，学校人才培养质量明显提升。近三年，毕业生初次就业率达 97%，总体就业率达 98%，就业岗位对口率保持在 84% 以上。据不完全统计，2018 届初次就业平均月薪达 4 200 元，12 万元以上高年薪段的比例逐年提高。近三年，学生参加专业技能竞赛共获国家级奖项 137 个，省级二等奖以上 315 个，多名同学获得 HCIE，CCIE，RHCA 等高级别的职业资格证书。

四、未来发展

实习的教学工作是一个系统工程，是专业与产业对接、课程内容与职业标准对接、教学过程与生产过程对接、学生角色与职业人对接的核心环节，其组织与管理需要成熟的制度体系、详细的实施方案、合理的实施流程、得力的安全措施、有责任的合作企业、优秀的师资队伍、必要的经费支持和全面的质量保证体系。我们将进一步搭建平台，畅通"政校行企"互通共享信息资源的途径，为企业推送更多高技能人才，满足企业发展的人才需求；借助信息化手段和大数据工具，做好企业实习与就业岗位信息整理和推送工作，让学生有更多对口岗位选择，以促进学生高质量就业为目标，进一步提高学生的实习就业质量，提升"双精准"育人成效。

成果导向理念的实习管理模式的探索与实践

深圳职业技术学院

【摘要】 深圳职业技术学院坚持产教融合、校企合作，依据专业和行业特点，尊重学生个人发展需求，以培养学生职业道德，巩固学生所学专业知识和技能，促进学生就业能力和创新创业能力为根本目标，构建了"学生自主选择，项目同步驱动，校企制订计划，三方相互评测，学校统筹推进"的顶岗实习管理模式。该模式以学生目标能力培养为导向，考虑其个性化需求及专业行业差异化特点。

顶岗实习是学生将学校所学知识系统转化为实践能力的重要过程，是实现职业教育培养目标，增强学生综合能力的重要环节。虽然在政策层面各方都给予顶岗实习足够重视，但在实际操作层面却仍然存在实习目标不明确、监管不到位、评价体系不健全等问题，仅将顶岗实习看成一项任务，忽略了顶岗实习的教育教学属性和人才培养目标，致使顶岗实习的效果大打折扣。深圳职业技术学院结合本校学生及地方经济特点，坚持目标导向，强化校企协同育人，逐步形成了"学生自主选择，项目同步驱动，校企制订计划，三方相互评测，学校统筹推进"的顶岗实习管理模式。学校建设了数量众多的各级各类实习实训基地，学生可根据不同培养方式或个人发展需求选择集中实习或分散实习，实习岗位需符合专业培养目标要求。毕业设计与顶岗实习同步进行，内容紧贴实习项目，体现教育的协同性。学校建立了完善的实习管理制度和考评体系，并依据高职院校专业顶岗实习标准和实习企业共同制订学生的实习计划，明确了实习目标和实习任务。同时，学校依托信息化管理平台对顶岗实习进行全过程监控。

一、建设多级实习基地

拥有足够数量的实习岗位是做好实习工作的前提。学校坚持校企合作共建校外实习基地，先后建成 4 个中央财政支持建设的实训基地，7 个省级财政支持建设的实训基地，34 个市属公共实习基地，2 000 多家校外实习基地，形成了以校企合作为基础的多级实习实训基地体系。在实习基地中，大部分是与行业领军企业或世界 500 强企业共建。通过长期合作，学校选择行业中影响力大的优势企业作为全面战略合作的重点对象，并签署战略合作框架协议，固化合作机制和成果，强化校企合作，协同育人。通过教师下基地、聘请实习基地专家为兼职教师、校企合作开展应用科研、联合建设校内实训室、联合开发专业核心课程、共同制订实习计划等方式，实现基地建设与人才培养的深度融合，全面提高实习质量和人才培养水平。此外，学校各专业均成立了产学研用指导委员会，委员会成员主要由政府、行业、企业的专家和校友组成，他们共同参与专业人才培养方案制定及核心课程的开发等工作。政府主导，学校主体，行业企业参与，校友反馈培养效果，有力地促进了学校人才培养、教师培训等方面的产教融合。由此，实现了校内实践教学与校外实习的无缝连接，真正做到实践教学贯穿于学生培养全过程。

二、建立健全实习管理制度

建立健全的实习管理制度和相关管理文件是实习工作顺利进行的基本保障。依据《职业学校学生实习管理规定》《职业学校专业（类）顶岗实习标准》《广东省高等学校学生实习与毕业生就业见习条例》等各级主管部门颁发的文件精神要求，学校认真研究，开展了大范围的实习工作专题调研，听取了行业企业专家、学校师生的意见，先后制定了《深圳职业技术学院学生实习管理办法》《深圳职业技术学院学生顶岗实习手册》《深圳职业技术学院学生实习工作质量评价办法》以及"深圳职业技术学院毕业顶岗实习协议书""校企顶岗实习协议书""深圳职业技术学院学生校外顶岗实习安全协议书""深圳职业技术学院学生顶岗实习承诺书""学生自行联系校外实习申请表""专业实习计划安排表"等实习管理文件，涵盖了实习工作的组织、管理、监督与评价等环节，对学生实习期间的学时、目标、安全、考核等做出了明确规定。在学校管理文件的大框架下，各二级学院结合自身的专业特点和行业岗位需求，进一步完善出台各自的实习管理制度，从而形成一套自上而下且科学完备的实习管理体系，使实习管理工作有章可循。

另外，学校充分利用深圳市政府的支持政策，完善相关管理制度，促进企业和学生参与实习实践的积极性。深圳市政府每年筹措大量资金，用于全市职业院校公共实习基地建设、职业院校在校学生的实习生活补贴、接收学生实习的基地财政补贴等。为充分利用地方政府的优惠政策，学校先后制定了《深圳职业技术学院校外实训基地设备管理办法》《学生顶岗实习生活补贴及实训基地企业补贴申报管理办法》以及"校外实训设备使用与管理协议""应届毕业生申请顶岗实习财政补贴个人申报表""校外公共实训基地补贴申报表"等管理办法及相关文档，积极服务和指导企业及学生申领财政补贴，激励他们做好做实实习工作。

三、顶岗实习形式多样

深圳职业技术学院目前有专业 78 个，涉及理、工、医、文、经、管、创等类别，学校坚持实习与毕业设计、创新创业、学业成果、专业对口就业等培养环节融合，支持鼓励各专业和实习单位根据专业特点及岗位需求合作探索各种形式的培养方案及教学改革，促进学生全面发展，提高人才培养质量。

（一）"订单班""冠名班"等培养模式下的实习

深圳职业技术学院与企业积极开展点对点的"订单班""冠名班"等人才培养模式，校企双方制定人才培养方案和标准，主要课程教学在学校实施，实习在对口企业进行，如"奥迪班""百丽店长班"等。另外，学校聘请企业兼职教师参与学校平台课程的教学，派出教师参与企业的实习教学，这种双向流动充分使用了各方资源，使得校企深度融合，也有助于"双师型"教师队伍建设。例如，与中广核集团联合培养机电一体化人才，与深圳盐田区联合培养老年护理人才，与洲际酒店集团联合培养酒店管理人才，与深圳市人民医院等联合培养眼视光专业人才等均采用这一模式。

（二）精准对接就业的顶岗实习

深圳职业技术学院医护学院与深圳市各大公立三甲医院对接，学院安排专人长驻医院，与医院指导教师实时联动，协同实施顶岗实习，并采取科室轮训方式开展，实习时长不少于 8 个月，为实习学生专业对口就业提供保障。深圳职业技术学院酒店管理专业与知名酒店（如洲际、万豪酒店、希尔顿酒店等）的岗位精准对接，校企联合指导，完全按照酒店员工要求实习，实习时长不少于 8 个月。大部分实习学生的就业单位就是顶岗实习企业，实现了实习与就业对接。

（三）企业选聘实习方式

基于深圳职业技术学院与华为等企业签署的框架性战略合作协议，双方深度合作，由华为等企业根据岗位需求，定制选聘学生，参加时长一年的企业跟岗、顶岗实习，实习考核合格则成为华为等企业的正式员工。实习过程中，校企协同培养。

（四）可学分替换的弹性顶岗实习

采用"2+1"培养模式，其中"2"在学校学习，"1"采取企业跟岗实习与顶岗实习结合方式实施，跟岗实习期间的课程根据专业和实习企业共同考核的结果，替代专业核心课程学分。分别采取企业导师制、责任教师制、节点考核制、周会制、周记制、企业周报等六制度管理方式，实施全程管理。

四、多元立体的考核评价体系

学校建立了包括实习管理考评、学生实习考评、实习责任教师和实习指导教师考评的多元立体考评体系。

（一）学校对二级学院的实习管理工作进行考评

根据"深圳职业技术学院实习工作评价标准"，学校分别从实习制度建设、实习准备工作、实习过程管理、实习成效四个方面对二级学院进行评价，教务处协助督导室对学院的顶岗实习质量按 A，B，C 三级进行排序评价。学院顶岗实习质量的评价结果作为学院综合教学质量评价的一项重要指标，是学校对学院绩效考核分配的依据之一。

（二）学生接受双重教师指导考评

学生在实习期间接受学校和实习单位的双重指导，企业指导教师和校内指导教师联合对实习学生进行考评，具体评价权重由二级学院根据实际情况确定。企业指导教师主要根据学生在实习期间的职业素质表现、职业能力、实习业绩等评定实习成绩，校内指导教师主要根据学生的实习态度、实习日志或周记、实习总结等给出实习成绩。

（三）实习学生评价

顶岗实习结束后，学生分别从教学态度、教学能力、教学效果三个方面对校内外指导教师进行评价。对校内指导教师的评价结果纳入年度教学质量评价中，教学质量评价直接影响教师的职称评定和岗位聘任。对企业指导教师的评价结果直接反馈给相关企业领导，学校依据评价结果给实习企业评定等级，并依次动态调整实习岗位数量。

学校除安排实习初期自查、实习中期重点检查交流与评价外，在实习结束时，专门安排部门总结，要求以学院为单位，将实习成果向全校进行展示、交流。校领导、教务处、督导室进行实地检查与评价，固化经验，倡导行之有效的典型做法，对实习中存在的问题进行整改，为下一年度全校顶岗实习质量和水平的提高打基础，持续改进学校顶岗实习工作。

五、高效便捷的信息化管理平台

为了提高管理效率，强化实践教学，深圳职业技术学院分阶段开发全校实践教学管理平台，顶岗实习管理系统是其中的子模块，目前已经投入运行 4 年。该系统主要包括以下功能：学生实习日志、周记及实习总结填报，校内指导教师指导与评价填报，企业指导教师指导与评价填报，学生及校外公共实训基地实习补贴统计，学校顶岗实习相关信息通报，学校顶岗实习情况跟踪及总体评价等。借助顶岗实习管理系统，提高了管理效率，也使顶岗实习过程规范化。除必要的纸质协议外，所有实习环节全部在管理系统中沉淀，常规文档都能在系统中查询，过程信息可随时查询、追溯。

实习学生在顶岗实习开始前需进入管理系统填写实习申请，包括实习企业资料、企业地址定位、实习内容、实习待遇等信息，校内指导教师审核通过后即可开始实习。学生可以在管理系统中填写实习日志，记录每天的实习内容，每周都必须提交实习周记，整个实习期间周记一般不少于 16 篇。校内指导教师要及时查阅批改周记，实时了解学生在企业顶岗实习的情况，并填写指导记录。企业指导教师除填写指导记录外，要依据学生表现给出周评。顶岗实习结束后，学生撰写实习总结，学生及校内外指导教师在实习管理系统中完成互评。

六、产教融合 提高人才培养质量

（一）产教融合 助力地方经济发展

通过做实学生的实习实践环节，加深了学校和企业的交流，双方资源共享、优势互补、互惠共赢，在技术技能型人才培养、"双师型"师资队伍建设、职工技能提升培训、科技创新与技术服务等方面广泛开展合作，实现了职业院校与企业对接、专业与产业对接、课程体系与职业标准对接、教学过程与生产实际对接。通过多年努力，学校建设了数量庞大的多级实训中心和实习基地，夯实了开展实践教学的基本条件。进一步做好职业培训、职业技能鉴定及职业资格认证工作，联合社区街道组建社区学院，开展针对社区居民的健康、养老、旅游等培训项目，联合华为、招商港口等世界一流企业，建设了一批特色产业学院，共同制定专业标准，共同开发课程标准及项目化课程，共建师资团队。麦可思发布的毕业生培养质量报告指出：本校 2016 届毕业生有92.0%在深圳就业，其中近五成（49.7%）服务于本市的支柱性产业（包括高新技术产业、文化创意产业、现代物流业和金融业）。可见，学校为相关产业的发展提供了人才支持，毕业生的就业情况体现了本校"为深圳经济社会发展服务"的办学理念。

学校年均完成各类培训、职业技能鉴定与资格认证 11 万人次；先后举办 100 余期师资培训班，为全国 650 多所中高职院校培训管理干部及骨干教师 1 万余人。学校建成 33 个省部、市区级科研平台，服务地方经济建设和中小企业发展。近五年来，全校累计到账科研经费达到 3.35 亿元，其中，技术转移（横向科研）项目到账经费 1.21 亿元；获国家专利授权 833 项，软件著作权登记 211 件，主导或参与制定国际、国家、行业标准 100 项。

（二）构建多样化育人形式

学校做好实习管理的顶层设计，完善相关指导性文件，深化"放管服"改革，鼓励二级学院及各专业根据实际情况协同行业企业研制实习实施办法和考核细则，保证了实习目标的科学性、实习过程的可控制、实习结果的有效性。学校将实习工作与二级学院的绩效以及教师个人的发展紧密结合起来，有效激励了学院及教师参与实践实习教育的积极性，使得各专业能切实贯彻"教产结合、工学结合、校企一体"的教学理念，着力培养学生的职业技能、职业道德和就业创业能力，有效提升实践教学水平，努力探索适合学生全面发展的人才培养模式。目前，学校已经有"产业学院""社区学院""订单班""冠名班"等多种人才培养模式，另外还有一些专业在进行"现代学徒制"改革试点。这些多样化人才培养模式的探索有力推动了教学改革，且成绩不菲。在 2018 年职业教育国家级教学成果奖评选中，深圳职业技术学院共获特等奖 1 项、一等奖 1 项、二等奖 3 项。

（三）提高人才培养质量

顶岗实习管理系统充分利用信息化手段，将学校与企业、学生与教师、校内指导教师与企业指导教师紧密联系起来，实现了学生顶岗实习的全过程、全方位管理和监控，提高了实习管理效率，保证了学生顶岗实习的效果和质量。同时，校内指导教师通过实习工作能及时了解行业发展和企业需求，从而有助于优化课程内容，及时反映技术发展动态和岗位规范要求，实现教学内容与生产实际的有机统一。学校已累计培养 10 万余名全日制专科毕业生，毕业生初次就业率始终保持在 96% 以上，多项人才培养质量指标位居全国高职院校前列，一批学生获取相关行业顶级认证，其中 238 人获 CCIE 证书，9 人获 RHCA 证书，34 人获 OCM 证书，48 人获 HCIE 证书。麦可思最新发布的我校毕业生培养质量报告显示：近四届毕业生的基本工作能力满足度和核心知识满足度整体均持续稳定且较高，本校学生在校期间能力、知识的掌握情况很好地满足了实际工作需要。

在培养学生过程中，学校探索实施创新创业教育改革，以"五维一体"的创新创业教育理念（重心在"教育"、路径在"分层"、目标在"万众"、核心在"创新"、关键在"实践"）为引领，搭建"四会两赛三联盟"双创交流平台和"创新型社团—创客中心—学生创意创业园"双创实践平台，努力提升学生的创新创业能力。近四届毕业生毕业一年内自主创业比例达到 5%，毕业三年后创业比例 12.7%。

实习是高职院校培养高素质技术技能型人才的重要环节，是专业教育的重要组成部分。要做好这项工作，需学校和企业共同积极参与，健全实习管理制度和相关保障机制，不断创新实习管理模式，充分利用现代信息技术，开展顶岗实习过程精细化管理，优化实习考核评价体系。目前实习工作的最大瓶颈在于企业参与的热情还未得到有效激发。近期国务院发布了《关于深化产教融合的若干意见》，强化了企业在职业教育中的重要主体作用。广东省也于近日颁布了《广东省职业技术教育条例》，界定了政府、行业、企业和职业学校等主体的权利与义务，明确了对参与职业教育的企业进行成本补偿和税收优惠。深圳职业技术学院将积极宣传和利用政策，进一步深化校企合作，完善学校实践教学管理平台，探索人工智能背景下的实习管理新模式。

对接实习标准　创新管理模式　提高育人质量

沈阳市外事服务学校

【摘要】沈阳市外事服务学校大力推进"工学结合、校企合作、顶岗实习"人才培养模式改革，通过多年实践，创新构建了"校企共育、德技共融"的人才培养体系。以岗位用人标准为起点，以校企共同育人为主体，以职业素养提升和职业技能培养为两翼，并通过"三段七平台"的德育载体和专业项目课程的教学载体，融合贯穿于人才培养全过程，并最终通过实习回归到岗位工作实践，有效提升人才培养质量，取得了良好成效。

学校实习管理模式研究项目被列为中国职业技术教育学会科研规划项目。实习管理模式改革得到了权威认可，实习管理研究与实践被评为省级教学成果二等奖，学校跻身辽宁省实习管理四强院校、全国职业院校实习管理50强院校。

一、管理创新背景

沈阳市外事服务学校是沈阳市教育局直属的首批国家级重点中等职业学校、国家中等职业教育改革发展示范学校。建校36年来，始终立足于现代服务业，坚持"以人品打造精品，以精品服务社会"的办学理念，深化"工学结合、校企合作、顶岗实习"的人才培养模式改革，探索"现代学徒制"人才培养机制，牵头成立沈阳市餐饮与旅游、学前教育、美容美发与形象设计三个职教集团，取得了一定的办学成效，现为钓鱼台国宾馆指定人才培养（输送）基地、中华全国总工会全国职工职业技能实训基地，荣获全国职业教育先进单位等多项荣誉称号，培养了雷佳音、井柏然、冬冬食品创始人魏东辉、中国烹饪世界大赛金奖获得者李晓东等大批优秀毕业生。

为贯彻落实国家教育方针和加快发展现代职业教育有关部署的要求，努力提升人才培养质量，2012年，学校开始探索实习管理模式改革，撤并实习处，将实习管理正式纳入教育教学统一管理，进行实习管理模式研究，努力破解制约实习的瓶颈问题，构建实习管理新机制。2014年随着学校人才培养模式改革的深化，创新开发出"源于典型岗位—开发教学项目—回归工作任务"的项目课程体系，将实习课程作为课程体系的重要部分，突出了实习的核心地位。2017 年，学校基于"现代学徒制"试点项目，进一步完善实习管理模式和运行机制。实习管理模式改革创新特色鲜明，有效破解了职业学校在实习管理方面的瓶颈问题，维护了学生的权益，提升了技能人才培养质量。

二、典型做法

（一）创新"双导师"实战式实习教学模式

实习教学模式来源于人才培养模式，实习课程来源于专业课程标准。学校基于典型岗位工作任务和所需要的工作能力，根据递进式人才培养规律，开发工作能力全覆盖的项目课程，依托专业教师和企业能工巧匠组成的师资队伍，通过源于工作过程的"五步教学法"组织实施项目教学；在实习期间，由项目课程回归到典型岗位工作任务，形成实习课程，依托专业教师和企业师傅的双导师，通过"五步教学法"，开展岗位实战实习教学，破解了实习与教学脱节的瓶颈问题，确保了实习课程与教学项目课程的对接，强化了实习的教学属性，提高了实习教学质量。

各专业根据各具特色的专业人才培养模式，形成了各具特色的实习教学模式。例如，中餐烹饪与营养膳食专业依据"师徒传承、校内实战"的人才培养模式，充分发挥学校"辽菜创始人"刘敬贤技能大师工作室的作用，形成了"一徒双师、菜单实战"的特色实习教学模式（见图 1）。

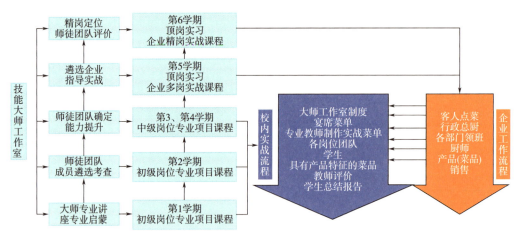

图 1 刘敬贤技能大师工作室引领下的"师徒传承、菜单实战"教学模式

（二）创新"七平台"融入式实习育人模式

立德树人是教育之本，特别是现代生活性服务业对综合素养的要求尤为突出。学校历来高度重视学生的养成教育，与企业紧密合作、协同育人，校企合作制定专业人才培养方案，共建德育教育基地，共同开发德育课程包，联合开展职业素养提升主题

活动，共同对学生职业素养进行考核评价，形成独有的"三段七平台"职业道德素质提升体系，将社会主义核心价值观与职业精神教育贯穿于学生培养的全过程（见图2）。一、二年级在校内解决学生职业基础认知问题，实现素质养成与教育规律相融通，提高学生对职业道德素质的体验度，由职业道德认知到职业素养的内化，实现从知"道"到悟"道"；三年级在企业顶岗实习，企业以职业精神培养为目标，组织实习生进行职业法规、职业标准学习，开展企业文化、职业礼仪、安全规范教育、岗位工作标准等专题培训，开展"销售达人""最美服务生""技术能手""优秀实习生"等评比活动，激励实习生提升职业素养，完成 行"道"阶段的育人任务。行"道"是建立在知悟基础上的，融入前两个阶段的职业素养并加以提升，尤其是企业更多更紧密地参与，发挥企业在实习期间对学生职业道德素质提升教育的主体地位，最终形成敬业、勤业、乐业、立业的职业精神，破解了实习期间德育任务不易开展的瓶颈问题。

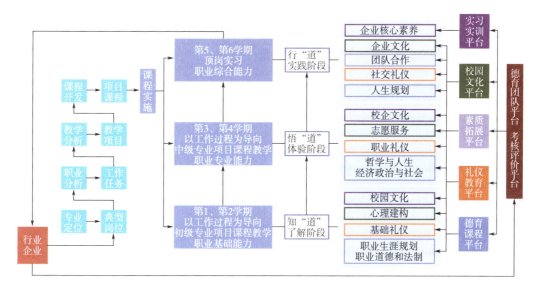

图2 "七平台"融入式实习育人模式

（三）创新"双循环"闭合式实习管理模式

实习在实施性教学计划中所占课时比重较大，是人才培养的重要环节，直接影响人才培养质量。学校在人才培养 PDCA 循环质量管理中，突出实习的质量管理，构建了针对实习的二级 PDCA 循环质量管理，建立了实习过程的动态改进机制（见图3）。通过校企合作制订实习计划，严密组织落实实习任务，加强双师指导和考核，严格监督检查制度，及时发现问题，及时改进，实现实习管理质量的提升。将监督检查中教学存在的问题，进行深入研究，寻求改进方案，落实到下一轮人才培养方案中，进入新的循环。例如，企业在对2013级学生的反馈报告中，提到关于学生英语交际能力不足等问题，学校认真组织调研，及时修订实施性教学计划，完善人才培养方案。

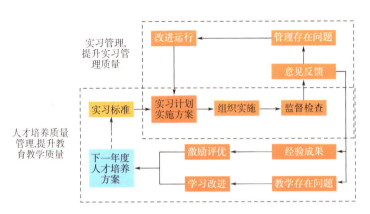

图3 实习"双循环"闭合式管理模式

（四）创新"现代学徒制"学业监测平台

为推进"现代学徒制"试点工作，在搭建校企合作管理信息系统和工学结合质量管理信息系统岗位实习管理平台基础上，学校和辽宁悦翔信息技术有限公司共同研发了"现代学徒制"学业质量监测平台，平台涵盖项目课程和实习课程，可以满足学生线上学习、"双导师"线上辅导的需求，校企双方均可实时监控学生学习成长的轨迹和学业质量水平，破解了学校和企业针对在校学习和企业实习时，学生成长信息不对称、考核评价不系统的难题。

三、具体举措

（一）加强组织领导，强化实习管理顶层设计

为保证实习管理模式的有效实施，学校确定了强化顶岗实习管理机制建设，强化顶岗实习管理教师队伍建设，强化校企合作双育人模式建设的"三强化"思路，校企双方建立实习组织机构和相应的管理制度，使规范管理制度化；做好实习内容、目标、流程等过程管理设计，使规范管理精细化；做好日例会、周走访、月巡查、学期座谈等合作共管的细节设计，使联动管理科学化（见图4）。

（二）依托职教集团，遴选优质企业参与实习

依据实习企业遴选制度，在三个职业教育集团200余家企业中，遴选如钓鱼台国宾馆、香格里拉酒店集团、小哈津幼儿园等行业优质高端、有规模、具有代表性的企业为合作伙伴，共同制订实习计划，严格依据国家实习管理的相关规定，与企业、学生家长签订三方协议，约定责任义务；校企双方共同制定顶岗实习安全预案，通过岗前培训、学生保险、家校企实时信息通报、联合检查管理等举措，有效保障实习学生的安全，切实有效地降低了安全隐患，确保学生权益，落实实习任务，合作进行实习管理。

（三）强化质量管理，严格全过程监控

学校引入PDCA循环质量管理模式，严格实习"统筹计划—执行管理—监督反

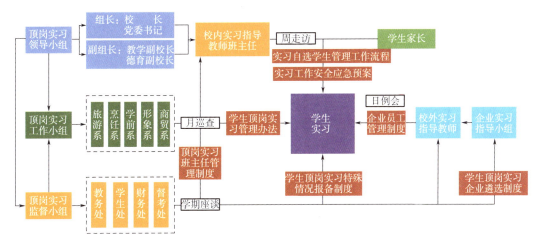

图4　学生实习管理机制

馈—整改提升"的过程管理，专业系自查、一级部门排查、领导小组巡查的三管齐下，学校、企业、家长三方合力共管，企业师傅、实习指导教师和班主任联合监控，确保学生的实习安全和实习质量。

（四）立足就业导向，校企共同考核评价

学生顶岗实习评价，强调校企联合，侧重企业评价。校企评价双方顶岗实习评分比例为4∶6，突出在顶岗实习阶段企业评价的重要性。评价依据实习计划，对照实习任务、岗位标准和实习目标，职业能力、职业素养双重考核，多维度、多手段、全过程评价学生实习，使学生顶岗实习评价更加科学，更加切实有效。

（五）构建"双师团队"，打造优秀管理队伍

学校选派实习指导教师和班主任，企业选派企业导师和师傅，共同组成实习管理"双师"团队，选派人员要求经验丰富、业务素质好、责任心强、安全防范意识高。在实习过程中，实习指导教师对接企业师傅，班主任对接企业导师，加强岗位实战指导和考核，培养提高学生的职业技能和职业素养。"双师"在此过程中，通过相互间的学习交流，业务水平和管理水平均有提升。

四、成效与反响

自2012年以来，学校大力开展实习管理模式改革，深化校企合作，完善协同育人机制，有效推进实习基地建设，提升师资实践能力，提高人才培养质量，取得了很好的成效。

（一）对接质量管理要求，实现管理机制高实效

建立校企共管的实习管理组织机构，制定《学生顶岗实习管理办法》《顶岗实习班主任管理制度》等12项制度，实施周例会、月总结、期末汇报的运行机制，确保实习管理无违规、无事故。实习管理模式研究成果获得辽宁省职业技术教育学会优秀科研

成果一等奖、中国职业技术教育学会科研规划项目优秀成果三等奖。《基于"现代学徒制"模式下的顶岗实习运行管理研究与实践》获得 2018 年辽宁省职业教育与成人教育教学成果二等奖。

（二）对准行业领军企业，实现实习基地高品质

学校现有钓鱼台国宾馆、香格里拉酒店集团、张氏帅府博物馆、小哈津幼儿园等169 个稳定的实习基地，均是学校根据专业人才培养方案中校企合作标准和实习企业遴选制度，从学校牵头成立的三个职教集团中遴选而出的，受到行业认可且具有培训能力的高品质企业，有效保障了学生获得实习优质资源，确保学生权益。近 5 年，学生对实习企业的满意度始终保持在 90% 以上，在实习企业直接就业人数超过 80%。

（三）对标行业领军人才，实现师资队伍高标准

通过深化校企协同育人机制建设，以打造"双导师"队伍为目标，夯实教师企业实践制度，培养"大师级"专业课教师和"专家型"企业导师，6 年来，学校与实习合作单位联合培养 17 名专业课教师成为行业名师，其中注册中国烹饪大师 4 人，中国服务名师两人；同时合作实习单位共有近 30 人成为辽沈地区职业教育行业专家，其中有 12 人担任省级或国家级职业院校技能大赛评委，有 11 人获得省级教学成果奖，沈阳香格里拉大酒店人力资源总监马宾成为全国旅游校企合作示范基地建设专家，沈阳东北大厦人力资源总监王威成为辽宁省教学诊断与改进专家组成员。高标准"双导师"队伍建设成为提高校企协同育人的有力保障。

（四）对照企业资深员工，实现人才培养高素质

通过深化人才培养模式改革，强化实习教育教学管理，人才培养质量显著提升。据统计，2017 年学生顶岗实习岗位对口率为 97.5%；学生顶岗实习相关满意度为98.5%，学生普遍认为实习对今后成长和就业有很大帮助；毕业生整体就业率为99.79%，就业地域以沈阳市为主，为行业企业和地方经济做出贡献；毕业生就业专业对口率为 95.08%，就业对口率大幅提升；毕业生平均薪资为 3 233 元/月，就业起薪稳步提升。高星级饭店运营与管理、中餐烹饪与营养膳食、西餐烹饪等 6 个专业实习生在企业实习流失率明显低于其他同类学校。

学生的职业能力和职业素养在实习单位得到大幅度提升。据统计，自 2016 年以来，共有 48 名学生在实习期间代表企业参加行业大赛，旅游系王婷婷、李文文等 28 名实习生代表实习企业参加岗位技能大赛摘金夺银，受到企业嘉奖。近 30% 的实习学生被企业评为优秀员工，实习津贴最高已达 6 500 元/月；10% 的学生在实习期间获得企业青睐，提前享受正式员工待遇。

2013 级美发与形象设计专业学生李娜，在实习中，创新美甲服务项目，并以此项目入股企业创业，现已成为 41 家连锁店原始股东，在创新创业之路上实现华丽蜕变。

五、未来发展

多年来，学校始终致力于立德树人的根本任务，以岗位用人标准为起点，以校企

共同育人为主体，以职业素养提升和职业技能培养为两翼，通过职业道德素质教育载体和专业项目课程的教学载体，融合贯穿于人才培养全过程，构建了"校企共育、德技共融"的人才培养体系。

　　学校将不断完善人才培养质量管理体系，不断深化产教融合，探索基于"现代学徒制"的实习课程化管理模式，开发学生实习评价标准，将学生的技能水平、职业道德、职业素养、劳动态度、劳动纪律以及创新、创业能力等作为重要考核指标，完善学业质量监测平台，通过实时监测激励学生完成课程学习目标和实习目标，最终实现人才培养质量的提升。

校企双主体 "2535" 实习管理模式实践

沈阳职业技术学院

【摘要】沈阳职业技术学院从 2008 年开始积极开展实习教学管理工作的探索和研究，在 "二双" "六共" "一交替" "一融合" 的 "2611" 特色人才培养模式下，构建并持续推进以校企双主体为主线，实施 "双主体、五层级、三模式、五管控"（2535）的顶岗实习管理模式，从而实现全员、全过程、全方位实习管理，实现了精细化管理和针对性教学，为高职院校组织实施顶岗实习工作提供了很好的借鉴。

高职院校实习教学环节是提升技术技能人才培养质量的重要抓手，也是推进高职教育改革、创新人才培养模式的重要途径。目前，大多数高职院校高度重视实习教学，但限于政府层面政策性支持和企业内生动力不足，不少高职院校对实习教学仍没能采取行之有效的管理措施，更没有建立成型的管理模式和运行机制。沈阳职业技术学院开展对实习教学管理的研究实践，总结出 "2535" 实习管理模式。

一、管理创新背景

职业教育发展至今，尽管越来越受到政府和社会的重视，但对于企业来说，由于各种原因，企业与学校合作的积极性不高。

第一，由于在企业顶岗实习期间学生既是企业的特殊劳动者又是学校的特殊学生的特殊属性，而且管理权从学校转移到企业，由于企业普遍缺乏责任意识和制度约束，学生权益保障的主体责任没有明确，学生的实习行为和活动得不到合法的保护。

第二，学校组织学生顶岗实习的方式具有多样性，但管理单一，经常出现人员不到位、管理制度粗放，实习内容缺乏针对性、系统性等情况。学校与企业联系不够紧密，使得企业在管理的执行上经常落实不到位，对学生更多的是放任型管理，难以取得应有的实习效果。

面对职业教育的实习教学及管理工作，学校高度重视，严密组织，在实习教学实际工作中不断探索和研究。

二、典型做法与具体措施

沈阳职业技术学院是国家示范性高职院校,教育部首批"现代学徒制"试点单位,全国高职院校教学资源50强,全国职业院校实习管理50强,辽宁装备制造职教集团理事长单位,辽宁省"双高"院校建设单位,辽宁省普通高校毕业生就业工作先进单位。

（一）实习管理机构及职责

为切实加强顶岗实习工作的管理,实行学院、二级学院两级负责制。

1. 学院负责制

学院成立"学生实习工作委员会",由学院书记、院长担任主任,副书记、副院长任副主任,相关职能部门和二级学院负责人任委员。

学生实习工作委员会的职责为负责统领全学院学生实习工作的方向和目标。同时下设"学院学生实习工作小组"和"二级学院学生实习工作小组"。

学院学生实习工作小组由主管教学副院长任组长,负责领导全院学生实习管理工作,同时在实训处设办公室。学院学生实习工作小组职责是：建立健全学院学生实习管理制度和相关文件;开展实习及检查指导工作;收集实习工作信息,进行统计分析并提出改进工作的意见和建议;撰写学院年度顶岗实习工作总结。

2. 二级学院学生实习工作小组

二级学院须成立由院长和书记担任组长的学生实习工作小组。二级学院院长、书记是本部门学生实习工作第一责任人。二级学院是其所属学生实习教学和管理的主体,负责全面落实学生实习过程的组织管理及相关事宜。负责对学生实习工作的检查指导;收集相关实习工作信息,进行统计分析并提出改进工作的意见和建议;撰写本部门年度顶岗实习工作总结。

（二）以校企双主体为主线,开展"2535"顶岗实习管理模式特色创新

多年来,学院一直坚持校企双主体人才培养模式改革,探索出"二双""六共""一交替""一融合"的"2611"特色人才培养模式。在此框架下开展顶岗实习管理模式改革,构建并持续推进校企双主体"2535"顶岗实习管理模式,即以校企双主体为主线,实施"双主体、五层级、三模式、五管控"管理,从而实现全员、全过程、全方位管理,实现了精细化管理和针对性教学。

1. 以"双主体"为主线,全面深化校企协同育人

学院在实习教学和管理过程中,始终坚持校企"双主体"的主线,不断创新和深化校企协同育人模式,充分发挥校企协同育人主体作用。校企双方坚持做到共同确定合作培养模式,共同建设实习基地,共同制定实习标准和实习计划,共同培育实习学生,共同管理实习过程,共同实施考核评价。学院始终遵循主导思想,整个实习教学环节都由校企双主体共同设计、组织和实施。

在教育部"现代学徒制"首批试点单位和沈阳中德学院建设过程中,学院与米其林沈阳轮胎有限公司、华晨宝马、腾讯、京东、沈阳机床集团等500强企业和国内大

型企业密切合作，组建了"现代学徒制"班和德国"双元制"班等，坚持校企"双主体"的主线。

2. 以"五层级"为体系，完善校企管理"双线分层对接"

校企双方分别建立五个对应的实习管理层级，分别负责实习过程管理的顶层设计、组织实施、指导检查、督导评价等工作，实行双线并行、无缝对接和融合管理。例如，在与米其林沈阳轮胎有限公司合作过程中，企业专门建立"企业人力资源部、分厂（车间）、工段（班组）、师傅/班组长和同班组骨干员工"五个管理层级，实现与校方"学院实训处、二级学院、专业教研室、指导教师和学生干部"五个层级的分层对接。

3. 以"三模式"为引领，推进多元化实习教学模式改革

（1）装备制造类专业实施"四化三贯通"实习教学模式。学校所有装备制造类专业在顶岗实习中实施"四化三贯通"实习教学模式，即实习教学实现基础通用化、岗位轮转化、师资认证化、管理精细化，将质量意识、安全意识、工匠精神培养贯穿实习全过程。例如，学校与华晨宝马合作组建"宝马班"，所有学生完全按照华晨宝马公司的企业文化、规章制度、生产规范和作息时间开展顶岗实习基础通用化；实习学生分别进行初装、总装、零部件检验等实习岗位轮转；指导学生的企业师傅都具有职业资格和技术等级；整个实习过程企业实施精细化管理。

（2）财经管理类专业"引企入校"实施"五真"实习教学模式。学校与京东集团、沈阳永金投资管理公司和沈阳赛斯特有限公司合作，引入企业资源建立"京东校园实训中心""金融实训基地"和东北地区首个学生自主经营的"圆梦校园商城实训基地"，实施真平台、真任务、真运营、真效益、真考核的"五真"实习教学模式，实现学生顶岗实习校内化运行。

（3）现代服务类专业"校校企"跨境合作实施"分段递进"实习教学模式。学校酒店管理、旅游管理等专业与台湾侨光科技大学、上井集团三方合作，成立"上井专班"，实施"分段递进"实习教学。学生在校期间结合专业基础理论学习，接受基本专业技能和职业素质培养；在侨光科技大学学习期间，针对上井集团岗位需求，接受企业文化、客诉处理、桌边服务、餐饮营销等真实工作情境的专业知识与服务技能培养；进入上井集团后直接在企业工作岗位进行顶岗实习。

4. 以"五管控"为手段，确保实习工作成效

通过制度管控、机制管控、过程管控、信息化管控、风险管控，实现全员、全过程、全方位管理，整体提升实习管理水平。

（1）建立健全实习管理制度。学校于 2008 年、2013 年、2017 年三次制定修改完善实习管理、基地建设、检查指导、考核评价、经费管理、实习保险、应急预案等 19 项管理制度及 27 个模板。通过制度制定、实施、反馈、修订完善，形成了一套全面完善、行之有效的顶岗实习管理制度体系。明晰学校、企业、学生三方责权利，充分调动各方参与积极性，同时规范各项工作流程，强化考核评价和奖惩力度，为建立有效

保障和激励机制提供支持。

（2）建立管理机制，完善保障措施。

首先，建立专项经费保障机制。学院设立专项顶岗实习经费，支付教师指导费、督导检查费和学生"实责险"，专款专用。

其次，建立"7有"安置保障机制。为全面提高实习安置率，学校对于所有学生实习都要做到"7有"安置要求，即有企业岗位、有指导教师、有学习任务、有食宿安排、有交通安排、有实习补贴、有实习保险。

再次，建立实习指导教师保障机制。学院对校内外指导教师和管理人员的配备数量和比例做出了明确规定，按照专业不同每名指导教师指导学生数为5～20名；教师的顶岗实习指导工作量计入教师教学工作总量；同时设立顶岗实习检查指导经费，强化顶岗实习检查指导力度。企业实习指导教师要按照师傅带徒弟的方式进行配备，原则上师生比不能超1∶5。

最后，实施校企协同综合考核评价机制。坚持学校评价与企业评价相结合，由学校与实习单位共同评价学生实习成绩，实习单位对学生实习评价具有一票否决权。

（3）强化过程管理，建立过程管控机制。

首先，明确各级人员主体地位和过程管理责任，二级学院院长、书记是部门实习全面工作和过程管理总负责人；二级学院班子成员对实习学生分片包干，各自分管一片"责任田"；所有教师都要承担实习指导或管理任务；所有学生都有专门教师指导和管理；所有学生干部都要对组内学生进行日常管理。

其次，实行指导检查和周报制度，实现过程常态化监控。建立"跟踪、指导、检查、报告"制度，做到"天天有跟踪，周周有指导，月月有检查，层层有报告"。学生干部每天跟踪组内成员的实习情况；指导教师每周直接联系、指导学生一次；二级学院每月至少组织现场检查一次。实行逐级报告制度，学生干部每天向校内指导教师报告，校内指导教师每周向二级学院报告，二级学院每周向实训处提交书面报告，实训处每周向学院教学院长和主要领导提交书面报告。

再次，坚持远程监控和现场管理相结合，实现管理手段多样化。在使用"顶岗实习管理信息化平台"的同时，还借助其他现代信息化手段，规定以每位实习指导教师和其负责指导的学生为一个单元，建立QQ和微信群，保证指导教师时刻跟踪学生，同时指导教师可借助电话、邮箱、网络平台等信息化手段强化管理，随时联系实习学生，发布实习任务，及时掌握学生实习生活状况，及时帮助学生排解困难，进一步实施远程管理和监控。QQ和微信群的所有通话、图片、文字都必须留存并可查。同时实行定期走访调研、检查督导制度，各层次人员按规定的周期和频次进行企业走访，并做好指导检查和关心慰问工作，准确把握学生实习状态，与企业师傅一起加强全面管控。

最后，建立领导走访机制。每年学院领导均到实习企业现场走访，强化督查指导工作。了解学生实习情况，征求企业、毕业生、实习学生对学校人才培养的要求和需求，探索进一步深化校企合作。

（4）开发管理系统，实现信息管理。学院自主开发了"顶岗实习管理信息化平台"，体现了具有学院特色的以校企双主体为主线实施的"2535"实习管理模式，获得中国版权保护中心软件著作权（登记号：2017SR049137），实现了远程管理、分级监控、数据分析等功能。该平台采用 J2EE 技术规范，基于 JAVA 语言，通过综合运用计算机网络、数据库、大数据、云计算、移动互联等现代信息技术，按照顶岗实习管理流程和管理内容，进行实习批次、实习计划、实习报名、实习安排、实习教育、实习经费、实习协议、走访调研、微信考勤、学生实习日志/周志、学生实习报告、教师实习指导报告、实习成绩、实习考核、实习经历、实习归档等全部业务，实现对顶岗实习全员、全过程、全方位的程序化、规范化、科学化和信息化管理和服务。平台面向学校领导、实训处、二级学院、实习单位、实习学生、校企双方管理人员、校企双方实习指导教师等，采用浏览器/服务器（B/S）应用模式，连接校园网、互联网、移动互联网，基于智能手机、平板电脑、笔记本电脑、PC 电脑等设备，打破地域界限，通过主流浏览器访问系统实现单点登录，从而提供方便快捷的信息服务。

（5）风险管控。通过建立信息化管理平台，全员投保，加强机制建设，进一步提升信息化管控、风险管控、机制管控水平。

三、成效与反响

（一）管理机制有效运行

学院经三次集中修改制定了符合教育部《职业学校学生实习管理规定》的《学生实习管理办法》，包括实习单位、前期准备、学生管理、过程管理、教学要求、考核评价、经费管理等 10 个部分 37 条和"参加保险管理规定""应急预案"等 9 个附件，不但提高了学校实习管理水平，也提高了学院与企业的合作能力和掌握行业科技的能力，实习管理机制运行效果显著。

学院自主研发"顶岗实习管理信息化平台"。通过搭建校企合作、协同管理、功能全面、统一集成的服务平台，实现了校企双方、二级学院与职能部门、学生与教师之间的信息共享和沟通交流，强化了顶岗实习全过程全要素管理和全方位安全监控。平台创新运用微信企业号，开展定位考勤、消息发布、互动讨论、事务提醒、分组管理，为各层级、各类人员提供了先进实用、简便快捷的网络化、移动化、信息管理和服务。平台有效解决了职业院校实习管理系列难题，全面提升了实习管理工作效率和管理水平，并以"一站式"办公方式降低了管理成本。

多年来，经过校企双方共同努力，实习管理机制运行效果显著。学生实习安置率 100%，统一安置率 75% 以上，实责险投保率 100%，无重大人身伤害事故。建立校外实训基地 900 多个，其中重点实习基地 355 个，500 强和行业产业龙头企业约占 30%。

（二）有效提高就业质量

学校是辽宁省毕业生就业工作先进单位，毕业生就业率稳定在 95% 以上。实习单位对顶岗实习学生认可度高。2017 年到米其林沈阳轮胎有限公司的 30 名顶岗实习学生中，有 8 名学生荣获米其林奖学金，3 名学生荣获米其林班优秀学员。

学院与燃气公司开展"现代学徒制"人才培养，先后输送了 72 名优秀毕业生，其中 11 名毕业生成为管理二三十人的团队长，1 名成为调度员。

毕业生就业三年内晋升为工艺员、调度员、班组长、检验员、大堂经理、计调员等基层管理和技术人员，占毕业生总数的 30% 以上。就业专业相关度达 97% 以上，在 500 强企业、大型企业和行业骨干企业毕业生就业人数达到 50% 以上。

（三）学生实习成果丰富

学校顶岗实习学生在社会影响力、创造经济效益、技能提升等方面成果丰富。同时通过实习特别是顶岗实习，提高了学生的技能水平，学生在国家、省级职业技能大赛中取得了优异成绩，获奖 247 项。

2016 年，学院学生在北京亚洲大酒店实习期间受聘担任"两会"服务人员，经过考核选拔了 30 名优秀实习学生参与此项光荣而又艰巨的工作，承担辽宁、甘肃两省会议开放日的会议服务和餐饮服务工作。

2013 年以来，学院创新管理类专业教学生产性实习、顶岗实习教学模式，实现岗位实习校内化，与京东集团合作成立"京东校园实训中心"，由校方提供场地与基础设施，京东集团提供设备、网络专线及客服、人资管理平台，京东集团派出常驻专职人员承担教学与实习指导等任务。"京东校园实训中心"提供的是企业真实的业务平台，使在校学生接受了全真岗位业务指导与实践任务式学习，完成企业真实工作任务，既能完成技能学习与训练，又可获得较为可观的收入。部分学生月收入高达 6 000 ~ 7 000 元。仅 2017 年 11 月"京东校园实训中心"接待量 92 032 单，学生总收入 76 840 元，单人最高接待量 4 959 单，单人最高收入 6 560 元，有 3 名学生当月收入超过 5 000 元。截至 2017 年年底，依托"京东校园实训中心"，完成了八个专业 2 000 余名学生的生产性教学实习任务；完成了电子商务专业、市场营销专业近百名毕业生的顶岗实习任务。已有近 30 名毕业生入职京东全国客服中心总部，并成为公司业务骨干，工作业绩出色。其中 8 名学生已晋升为公司派驻合作院校的项目负责人及区域物流业务经理。

（四）协同育人成效显著

在校企协同育人过程中，锻炼了教师队伍，提高了教师业务能力和水平。师生共同创业，每年产值达 2 000 多万元；多名教师在人社部组织的全国职业技能大赛中获得优异成绩，获得辽宁省"五一劳动奖章"；多位教师在全国信息化大赛中多次获得金奖、银奖。

（五）管理工作理论研究有成果

学校重视实习工作理论研究和探索，取得了研究成果并用于指导教学实践，获辽宁省教学成果奖 7 项，其中一等奖 1 项；实习管理课题 23 项，发表顶岗实习研究主题学术论文 22 篇。

四、未来发展

学校在顶岗实习管理过程中构建了校企双主体"2535"模式，全面提升了实习管理工作水平，提高了实习管理质量，但在未来还要加强实习过程管理，切实落实学院制定的《学生实习管理办法》，尤其强化学校与企业的沟通和监督检查工作，将实习过程管控做到位，从而全面落实教育部《职业学校学生实习管理规定》。进一步完善自主开发的"顶岗实习管理系统"，在远程管理、分级监控、数据分析基础上逐步实现实习管理无纸化，逐步完善数据录入的实用性和有效性。

创新实习管理系统
培养新时代中高端服务人才

成都市财贸职业高级中学

【摘要】作为一所立足于"旅游之都""商贸之都"的现代服务业中等职业学校，学校基于深化产教融合、协同育人的新要求，基于区域产业转型升级和人才培养模式更新的形势，不断创新实习管理工作，探索出"专业产业对接、教学生产融合、实习就业一体"的实习管理生态系统。实习管理工作"零投诉"，学生实现高平台实习、高水准操作、高品质就业，学生、家长和企业三方满意度高。

　　成都市财贸职业高级中学是首批国家中等职业教育改革发展示范学校，首批国家级重点职业学校，全国教育系统先进集体，成都市就业培训职教集团牵头学校，近年来，学校狠抓学生实习管理工作，坚持"128"办学理念（一个办学理念：积微成著，精益至臻；两大目标：办学目标——现代服务业中高端技术技能人才的孵化园，中等职业学校教育改革和创新的引领者，培养目标——高素养、精技能的现代服务业引领者；八条路径：精准专业、精细管理、精诚德育、精业队伍、精美环境、精良设备、精致课堂、精品课程），从管理制度、运行机制、实习准入、实践教学、实习指导、产教融合等方面着力，对接需求，创新思路，全力培养教得会、留得住、用得上的高素质技能人才，致力于把学校建设成中高端现代服务业人才培养的孵化园，以期更好地服务社会经济建设。

一、新形势新要求实习管理工作创新

（一）基于区域产业转型升级的新要求

　　近年来，为配合国家战略，成都市政府明确提出加快"五中心一枢纽"建设，推进产业转型升级，大力促进国家中心城市建设。为助力发展目标，我市中等职业教育在努力培养通用型、复合型、创新性高素质技能人才方面的任务尤为迫切。学校30多年的发展均以产业转型发展为依托，但由于多种原因，实习管理创新不够、复合型技能人才不足的现实情况依然存在，尤其是成都旅游产业的发展需要一大批综合素质高、

业务能力强又具有地方特色的旅游专业人才，这样的人才必须从顶岗实习阶段抓起。故创新思路，突破传统的实习管理方式迫在眉睫。

（二）基于人才培养模式改革的新要求

囿于认识局限，以往学校在技能人才培养上把重心放在操作技能培养上，对学生可持续发展至关重要的职业素养的培养力度不够，存在重显性"硬技能"培养、轻隐性"软技能"培养的弊端。而顶岗实习是将学生培养成为复合型高素质技能人才的关键环节。创新实习管理、评估机制，不断优化管理、评估办法，才能让学生进一步理清理论知识与技能操作的关系，牢固树立精益求精的工匠意识，将合作精神、契约精神根植于心，增强效率观念、质量意识。

（三）基于深化产教融合、协同育人的新要求

一直以来，在"深化职业教育、高等教育等改革，发挥企业重要主体作用，促进人才培养供给侧和产业需求侧结构要素全方位融合"理念影响下，我校不断推进校企合作进程。但之前我校与企业的很多合作还不够深入细致，在把握行业、企业真正需要方面尚有距离，在满足企业对高端技能人才的需求方面还存在较大差距。改变以往仅让学生到企业实习的单一模式，探索新形势下校企合作新途径，促进校企深度融合，创新工学结合模式，切实提升顶岗实习质量与成效显得尤为迫切。

二、新途径新方法构建实习管理生态系统

实习是职业学校教育教学管理的重要组成部分，是培养学生具有实践能力、创新意识以及创业精神的重要途径。学校坚持重视实习实训管理工作，坚持探索创新，改变以往渠道单一、联络不畅、合作不深、过程复杂、总结滞后等问题，探索出了"专业产业对接、教学生产融合、实习就业一体"的实习管理生态系统。

专业产业对接——学校五大专业紧密对接相应产业，在人才培养模式创新，重构课程体系，改革教学方式和手段，构建教学质量评价体系，校企共建实训基地等方面取得显著成效。比如，我校的烹饪专业与李锦记酱料集团合作开展"成都市财贸职高李锦记希望厨师项目"，李锦记酱料集团在我校设立"李锦记企业奖学金"，双方共建共育"李锦记希望厨师班"。学生一方面在校内实训平台学习；另一方面在校外合作的星级饭店规范实习，毕业生被锦江宾馆、希尔顿大酒店、华尔道夫酒店等成都高星级酒店及知名餐饮企业争相聘用。

教学生产融合——学校通过"现代学徒制"引领校内实训创新，将教学和生产紧密融合。芳馨蒂克咖啡厅、芳馨瑞特西餐厅、芳馨甜蜜西点屋、枣巷雅居茶艺室四个校内实训平台，大力实施工学结合，引进合作企业参研和制定专业培养目标、教学计划、教学内容和培养方式，重视强化学生职业能力培养，形成"1.5+0.5+1"分段培养的"工学结合、渐进顶岗"的人才培养模式，孕育出不少中餐、西餐、西点、咖啡制作及茶事服务的"好苗子"。

实习就业一体——学校通过工学交替、订单培养、顶岗实习等方式，推进学生在实习企业实现实习就业一体化。通过把工作场地建在学校（校内实训平台）和把课堂设在工作场地（校外企业实习）相结合的方式，让课堂对接企业、理论学习对接实习实训，校企相互融通，课堂即企业，学生即员工，实现了学生学习与实习的无缝对接，理实一体化教学得以实现。

三、新模式新举措推进实习生态系统建设

（一）构建"1234"的校企合作模式

学校以"现代学徒制"为切入点，实行"1234"的校企合作模式（见图1），提升学生职业素养，为学生铺设畅通的实习、就业渠道。

图1　构建"1234"的校企合作模式

一个平台——学校成立由企业管理层、校领导、教务处、招生就业处、专业部长等组成的校企合作委员会，以互利双赢为原则，以技能成才为目标，以实践性教学为推手，以推荐实习就业为关键环节，制定了《校企合作实训实习教学方案》，建立起完整的校企合作运行机制。目前，学校已拓展联办单位和用人单位300多家，其中48家成为校外实习基地。

两个互换——一是企业领导或技术能手和学校领导或专业课教师互换任职。学校聘任企业领导和技术骨干为我校专业指导专家，不定期到校参加学校教研活动、师生技能活动，协助我校设置和调整专业、制订教学计划、调整教学内容，确保所教、所学、所用适应社会需求。同时，学校领导或专业课教师根据教学安排到企业顶岗锻炼，为企业提供技术服务，参与企业技术改造与企业管理，提升专业教师的实践动手能力，加快促进其向"双师型"教师转化。二是学生和企业员工互换。企业不定期安排员工到校内实习实训基地进行培训和实习，同时学校以"现代学徒制"人才培养理念，积极探索校内外实训基地管理创新，有效提升了学生专业核心能力、实践能力、综合职业能力和创新创业能力。

三种协议——学校通过"校企合作协议""实习协议""三方协议"，切实把好实

习学生权益关和安全关，要求合作单位确保学生在劳动时间、工作条件、薪酬待遇等方面的权益，切实保证学生的安全，如实习学生出现意外，合作单位无条件先行垫付相关费用，立即组织救治。同时，学校各部门积极配合做好实习学生安全工作，制定了实习安全管理办法和应急预案；购买实习学生责任险，要求合作单位为实习学生购买雇主险或意外险，解决实习学生的后顾之忧。

四种责任——学校要求企业、企业师傅、学校和学生在互惠互利的基础上各自担责。企业提供硬件设备和安排技术骨干帮带学校的专业教师和实习实训教师；企业师傅承担实习实训的技术指导任务，参与教学研讨，指导学生专业社团训练；学校为企业提供员工培训和支撑企业专业技术研发；学生在实习实训过程中严格按照企业要求和师傅指导操作，学习并掌握行业标准、内化职业道德、养成职业纪律、感受企业文化和精神，不断提高综合职业素养。

（二）过程管理"精细化"，跟踪反馈"平台化"

1. 实行"1452"管理运行机制

学校实行"1452"（即一个平台、四种服务、五期课程、两个报告）的顶岗实习管理机制，注重培养学生跟岗、顶岗能力。

建立一个平台——充分发挥模拟企业经营的校内实训基地作用，建立起"处处不是社会、处处又与社会相同"的仿真实训模拟平台，让学生以员工的身份全程参与企业经营过程，在顶岗实习前注重培养学生的实操能力和职业素养。学生利用中午和下午放学休息时间进行营业，为全校师生服务，收到很好的"实战"效果。

强化四种服务——学校从服务区域经济建设、服务企业、服务学生、服务专业教学等方面着手，遴选实习企业，开展工学交替，及时反馈并检验专业教学质量，以典型事例和数据服务教育教学工作，为学校教育教学改革与创新提供依据。

植入五期职业素养课程——学校成立了职业指导和职业生涯设计工作室，重点对学生进行职业规范、就业观、职业理想等教育。通过校企合作，组建基于岗位需要的职业素养课程开发讲师团队，斥资 150 余万元用于培养职业指导师，引进岗位体验式职业素养课程体系。从新生入学开始，12 门课程分五个学期植入，让学生以"准职业人"的身份进行体验式、互动式、参与式的培训，通过课堂课程+线下活动+企业、社会实践，帮助学生在一年级实现自我认知，二年级实现企业认知，三年级实现社会认知（见图2）。

完成两个报告——根据实习伊始拟订的实习管理目标和标准，学校相关部门每年合作完成两个报告：一是就业市场报告，学校结合专业设置、教学现状与市场岗位需求，做好调研、评估和总结，提高学生就业质量，保证学生能就业，就好业；二是学生顶岗实习质量分析报告，学校通过大数据分析出当年学生实习总体状况和满意度，呈现实习效果，改进对实习单位的选择，提升实习管理水平。

图 2　五学期植入职业素养课程

2. 实习措施得当，过程管理规范

学校不断规范实习管理体系、改进顶岗实习管理办法、深化校企合作，在过程管理中，采取了以下管理措施。

制订实习计划，在学生顶岗实习前，制订实习计划，确定实习内容与目标；加强岗前培训，通过专题报告、讲座、优秀毕业生报告会和家长会等，介绍实习管理的要求和标准，培养学生岗位意识；实施实习准入，考核学生的职业道德和专业技能，达到准入标准才能进行实习；遴选合格企业，通过实地考察、验资质、看场地、审岗位，审查企业是否符合学校实习安全规定，学生工作时间和劳动报酬等能否得到保障等，经过综合评估后形成考察报告，确定企业为校企合作单位，并签订协议；搭建双选平台，签订三方协议；保障学生权益，确保学生的合法权益得到充分维护；制订安全措施，安全预案周密，应急措施到位，杜绝安全责任事故；完善监督机制，纪律监督小组对实习管理工作全程监督，杜绝利益输送等违规行为。

3. 注重信息反馈，严格考核评价

学校严格落实《职业学校学生实习管理规定》，将实习管理与评价挂钩，将实习纳入全面教学质量、精品特色专业等专项评估体系。实习指导教师是班级第一责任人，做好实习前的安全培训和思想教育，实习过程中与实习学生、家长、用人单位和学校保持密切联系，每月主动了解学生的思想、工作和生活等情况，做好情况记录，批改实习报告、行业调查，办好实习简报，完成实习生考核。企业负责填写含职业道德、职业纪律、服从安排、服务意识、业务技能、工作效率等内容的"学生实习考核表"，并根据"学生实习考核办法"规定，对实习时间、完成实习情况、实习纪律、实习总结等进行逐项考核，按照"实习综合成绩考评册"评定实习成绩，计入学籍管理（见图 3、图 4）。

同时，学校结合信息化管理平台，建立起实习管理信息化工作平台，监控学生实习过程，掌握学生实习动态，形成顶岗实习管理全过程数据分析制度、专业设置论证

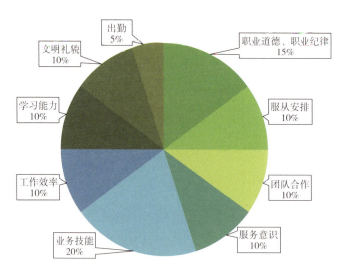

图 3　实习情况考核内容比重

报告制度，建立诊断与改进制度，及时反哺专业教学。

图 4　近三年实习学生考核情况（%）

四、新起点新思路引领优秀技能人才培养

近年来，学校毕业生都被推荐到影响大、效益好、声誉高的单位实习，学生就业率达到 99% 以上，进入世界 500 强企业的毕业生占就业人数的 20% 左右，进入规模企业的占 65% 以上。近三年来，有 400 余名实习生受到企业表扬，不少学生迅速成为企业骨干；香港李锦记集团、雀巢（中国）有限公司、良木缘咖啡集团有限公司等 15 家企业共计 15 个项目出资近 500 万元奖励学生；京东商城、成都家园国际酒店等 40 余家企业把我校评为最佳合作伙伴。面对成都市产业生态圈建设对高技能人才的迫切需求，

未来我们将在三个方面锐意进取，再接再厉。

（一）拥抱"互联网+"、大数据，建立移动终端的顶岗实习管理平台

学校将在现有实习管理网站的基础上，逐步投入建立包含移动终端在内的顶岗实习管理平台。对实习场景进行数媒演示，供实习学生、管理老师、家长及其他意向实习学生和家长下载、操作、了解；在实习管理方面，逐步实现无纸化，实现全信息化；同时，逐步帮助教师、学生建立顶岗实习工作的互联网思维，以更加开放的心态、勇于创新的精神去拥抱时代，接受挑战。

（二）建立智库，推进实习管理科学化

拟建立以学者、专家、专业教师、企业师傅等为主的实习管理智库，邀请其对实习总结、考核、评估等渠道发表看法、提出意见，推进实习管理科学化研究，不断诊断与改进学校实习管理工作，进一步优化实习管理生态系统。

（三）争取政府支持，牵头建立产学研用一体化职教园区

学校将积极争取政府支持、立足地方、依托行业、联手企业，发挥学校地理优势、文化积淀及烹饪专业龙头优势，牵头建立集产学研用一体化的川菜烹饪职教园区，延展教师教学面、学生实习面、学校管理面，打造4D立体化的实习体验场所。

实习是中等职业学校实践教学的主要形式之一，是学生在学校和教师的组织和指导下通过从事一定的工作实践或生产操作对学生进行特定的技术、技能或综合职业能力训练的过程，是学生以生产、技术、管理或服务人员身份在特定的工作岗位上直接参与生产实践的过程。今后，我们要进一步增强责任感，加强与有关行业、企业的合作，坚持以促进就业为导向，进一步加大工作力度，切实加强实习管理，健全制度，创新机制，扎实工作，常抓不懈，保证学校实习教学健康有效开展，全面提高学校实践教学水平。

信息化环境下顶岗实习管理体系的创建与实践

天津交通职业学院

【摘要】 认真贯彻落实教育部《职业学校学生实习管理规定》和《职业学校专业顶岗实习标准》等相关文件精神，首创提出校企合作嫁接理论，再造了校企合作供需对接与管理流程。探索实施了信息化平台支持下的校企共订实习管理规划、共管实习过程、共保实习质量及安全，提升了实习资源品质、实习满意度、就业竞争力等，其研究课题获得两项市级教学成果奖。

天津交通职业学院为国家骨干高职院校、交通运输部高等职业教育示范院校、天津市高水平示范校和优质校、世界先进水平校建设单位。

一、管理创新背景

（一）顶岗实习管理工作依据

学院积极落实教育部《关于深化职业教育教学改革　全面提高人才培养质量的若干意见》（教职成〔2015〕6 号）、《职业学校学生实习管理规定》（教职成〔2016〕3 号）、《职业院校管理水平提升行动计划（2015—2018）》（教职成〔2015〕7 号）、《职业学校专业顶岗实习标准》等相关文件精神，始终高度重视顶岗实习教学环节组织实施。围绕学生职业精神的养成、培养质量的提高，学院提出了"以信息化环境建设为基础，以整建制顶岗实习安置为前提，以虚实结合的教学模式改革为重点，以校企全程参与管理和评价为标尺"的顶岗实习工作准则。

（二）顶岗实习管理工作沿革

学院认真落实"立德树人"的根本任务，自成立伊始，便将实习管理工作确立为学院重点工作。2004 年，成立天津交通职教集团，汇聚行业、企业、学校三方资源，校企合作开展学生实习、就业管理，为学生提供优质职业教育资源；2010 年，学院被确立为国家首批骨干高职院校建设单位，依托"工学结合教学质量保障体系"等建设项目，探索实施整建制顶岗实习，不断深化校企合作办学广度；2011 年，学院成立校企合作理事会，组建校企合作管理中心，进一步整合交通行业优质资源，为顶岗实习整建制管理提供了机制保障；2012 年，学院自主开发了"校企合作一站式服务平台"等三个顶岗实习支持服务系统，以数字化手段保障了顶岗实习在线学习、过程管理、资源配置的校企同步管理；2013 年，学院骨干校项目以优秀成绩通过验收，整建制顶岗实习管理作为典型案例曾在全国交通运输职业教育教学指导委员会工作会议、天津职教周论坛活动等做经验分享，全国有 19 所高职院校来校考察和交流顶岗实习管理建设情况；2014 年，"顶岗实习整建制管理的探索与实践"课题获得天津市教学成果一等奖；同期，学院将顶岗实习管理嫁接到企业人力资源管理中，再造校企合作供需对接与管理流程，形成了"一体化"校企协同实习管理；2018 年，"嫁接企业人力资源管理的高职院校顶岗实习管理模式"课题获得天津市教学成果二等奖。

二、典型做法与具体措施

（一）校企合作共订实习管理规划

学院坚持以学生为中心，充分发挥以企业为主体的校企合作育人功能，以校企共同关注学生/准员工成长为纽带，采用"嫁接"的方式，通过构建校企融合的管理体系、管理制度、实施手册、评价标准，明确实习过程谁来管理、管理什么、管理依据、怎么管理的具体内容（见图1），将学校的"基础"教学要求和企业的"活模块"工作性要求融合，校企合作编制顶岗实习工作规划，形成实习管理工作计划和实习管理工作方案。

图 1　校企顶岗实习嫁接融合管理内容

（二）校企共管落实实习组织管理

1. 建立校企共管的运行组织机构

学院依托校企合作理事会三级校企合作运行组织，成立了以院长任组长、教学副院长为副组长，相关职能部门负责人与大型企业人力资源总监组成的校企合作领导小组；由二级学院院长任组长、书记为副组长，就业管理员、企业人力资源部负责人组成的校企合作工作小组；由学院教师、企业师傅、班主任组成的校企项目运行小组（见图2）。依据"工学结合实践教学运行管理制度"，明晰了基于学院信息化平台环境下的顶岗实习管理及教学工作流程，学生、教师、学校、企业各方的职责和具体工作，由校企合作管理中心、教务处、教育教学督导室等职能部门牵头，确保顶岗实习过程稳步实施。

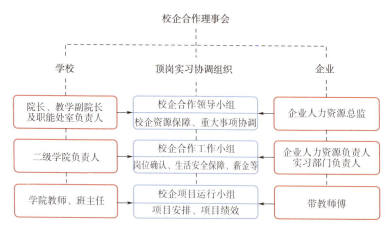

图 2　三级顶岗实习组织管理架构

2. 完善校企共管的管理制度体系

学院依照《职业学校学生实习管理规定》《职业院校管理水平提升行动计划（2015—2018 年）》的要求，制定与完善了 12 项管理制度，形成了"协同企业资质准入、顶岗实习事务管理"两级校企合作实习管理体系，对顶岗实习企业资质准入、实习工作组织、过程管理、质量监控及教师有效指导等进行了详细规定，为整建制顶岗实习管理提供了保障（见表 1）。

表 1　管理制度体系

制度层级	业务分类	制度文本	性质作用
第一层级	基础制度	校企合作管理办法	企业遴选、责权利确立、考核调整依据
第二层级	企业协同管理制度	校外实习基地管理办法	岗位资源、实训环境、住宿条件、培训安排等
		顶岗实习工伤保险补贴制度	风险及补偿管理规定
		优秀合作企业评选奖励办法	企业评级及激励措施
		学生实习企业党团组织共建办法	校企共建实习生在企业党团组织活动平台，培养学生政治素养
	学生学业管理制度	实习管理办法	认知实习、跟岗实习、顶岗实习管理规定
		学生实习工作条例	学生实习工作标准
		实习安全管理规定	安全管理专项规定
		毕业作品工作条例	学生实习成果标准
	指导教师管理规定	教师行为规范	含任职指导教师条件、职责及工作要求
		兼职教师聘用管理规定	含任职指导教师条件、职责及工作要求
		实习指导教师考核方案	实习指导教师绩效考核要求

3. 优化校企共管的实习运行策略

学院针对认知实习、跟岗实习、顶岗实习三种不同的实习形式与要求，安排多样的教学组织方式。由专兼职指导教师与班主任协同开展指导，利用"校企合作一站式服务平台""数字校园学习服务平台""顶岗实习管理监控平台"，开展多源分项管理，完成顶岗实习企业遴选（实习双向选择）、实习流程审核、实习过程监控和数据分析等，确保实习安置、专业学习、实习过程管理无遗漏（见图3）。

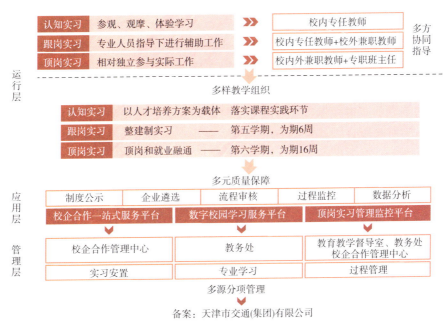

备案：天津市交通(集团)有限公司

图3 顶岗实习管理运行策略

（三）校企联动确保实习过程实施

1. 实习安置整建制

学院提出了以整建制为突破口破解顶岗实习管理难题，并在信息化环境下，构筑了"信息化岗位安置、过程监控和质量评价"整建制顶岗实习管理体系。利用校企合作一站式网络服务平台，实现企业网上招聘、学生网上申聘、合作信息发布等功能，为企业和在校生搭建了招聘信息资源融通的平台。目前，校企合作平台注册并通过审核的合作企业达875家，发布招聘岗位需求数28 954人次，安置实习学生18 237人次，实习企业年接收学生顶岗实习近3万人/月。

2. 教学安排有标准

学院教务处牵头将专业实习指导书编制/修订、专兼职指导教师聘任、学生实习计划定制、专兼职教师指导过程严控、实习日志/月志等教学文件和管理工作事项嫁接到企业人力资源管理要素上，拟定顶岗实习过程管理方案，实现在融合企业岗位内训的基础上落实专业实习教学标准。

同时，学院紧紧抓住顶岗实习实践性教育契机，积极与企业党组织对接，将思想政治与工匠精神培养纳入顶岗实习教学内容，通过建立支部跟踪制度、"指尖"上的党课与时政学习、职业军训、一对一结拜师傅等活动，对实习学生开展阶段性教育，形成了校企合力培育脚踏实地、敬业奉献工匠精神的有效途径。

3. 安全管理全覆盖

（1）推进安全教育。学院坚持做好学生常态化安全教育，由安保部对全体实习学员进行实习前安全法律法规的普法教育、安全知识技能培训、突发事件应急处理途径、安全消防演练等活动。各分院按专业实习特点制定实习安排，班级组织召开遵守安全纪律主题班会，全体学生签订实习安全保证书。同时，学院协同企业将安全教育作为实习第一课，借助于企业严格的规章制度，培养学生自觉遵守安全生产规定的素养。

（2）制定安全预案。学院坚持安全工作无小事的准则，为全体学生缴纳实习保险，分院将实习安全情况汇报作为跟岗、顶岗实习工作周例会的首要内容；指导教师走访企业时必须进行安全检查及企业作业安全评价；制定突发事件应急预案等，保证发现问题，第一时间解决。如天津市"8.12 大爆炸"事件，企业及学院管理人员、指导教师反应迅速，凌晨赶到事发地点，与企业共同送受伤学生就医。受伤学生愈后对企业、学院的保障工作表示满意与感谢。

4. 学业评价多元化

基于成果互认准则，学院将职业操守（出勤、工作态度等）、适岗情况（独立承担岗位任务、薪酬获得、内训关键技能考核等）、工作业绩（职位晋升、表彰等）体现岗位绩效要素与实习计划执行情况、实习过程记录、实习报告质量等课程考核要素融合，形成了一套由专兼职指导教师、班主任共同实施，三方评价加权综合获取的校企互认考核评价标准（见图 4）。

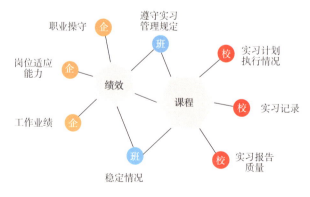

图 4　学业多元评价设计

5. 评选标兵立示范

学院通过选树认真履行实习岗位职责、爱岗敬业、乐于奉献且实习工作业绩突出的优秀实习生为实习标兵，培育与弘扬脚踏实地、敬业奉献的工匠精神；通过优秀合作企业、优秀兼职教师评选与奖励，调动企业人员参与育人的积极性；通过组织顶岗实习指导标兵评选与奖励，推促学院教师开展有效的过程指导与管理、提升指导质量。

（四）校企协同保障实习质量安全

1. 双重企业考核，保障顶岗实习的全方位安全

（1）遴选。学院利用校企合作一站式服务平台对合作企业按订单企业、集团企业、大型企业、知名企业、中小企业分类进行遴选（见图5），将安全落实与实习企业资格审核、单位资质审查相结合。资质审核通过后，实地调研考察企业综合实习条件，形成"实习单位考察报告"，经学院顶岗实习工作小组审核后方可作为学生实习企业，对存在资质缺陷、安全无保证等情况的企业一票否决。

图 5　优质合作企业标准

（2）运行。实施三级顶岗实习巡查，实现了院级领导检查覆盖分院100%，分院领导检查覆盖专业100%，指导教师走访企业100%，保证育人环境安全、吃住行生活安全、无有毒有害作业安全和学生享有合法权益安全。

2. 双线管理结合，保证顶岗实习的全过程可控

（1）线上。自2010年起，学院构筑了"信息化岗位安置、过程监控和质量评价"的整建制顶岗实习质量管理体系，支持了校企多样化的教与学需求。截至目前，学院顶岗实习管理监控平台共发布专业实习指导38份，学生上交实习周记38 829篇。

（2）线下。持续优化实习运行组织与管理，组建校企共同担当的实习指导教师团队，建立多部门周例会制度，实施分阶段考核，开展顶岗实习三级巡查。近三年，学院各层级走访巡查企业753家，覆盖实习学生上万人次（见图6）。

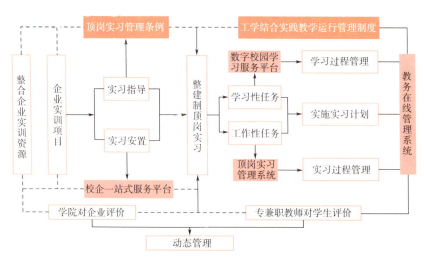

图6 "线上线下"双线管理

3. 双环质量控制，确保顶岗实习的全流程管理

（1）内环。学院制定与完善了《顶岗实习管理办法》等12项管理制度，形成了对资质准入及退出、实习过程管控、程序操作标准等环节质量的制度保障。

（2）外环。构建了"2331"实习督导模式，解决了谁来监控，监控什么，怎么监控的问题。即：教学督导员和学生信息员"两支"队伍，督管、督学、督教为核心的"三主线"监控内容，日常监测和集中走访、线上和线下、学校和企业"三结合"方式组织实施，"一套"以过程管理和实习质量为关键指标的评价指标体系（见图7）。

三、成效与反响

学院把关于"推进合作办学、合作育人、合作就业、合作发展"的要求内化为改革创新的实践行动，逐步破解了顶岗实习管理与学生学业管理脱节等瓶颈问题，取得了一系列成效，获得了良好的社会反响。学院实践育人的经验获得了天津日报、人民网、新华网等多家媒体的35次报道。

（一）校企合作办学，优质实习资源越来越丰富

在专业教学指导委员会、理事分会和院级理事会三级联动机制保障下，学院不断拓展和优化实习企业资源。近三年，学院新增实习企业132家，其中知名企业31家，集团化企业55家，淘汰不合规企业64家；组建了奥迪、大众、保时捷、京东、中交一航局等41个名企订单班，订单班在校学生达1 228人；新增入库企业兼职指导教师224名；校企合作开发了158门资源共享课/优质课，在线学习资源量达到4.6T，强力支撑了学院整建制顶岗实习的实施。

（二）校企合作联动，学生实习满意度越来越高

学院坚持开展年度实习工作内外部结合的绩效评价，通过第三方评价、学院两级

图 7 运行与监控双环质量控制体系

督导走访调查，围绕学生安全注重程度、岗位对口率、课程与岗位符合度、专业提升度、实习稳定率和对实习企业满意度、指导教师满意度等调查统计（见图 8），主要指标逐年提升。同时，学院据此开展教师、学生考核与评价，实现了毕业生顶岗实习满意度逐年提升，已达到 85% 以上。

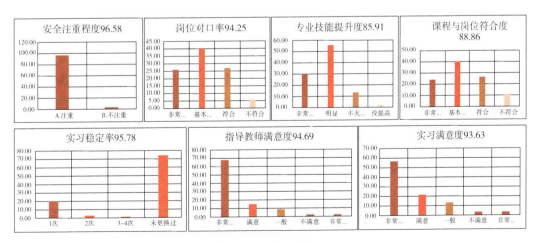

图 8 学生实习调查反馈数据（%）

（三）校企合作共管，学生就业竞争力越来越强

根据 2017 年校企合作一站式网络服务平台的调查数据显示：学院自 2013 年推行整建制顶岗实习后，学生稳定率达 94.6%，比改革前提高了 41%；有 43% 的学生通过顶岗实习走上工作岗位，比改革前提高了 18%；有 130 余名学生在实习期间就得到实习企业的提拔和重用。近三年来，企业对实习生满意度达 97.3%（见图 9）。

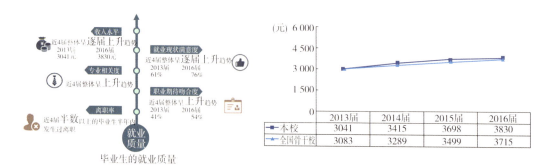

图 9 毕业生就业质量及收入调查

（四）校企合作研究，教学成果形式越来越广泛

学院一方面聚力实践探索，积极与企业人员共同开展问题研讨、商议对策、化解矛盾，建章立制；另一方面聚力专题研究，组建研究团队，积极与企业共同开展专项研究，研发了学习、管理、服务系统并取得软件著作权，完成了各级各类科研课题 13 项，发表论文 8 篇，取得天津市教学成果一等奖、二等奖各 1 项。

四、未来发展

学院作为教育部第二批"现代学徒制"试点项目单位，已在电子商务专业"产学合一"人才培养模式改革基础上，试点开展了校企联合招生（招工）、联合培养、一体化育人的"现代学徒制"工作，并在专业职业军训（学徒入门）、标准化+个性化学徒人才培养、创新型学徒项目孵化等方面取得了一定成效。

学院将在继续完善"现代学徒制"试点运行管理的基础上，增加专业试点，将"现代学徒制"管理要素融入学院实习管理工作范畴，形成标准化、规范化、优质化顶岗实习管理体系。

校企融合设计　保障管理　创新实习　提升效果

天津职业大学

【摘要】 学校打造校企双轨管理，创设"多元运用"实习考核评价体系，充分利用信息化管理系统进行精细全面的实习管理，形成了"成果导向，逆向设计"的"校中厂"顶岗实习模式；"行业特色，贴切护航"的"旺入淡出，工学交替"顶岗实习模式；"行校企合作，面面兼顾"的"现代学徒制"顶岗实习模式；"名企订单、四段进阶"的行业高端名企顶岗实习模式等成效显著的"专业+"差异化顶岗实习模式。在师生培养、学生就业、社会反响以及社会应用等方面取得卓尔不凡的实习效果与声誉。

　　天津职业大学始建于 1978 年，是全国接受世界银行贷款的 17 所院校之一，也是天津市最早举办高职教育和办学规模最大的一所综合性高职院校。建校 40 年来，秉承"育德育能，力实力新"的校训，立足"服务为本，应用为根，质量立身，卓尔不群"的办学理念，发扬"勤奋、求实、团结、创新"的校风，注重校企合作办学，强化实习管理，通过多年探索与实践，获得众多高水准荣誉称号。2009 年被教育部和天津市政府确立为天津市滨海新区技能型紧缺人才培养基地，同年被评为全国普通高等学校毕业生就业工作先进单位，并荣获全国"五一劳动奖"；2011 年被评为教育 2010—2011 年全国毕业生就业典型经验高校；2012 年被教育部批准为全国重点建设职业教育师资培养培训基地，同年荣获天津市"创新创业教育与就业工作示范校"称号；2014 年荣获教育部"2014 全国大学生就业优秀组织高校"，同年获批"国家职业院校创新创业教育基地"和首批"天津市众创空间"；2015 年被教育部批准为全国"现代学徒制"试点单位；2016 年被教育部、民政部、卫计委批准为全国职业院校养老服务业示范专业单位，同年获得中国青年报"全国就业竞争力示范校"称号，"乐创津成"众创空间获批国家级众创空间；2017 年被认定为全国职业院校装备制造类、旅游类示范专业单位。

　　学校历来重视教育教学改革和人才培养模式创新，针对不同专业特点，不断创新校企深度融合模式，扎实推进实习管理工作规范化、科学化。基于实习地点分散，考核困难，顶岗实习与毕业实践重叠，实习管理过程难于监控，师生时间、空间受限等困扰职业院校顶岗实习的现实难题，借力信息化管理手段以及课程化管理等柔性管理模式，不断完善顶岗实习管理。

一、系统设计实习教学方案

（一）精准对接行业特色，优化人才培养方案

学校考虑不同企业行业人才需求的不同，充分发挥行业企业指导作用，积极推进专业与产业精准对接，人才培养方案在校内外实习安排等方面进行差异化制定，反复论证课程设置的先后顺序，合理设置各类实习安排，促进学生职业适应能力和可持续发展能力，实现精准育人目标，培育专业特色（见图 1）。

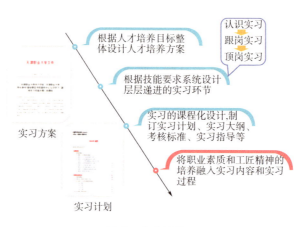

图 1　实习设计

如学校旅游专业"旺入淡出，工学交替"顶岗实习模式。结合旅游行业淡旺季人才需求特点，在保证完成教学总目标的前提下，灵活安排各学年教学时间，机动过程管理，使工作时间和学习时间相互交融，课程学习和专业实训相互嵌入，最终实现人才培养规格与行业用人单位岗位需求最大限度吻合。旅游管理专业将原来的三学年六个学期，改为三学年八个学期，学生在旅游旺季进入企业进行顶岗实习，淡季回到学校学习专业知识。解决旅游企业旺季急需扩充员工需求，满足学校大批学生真实岗位实践需要，更好地培养学生的职业精神，提升职业认同感，提高学生专业能力和服务意识，实现学校、企业、学生三方共赢（见图 2）。

（二）行校企联动，实施一站式服务

学校积极主动与行业、企业建立联系，在行业的引领下，各方提供优质资源，共搭实习平台，共促人才培养。

如学校老年服务与管理专业"现代学徒制"顶岗实习模式。学校聘请行业专家、企业领导在校共建"专业教学指导委员会"，明确专业人才培养目标，确定和调整教学和实训计划方案，提供行业、企业等市场人才需求信息。学校老年服务与管理专业学生入校时，即与学校、天津市福老基金会签订三方协议，学习期间接受市福老基金会资助，市

学制	一				寒假	二					暑假	三				寒假	四				暑假	五				寒假	六			
月份	9	10	11	12	1	2	3	4	5	6 7	8	9	10	11	12	1 2	3	4	5	6 7	8	9	10	11	12	1 2	3	4	5	6 7
淡旺季	旺季				平季	淡季					平季	旺季				平季	淡季				平季	旺季				平季	淡季		平季	旺季
新学期	一					二						三 四					五					六					七			八
实习									认识实习							跟岗实习											顶岗实习			
其他实习	社团活动、志愿者服务						社团活动、志愿者服务										社团活动、志愿者服务												
校内课程	职业基础课、素质课、技能课						职业技术课										技能训练课、选修课												

图2 "旺入淡出，工学交替"顶岗实习模式

民政局协调市养老机构协会推荐学生在天津市养老行业就业，确保学生具有学生与行业人员的双身份，使学生"招生即招工""入校即入职"。毕业后留在养老行业的比率达到100%，两年后留在养老行业的比率达到80%，且全部就业于天津市中高端养老机构。

二、坚强有力的实习保障

学校为学生实习工作的有效开展，着力进行实习基地、师资、制度、学生权益、研究等保障的积极探索，形成了"校中厂"的顶岗实习模式。

（一）基地保障

学校充分遵守专业岗位对口、实习条件充足、管理规范严格的原则。根据实习计划严格执行实习基地遴选、现场考察、容量评估、教学培训、签订协议、生企双选、入企抽查、基地评优等基地保障闭环。

除校外实习单位外，学校充分挖掘校内资源，在机械实训中心基础上，成立了汇通仪器设备有限公司，以现代高新技术企业的高标准建设校内基地，在学生实习的各个环节均提供了极大的便利，且成效显著。

（二）师资保障

教师选取培养方面，严格贯彻落实《天津职业大学学生顶岗实习管理规程》中关于指导教师的相关规定。同时，学院检查与学校抽查相结合，扎实推进过程性管理，实现从制定实习教师标准、指导教师遴选和培训、实时与定时考核评价的基于实习管理全过程的师资管理（见图3）。

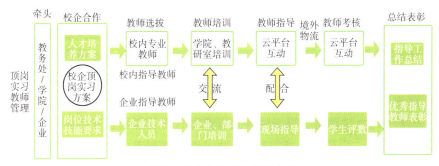

图3 顶岗实习指导教师管理

如学校的"校中厂"模式。鉴于实习基地的重要职能,"校中厂"秉承"招工即招师"的思想理念,从生产研发和实践教学双角度出发,部分重点生产岗位学历和企业工作经历是重要的参考条件。结合"双师"能力素质要求,加大培训工作力度,提升实习带教教师教学能力。目前加工中心已建成一支以国家级技能大师李建国为带头人,包括 6 名全国技术能手和 13 名天津市技术能手的教学团队并获得多项荣誉(见图 4)。

图 4 "校中厂"以国家级技能大师李建国为带头人的优秀师资队伍及荣誉

(三)制度保障

学校严格落实教育部、天津市关于学生实习、产教融合等相关文件精神,建立和完善了实习管理制度,如《关于加强实践教学意见》《实习、实训管理规范》《顶岗实习管理规程》《顶岗实习应急预案》等,强化管理的标准化和规范性。

如学校"校中厂"在学校制度的基础上进行内部系列规章的制定,如《加工中心实习安全操作规程》等。"校中厂"专门成立实习管理办公室,进而拟定各实习教室管理规程,如针对实习场地、实习指导教师、实习学生等覆盖实习过程的管理规程,以及针对不同车床设备的车床实习安全操作规程。所有实习带教教师必须严格监督学生遵守相关规定,否则追究实习带教教师、实习教室责任人、实习学生的连带责任。

(四)学生权益保障

学校严格贯彻落实教育部、市教委等上级部门的相关规定,形成学生实习内容、学生生活环境、学生顶岗实习时间、全面落实实习保险、应急预案处理等全方位的保护和保障。

如学校"校中厂"以"职业人+实习生"的思路培养、考核学生。遵循"成果导向,逆向设计"的思路,保障学生的学习内容和质量。按照成果导向逆向设计顶岗实习方案,依据"校中厂"实际生产需求制订实习计划;以专业人才培养目标所需的专业知识点、职业技能和素质等,制定教学整体和单元设计方案;按企业用人标准建立以企业为核心、专业建设联合体参与的实践教学质量评价体系。将岗位分项任务与学生岗位技能培养紧密结合，优化"校中厂"育人机制（见图5）。

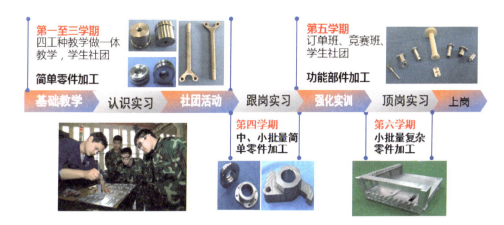

图5　"校中厂"——以真实生产过程为载体的实习模式

（五）科学研究支持保障

近10年，学校立项关于实习方面的教学科研课题24项，其中省部级课题10项。教师发表关于实习方面的科研论文38篇。大批研究成果为实习管理的不断完善和提升提供了不竭动力。"校中厂"模式中，顶岗实习项目来自"校中厂"真实订单，在实习中做项目，将实习成果转化为产品，实现校厂育人双赢的局面。

三、精细全面的实习管理

（一）打造校企双轨管理，实施管理模式

学校除强调校企双方共同构建实习内容、组织方式和教学及考核标准外，依照实习管理系列文件、规定，明确校企双方责任。校企分别遵循"校/企—院/部—师/技"三级实习管理模式，层层压实主体责任，逐级传导责任意识，不断夯实责任链条。

如学校汽车学院着力高端名企订单班顶岗实习模式，当前基本形成了以东风日产为代表的日系车，长安福特为代表的美系车，SGAVE项目为代表的德系车，以及江铃汽车为代表的柴油车的三大车系并行，汽油车、柴油车两栖的良好合作局面。落户在天津职业大学汽车工程学训楼的校企"培训中心"和"培训基地"，综合利用校企双方优势，满足双方和社会需求。将培养过程管理纳入名企人力资源管理，将"准员工"身份的学生培养的特殊性与企业育人、选人、用人机制有机结合，实践了"学生志愿填报—生企双选—定制教室和活动区域—定制教具—定制课程"的校企合作新机制。在严格执行学校既有的管理制度基础上，借鉴著名汽车企业的规范化、标准化、程序化、系统化职业教育理念，校企双方项目组共同制定国际标准的实训基地内部管理制度，如"校企合作订单班工作小组职责""联合办学订单班学生选拔标准""订单班教学实施管理规范"等相关制度和办法。校企订单班因"管理规范、保障全面"而备受实习学生好评与青睐。

（二）创设"多元运用"的顶岗实习考核评价体系

学校与企业联合创设"多元运用"的顶岗实习考核评价模式。即将考核纳入企业人力资源管理，与企业选人、用人、提薪、提职挂钩；明确四阶段考核项目，在命题定标、考务组织、考核任务、考核人选方面共同分担任务，创设校企协同管理机制，实施"企业主导、分段进阶、综合评价、考教分离"的顶岗实习评价模式，加速学生由"实习生"到"职业人"的转变。

如学校烹饪类专业高端名企订单班顶岗实习模式。规划了"新手—帮手—助手—熟手"的"四阶段"培养路径（见图6），创设了企业主导、学校协同的分段考核评价机制（见图7），学生通过分段进阶评价，由"准员工"成长为"正式员工"，实现由"实习生"到"职业人"的转变。该模式实施以来，毕业生行业高端名企就业率提高了32%，不仅受到企业的欢迎，学生也很满意。

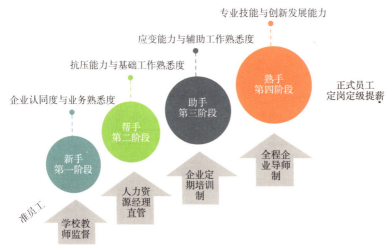

图6　由"新手"到"熟手"的"四阶段"培养实习模式

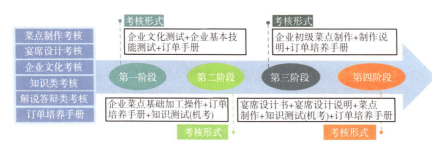

图7　企业主导、学校协同考核评价机制

如学校老年服务与管理专业"现代学徒制"顶岗实习模式。学生在机构与学校间交替式学习，机构为每位学徒提供不少于三大类岗位用于轮岗训练。学徒在企业实行三个"三结合"的技能培养模式，即"跟岗学习、轮岗学习、师傅培训"相结合；"岗位、师傅、课程"按照技术技能难易程度相结合；"老人评价、指导师傅评价、学生自评"相结合。"三三结合"培养模式进一步提高了学生的综合服务技能（见图8）。

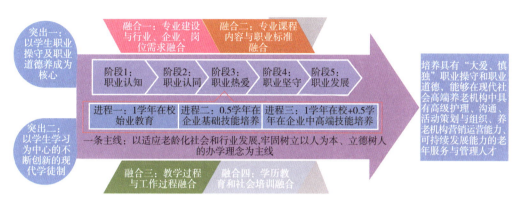

图8　三进程培养——"现代学徒制"顶岗实习模式

（三）利用信息化实习管理系统使顶岗实习管理工作安全、有效并扎实推进

2009年，学校自主开发了"顶岗实习管理系统"（见图9），顶岗实习管理系统主要通过文本记录、数据统计、师生交互的方式，对"确立实习师生对应关系—记录实习过程指导（含师生平台互动）—录入实习成绩"等过程进行有效的组织与管理。对相关课程替代、顶岗实习成绩、实习企业等项目进行维护与管理；以及加大师生在线交流与师生考核力度，实现对顶岗实习环节进行有效的管理与评价。系统在8年中完成三次升级，升级后的系统由顶岗实习管理软件系统和顶岗实习交互软件系统组成。目前实习管理软件系统依据学生不同形式（认识、跟岗、顶岗）的实习情况，进行相应课程替代、实习单位、指导教师、考核成绩的管理。顶岗实习交互软件系统是学生

图9　顶岗实习管理系统

顶岗实习过程化中业务指导与交流的过程管理，软件系统根据教师指导学生的发帖相关信息量、学生的回帖相关信息量等数据，自动对教师指导数量及指导学生业务教学内容进行排序和有效评价，实现顶岗实习的过程化管理，使得顶岗实习可视、可控、安全、规范、有效。满足学生顶岗实习"柔性管理化、小批量分类实施"的要求，解决了业务指导与管理难题。

四、实习效果

（一）师生培养

教师的行业影响力、企业合作意识、实践指导与技能水平和学生职业实践能力、专业爱好和兴趣明显提高，职业道德、职业规范和价值观全面提升。多年来坚持每学期派遣 30 人左右的专业教师脱产到企业顶岗实践，借此与企业加强沟通合作，提高技能。鼓励实习指导教师服务和利用企业具体难题案例，对学生进行设计指导和实践教学，不断推动校企深度融合，有针对性地改革和设计专业教学活动。2008 年至 2017 年，学生参加了高水平职业技能竞赛，其中，在全国职业院校技能大赛、全国大学生电子设计竞赛、全国大学生数学建模竞赛等国家级竞赛中获得一等奖 18 项，二等奖 30 项，三等奖 26 项，总计获奖 74 项，天津市职业院校技能大赛 615 项，其中一等奖 126 项；学生获专利 1 000 余件，其中发明专利 50 余件；据麦可思第三方数据显示，教学质量学生满意度连续四年均在 91% 以上。

（二）学生就业

学校顶岗实习管理工作的高质量推动，提升了人才培养质量，推动了学生就业质量。2014—2017 年学生平均就业率 98%，稳居天津高职院校前列。同时学校先后荣获全国普通高等学校毕业生就业工作先进单位、教育部全国毕业生就业典型经验高校、天津市创新创业教育与就业工作示范校、全国大学生就业优秀组织高校、中国青年报"全国就业竞争力示范校"、全国"现代学徒制"试点单位、国家级众创空间等荣誉称号。

（三）社会反响

校企合作联合培养学生，引起媒体广泛关注。2018 年以来，主流媒体报道达 28 次。如《光明日报》的《"养老服务"类专业缘何受青睐——天津职业大学老年服务与管理专业带来的启示》，介绍了学校学生在养老院与学校进行交替式学习、轮岗化训练的成功经验（见图 10）。天津职大与林肯（中国）成立国内首家林肯校企合作基地引起《今晚报》、央广网、中国教育新闻网等争相报道，内容涉及校企携手在校内选拔优秀学生组建定向培训班，共同制定国际标准实训基地内部管理制度，林肯（中国）全程参与课程教学及考核，校企共同组建教师团队将林肯（中国）最新技术、产品标准引入教学，开发课程，学生实习质量和效果再上新台阶等。

（四）服务应用

学校率先应用以及持续升级的顶岗实习管理系统，实现了顶岗实习全过程实时动

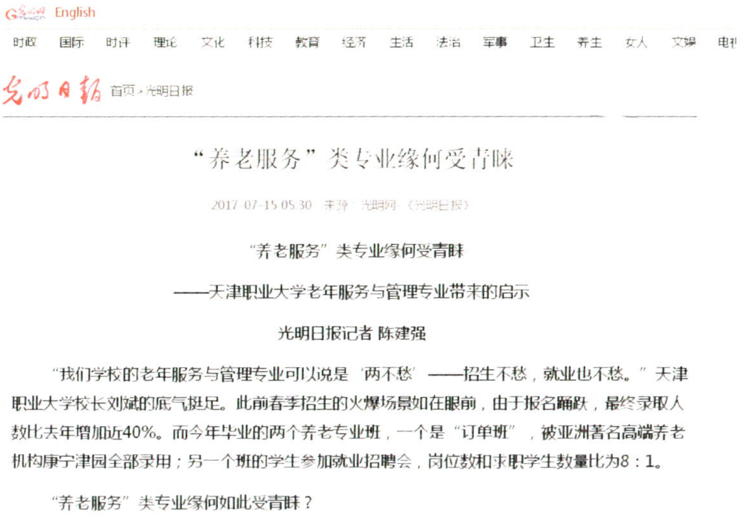
English
时政 国际 时评 理论 文化 科技 教育 经济 生活 法治 军事 卫生 养生 女人 文娱 电视
光明日报 首页 › 光明日报

“养老服务”类专业缘何受青睐

2017-07-15 05:30 来源：光明网-《光明日报》

“养老服务”类专业缘何受青睐

——天津职业大学老年服务与管理专业带来的启示

光明日报记者 陈建强

“我们学校的老年服务与管理专业可以说是‘两不愁’——招生不愁，就业也不愁。”天津职业大学校长刘斌的底气挺足。此前春季招生的火爆场景如在眼前，由于报名踊跃，最终录取人数比去年增加近40%。而今年毕业的两个养老专业班，一个是“订单班”，被亚洲著名高端养老机构康宁津园全部录用；另一个班的学生参加就业招聘会，岗位数和求职学生数量比为8：1。

“养老服务”类专业缘何如此受青睐？

图 10 《光明日报》报道

态信息化管理，针对性和可操作性强，在全国同类院校具有较大影响，已有天津渤海、山西冶金等 4 所院校引进该系统，到学校实地调研院校 40 多家。

五、持续改进的实习展望

（一）产教融合 强化管理 提升水平

根据专业特点，深挖行业、企业有利资源，继续共同完善实习人才培养方案。根据技能要求系统设计层层递进的实习环节，将职业素质和工匠精神的培养融入其中。根据实习中暴露的问题，共同完善实习相关文件。通过“认知—跟岗—顶岗”实习的全程化、标准化设计和统筹，深化和落实专业实习标准，保障实习效果和人才培养质量。

（二）成果导向深化“专业+”的实习模式探索，凸显专业特色

学校“专业+”的顶岗实习模式的有益探索和显著成果，逐步向校内所有专业铺开，鼓励各专业通过广泛且深入的调研、论证、实践、创新和改进本专业顶岗实习工作，最终形成精准对接产业特点、管理高效先进、多模式并行的顶岗实习体系。

（三）信息化手段推动实习信息化管理

立足学校信息化实习管理的有利条件，进一步提高实习管理系统的时效性、规范性、科学性，保障顶岗实习效果。不断完善系统功能，持续实施系统培训，对培训工作常抓不懈。持续增强涉及人员的信息化管理与应用素养，达到数据真实、无缺项，内容高质量，管理监控、反馈到位的良好效果。

微信平台助管理 "三岗递进"提质量

无锡机电高等职业技术学校

【摘要】职业学校学生实习岗位繁多，企业分散，涉及面广，学生实习管理上存在真空地带和很多困难。学校在实习管理实践中探索创新实施了"三岗递进"实习教学模式和基于微信平台的实习管理模式，在建立有效的学生实习工作体制和规范制度、学生实习过程管理及学生实习评价、安全管理等方面取得了卓越的成绩。

一、管理创新背景

无锡机电高等职业技术学校是首批国家中等职业教育改革发展示范学校，教育部重点建设职教师资培养培训基地、全国机械职业教育教学指导委员会数控技术类专业教学指导委员会（中职）主任委员单位。根据职业学校办学特点，为加强学生实习实践性教育教学活动，包括拟岗认知实习、轮岗（跟岗）实习和顶岗实习等工作，学校基于职业院校学生的认知规律和技能养成规律，以综合职业能力提升为主线，以微信管理平台为突破，实践了"拟岗、轮岗、顶岗"三岗递进实习教学模式。

（一）开发实习管理平台

学校以往的实习管理基本上采取的是手工上交纸质文件管理模式。传统实习管理模式从客观上无法统计，更无法做到安全预警与处置。无锡机电高职总结多年的经验，发现顶岗实习具有三大特点：

一是分散性。随着城市规模的扩大，学生实习的企业范围逐步扩大，往往产生跨市跨省现象，相对比较分散。分散性导致学校实习管理难度加大，教师定期走访企业，了解学生情况的困难增大。

二是流动性。参加实习的学生以"95 后"为主，实习理念不同，更换实习企业的频率比较高，流动性增大。流动性导致班主任不能及时掌握学生的实习情况，给实习管理带来了一定的困难。

三是互动性。学生实习是涉及企业、学校、教师、学生及家长等方面的系统工程。实习期间，学生从封闭的校园进入开放的实习企业中，不能很快适应角色和空间的转换，容易出现各种问题。学生实习的互动困难导致学校与企业、学生和家长无法做到及时沟通，也无法准确了解学生真正的实习状态。为此，根据顶岗实习的管理需要，学校自主研发了基于微信的实习管理平台。

（二）加强实习工作管理

基于以上实习管理背景，学校通过多年创新实践，不断探索完善学生实习管理的新模式，逐步形成了"三岗递进"实习教学模式和基于微信平台的实习管理模式。该模式梳理了学生拟岗、轮岗、顶岗实习全过程的各个环节，实现了顶岗实习期间对学生实习动态掌握的准确性、真实性、及时性，建立了师生交流平台，使教师可以针对学生实习中遇到的问题及时进行指导，加强了校企合作育人的信息交流和评价机制无缝对接，高效地收集相关信息数据，为科学有效地分析实习情况提供了保障，有效地提高了顶岗实习的管理质量。

二、典型做法与具体措施

（一）创新"三岗递进"实习教学模式

学校将学生的实习活动分为拟岗认知实习、轮岗（跟岗）实习和顶岗实习三个阶段，如图1所示。

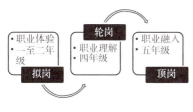

图1 "三岗递进"实习体系

第一阶段（一至三年级）：拟岗学习，学生在校内实习基地模拟企业生产过程与现场环境，掌握岗位工作内容、定向和概括性知识、形成职业定向技能，基本了解就业职业的整体情况，能在外部指导下进行活动，完成岗位体验。

第二阶段：轮岗实训（四年级），学生在校内外轮岗实习基地参与产品的整套生产流程，掌握专业关联性知识，形成程序性技能，形成反思性职业认同感，接受企业文化熏陶，能进行基于规律的系统化活动，完成岗位理解。

第三阶段：顶岗实习（五年级），学生到预就业企业进行顶岗实习，掌握具体与功能性知识，形成处理蕴含问题的特殊任务技能，形成职业责任感和质量意识，产生知识指导下的自我行动，在企业中按照准员工要求进行顶岗实习，实现就业与顶岗实习的无缝对接，完成岗位融入。

学校与企业共同建立教学指导委员会，全面指导实习工作的协调与管理。教学指导委员会下设学生实习管理工作领导小组，由招生就业处负责具体工作，负责构建教育、管理和服务立体多元实习管理体系。在实践过程中形成了以学校、企业双主导，系部、车间双主体的实习工作管理体制，真正做到人才共育、过程共管、责任共担、成果共享。

（二）创新基于微信平台的管理模式

为解决当前实习工作中学生流动性强、监测实时性弱、校企互动性差等系列问题，根据专业特色和顶岗实习的管理需要，学校自主研发了基于微信的实习管理平台。该平台既能在台式电脑上运行，也可以在微信平台上运行，两者相互关联，实时同步。该平台不仅是实习教学的交流平台，也是过程管理、检查考核与统计分析的管理平台，任何一个学生只需要一部装有微信的手机，关注学校实习管理公众微信号并注册认证就可加入。为了加强对人员和企业的身份管理，实习微信管理平台全部采用实名认证，确保以后采集的数据全部真实有效。在长期的应用中形成了以下三大特色。

图2　金字塔式的多元管理机制

1. 形成了金字塔式多元管理机制

微信管理平台的搭建，方便采用多角色和多功能的模式对各级各类人员展开管理，方便家长、学校、企业三方的信息交流和沟通。在实习管理的过程中，在微信管理平台中运用金字塔管理机制（见图2），对顶岗实习的学生做"多元"管理。通过搭建微信平台，方便和加强了校企双方对于顶岗实习信息的交流和沟通，研讨并解决校企合作中遇到的各种问题，以及使企业更多地参与学校的课程开发。同时，学校专业指导教师更多地了解企业的需求，参与企业产品开发及技术研究，实现资源共享，科学系统地建立健全了顶岗实习的管理机制。

2. 建立了可控的顶岗实习"模块化"管理方式

微信管理平台由基础数据模块、统计分析模块、通知公告模块、微信管理模块、学生中心模块、实习管理模块、毕业管理模块、组合查询管理模块、企业评价模块九个模块组成（见图3）。

（1）可以统计学生、指导教师、企业的基本信息，包括学生的姓名、年龄、性别、所属系部、专业、学历和联系方式等。

（2）统计查询顶岗实习企业的基本信息，包括单位名称、地址、所属性质、实习报酬情况等。

（3）通过通知公告模块查看顶岗实习企业与就业的相关信息、岗位需求情况、学校重要的公告会置顶信息，确保学生掌握学校与企业的相关发展动态。

（4）通过微信管理模块可以对顶岗实习微信平台进行日常维护与信息更新，主要涉及学生出勤、周记记载、班主任检查情况、校内外专业指导教师指导情况，以及班主任和专业指导教师到企业的走访情况。

（5）实习管理模块是对周记指导、学生上报周报情况、学生岗位信息、台账指导、台账上报、上报台账查看、所有学生岗位信息的统计与管理。

图3　微信实习管理平台

3. 确立了校企合作的"多元多指标多阶段"评价机制

学校、企业共同利用微信管理平台，对学生进行多方面的考核，不同评价主体按照一定比例计算学生实习总分，不同评价主体分别从工作常规、实习任务、职业素养等多维度对学生进行评价，多指标评价体系更有利于培养学生在顶岗实习期间形成综合职业能力。不同主体评价的内容有所区别，班主任主要考核周记的完成情况、审阅学生实习心得体会，做好点评，掌握学生思想动态和工作动态；校内专业指导教师考核侧重于顶岗实习报告、实习任务书完成情况；企业师傅考核侧重于实践操作能力与职业素养，包括顶岗实习期间学生的出勤率、工作态度、任务完成情况、工作纪律、团队协作、创新意识、安全意识等。

2016年学校启用利用微信平台进行学生顶岗实习管理工作，100多家企业、15名毕业班班主任及833名实习生全部绑定微信，实现100%利用微信平台对学生顶岗实习进行管理，上传实习周记及教师指导。这项工作为学校对实习生进行动态管理及毕业生跟踪和校企联系提供了极大的方便。

三、成效与反响

多年来，学校创建"资源共享、优势互补、互利双赢"的校企合作机制，不断探索符合本校实际的校企合作高技能人才培养模式，通过加强实习管理工作，走特色发展、内涵发展、创新发展之路，取得了一定成效。

（一）微信平台实现泛在管理

顶岗实习微信管理平台是基于泛在网络的教学管理平台，突破了时间、空间和物理条件的限制，通过该微信管理平台，任何人、任何企业，可以在任何地点、任何时间进行泛在交流，同时实现任何实习教学管理目标。平台的采用取得了突出的成效：

1. 实现实习管理实时化

通过微信实习管理平台的每天定位签到功能可以更好地实现顶岗实习的实时动态管理，学生上报的实习资料也可实时更新，过程化管理变得相对容易。任何一位学生更换实习单位，企业批准以后，学生就可以重新录入新单位的信息，同时平台发送短消息通知班主任等管理人员，改善了以往实习信息更新滞后的问题。

2. 实现分散实习的集中化

班主任随时随地登录平台查看本班所有学生每天的签到及日报情况，突破以往实习管理模式的限制，提升了班主任的管理效率和管理质量。

3. 做到因材施教，满足学生的个性化需求

班主任和指导教师根据学生的日报、周报以及留言，可以有针对性地进行回复，并且通过实习记录的数据分析，检测每个学生的实习水平与状态，实现个性化的实习指导。

4. 实现数据统计、分析科学化

微信实习管理平台具有强大的数据统计、分析功能，即可以清晰量化、对比所有班主任和专业实习指导教师的检查辅导情况，以及所有学生实习岗位专业对口情况等，为学校课程建设、教师绩效考核提供可靠依据；又可以分类整理各专业各班级的顶岗实习资料，有利于总结出顶岗实习的成果信息（见图4）。

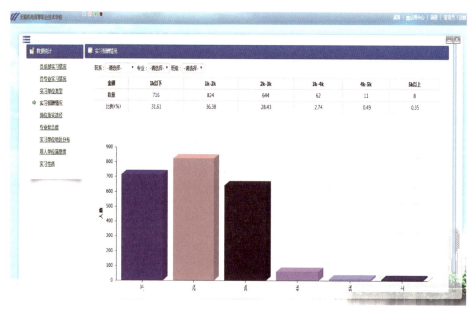

图 4　实习报酬情况数据统计

（二）"三岗递进"成效显著

传统的实习体系中，学生结束在校学习，直接进入企业进行顶岗实习，专业知识与技能没有与职业岗位无缝对接，教学过程没有与生产过程无缝对接，学校教学文化没有与企业工作文化无缝对接……一系列的问题都促使学生在顶岗实习初期产生不适应性，间接产生学生顶岗实习换岗、换单位频繁等问题。学校在人才培养过程中十分注重实习教学模式的研究与实践，根据技能型人才的成长规律与培养规律，总结了"三岗递进"实习教学模式，变"实习突进"为"实习递进"。校企合作成立实习管理领导小组，统筹安排从一年级到五年级的所有实习课程，将企业相关文化精神、岗位工作内容、技能标准融入每一次实习中去，使在校的"拟岗"和"轮岗"与在企业的"顶岗"无缝对接，真正实现顶岗实习阶段专业知识与技能的综合运用。

（三）学生技能和素养双发展

通过规范、创新的实习管理工作，实现了学生技能和素养的双发展，学生的综合职业能力得到全面发展。学生中级工考工通过率常年保持在99%以上、高级工考工通过率常年保持在85%以上。学生在职业院校技能大赛、创新创业大赛和文明风采大赛中屡获佳绩。在全国职业院校技能大赛中获得56个一等奖，获奖数以较大优势连年位居国内同类学校前列；在江苏省两届技能状元大赛中获得6个项目的状元，尤其在2016年江苏技能状元大赛中，勇夺4个状元，状元数占据全省半壁江山，学校蝉联"江苏省高技能人才摇篮奖"。在创新创业大赛中，学校仍以较大优势领跑全省同类学校，2013年获江苏省职业院校创新大赛历史上唯一一个特等奖，2014年获中国科协公众创新擂台竞赛最高奖——擂主奖，在第七届国际发明展览会上获得金奖等，学校荣获"江苏省科学教育特色学校"并蝉联江苏省职业教育创新大赛"优秀组织单位"和江苏省职业学校创新创效创业大赛"优秀组织奖"。学生创业比例逐年提高，创业意识已在毕业生中蔚然成风。在全国文明风采大赛中累计获得一等奖近百件，学校连续多年获得全国文明风采大赛优秀组织奖。从2013年起，无锡市教育主管部门委托国家统计局无锡调查队对直属院校每年开展教育状况满意度调查，调查对象包括家长、学生、企业等，调查方式包括问卷、电话、随机面谈等，学校连续三年蝉联无锡市教育状况满意度调查社会公众满意度第一。

四、未来发展

基于微信平台的无锡机电高职实习管理开辟了顶岗实习管理新途径，解决了顶岗实习期间的实习分散性、流动性、互动性等问题。通过该平台能够实时远程监管学生的顶岗实习过程，掌握学生的实习动态，对顶岗实习中遇到的问题或困难及时给予指导和解决，有效提高了顶岗实习的管理质量，使学生能更好地完成角色转换，融入企业生产环境中，为国家现代化建设培养出更多的高素质和高技能专业人才。同时，通过实践，对出现的问题，我们也进行了反思。

（一）进一步完善微信实习管理平台功能

微信实习管理平台功能因使用主体的需求而不断扩展，前期在开发过程中更多地考虑了学校与学生的使用需求，企业的使用需求需要进一步完善，另外还将进一步接入政府部门和社会人力资源公司的网站，使学校、家庭、企业和政府能基于微信管理平台形成四方人才共育机制。随着功能的不断拓展，原有公众微信号已经无法支撑，将进一步开发功能强大的手机专用 APP，真正实现台式电脑、微信公众号和手机 APP 三位一体的实习管理平台。

（二）进一步深化"三岗递进"人才培养模式改革

以"现代学徒制"实践为抓手，进一步深化校企合作机制，推动学校招生和企业招工相衔接，在校企联合教学指导委员会的指导下，做好专业知识、技能与职业岗位无缝对接，教学过程与生产过程无缝对接，学校教学文化与企业工作文化无缝对接……在前期教学计划、教学内容实现共商共管的基础上进一步加强资源建设，以校企联合教学团队为依托，围绕学生的核心技能和企业的品牌文化进行立体化教学资源开发，使企业产品与文化真正做到进校园、进课堂、进教材、进大脑。

总之，职业学校学生实习是教学的重要环节，也是校企合作的关键环节，是培养学生职业能力、职业素养和职业精神的重要载体，是促进学生全面发展和稳定就业的重要教学途径。今后，我们将坚持以学生发展为本，进一步探索创新，强化学生实习科学管理，进一步提高学生实习管理质量，助推学生发展，促进人人出彩。

创新模式　完善机制
细化管理　助推培养质量提升

无锡职业技术学院

【摘要】坚持产教融合、校企合作，坚持工学结合、知行合一，校企共同培养学生职业素养和实践能力。坚持教育研究与育人实践相结合，不断将实践经验上升为机制体制保障，创建了"两服务、三聚集"校企协同育人模式，构建了"三结合+三导师"的实习教学模式，完善了"四循环五主体"实习管理机制，创新实施了实习教学的精细化管理，产出一批理论及实践成果，助推了校企合作创新发展，提升了人才培养成效，提高了毕业生就业质量。

一、管理创新背景

中国政府高度重视在职教领域开展产学合作培养人才，在一系列重要法规和文件中都做出了相应规定，先后颁布《国务院关于大力推进职业教育改革与发展的决定》《关于职业院校试行工学结合、半工半读的意见》《关于全面提高高等职业教育教学质量的若干意见》《职业学校学生实习管理规定》《职业学校专业（类）顶岗实习标准》等文件，要求"积极推行与生产管理和社会实践相结合的学习模式，把工学结合作为高等职业教育人才培养模式改革的重要切入点，带动专业调整与建设，引导课程设置、教学内容和教学方法改革"。

无锡职业技术学院是首批"国家示范性高等职业院校"之一，多年来坚持研究先行、实干创新，致力于服务制造业转型发展，成为全国机电类专业"单打冠军"，形成鲜明的办学特色。学校坚决贯彻、执行相关实习管理文件的精神，在长期的办学实践中，秉持职业教育知行合一理念，研究并实践工学结合人才培养模式改革，校企深度合作创新实习管理模式，取得了较好成效。

（一）长期实践积累

无锡职业技术学院建校以来，始终坚持以培养高素质技术技能人才为主旨，围绕学生职业能力培养主线，构建了"一条主线，三个层面"的实践教学体系，通过与理论教学体系相对独立、相辅相成、相互渗透的"基础能力、专项能力、综合能力"三个层面实践教学体系的实施，服务学生的职业素养和实践能力培养。积极探索"全程、开放"工学结合人才培养模式，突出"学中做、做中学"教学模式改革，并于 2007 年率先实施企业顶岗实习，形成了清晰的工作流程和系列制度文件。探索实训基地由"硬"向"软"转型升级的新路径，在校内建成了"多功能、开放式、共享型"实践教学基地，在校外建立了 200 多个实习基地，其中 90 多家企业成为学校"工学结合"顶岗实习基地。

（二）教学成果提升

深化课程体系改革，实施递阶式实习教学设计，以职业能力培养为主线，通过调研、归纳、排序、重组，校企合作开发以实践教学为主导的专业课程，并在实习期间同步实施，由学校专职教师和企业指导教师共同承担。相关成果"系统改革高职课程体系的探索与实践"获 2009 年国家教学成果一等奖。以服务为宗旨、以共赢为导向，通过专业集群和资源集成等方法创新，探索实训基地高效运行规律，研究提出高职实训基地关键资源池建设模式。相关成果"高职实训基地关键资源池（KR-POOL）模式的研究与实践"获 2014 年国家教学成果一等奖。我校数控技术专业基于在全国同类专业领先的厚实基础，2015 年牵头制定了《高等职业学校数控技术专业顶岗实习标准》，该标准对接智能制造领域岗位需求，明确实习岗位工作要求，细化劳动态度、纪律、安全生产、沟通等非智力因素培养规范，对专业实习起到了引领与规范作用。

（三）重点难题破解

基于多年的研究和实践探索，学校在校企协同育人的重点和难题突破方面初见成效。如为适应产教深度融合的发展需求，探索研究校企协同育人模式；全面落实立德树人、全程育人要求，校企协同实施学生实习教学；系统设计实习管理机制，进一步发挥多方的责任主体意识，强化制度保障等。

二、典型做法与具体措施

（一）创建"两服务、三聚集"校企协同育人模式

依托江苏智能制造先行优势，以顶岗实习实施为抓手，基于校企深度合作，整合人力、装备、技术、信息、文化等要素，聚集引导、发展、服务三大动力，满足企业创新发展和学校人才培养两大服务需求，创新构建了"两服务、三聚集"校企协同育人模式（见图 1），显著提升了校企协同育人的效果和水平。

校企深度融合，协同育人，建立"优势互补、资源共享"的长效机制，实现与企业物质、智力资源的集中与共享；明晰双方权责、建立运行机制，构建合作平台；树立与其合作、为其服务的意识，品牌互动，梳理服务项目，寻求共赢点；通过技术服务，将生产、科研中不断出现的新技术、新成果及社会经济发展前沿知识，转化为教学资源；依托江苏智能制造先行优势，以服务企业转型升级需求为出发点，激活企业参与产学合作的"内驱力"。

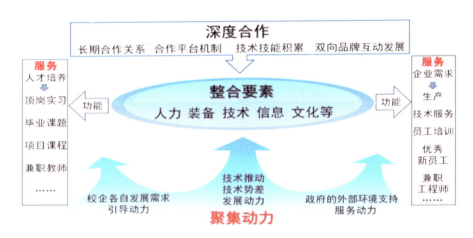

图1　校企深度合作的"两服务、三聚集"协同育人模式

(二)　构建"三结合+三导师"实习教学模式

学校构建"三结合+三导师"实习教学模式(见图2),校企协同实施学生实习教学。

图2　"三结合+三导师"实习教学模式

根据企业生产运行特点和学校教学运行规律,实习安排将"岗位要求与课程内容相结合、生产运行与教学周期相结合、顶岗实习与预就业相结合",既解决了企业急需,又达到了学生在真实生产环境中技能训练的目的。如数控技术专业、机械设计制造及其自动化、电气自动化技术专业、汽车检测与维修专业等10余个机电类专业,与无锡威孚高科技集团、江苏和亿机电科技有限公司、苏州捷骏汽车销售服务有限公司、无锡信捷电气股份有限公司等22家企业合作,通过A班、B班双进程交替的方式,保证企业长年有学生顶岗,方便了企业安排岗位(见表1)。而旅游管理、酒店管理等8个专业与无锡灵山文化旅游集团有限公司、苏宁云商集团等公司的顶岗实习主要分散安排在旅游旺季。

表 1   "分散式与双进程"实习教学安排

月份	1	2	3	4	5	6	7	8	9	10	11	12
企业生产周期	淡季	旺季	淡季		旺季	淡季				旺季	淡季	旺季
学校实习安排		顶岗			顶岗					顶岗		顶岗
	顶岗实习A班						顶岗实习B班					

"思政导师、专业导师、企业导师"全程参与学生实习。通过指导教师手册、顶岗实习质量检查及通报条例等文件，规范并明确"三导师"的工作职责及考核办法。思政导师由辅导员和班主任担任，负责了解学生思想动态，解决思想问题，关心实习生活。专业导师由专业教师担任，负责学生专业知识传授、技术方法指导等业务教育。企业导师由企业实习指导人员担任，主要负责岗位技术、技能、职业精神养成的教育以及企业文化的熏陶，指导学生解决技术难题。"三导师"团队协作，落实立德树人根本任务。

（三）完善"四循环五主体"实习管理机制

依据《职业学校学生实习管理规定》精神，遵循"规范实习管理、强化实习教学功能、维护各方合法权益"三大基本原则，按"四循环五主体"模式，以政府、企业、学校、专业、学生五方为责任主体，将政府政策导向、企业协同育人、学校机制保障、专业规范实施、学生技能素养达成等关键责权内涵，内化成《关于开展学生顶岗实习工作的指导意见》《学分制管理办法》等相应制度；借鉴戴明循环模型理论和知识创新理论，以"政策标准、组织运行、质量评价、研究实践"四步循环为准则，系统设计实习管理机制（见图3），强化了实习管理的制度保障。

图 3   "四循环五主体"实习管理机制模型

（四）抓住关键环节，实施精细化管理

依据《职业学校学生实习管理规定》和《职业学校专业（类）顶岗实习标准》，

将实习过程分为实习准备期、实习前期、实习中期和实习后期四个阶段，明确每一阶段的任务、要求，强力推进规范化过程管理（见图4）。抓住重点环节，进行针对性的研究和持续改进，实施精细化管理。

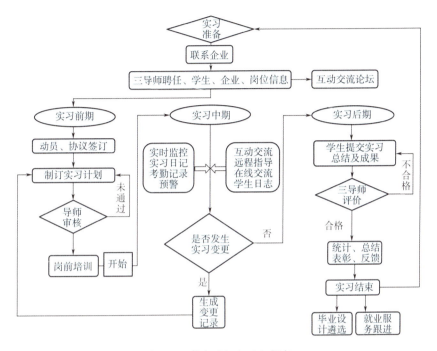

图 4　顶岗实习组织运行框架

1. 实习教学顶层设计

针对专业人才培养目标，依据高技能人才成长规律，基于校企协同育人模式，以职业能力培养为主线，对应学生"新学徒、普通技工、高技能人才"三个成长阶段，设置了认识、专项、毕业实习，服务于学生的基础、专项、综合能力培养（见表2）。三阶段实习融合专业课程，构成了职业素养与职业能力培养三个递进台阶。

表 2　递阶式实习教学设计

人才成长规律	就业岗位	课程设置	基础与主线	素质、能力培养三阶段
高技能人才	主要就业岗位	毕业实习:提高专业技术应用能力和职业素养,实现预就业	可持续发展能力培养为基础 职业能力培养为主线	综合能力培养
		综合专业课程等		
普通技工	次要就业岗位	专项实习:培育职业素养,融合专业课程学习积累感性认识		专项能力培养
		专项专业课程(含课证融通项目)等		
新学徒	迁移就业岗位	认识实习:初步了解专业的就业前景、工作环境及岗位工作任务		基础能力培养
		入门基础课程等		

2. 按四项原则遴选实习单位

（1）互信互利原则。校企在长期的合作中，建立相互坦诚信任、愿意相互担当的合作关系。如无锡威孚高科技股份有限公司是长期与我校合作的企业，常年接纳我校学生顶岗实习。双方还联合面向全国机电类专业教师开展国培项目，共建国家产教融合项目"无锡智能制造公共实训基地"。2017 年起，针对企业车间精益技术员、制造生产领班，联合培养威孚精英制造人才。

（2）共建平台原则。在省市政府的政策支持、区域经济社会发展的良好环境、企业对高素质技术技能人才的渴求等因素的助推下，我校与一汽锡柴股份有限公司等建成政府、行业、企业、学校合作平台。

（3）技术合作原则。学校通过技术研发、技术服务助推企业转型升级，如常熟开关制造有限公司为完成国家工信部、财政部立项的"基于工业互联网平台的用户端电器智能制造系统的研制与应用"项目，委托我校开发"智能仓储移动物流系统"和"ABC 零部件智能立体仓库"项目，合同总金额 461 万元。校企从技术合作逐步扩展到人才培养的合作，企业主动接纳学生实习与就业。

（4）品牌互动原则。学校牵头与西门子工业软件公司等龙头企业共同制定《生产现场可视化管理系统技术规范》等国家标准，引领智能制造企业发展，彰显校企强强合作共赢发展，这类企业主动选择学生顶岗实习，如西门子工业软件公司、德马吉森精机公司等。

3. 安全管理责权明晰

安全责任层层落实，实现了零事故、零纠纷。学校成立实习安全管理领导小组；质控部门经常督促检查；针对智能制造类岗位设备高精尖、操作规范要求高等特点，制定《实习安全手册》，学生人手一册，强化安全教育；切实维护学生合法权益，明确实习时间、实习报酬，学校为实习学生投保，同时实习单位也为学生购买商业保险。

4. 成果导向评价实习

要求学生提交的实习学习成果，能反映岗位工作的技术规范和职业素养。考核合格同时获得校企联合签发的"企业工作经历证书"（见图 5）。鼓励学生将实习成果转化为专利、优秀毕业设计、论文等，根据学校"学分银行管理办法"折算为学分存入学分银行，可转换必修课程学分。

5. 纳入诊改体系实施质量监控

作为教育部职业院校教学

图 5　学生企业工作经历证书

诊断与改进工作试点单位，将实习纳入课程诊改体系，分成课程、专业、学校三个层级，设立 7 个质控点、24 个测量点和 16 个预警点，借助网上实践教学平台实时采集数据，基于数据分析与决策支持平台进行决策支持和预警，建立了实习教学常态纠偏、持续提升的质量改进螺旋，有效提升了实习教学质量。

三、成效与反响

（一）产生理论和实践成果

通过多年的研究与实践，产生了理论和实践成果，获得了国家教学成果一等奖两项，主持教育部高等职业学校数控技术专业的顶岗实习标准 1 项。教师申获省级以上相关研究课题 22 项，公开发表相关研究论文 342 篇。

（二）助推了校企创新发展

通过校企双向品牌互动，与相关企业建成互信融合深度合作关系。在世界 500 强等品牌企业的引领下，与 200 多家企业签订校企合作协议，50 多家企业提供 7 230 万元仪器设备，38 家企业在学校设立奖学金或订单班，学生在世界 500 强企业就业人数达17.3%。学校成为全国第一个世界 500 强企业施耐德电气事业部自主加工（OEM）解决方案合作伙伴，教师也被聘请为施耐德的荣誉顾问。

近年来，仅江苏省品牌（骨干）专业"数控技术""物联网应用技术""电气自动化技术"三个专业，为企业开发技术服务等项目 379 个，到账资金达 1.12 亿元，牵头制定国家标准、行业标准 6 项，建成智能工厂标准验证试验室（见图6），引领制造业企业智能制造转型发展。

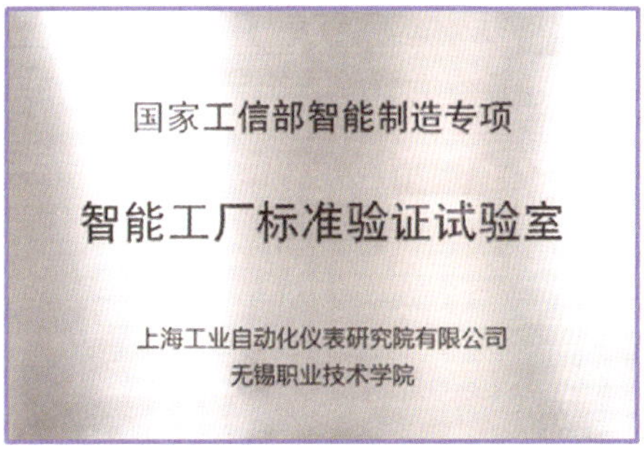

图 6　智能工厂标准验证试验室

（三）提升了人才培养工作成效

通过校企深度合作实施教学实习，提升了学生的实践能力，有力推进了人才培养工作。近两年学生申获专利 182 项，学生每年获得各级各类创新竞赛奖项 500 多项，2014 年以来累计获得技能大赛国赛一等奖 12 个，近五年获得江苏省优秀毕业设计一等奖、团队奖共 35 个。校企深度合作提高了毕业生的就业质量，根据江苏省教育厅高校就业指导中心最新统计，我校毕业生就业充分性、适配性、就业薪酬等指标均居江苏高职院校前列。培养了一汽高级专家、省级技能大师黄成等企业精英人才。

（四）社会关注度高

三年来，学校实习管理工作成效显著，受到社会普遍关注，先后被媒体报道 19 次，其中《中国教育报》《新华日报》等省级以上媒体报道 12 次。开展与实习相关的职业院校教师国培 442 人次、省培 811 人次，推广我校实习管理经验和做法，取得了良好的社会效应。

四、未来发展

中国教育改革发展已进入新阶段，深化产教融合是职业教育发展的主要任务。无锡职业技术学院全面贯彻党的教育方针，落实立德树人根本任务，继续加大人才培养模式改革力度，健全工学结合的育人机制，培养学生精益求精的工匠精神、精湛的职业技能和良好的就业创业能力。一是以全国首批教学诊改试点为契机，继续完善实习管理和质量评价，服务学生的多元成长成才；二是根据企业岗位需求，进行职业能力培养为宗旨的教学设计，持续完善校企双主体育人机制；三是继续创新校企深度融合模式，通过产教融合大平台建设，合作研发一批岗位规范、质量标准、教学标准，并进行技术研发及成果转移等，积极实施校企协同育人，形成一批高水平校企合作典型，全面提高人才培养质量。

创新"三层对接"机制
构建"4343"体系

武汉市第一商业学校

【摘要】武汉市第一商业学校针对中等职业学校，实习管理面临的学生年龄偏小，社会阅历不足，岗位对口率低，教学任务完成率低，企业指导弱化，实习效果较差等问题，采取精细化实习管理的思路，实行与企业深度合作的策略，破解了这个难题。在实习管理的探索实践中，引"企"入校，引"智"入校，打造了集"产、学、用"于一体的高水平实习实训基地，构建了完整的实习链，形成了"三层对接"的实习管理机制，实现了实习管理规划的"四同步"，明确了实习管理组织的"三步骤"，提出了实习管理实施的"四原则"，强化了实习管理保障的"三支撑"。

武汉市第一商业学校办学55年来，一直秉承"服务、开放"的办学宗旨，坚持"务实、精细"的管理文化，着眼地方产业发展，依托行业企业资源，深度开展校企合作，落实"立德树人"根本任务，致力技能人才培养。经过多年实习管理的实践，学校人才培养工作取得了显著的成效。学校为武汉市培养了财经商贸类职业技能人才六万余名，被誉为"武汉商界黄埔军校"。学校先后被授予全国教育系统先进集体、全国商业服务业校企合作与人才培养优秀院校、国家中等职业教育改革发展示范学校建设项目单位、武汉市校企合作先进单位等多项荣誉称号，赢得了社会各界的广泛赞誉。

一、实习管理创新背景

（一）服务业快速发展的坚实基础

武汉市三次产业结构比为3%，44%，53%，服务业占据经济半壁江山。2013年武汉市启动了"服务业升级、自主创新、创建环保模范城市、国际化"等四大升级计划，助力国家中心城市建设。针对"服务业升级"计划，制定了"武汉市现代服务业发展规划"，重点打造现代物流、商贸、金融、房地产、会展旅游等十大产业。经过几年的努力，服务业对全市GDP的贡献率达到了53.3%，其中商贸业增加值占服务业增加值的24.1%，成为吸纳就业的主要渠道。作为商贸行业特色显著的中等职业学校，武汉市第一商业学校主动适应地方产业升级调整，及时对标优化专业设置，对接武汉市商贸产业技能人才需求。服务业的快速发展，特别是武商联、斑马快跑、良品铺子等本土品牌形成"新雁阵"，为校企合作提供了广阔的舞台，为教学改革提供了肥沃的土壤，为实习管理注入了新鲜血液。

（二）学校精细化管理的传统优势

多年来，武汉市第一商业学校坚持管理工作在学校办学中的基础性地位，推动学校各项工作精细化管理，提出"向管理要质量，向管理要效益"的口号，形成了良好的管理文化。在国家示范校建设过程中，学校以章程为基础，结合国家、省、市有关规定要求和学校自身发展实际，建立了教学、学生、后勤、安全、教研和人事、财务、资产等方面的管理制度和标准，形成内部管理体系。学校建立和实施 ISO9001 质量管理体系，不断提升管理水平，取得了良好的效果，教职工将依法治校的理念、岗位目标意识、诊断改进思维逐步内化为自觉行动，管理质量和效益大幅提升，并通过了第三方认证机构认证。目前，此项工作仍在深化。良好的管理文化氛围，为学校进行实习管理的改革创新厚植了思想根基。

（三）学校实习实训的优良条件

武汉市第一商业学校现有综合实训建筑面积 3.3 万平方米，教学仪器设备总值 4 095 万元，90% 以上的设备购置充分考虑了专业发展的前瞻性。内设茶艺室、现代企业管理系统（ERP）沙盘实训室、奢侈品营销实训室、会计综合实训等覆盖校内所有专业群的实训场地 45 间，另设有实习酒店、演播室等综合实训基地 10 余处，其中省级实训基地两个、市级公共实训基地两个、市级高水平实习实训基地两个（见图 1）。学校积极引进行业大师、名师、劳模驻校任教，亲授成才秘籍，常福曾大师工作室先后被省教育厅、市政府、市总工会授予"大师工作室"称号。学校是省教育厅"湖北省职业教育师资培训基地"，武汉市商务局"商务培训中心"。良好的师资和实训条件为学校创新实习管理提供了坚实的核心保障。

图 1 "会计求索·乐学·知行实习实训基地"

（四）破解实习难题的迫切要求

中等职业学校学生实习是完成人才培养目标，增强学生综合能力的基本环节，是教育教学的核心部分。国家出台了多项政策，强化校企协同育人，将职业精神养成教育贯穿学生实习全过程，促进职业技能与职业精神高度融合。然而，中职学生实习管理一直面临着以下问题：第一，学生年龄偏小，社会阅历不足，学生对未来职业发展缺乏相对清晰的认识。第二，学生实习的岗位对口率低，教学任务完成率低，企业指导弱化，实习效果较差，迫切需要学校进行针对性的实习管理改革，破解实习难题。

二、典型做法与具体措施

将实习管理纳入校企合作的框架中进行，注重学校实习管理的顶层设计，注重教学作用在实习环节的充分发挥，形成了"三层对接"的实习管理机制。"三层对接"即：学校决策层对接企业高管层的办学指导委员会，为人才培养全过程提供战略决策；学校教学职能部门对接企业人力资源部的专业建设指导委员会，具体落实学生的跟岗和顶岗实习，确保校企合作育人的效能最大化；各专业对接企业店组长层的课程建设委员会，负责师徒结对，有效实施学生职业素养和实操能力的培养（见图2）。

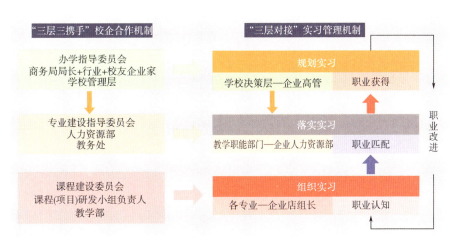

图2 "三层对接"的实习管理机制

横向看，各层次之间校企双方可以携手充分沟通本层面的工作，对学校来说，体现了一种教学实质意义的对等交流，体现了双方组织利益最大公约数的特点；纵向看，无论是学校和企业都可以通过自身的组织体系实现自身组织目标的达成，体现了组织的执行效率和组织利益最大化特点；"三层对接"纵横贯通，实现了行企需求与学校供给有效对接，促进学校不断优化人才培养方案，形成了"职业认知—职业匹配—职业获得—职业改进"的完整体系，得到了教育部职教所领导的高度好评。在此管理机制下，结合实习管理的基本流程，学校嵌入中等职业学校教育教学基本要求，从而形成了"4343"的实习管理体系（见图3），实现了实习规划、实习组织、实习实施、实习保障的全过程管理，构建了从认识实习、跟岗实习到顶岗实习的完整实习链。

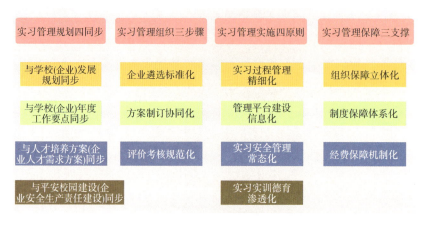

图3 "4343"的实习管理体系

（一）实习管理规划四同步

学校在实习管理规划上实现了与学校（企业）发展规划、学校（企业）年度工作要点、人才培养方案（企业人才需求方案）、平安校园建设（企业安全生产责任建设）同步规划。

（二）实习管理组织三步骤

1. 企业遴选标准化

充分利用"三层对接"实习管理优势，激活资源，遴选具有促进学生专业发展能力，具有较高的合作诚信度，具有较强的岗位指导实力，生产业绩好、管理体系好、技术水平好的"三有三好"企业为实习单位。从源头上解决学生实习的岗位对口率低，教学任务完成率低的问题。比如，烹饪专业依托校内"餐饮学生创意创业创新高水平实习实训基地"对接遴选企业校外实训基地，创新实施学校与餐饮企业全程式对接的三阶段工学交替联合培养模式（见图4）。

2. 方案制定协同化

校企共同制定人才培养工作方案，打通校企通道壁垒，将"教育和培训"融通，把"素养熏陶和岗位体验"结合，融入企业文化，诠释"工匠精神"，注重养成教育，培育学生职业素养。共同制定学生实习期间的教学目标、计划、内容，为学生成长赋能。比如在"3+2"中高职衔接培养中，武汉市第一商业学校与合作高职院校和企业共同制订教学计划，在第六学期，实行"3+2"校企滚动实习计划。"校校""校企"三方共同为学生创造一个"真实、开放、个性"的实践平台，有利于学生创新和创业能力的培养。

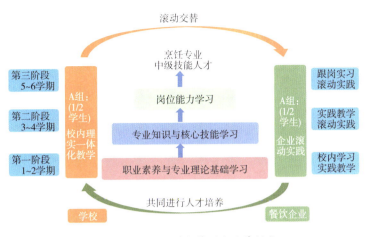

图4 三阶段工学交替联合培养模式

3. 评价考核规范化

校企共同制定实习考核指标，采取定性和定量相结合的原则，综合考核学生的职业素养和职业能力。实习结束后，由校内指导老师、校外指导老师、学生自评、学生互评共同实施考核，考核比例为3：3：2：2。

（三）实习管理实施四原则

1. 实习过程管理精细化

学生实习前，学校、实习单位、学生及家长签订"武汉市第一商业学校学生顶岗实习三方协议书"，并对学生进行安全、岗位等培训。实习过程中，双方指导老师及时填写"顶岗实习视导记载表"，掌握学生实习状况，加强学生的技能指导和心理疏导。

2. 管理平台建设信息化

构建信息化"工学云"平台，实现线上全程总览，预警推送；线下实时跟踪，分析疏导。线上平台既提高了实习管理效率，也为过程化的实习考核评价提供了平台和数据，为人才培养优化提供了支撑。线下全程跟踪视导，解决了学生年龄偏小、社会阅历不足、岗位适应能力弱、应对复杂情况能力有限的问题（见图5）。

3. 实习安全管理常态化

严格执行五部委关于学生实习的规定，保障学生权益。学校建立和落实了学生实习安全管理制度，为学生购买实习保险，注重学生权益保护，守住安全底线。企业与学生签订"'职工'安全责任承诺书"，提高学生实习的安全保障水平。学校通过"实习视导管理办法"强化流程管理。

4. 实习实训德育渗透化

发挥实习实训的德育功能，打造"现代儒商课堂"特色项目。围绕"加强人文素养、普及商科基本技能、提高审美情趣、提升生活品位"四大模块设置教育教学内容和社团活动，注重人文素养和行为习惯养成，强调知能一体、知行一致。通过项目建

图 5 运用信息化"工学云"平台管理实习

设，绝大多数实习学生具备了自我管理、自主学习、团队合作、融入社会的意识，有效实现了德育的渗透化。

（四）实习管理保障三支撑

1. 组织保障立体化

校企共建三级实习管理机构，校长总负责，学校职能部门和专业系部分工负责，专业课教师、班主任组成校内实习指导教师队伍直接负责，对接企业，掌握学生思想状态，辅导学生的专业技能，培育学生职业素养。

2. 制度保障体系化

学校严格执行有关文件，三次修订完善《武汉市第一商业学校学生实习管理办法》，建立了完善的学生实习管理体系。

3. 经费保障机制化

学校设立专门的经费，以课酬的形式支付企业指导教师和校内指导教师的津贴，依据考核奖励办法对工作业绩突出的指导教师给予奖励。与企业协商学生实习津贴、补贴，保障学生的合法利益。

三、工作成效与社会反响

（一）职业教育人才培养工作成果显著

近年来，武汉市第一商业学校在全国职业院校技能大赛中获得一等奖两个，二等奖11个，三等奖21个；在全国职业院校信息化教学大赛中获得一等奖两个，二等奖两个，三等奖4个。4名学生入选世界技能大赛国家队（见图6），获得"全国技术能手"荣誉称号；王勇老师在第66届世界杯国际调酒师总决赛中取得第六名的成绩，是我国参赛以来的最好成绩；孙成老师凭借"三创"（创意创新创业）基地的设计，获2017

年亚太室内设计银奖。据第三方抽样调查统计，毕业生对在校学习经历满意度为96.4%，毕业生毕业半年后的就业满意度为95.3%，企业对毕业生满意度为97.8%，均在95%以上。武汉市第一商业学校的学生实习管理与教学模式，在武汉市及周边区域起到了较好的示范引领作用，新闻媒体给予了专题宣传报道。2017年，教育部、人社部专家组到我校调研职业院校实习管理工作，给予了充分肯定。学校人才培养质量得到各级教育部门高度评价，近两年获国家职业院校质量提升奖补资金1 622万元。

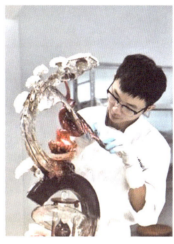

图6　学生入选世界技能大赛国家队

（二）实习管理相关研究成果丰硕

武汉市第一商业学校积极探索研究实习管理与教学模式、方法，取得了一系列成果。实习实训教学与课题研究方面：基于学校实习管理的教学改革方案——"标准引领 工学轮转 大师带动 基地融合——烹饪专业人才培养模式研究与实践"获得2018年国家级教学成果二等奖。"电子商务专业中高职衔接'现代学徒制'应用研究""'现代学徒制'下的中职市场营销专业顶岗实习管理研究""中职学校课堂教学第三方评价体系建构及运行"分别获批武汉市教育科学"十三五"规划课题和重点课题。《中职学校提升中高职衔接人才培养质量的路径探析》等10余篇论文获奖。实习实训教学方法与用具创新研究方面：烹饪专业教学团队研发的"多功能移动调酒台""大容量安全刀箱""猪肉糜及其制作方法"获得3项国家专利，有效解决了学生实习实训安全管理、工艺流程标准化操作等难题。

（三）实习实训基地建设成绩突出

武汉市第一商业学校被市人民政府命名为"武汉市职业技能实训基地"，会计、烹饪实训基地入选市首批十大高水平实习实训基地。学校"创意创业创新实训基地"被省人社厅列为世界技能大赛西餐和糖艺西点项目集训基地（见图7）。一批高水平实训基地的建设和运用，有效拓宽了学生认识实习的渠道，提升了学生对专业的认知和专业学习的目标定位。近年来，学校采用校企共建形式合作开发微课资源 200 余个，仿真实训平台 20 多个，创设 12 门现代儒商培养特色课程，有效填补了我校教学实习的资源空白。

图 7　餐饮学生创意创业创新实训基地

（四）实习实训成就影响辐射深远

近年来，实训基地在满足学生实习实训的基础上，积极向职业院校、中小学生开展各类教育教学活动（见图 8），先后接待各类院校、机构及行业参观百余次，服务社

图 8　接待小学生进行职业体验

区居民1 600多人（见图9）。学校与旅游集团合作，开发面向海外客人的特色旅游项目，与法国巴黎提莱尔酒店管理学校和新西兰温太克职业学校互派师生研学。"大师工作室"团队为中国人民解放军空军空降兵第十五军开展多年的军厨培训，累计培训人数4 000余人；与省总工会、省食品药品监督管理局、市青少年宫小学、常青中学等开展培训和职业体验活动，两年达3 000余人。

图9　服务社区居民

四、未来发展

进一步完善、优化信息化实习管理平台，运用大数据技术和人工智能技术，实现实习管理平台的智能化、可视化，提升实习管理效能，提升实习的内涵与品质。探索研究实习管理组织中的校企协同育人机制，进一步完善实习与教学协同育人教学模式，努力形成可推广的经验做法。

以学生为本　推进实习工作精细化管理

武汉职业技术学院

【摘要】学校以学生为本，以四个方面整体推进了实习管理工作从理念到模式、从制度到行为的管理创新，在实习管理实践中形成三个特色亮点：创建并形成学校层级学生实习管理的制度体系；创建了"PC+APP"的实习信息化管理服务平台；创设并践行顶岗实习精细化管理的"六环十法"。实习管理工作的显著成效有三方面：切实保障 7 000 名学生实践教学品质与质量；从技能到素质提升毕业生的就业信心与就业竞争力；从"专业—实习—就业"全方位支持湖北地区经济建设。

为加快实现职业院校治理的现代化，着力提升职业院校教育教学管理的规范化、科学化、精细化水平，2015 年，《教育部关于印发〈职业院校管理水平提升行动计划（2015—2018 年）〉的通知》（教职成〔2015〕7 号文），对职业院校管理层面的各项工作分别在政策法规、管理能力、质量保障机制三方面提出了目标要求，文件中特别将实习管理规范活动列为专项治理的重点工作。

一、管理创新的基础

（一）实践基础

武汉职业技术学院是国家示范性高职院校，现有在校生 22 000 余人，现设专业 64 个，内设 12 个二级学院，年均顶岗实习学生 7 000 余人。学校历来重视实习管理工作的研究与实践。2015 年，学校作为高职高专院校的代表在人社部、教育部和国际劳工组织联合举办的保护实习生权益国际研讨会上做交流发言。在《职业院校管理水平提升行动计划（2015—2018 年）》的引领下，学校以学生为本，整体推进了实习管理工作创新。

（二）理论设计

鉴于学生实习管理广泛涉及教学管理、校企合作、学生管理、安全保障、就业服务等子系统，各子系统、各层级、各要素又相互关联，学校将系统论、协同学的管理理念与信息技术结合起来综合运用，摸索了一条适合自身发展的实习管理之路。

二、典型做法

（一）以学生为本　系统设计　整体推进

学校秉承三个结合——学校与企业相结合、专业与行业相结合、知识和能力与素质相结合的办学理念，坚持"对得起学生"的工作理念，注重学生的"安全感、幸福感、自豪感、荣誉感、成就感"，把学生实习作为重要的教学环节，系统设计管理制度和管理规章，精心安排教学内容。为充分体现学生实习教学管理，学校将 64 个专业的认识实习、跟岗实习、顶岗实习整体纳入人才培养方案制定范畴，由教务处统一组织，各学院分阶段推进实施教学。

（二）创建平台　实现信息化管理

由于实习学生基数大、范围广，依靠传统路径和行政手段很难实现对实习工作的可观测、可分析、可统计、可量化、可操作、可评价的系统管理[①]。为此，学校推进应用 PC，APP 两个版式的实习管理平台，新增了实习地理位置定位跟踪、数据分析、系统预警三种管理功能，兼容了认识实习、跟岗实习、顶岗实习三类实习管理。通过分期培训，规范了师生在网络环境下交互使用平台的操作流程。借助平台（见图 1）设置的学生日志管理、学生周志管理、师生互动交流、实习报告、总结评定、信息综合查询等功能模块，从技术到过程实现了对顶岗实习教学的过程管理（见图 2）。

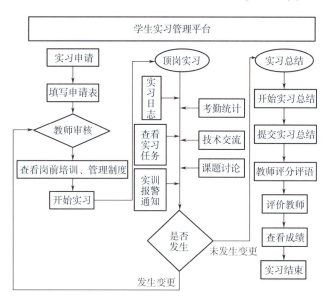

图 1　校内指导教师的网络交互使用操作流程

---

① 刘振天. 系统·刚性·常态：高等教育内部质量保障体系建设三个关键词 [J]. 中国高教研究，2016（9）：12-13.

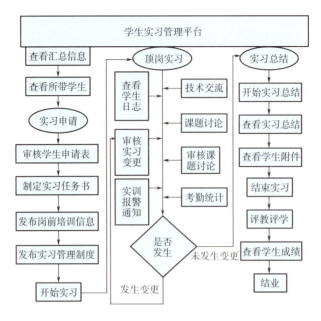

图 2　学生网络交互使用操作流程

(三) 依托订单模式　专兼职合作共育

在顶岗实习中，校内专职教师（含辅导员）全程承担学生顶岗实习现场指导。专职实习指导教师（辅导员）负责指导学生专业理论与实践相结合的实习，检查督促学生完成各项实习任务，及时处理实习中出现的各种问题，认真做好学生实习成绩的评定及成绩管理。各学院以育人为本，按照可见、可比、可评和奖优罚劣的原则，分别建立了专职实习指导教师（辅导员）月度考核、年度总考核相结合的实习工作考评机制，督导专职教师把守"企业课堂"质量，让学生安心、家长放心。

12 个学院均与企业建立了由实习指导委员、企业知名专家参加的专业指导委员会。借助企业完备先进的设备，实习生可以得到更多实战演练机会，借助企业优质技术资源，特别依托"武商班""地铁班""雅高班""华住班"等订单班培养（见图 3），学生有更多机会得到企业技术权威、技术大师、能工巧匠、高级技师的亲自指导。2016年，学校共与 17 家企业建立订单式培养合作关系，涉及 26 个专业，大型知名企业合作的 3 年全程订单式培养的比例达到 17.5%。在订单培养模式中，企业教师全程指导，真正实现了专业与产业对接、专业课程内容与职业标准、教学过程与生产过程无缝对接。

(四) "五主体" 贯通　全面保障学生安全

基于制度和组织保障，学校还建立了常态化的实习安全宣讲机制、安全应急预案和实习生心理疏导机制。实习前，12 个学院组织对实习生进行安全及应急处理的专题培训；学生入岗前，必须接受实习企业的安全生产培训，签订实习安全协议书。学校

图3　武汉职业技术学院旅游与航空服务学院酒店管理专业
"华住值班经理班"启动暨授牌仪式

对学生实习中可能发生的安全事故分类制定了应急预案，并专门在实习平台管理中设置学生签到及地理定位跟踪功能，做到及时报告、分级处置，妥善处理。学校建立了以实习生为中心、由校内指导老师（辅导员）—企业指导老师—学院领导—学校管理层共同参与的"五主体"贯通的心理疏导机制，密切关注学生实习动态，及时消解学习实习中的不适、不畅、不安全①。

（五）加强领导　加大投入

学校成立由校长任组长，教务、学工、招生就业、财务、保卫等职能部门及各学院负责人组成的实习工作领导小组，建立顶岗实习工作实行统一领导、分级管理的管理体制。2017年，学校投入6 300万元用于校内教学项目建设和行动计划的项目建设，使学生实习实训环境有了大幅改善。目前，学校拥有51个多功能实训基地（中心）、211个实验室，其中有数控、电信、生物3个国家级实训基地，11个省级实训基地，12个校内共建实训基地，教学设备总值达到2.16亿元。学校拥有校外实习基地398个，其中省内基地276个；学校专任教师906人，教授、副教授543人，"双师"素质教师占专业课教师的比例超过64%；楚天技能名师27人，行指委委员15人。以上优质资源条件，切实保障了学生三类实习的顺利进行。

学校坚决贯彻上级管理规定，逐条明确实习生应当保障的基本权利，逐一落实实习岗位人数及生活补贴的具体要求；严格筛选实习单位；依法依规，统一为实习学生购买实习责任保险，保险范围覆盖实习活动的全过程。

三、特色亮点

（一）创建并形成学校层级学生实习管理的制度体系

学校以问题为导向，根据《教育部等五部门关于印发〈职业学校学生实习管理规

① 陈述.高职院校商务英语专业学生顶岗实习有效管理的路径［J］.科技创业月刊，2015（21）：91.

定〉的通知》（教职成〔2016〕3 号）、《职业学校专业（类）顶岗实习标准》（教职成厅函〔2016〕29 号）、《省教育厅关于印发〈湖北省职业院校学生实习管理办法（试行）〉的通知》（鄂教规函〔2015〕4 号）、湖北省教育厅《关于进一步规范高等学校校企合作办学有关工作的通知》（鄂教职成〔2017〕8 号）等文件精神，制定学生实习管理制度——《武汉职业技术学院学生实习管理办法（试行）》（武职校〔2017〕34 号），搭建了实习管理的综合服务平台，出台了管理运行文件《武汉职业技术学院学生实习平台管理办法》（武职教务 2017 23 号）。以此为据，各学院研制了 20 余项顶岗实习实施办法及管理细则，形成了实习管理的"宏观—中观—微观"上下贯通的制度体系。

（二）创建了"PC+APP"的实习信息化管理服务平台

为了实现实习过程中沟通联络畅通、信息传输无障碍、跟踪管理及时到位，借助智能终端技术，学校开发使用 PC，APP 两个版式的实习管理平台，顺利实现了学校、学院、校内教师、企业教师、学生五方面的实习信息连接共享，学校管理层、学院管理层通过发布实习管理信息，综合查询，履行教学管理和质量督导的职能；指导教师通过平台跟踪指导，完成实习进程中的教学任务；学生通过平台提交资料，完成实习进程中的学习任务。所有的考评有记录可查询，这种实践教育的过程管理模式，在一定范围内可示范、可引领。

（三）创设并践行顶岗实习精细化管理的"六环十法"

按照"对得起学生"的工作理念，学校创设了顶岗实习精细化管理的"六环十法"（见图 5），"六环"即行前安全教育、解读协议权益、设置安全管理、制定安全预案、购买相关保险、签订顶岗三方协议，"十法"就是十个实施路径，即一个办法（"实习工作管理办法"）、一份保险（工伤保险或校方责任险）、一项选择（实习实训或就业实训）、一个反馈（学校与实习生、实训企业的沟通渠道）、一个结合（与学生日常管理或学籍、毕业等相结合）、一份协议（顶岗实习三方协议）、一次教育（宣传、动员及安全教育）、一本手册（学生顶岗实习工作手册）、一次研究（顶岗实习实训工作研究）、一份总结（学生顶岗实习实训工作总结）。"十法"切实保障了学生权益和实习安全①。

四、管理成效

（一）切实保障学生实践教学品质与质量

学校实习管理的整体方案，使企业的技术师资、先进设施资源真正融入教学之中，极大地夯实了实践教学的基础条件，落实了校内专业学习和校外顶岗实习两个教学环节的无缝衔接。目前，学校与 439 家企业建立了稳定的战略合作关系，与 3 551 家企业

---

① 李洪渠. 大学生安全警示教育［M］. 武汉：武汉大学出版社，2011.

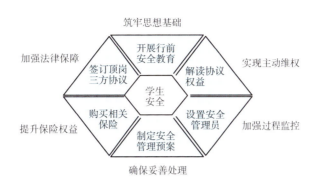

图 5　武汉职业技术学院顶岗实习精细化管理"六环"图

建立了顶岗实习合作关系，这些宝贵的企业资源助力学生顶岗实习。企业教师和专业指导教师"双导师"在课程实施中的共同参与，从内容到过程保障了学校年均 7 000 余名学生实践教学的品质与质量。

（二）从技能到素质提升毕业生的就业信心与就业竞争力

基于规范的实践教学设计和真实工作环境的历练打磨，学生的专业技能和综合素质有了明显提升，极大地增强了学生求职就业的信心，全面提升了毕业生就业竞争力。多年来，学校毕业生初次就业率长期稳定在95%以上，学校就业工作连续 7 次获得省级以上表彰；2017 年人才质量报告统计显示，2016 年全校学生专业对口就业率84.50%，较 2015 年毕业生专业对口率提升了 1.32%。

（三）从"专业—实习—就业"全方位支持湖北地区经济建设

学校以立足湖北、融入湖北、服务湖北为宗旨，重点设置与装备制造、电子信息、光机电一体化、生物技术与新医药等湖北地区支柱或急需产业相关的 64 个专业，从专业结构布局上支持湖北的经济建设。学校与 297 家湖北省内企业和机构建立长期合作关系，共建湖北省内校外实习基地 276 家，保障学生省内实习。2016 年，学生校外顶岗实习企业共 3 551 家，其中湖北省内顶岗实习企业 2 193 家，占比 62%，从实习到就业优先满足了湖北本地的经济社会发展需求。

学生实习是职业院校专业人才培养的收官环节。随着产教融合、校企合作理念在职业院校管理中的层层渗透，必将带来教育教学各个层面的深层变革。我们将不断总结实习管理的经验做法，不断完善实践方案，进一步创新"引企入教"在实习管理中的实现举措。

推进以校企合作为主线的实习管理工作

西安航空职业技术学院

【摘要】近年来，西安航空职业技术学院深入推进产教融合、校企合作，主动适应新时代、新技术要求，加大实习管理改革力度，以立德树人为根本任务，以产教融合、校企合作为主线，以制度建设为核心，以高质量发展为宗旨，不断建立健全实习管理制度、实施规范、综合评价等，为打造具有航空特色的高水平高职院校奠定了基础。

一、管理创新背景

西安航空职业技术学院是国家示范性高职院校，是陕西省教育厅确定的"一流学院"建设单位。2007年示范建设以来，学院不断深入推进工学结合人才培养模式改革，将提升管理水平作为内涵发展的具体举措，大力推进依法治校，规范教育教学管理，不断完善实习管理工作制度，推动实习管理规范化、精细化、科学化。

2012年以来，学院深入推动以绩效目标考核为核心的两级管理模式改革，以校企合作为主线，以制度建设为核心，以促进教育教学改革为主导，以人才培养质量提升为目标，理清二级教学单位和职能部门的责权利，压实二级教学单位的教学中心地位、质量中心地位。其中，实习管理作为职业教育有别于其他高等教育的重要内容之一，成为两级管理改革的重要内容之一。

加强实习管理工作，认真落实教育部有关教育教学，特别是实习管理工作的有关规定，进一步深化产教融合、校企合作，拓宽与军航、民航、通航企业合作的深度和广度，更新管理理念、完善制度标准、创新运行机制、改进方式方法、提升管理水平，为将学院建成具有航空特色鲜明的高水平高职院校奠定坚实基础。

二、典型做法和具体措施

顶岗实习是学院高端技术技能型人才培养的重要内容，长期以来，学院推进产教融合、校企合作的深度和广度，把学生顶岗实习工作作为学院和企业合作的重要纽带和核心载体，规范学生实习管理，创新顶岗实习形式，设立实习企业标准，保障学生合法权益，注重职业技能与职业精神的融合，增强学生社会责任感、创新精神和实践能力，切实提高技术技能人才培养质量，服务产业转型升级需要。

（一）对标规定　规范顶岗实习管理

严格落实中央和地方的有关规定。加强组织领导，成立由教学副院长任组长的顶岗实习领导小组，每年3月，定期部署全院所有专业顶岗实习工作，统一领导、统一布置、统筹安排。落实顶岗实习人才培养方案，要求全院所有专业按照6个月时间安排顶岗实习。设定顶岗实习企业标准，按照"专业对口、岗位明确、责任清晰、管理规范"等基本原则，择优遴选实习企业。规范实习流程，建立标准化、流程化学生顶岗实习流程，规范教务处、招就处、各二级教学单位和学生的流程，建立"简洁明了、流程清晰、责任明确"的实习流程。制定并实施了《关于印发〈西安航空职业技术学院学生顶岗实习管理办法（修订）〉的通知》（教字〔2016〕25号），修订了《西安航空职业技术学院学籍管理规定》，严格落实教育部及省教育厅顶岗实习有关文件精神，严格对照排查教育部等五部委"六不得"要求，从组织管理、工作流程、职责与纪律、突发事件处理等方面，全面落实中央和地方的有关学生顶岗实习管理最新精神，确保教育部制定的文件精神能落实，确定的实习管理目标不落空。制定了《西安航空职业技术学院加强学生实习工作实施方案》，进一步明确了学生顶岗实习的主要任务；严格执行实习报备制度，严格执行学生实习二级教学单位向教务处报备、学校向省教育厅报备制度。

（二）校企合作　创新顶岗实习形式

学院不断深化校企合作，充分发挥企业育人的主体地位，创新顶岗实习形式。

（1）创新鼓励数控技术专业、飞机机电设备维修专业等10余个专业与西安飞机工业（集团）有限责任公司、西安航空动力控制科技有限公司等国有大型企业开展工学交替、多学期、分段式教学改革。

（2）自动化工程学院、航空制造工程学院两个二级学院试点开展顶岗实习双选会，中航工业陕西航空电气有限公司、苏州富强科技有限公司等12家单位来校选人，按照企业宣讲和面试两个环节，为企业和学生打造就业前的良好实习平台。

（3）与中国人民解放军第五七〇二工厂、中航工业陕西飞机制造有限公司等企业合作开办了近30个订单班，校企共同制订和实施顶岗实习方案，结合就业岗位，真刀实枪地开展轮岗实训，将学生的毕业论文和顶岗实习相结合，提高人才培养质量和有针对性。

（4）在教育部"现代学徒制"试点项目鼓励下，设立114万元专项资金，支持遥感测量与检测、汽车运用与维修技术专业与国一四维、奥迪4S店等企业联合开展"现代学徒制"试点，学校、企业、学生签订三方协议，明确了学徒学员的双重身份，采用工学交替、岗位成才的人才培养模式，积极探索校企协同育人机制。

（5）创新实习管理模式，充分发挥信息化技术在顶岗实习过程中的作用，利用"优实习"等实习管理软件，对学生的实习过程实现全员、全程、全角度了解，及时预防和解决学生顶岗实习中存在的问题。

（三）工学结合　促进理论实践相结合

学校经过多年的办厂办学历程，系统总结凝练形成了"教育与产业结合、学校与企业结合、教学与生产结合、学习与就业结合"的"工学四结合"系统育人模式，顶岗实习是学院工学结合人才培养模式的重要内容。

（1）全院所有专业人才培养方案中要求实习实训课时量不低于 50%，强调实习实训在整个技术技能人才培养中的重要比重，强调岗位成才的重要性。

（2）全面落实教育部首批制定的机电一体化技术等 20 余个高职专业顶岗实习标准，在学院实验实训室建设中，参照教育部制定的仪器设备装备规范，开展实验实训室建设。

（3）开发了理实一体化课程，结合顶岗实习岗位要求，充分融入顶岗实习标准，校企联合开发了"数控技术与编程"等 30 余门理实一体化课程，在企业的顶岗实习实践中促进了理论水平的增长，在理论的指导下促进了实践动手能力的提高。

（四）以学生为本，保障学生合法权益

学校坚持以学生为本，全力保障学生实习过程的相关权益。落实三方责任，保障学生合理权益，严格落实教育部等五部委《职业学校学生实习管理规定》和《职业学校专业（类）顶岗实习标准》等规章制度，签订学校、企业、学生三方协议，以法治形式落实三方责权利，保障学生合理权益。全面落实学生保险，学校每年投入专项经费，按照 51 元/人标准为所有实习学生购买实习责任险，为学生顶岗实习保驾护航。实行顶岗实习教师带队制度，学校集中安排的顶岗实习，按照不低于每 50 名学生设立 1 名带队教师，全程跟随学生协助解决生活、工作等事宜。

（五）知行合一　注重职业技能与职业精神的融合

顶岗实习强调从岗位能力的角度培养技术技能人才，学院坚持教育与企业生产相结合，遵循学生成长规律和职业能力形成规律，强化知行合一；培养学生职业道德、职业技能，将人文素养和职业素质教育融入人才培养过程，充分利用企业文化优势，发挥校园文化、企业文化对职业精神养成的独特作用；在企业实习期间，选聘了一大批企业工匠作为学生企业导师，促进职业技能和职业精神的有机融合，培训学生精益求精、追求卓越、久久为功、探索创新的"工匠精神"，为打造更多的"大国工匠"夯实基础。

（六）多方参与　构建顶岗实习评价体系

学院充分尊重人才成长规律和企业岗位锻炼相融合，构建了涵盖企业、学校、学生的"企业主导、学校参与、自我评价"顶岗实习评价体系。校企联合制定实习考核办法，包括考核项目、考核内容、考核方法与评分标准等细则。

2014 年，学院焊接技术及自动化专业 35 名学生赴大连船舶集团钢构公司参加顶岗实习，本着"优势互补、资源共享、互惠共赢、共同发展"的原则，校企双方共同制订顶岗实习方案，共同开发了两本教材，顶岗实习接近100天时，学生已独立完成了800集装箱船预组分段和30万吨油船三个大底分段装配及焊接，成功通过了船东、船检的验收，学生敬岗敬业、精益求精、久久为功的精神得到企业的好评，顶岗实习结束后共有近30名学生和企业签订就业协议。

三、成效与反响

（一）有力提升学生就业质量

通过深入开展顶岗实习，进一步促进学生的职业素质和专业技能融合，增强学生的社会责任感、创新精神和实践能力，发挥了企业育人的重要主体作用，形成了校企协同育人机制，有力促进了课程标准与行业规范相对接、课程内容与岗位能力相对接，提高了技术技能人才培养质量和针对性，缩短了学生岗前培训的周期，大批学生通过顶岗实习，得到实习企业认可并签订就业协议，顶岗实习成为学院学生就业的重要渠道之一。

（二）全面提高技术技能型人才培养质量

"亮不亮，看质量"，学院坚持将提高技术技能人才培养质量作为学校立身之本，不断深化产教融合、校企合作，工学结合、知行合一，将推进学生认知实习、顶岗实习作为工学结合人才培养的重中之重，每年投入校企合作专项经费50万元，支持开展顶岗实习等各类校企合作事宜；要求全院所有专业实习实训类课程比例不得低于50%，全院所有专业将顶岗实习作为毕业的条件之一；在各类顶岗实习的带动下，近年来学院和企业联合开办了近50个"订单班"，校企联合开展的"现代学徒制"试点被确定为教育部确定试点单位。

（三）有力推进工学结合的人才培养模式改革

学院以校企合作为抓手，依托顶岗实习，深入推进人才培养改革。通过集中认知实习、跟岗实习、顶岗实习等形式将学生的课堂教学引入实践环节。把企业作为学校的见习、实习基地，把课堂"搬到"车间，实现学生与企业的零距离接触。让学生在生产过程中完成知识的学习，把书本知识和生产过程紧密结合起来。实现学习—实践—在学习—再实践的良性循环。同时，选派骨干教师下厂学习并管理学生，有助于学校主动调整培养目标和课程设置，改革教学内容、教学方法和教学管理制度，使学校的教育教学活动与企业密切接轨。

（四）进一步拓展校企合作深度和宽度

学院依托顶岗实习，汇聚学院人力、智力、资源优势，积极为企业开展各类服务，拓展与实习企业合作的深度和广度，促进学院与企业共同发展。学院教师带领学生在西飞公司实习期间，了解到企业某型号飞机需要开展相关培训的信息，积极组织学院相关教师，为西飞公司进行数字化工厂软件、CATIA5运动模块（舱门设计）培训，参与了"ARJ21飞机数字化工程"项目研究，得到企业横向课题经费的40万元支持。

四、未来发展

作为陕西省一流高职院校建设单位，学院迈入一流学院建设的新时代。面对新发展新要求，西安航空职业技术学院将不辱使命，主动作为，更加深入推进实习管理工作，未来几年，将从两方面开展工作：

第一，深化产教融合、校企合作的主线。在现有教师和学生实习基础上，主动借鉴企业新技术新规范，及时主动引入教学改革环节，引入教学标准制定环节，将合作企业的技术资源及时转换成为学校的优势教学资源。

第二，主动改革实习管理规范制度。主动适应企业新技术发展要求，以推动实习高质量发展为目标，寻求校企合作最大利益结合点，推动学校和企业的相关实习过程管理、带队教师管理、实习成绩管理等相关制度建设，建成以育人为目标的实习管理工作规范。

加强学生实习管理　提高人才培养质量

新疆农业职业技术学院

【摘要】为加强学生实习管理，提高人才培养质量，学院根据《国务院关于加快发展现代职业教育的决定》《职业院校管理水平提升行动计划（2015—2018）》及教育部等五部委《职业学校学生实习管理规定》等文件精神，出台《新疆农业职业技术学院专业实习管理办法》（2017版）等，指导各分院制定《实习管理实施细则》《实习学生手册》《巡回指导教师工作手册》《班主任工作手册》等系列文件，建立健全实习管理系列制度及作业文本。通过搭建校企合作育人平台、联合制定人才培养方案、共同实施实习管理、与企业联合开发顶岗实习APP管理系统等方法，实现对实习学生的全方位服务与管理，全面推动学院实习管理水平提升，提高人才培养质量。

一、管理创新背景

职业学校学生实习是实现职业教育培养目标，增强学生综合能力的基本环节，是教育教学的核心部分。为加强实习管理，贯彻落实《国务院关于加快发展现代职业教育的决定》，教育部相继印发《职业院校管理水平提升行动计划（2015—2018）》《职业学校学生顶岗实习管理规定》等文件，进一步规范职业学校学生实习管理工作，推动职业院校强化教育教学管理，建立完善的现代职业学校实习制度，维护学校、学生和实习单位的合法权益，提高技术技能人才培养质量，全面带动职业院校实习管理水平的提升。

二、典型做法与具体措施

（一）搭建合作育人平台　为学生实习提供企业岗位保障

学院以新疆第一产业职教园区为依托，不断深化产教融合、校企合作，按照"政府牵头、行业指导、企业参与、学院实施、多方受益、互惠多赢"的原则，按照专业（群）组建校企合作二级学院，先后组建昌吉畜牧学院、新疆种子工程学院、新疆农业机械化学院、天业节水农业工程学院、天海学院、移动信息学院等20余个校企合作二级学院。校企合作学院采用理事会、董事会管理体制，广泛吸纳自治区内有影响力的行业企业参与，每年定期召开专业建设及深化产学研会议，专项研究行业企业新技术与专业人才培养方案和课程内容的衔接，审议年级人才培养方案，总结校企合作育人，深化实习实践教学与管理，分析存在的问题并提出解决方案，同时研究年度校企实习和就业见面会，校企合作开展培训、技术服务和横向科研等事宜。如生物科技分院组建成立的"新疆种子工程学院"，吸纳 100 家种子和农资企业参与，核心董事单位 30 余家，企业出资成立 100 万元的专业建设基金。专业学生全部在新疆种子工程学院董事单位顶岗实习，学院每年对董事单位顶岗实习实践教学与管理进行考核表彰。

（二）坚持标准　精心遴选实习企业

根据农业类专业企业经营规模小、分散实习的特点，专业背靠企业群，坚持标准，精心遴选实习企业。学院制定合作企业标准，对实习企业从单位资质、诚信状况、生产规模、技术力量、管理水平、实习岗位性质和内容、工作时间、工作环境、生活环境以及健康保障、安全防护等方面提出了明确指标要求。建立合作企业实地考察评估制度及动态调整制度，对新加入的合作企业在通过安全、企业管理文化等领域评估后，对其技术水平和企业指导教师力量也要进行详细考察评估，合作第一年安排少量学生顶岗实习，根据合作企业协同育人状态和投入情况建立淘汰机制，每学年更新一次（见图 1）。截至目前，学校共与 1 600 余家企业建立了合作关系，与其中 912 家企业共建实习与就业"双基地"，根据农业企业经营规模小的特点，学生、企业比达到 2∶1，确保顶岗实习学生与企业双向选择，百分百进入高水平企业顶岗实习，为学生的技能训练、综合职业能力提升、就业提供了有力保障。

图 1　顶岗实习单位遴选流程

（三）加强少数民族学生顶岗实习管理

学院根据新疆社会稳定和长治久安工作总目标要求，充分利用党团组织进企业、"三导师"等制度，全面加强少数民族学生顶岗实习期间的管理和思想政治教育。根据南疆四地州扶贫工作对少数民族学生就业扶贫的要求，一方面大力开拓南疆实习就业市场，深化产教融合、校企合作，与产业园区、大型企业共同建立实习就业双基地，使大部分南疆四地州学生能就近就地就业；另一方面引导少数民族学生在北疆地区具有先进技术和企业文化的企业顶岗实习，通过顶岗实习掌握更多本领，提高服务现代农业生产能力，发挥双语优势、专业技术优势，返回南疆企业就业，直接服务家乡现代农业发展，实现家庭脱贫。

（四）科学制定人才培养方案

学院将认知实习、跟岗实习、顶岗实习全部纳入人才培养方案，与专业课程一体化设计，实行实践学分制管理。在制定人才培养方案的过程中，坚持校企协同育人，深化产教融合校企合作，与企业共同制订并实施人才培养方案；坚持以人为本，落实立德树人根本任务，将培育和践行社会主义核心价值观融入实践教学；坚持理论与实践相结合，强化工学结合、德技并修，将工匠精神、职业操守养成教育作为重点内容，贯穿学生实习全过程。各专业遵循学生认知规律、职业能力养成规律和教育教学规律，构建并实施了以能力培养为核心的人才培养模式。如园艺技术专业基于果树物候期变化，构建了"二周期、三融合"人才培养模式（见图2）；畜牧兽医专业基于现代畜牧企业集约化生产特点，对应饲养、育种、兽医三大岗位，构建并实施"三岗四向"人才培养模式（见图3）。目前，全院42个专业平均实践教学比例占总学时的56%。

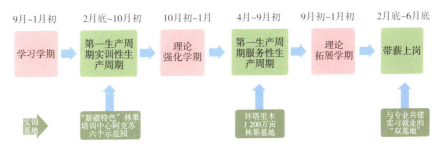

图2　"二周期、三融合"人才培养模式

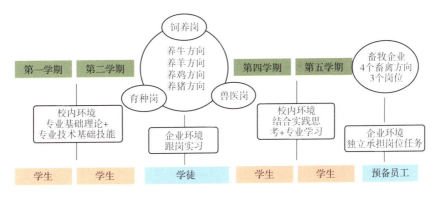

图3　"三岗四向"人才培养模式

（五）规范流程　实现精细化管理

1. 严格实习企业条件认证

按照学院企业遴选标准，在开展实习前，各专业完成实习企业条件认证，遴选确定当年开展合作实习企业。

2. 有序开展实习安排

原则上，学生实习由学校统一安排。各分院在实习前发放实习企业意向征求表，最大限度地满足学生的实习需求。学生自主选择实习单位的，分院需对所申请的顶岗实习单位的企业资质、顶岗实习接受函（包含实习岗位、指导教师）、实习工作计划、实习学习计划和专题研修计划等进行严格审核，审核合格后，学生方可进入自选实习单位顶岗实习，并接受分院的过程监控与管理（认知实习、跟岗实习学生不得自行选择）。

3. 明确责任　签订三方协议

明确顶岗实习单位后，所有实习学生必须签订三方协议才能进入企业实习，协议内容包括学校、企业和学生三方的责权利、意外伤害险、工作环境、工作时间、食宿条件、岗位补助等，切实维护学生利益。

4. 加强指导，实施"三导师"制度

第一位导师是学校实践教学指导老师，由本专业具有丰富实践经验的老师担任，其主要职责是负责学生实习期间的专业技术指导和毕业论文指导，根据实习点学生数量，采取定点指导和流动指导相结合的方式进行；第二位导师是企业综合技能指导教师，由学校与企业按照政治素质过关和业务素质过硬的首要标准联合遴选，负责学生在实践岗位的综合技能指导；第三位导师是就业与素质教育指导教师，由学生班主任担任，定期深入学生实习企业，围绕学生职业生涯教育定期开展学生思想教育和就业指导工作，及时分析总结学生实习期间存在的问题（见图4）。

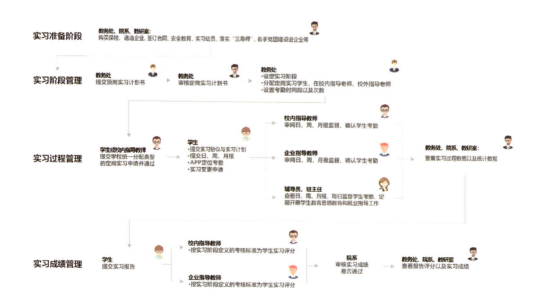

图 4　专业顶岗实习流程

5. 强化实习计划与实施过程管理

为加强管理，学院还与信息科技有限公司联合开发顶岗实习 PC-APP 管理系统（见图 5），实现实习计划、考勤、作业、答疑、日志等的实时动态管理，全面带动学院实习管理水平提升，确保学院顶岗实习工作有序进行，学生专业技能、职业素养得到快速提高。

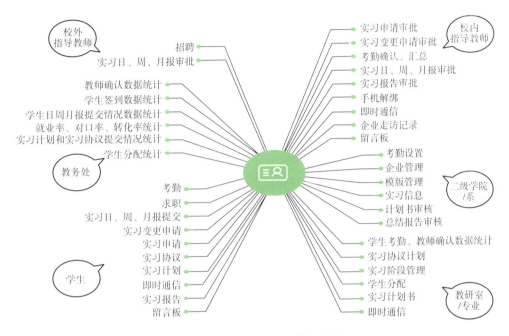

图 5 顶岗实习 PC-APP 管理系统

6. 做细入岗初期思想适应期引导教育

学生进入企业顶岗实习的最初 15~20 天是思想波动最大、各种不适应症状和问题表现最集中的时期，分院在学生进入企业后，第一时间电话联系学生和企业，了解、关心学生吃、住、行，以及企业人力资源部门和企业指导教师对接情况，及时组织专兼职巡视指导教师实地查看学生工作、学习、生活场所，并与每个学生进行交流。督促企业及时开展岗前培训，使学生尽快了解企业管理文化、岗位工作特点及要求，尽快进入角色。

（六）建立校企共建党建实践基地

学院始终坚持将学生思想政治工作放在首位，根据合作企业的党组织建设情况，分别以"融入企业型""校企联合型"等形式建立党支部，或成立校企联合党支部。建立校企共建党建实践基地，与合作企业签订"校企共建党建实践基地"协议，聘请企业党员负责人为党建辅导员，定期召开组织生活会、政治学习，把党的教育深入到实习企业，使学生在参加实习期间接受党的教育不断线，并将学生对党的知识学习和在企业开展的各项党的组织活动纳入学习手册，定期检查总结。通过发挥党员、入党积极分子和学生干部的表率作用加强思想政治工作，坚决杜绝不良行为发生，告诫学生不参与任何形式的宗教活动，坚决抵制非法宗教组织、邪教活动，提高学生的法律意识和自我防护能力，确保学生思想安全。

（七）"双重"考核，提高实习实践教学效果

为保证学生学习效果，实习学生以双重身份接受考核。平时成绩由企业技术人员与学校指导教师共同考核，从学生考勤情况、劳动纪律、劳动态度、职业素养等方面进行评价。技能成绩按照企业员工标准和学校课程标准分别进行，企业以员工标准要求实习学生，以岗位工作效果对学生进行考核；学校按照课程标准，以抽考方式对学生技能掌握情况进行考核。学生最终成绩由平时成绩和技能成绩汇总而成，综合反映顶岗实习期间学生的学习效果。同时，企业按照学院统一样式给完成顶岗实习岗位工作任务的学生颁发"企业岗位工作经历证书"。如水利建筑类专业考核细则规定，凡参加顶岗实习时间不足人才培养方案规定时间80%者，不予评定实习成绩，需重新进行顶岗实习。对严重违反实习纪律，被实习单位终止实习或造成恶劣影响者，实习成绩按不及格处理，同时给予相应的处分。学生顶岗实习成绩采用顶岗工作绩效、学生技术技能水平、工作过程表现（考勤、工作态度、职业素养）等方面进行综合评价。

（八）实习与创业项目孵化学分互认

创新学分互认"2.5+0.5"创新创业实践人才培养模式，将第六学期预就业实习与创业项目培训孵化进行学分置换（见图6）。目前，学院统一提供与新疆创翼时代航空科技有限公司合作的"无人机植保创业项目"和服务自治区农村电商发展的"农村电商创业项目"。

2.5学年专业学习与技术技能实践　　0.5学年预就业顶岗实习　　0.5学年创业培训与创业项目孵化

图6　"2.5+0.5"创新创业实践人才培养模式

无人机植保项目从航空法规、航空气象、无人机系统安全运行管理、无人机装机调试、组装维修和保养、紧急情况下的操作指挥等方面进行为期20天的强化培训后，依托合作公司千万亩耕地的客户资源优势，为学员提供3~6个月的实习实践的机会。在学员取得执照后，采用公司授信，为有意愿创业的学员提供设备、技术、客户等资源，全方位全过程支持学员创新创业，有效地拓展了大学生的就业创业渠道，提高了

就业创业质量，2018年为毕业生提供了100个大学生就业创业机会。"农村电商创业班"采用"理论—实践—创业"一体化培训模式，开设电子商务基础理论、网店运营推广、店面美工、客服技巧、运营实战等课程，通过为期50天的农村电子商务创客训练营，使学员学会自主开办网店并具备良好的运营能力，实现带着项目自主创业。2018年共培训了以南疆少数民族学生为主的48名学员，其中15名学员回乡创业。

（九）推行"线上线下"混合教学模式

为保障学生实习期间教学工作正常开展，推行"线上线下"混合教学模式。一是在学生顶岗实习之前将教学计划、学生学习任务等导入顶岗实习PC-APP系统，不同专业学生根据各专业学习计划，进行学习任务领取，采取日报、周报、月报等形式将学习情况反馈至专业教师；二是学院建有微课程20余门、在线开放课程60余门，与新道科技股份有限公司、北京超星教育科技有限公司、智慧树平台等合作开设37门在线开放选修课程，提供充足的学习资源；三是企业综合技能指导教师及时对学生实践学习内容、工作任务给予评价，学校实践教学指导老师定期、不定期到学生实习单位开展教学工作。

三、成效与反响

（一）深化产教融合校企合作

学院在20多个校企二级学院平台上，合作企业数量和质量大幅增加。合作企业数量由1 000家增加到1 600余家，实习与就业"双基地"稳定在912家。校企共同制定人才培养方案、加强实习企业遴选、规范实习流程、加强实习精细化管理、创新信息化手段、强化实习监督考核等措施，确保学员各专业实习工作有序开展。连续多年实现学生实习零事故、零投诉。2016年，学院在自治区高校安全督查中排名第一，获得优秀奖等。近三年学生对顶岗实习的满意度均在90%以上。

（二）有效提升人才培养质量

加强学生思想教育与引导，探索一套行之有效的顶岗实习管理体制和工作流程，有效提升人才培养质量，就业竞争力明显提升。

实施"三导师"制度、"入岗初期思想适应期引导和教育"工作制度、"党团组织进企业"制度、"顶岗实习三大计划"与过程管理制度，结合手机APP顶岗实习"学校—企业—学生"三方无死角管理制度，始终坚持将学生思想教育、职业素养教育、工匠精神培养和政治安全放在首位，筑牢了思想政治教育阵地，通过顶岗实习标准规范运行，有效提升了顶岗实习实践教学活动的质量，提升学生综合能力，加快适应社会和企业岗位工作，实现高质量就业。学院就业率连续11年位居自治区同类高校前列，2014年荣获"全国高校毕业生就业典型经验高校"称号。

（三）学生实践创新创业能力明显提升

2015年，学院获评"全国高校实践育人创新创业基地"，2015—2017年毕业生创业率分别达到 6.0%，5.7%，5.7%，比全国示范性高职院校平均值高两个百分点。2017 年，学院在"互联网+"大学生创新创业大赛新疆赛区斩获 10 个金奖中的 5 个金奖，获得 3 个全国大赛铜奖。

（四）提升南疆少数民族学生综合职业能力

少数民族毕业生就业率由 2016 年的 75%迅速提升到现在的 95%，为南疆企业培养输送一批双语技术人才，也有力支持了自治区提出的"农村家庭就业一人一家脱贫"的扶贫举措。通过实习实践教学培养，激发少数民族学生创业激情，近年来，少数民族学生创业率持续保持在 6%的水平。强化顶岗实习期间的学生思想教育工作，帮助学生树立正确观念，有力维护新疆社会稳定和长治久安总目标。

（五）推动学院持续深化教育教学改革

在学生开展实习教学的基础上，校企双方根据自治区"一产上水平、二产抓重点、三产大发展"的要求及各自需求，遴选了种子生产与经营、畜牧兽医等 12 个专业开展"现代学徒制"试点，其中 5 个专业被确定为全国试点，4 个专业被确定为全国农业职业教育集团试点。

（六）开展顶岗实习实践教学理论研究

围绕学生实习加强理论研究，在实践的基础，总结形成了"12123"实习管理模式：搭建一个平台，即学校及各专业与企业合作共同搭建各类校企合作平台；立足两个特点，即立足农业类企业小、学生实习分散的特点及新疆少数民族学生多、实习就业难的特点；遵循"理实一体、螺旋上升"实践教学主线，即科学制定顶岗实习实践教学方案，将企业新员工培训、以老带新与顶岗实习管理相融合，学生进入企业按准员工标准接受企业统一培训，进入岗位由师傅带领工作，在每个关键技术或管理环节再接受师傅培训指导，从而有效实施理论—实践、经验积累、螺旋上升促进职业成长的教育效果；开拓两个场地，即不断拓展教育教学资源，开展线上线下教学；实行"三导师"制度，即以"三导师"制度强化学生实习管理。近年来，学院围绕实习管理共立项课题 8 项，发表实习管理类论文 10 余篇，其中，《"现代学徒制"在园林工程技术专业顶岗实习中的实践》《基于移动平台的学生实训实习管理系统的设计》等文章从实践出发，对职业学校的实习管理具有较强的借鉴意义，为职业学校的实习管理提供理论参考。

四、未来发展

目前，在学院及各专业的努力下，实习管理取得了一定成效。同时，我们也清醒地认识到，实习管理过程中还存在诸多困难与隐患，需要进一步完善制度，强化落实。

第一，加强实习期间的思想政治教育。实习期间，学生管理相对松散，生产任务与学习任务并存，除开展劳动纪律与业务学习外，更要加强法律意识、宗教常识等的学习，提高学生的法律意识和自我防护能力，确保学生思想安全。

第二，持续完善顶岗实习 PC-APP 系统。通过信息化，有效解决实习学生过于分散，分布地区范围广，实习管理、指导和协调沟通难度较大，实地检查成本高、时间长、难度大等难题。

　　第三，加强少数民族学生国家通用语言文字运用能力的培养。通过提高少数民族学生国家通用语言文字运用能力，使更多企业愿意接受少数民族学生实习，促进少数民族学生就业、创业，持续服务南疆脱贫攻坚，用实际行动驰援国家精准扶贫战略。

改革创新　共建特色基地
探索农林类职院实习新模式

杨凌职业技术学院

【摘要】杨凌职业技术学院围绕培养目标，结合专业特点创建了行业特色鲜明的"季节分段、农学结合""工学交替""三段三层递进，内外衔接协同""模拟+实战+创业""现代学徒制"等多种实习实训新模式。学院建立了实习管理工作的长效机制，搭建了"百县千企"联姻平台，牵头建设现代农业职教集团，深入推进产教融合、校企合作育人。学院依托杨凌高新示范区现代农业产业园区，共建共享实习实训基地，创建"训、赛、创、服"一体化共享型实习实训基地，在助力社会服务中拓展实习项目。

杨凌职业技术学院认真落实教育部等五部委《职业学校学生实习管理规定》，通过顶层设计、完善规章制度、实施规范管理，不断改革创新，通过建立健全实习管理工作长效机制，创建了行业特色鲜明的多种实习实训新模式和"训、赛、创、服"一体化共享型实习实训基地，在推动产教融合与社会服务中拓展实习项目，以工学结合、校企合作、协同育人为抓手，融创新创业、社会服务于一体，抓实习促就业，人才培养工作取得了显著的成效。

一、强化规范管理　着力改革创新

（一）系统设计方案　确保实习组织科学有效

学院根据教育部有关实习工作的文件精神，系统设计了实习环节，并结合国家、地方政府有关实习工作的相关规定和国家标准、行业标准、专业标准，安排各二级分院制定实习方案。为确保实习方案科学有效，各专业制定的实习方案需由教学委员会审定、学院审批后方可组织实施。

（二）设置专门机构　确保实习工作顺利实施

学院设立了实习管理的两级机构（学院→分院）、实施四级管理（学院→分院→教研室→教师）。先后制定了《学生顶岗实习实施办法》《实践教学管理办法》等 14 个制度文件。在实习过程管理中，学院不断创新举措，规范实习方案、计划、安排、指导、监管、考核、总结等环节。

（三）建立信息管理平台　确保质量监控科学有效

结合实习管理信息化发展趋势，学院引进"优慕课"教学平台、"优实习"平台，形成了常态化督导检查。同时实行三方考核制度（学院、分院、企业），发现问题，及时改进。在实习管理监控过程中，学院认真贯彻《职业学校学生实习管理规定》，严格遵守"五要""五不要"，坚持"十个不得"，确保学生权益不受侵害。此外，依照标准，细化考核，强化责任，确保学生在实习期间的人身安全和身心健康。

（四）加强实训基地建设　确保实习条件稳步提升

学院根据专业发展，每年投入 3 000 万元以上用于校内实训基地建设，共建成校内实训中心（基地）16 个、实验区（车间）42 个、实验实训室 360 个，可提供 6 000 多个工位。同时，大力实施百县千企联姻工程，共建成校外实训基地 163 个。

（五）优配实习指导教师　确保学生掌握过硬技能

为使学生在实习过程中学有所获、学有所长，学院通过高层次高技能人才引进、教师能力提升、名师引领、专业带头人选拔培养、双师素质教师培养、兼职教师资源库建设等六大举措，培养了一批优秀实习指导教师，形成了"每个专业两名专任实习指导教师与若干双师型专业教师""20 名常驻校内技能工匠""每个专业 15~20 名企业一线技术人员与 2~3 名行业技能导师"的实习指导教师配备机制。

（六）加大改革创新力度　确保实习实训效果提高

第一，深化产教融合，将学生实习与订单培养、就业、创新创业、社会服务相结合，拓展实习渠道；第二，深化系统改革，通过更新实习实训内容、创新实习组织模式、改革实习考核办法、共建共享实训基地、加强实习教师队伍、开发实习实训教材、开展实习工作研究等，提升实习效果；第三，深化体制机制改革，建立了陕建建筑学院、中水水电学院、用友新道师资研修陕西分院、中兴通信学院 4 个企业学院；第四，深化管理手段改革，引进"优慕课"教学平台，"优实习"实习平台，全面推行信息化管理。

二、共建特色基地　探索多样化实习模式

（一）校企合作　共建特色化共享型实习实训基地

面对高职教育改革发展的大好机遇，学院积极探索校企合作办学新模式，特别是把课堂搬进企业，以企业所需技能为中心进行现场教学，既帮助学生融会贯通了理论知识与实践操作，也提高了学生动手操作和发现、解决问题的能力。

1. 搭建"联姻"平台

搭建"百县千企"联姻平台，牵头现代农业职教集团，共建共享实习实训基地。经过多年不懈探索，2007 年，学院正式启动实施了"百县千企联姻工程"，以搭建推进教育教学改革和毕业生就业的多功能开放平台。百县千企联姻工程整合和统筹了学

校与企业两种教育资源，建立起了校企、校政互惠共赢的联合体。在这一创新平台的支撑下，近年来毕业生的初次就业率一直稳居 97% 以上。

为进一步提升农业职业教育的吸引力，2010 年 7 月，学院又牵头成立了杨凌现代农业职业教育集团，省内 90 余家涉农职业院校和企事业单位积极加盟，进一步整合了陕西省内涉农职业院校和企事业单位的职业教育、师资、科研成果、实验实训、产业发展等资源，实现了互惠互利多赢的社会效应。2017 年 6 月，集团更名改制为 "中国杨凌现代农业职业教育集团"。经过 8 年的发展，集团现有理事成员 159 个，其中企业 107 个、高中职院校 49 个、科研院所 3 个，而且 33 个企业在集团内职业院校设立了人才培养基地，开办订单班 51 个，并设立奖学金 12 类，充分发挥了政府部门、职业院校、企事业单位和社会团体各方在学生实习实训中的重要作用。

2. 依托杨凌高新技术示范区共建共享实习实训基地

学院地处杨凌国家级农业高新技术产业示范区，区内拥有 100 平方公里的现代农业示范园区，已形成农作物良种、蔬菜、苗木、良种猪繁育、良种肉牛繁育、花卉、食用菌、经济林果、生物制药等产业，区内规模以上农业企业达到 160 多家。通过政府搭台、校企共建，形成了具有现代农业综合功能的共享型实习实训基地，提升了学院农林类专业实习实训的规模、水平和层次，形成农林类院校实习实训的特色和亮点。

3. 创建 "训、赛、创、服" 一体化共享型实习实训基地

学院经过多方整合校内外实训资源，在电子商务专业建立了 "训、赛、创、服" 一体化共享型实习实训基地，开展实习实训。按照 "实训练兵、赛事强能、创新创业精技、社会服务提效" 的总体思路，构建了基于 "能力三段递进、合作五方参与、基地平台搭建、真实项目驱动" 的 "训、赛、创、服" 四位一体的实践教学模式，以 "训为基础、赛为助力、创为提升、服为延伸"，实施 "训、赛、创、服" 四位一体实践教学活动。"训" 指按照 "三阶段递进式" 实践能力培养体系，采用真实项目训练电子商务职业能力，全程强化职业素养的养成；"赛" 指借助职业技能大赛和创新创业大赛，促进电子商务职业能力培养；"创" 指依托创新创业项目和创新创业实践提升电子商务职业能力和创新创业能力；"服" 是指通过为政府、行业、企业、社会（农户）服务，培养学生电子商务职业能力和创新创业能力，促进区域经济发展，进一步提升专业服务产业能力，是专业能力培养途径与方式的延伸和突破。该模式获得了陕西省教学成果一等奖。

4. 助力社会服务拓展实习项目

为有效拓展学生实习项目，学院不断深化产教融合，长期组织学生赴全省各地进行社会实践，开展社会服务活动。如农业生产与经营服务方面，组织开展了果树修剪、苗木嫁接、疏花疏果、良种鉴别等；乡村规划与新农村建设方面，组织开展了道路规划、社区规划、民宅设计、村镇绿化等；在精准扶贫与助农兴农方面，组织开展了食用菌栽培、畜禽养殖、土壤养分监测等；在农村电商策划与运营方面，

组织开展了农特产品网店建设、运营维护、网络营销、技术服务、营销整体方案策划等；在社会经济调查及普查方面，组织开展了县域经济调查、人口普查、农村劳动力转移调查等。这些活动的组织开展，强化了学生的实践能力培养，也探索形成了农林类院校依托社会服务开展实习实训的有效途径和方式。

这种组织方式不仅为学生提供了较多的实习机会和实训项目，更扩展了社会服务面，得到了众多用人单位的青睐，有效地促进了就业。每年毕业季，都会有不少知名企业、单位前来"抢人"，有时离毕业季还有一段时间，大部分学生已经进入企业工作。

（二）探索构建多样化实习组织模式

实践教学是高职院校教学的重要组成部分，也是培养高技能人才的必要环节。近年来，学院在深化产教融合、校企合作的同时，结合专业特点，围绕培养目标，参照相关职业资格标准与人才需求，创建了行业特色鲜明的多元化实习实训新模式。

1. "季节分段、农学结合"模式

生物工程分院园艺技术专业结合专业特点，构建了"季节分段、农学结合"的实习实训模式（见图1），实习实训的开展与农事项目结合，将专业认知、单项训练与通识能力培养、职业能力培养、综合能力培养相结合，将课堂开在农田里、论文写在大地上。

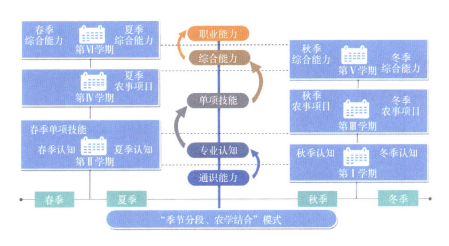

图1　生物工程分院——"季节分段、农学结合"模式

2. "工学交替"模式

动物工程分院畜牧兽医专业结合行业特色，构建了"一条主线、两方育人、三阶递进、四重考核"的"工学交替"模式（见图2）。在教学组织实施过程中，按照"1-3-3-30"的形式进行，即：1个专业3个方向选择，1个方向选择3个企业，1个企业接纳30名学生，以做到人人落实实习岗位，月月进行岗位轮换，全面掌握专业技能。

近年来，畜牧兽医专业人才培养质量稳步提升，社会影响力逐年扩大，学生就业呈现供不应求的状态，报考率呈井喷式增长。

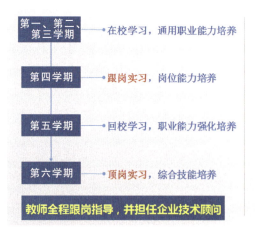

图 2　动物工程分院——"工学交替"模式

3. "三段三层递进，内外衔接协同"模式

水利工程分院水利工程技术专业深化校企融合，创建了中水十五局水电学院，实施内外衔接协同育人，按照"认岗实习、跟岗实习、顶岗实习"三段递进的形式（见图 3），在校内外实训基地实施职业基本训练、岗位基本训练、岗位工作能力训练，培养水利工程技术专业高质量人才，受到用人单位好评。

图 3　水利工程分院——"三段三层递进，内外衔接协同"模式

4. "模拟+实战+创业"模式

经济与贸易分院结合专业特点，在校内实验实训条件建设的基础上，围绕连锁经营、物流管理、电子商务和财会等专业，打造了校内经营性实训基地和大学生创业孵化基地。同时，构建了"模拟+实战+创业"的实践教学模式，通过"校内实验实训

室+校内经营性实训基地+创业孵化基地",将实践教学、实战操作、创新创业有效结合起来(见图4)。

图4 经济与贸易分院——"模拟+实践+创业"模式

5. "现代学徒制"(东科药业)模式

药物工程分院依托中药制药技术专业"现代学徒制"人才培养试点项目,与校企深度合作的陕西东科制药有限责任公司和杨凌科森生物制药有限公司在"东科订单班""科森订单班"培养模式的基础上,在实习组织管理过程中探索了"现代学徒制"(东科药业)模式(见图5)。创新"双主体"办学及"二元制"的管理机制,有效整合校企优势资源,实现了"双主体"育人,创新构建"双主体"办学机制,实现专业建设与产业发展的对接。由校企、教师和企业师傅多方参与,采用"双导师"联合授课制度,以典型工作任务为基础,培养制药行业职业核心能力。以培养实用型高技能人才为目标,通过企业岗位(群)职业能力分析,构建了专业技能基础课程模块和岗位技能课程模块;通过职业特点分析,构建了职业素质养成课程模块,按"专业基础课程模块—岗位技能课程模块—职业素质课程模块"分级实施训练。

三、培养成效显著 社会影响广泛

近年来,学院认真贯彻落实中央、地方政府有关精神和要求,坚持抓教学树品牌、抓实习促就业,科学谋划、精准施策,积极作为、真抓实干,学生实习管理工作呈现出良好的发展态势,人才培养工作取得了显著的成效。

(一)人才培养质量显著提升

1. 学生实践技能和综合素质明显提升

近几年,学院毕业生就业率、用人单位对毕业生满意率、毕业生双证获取率均有

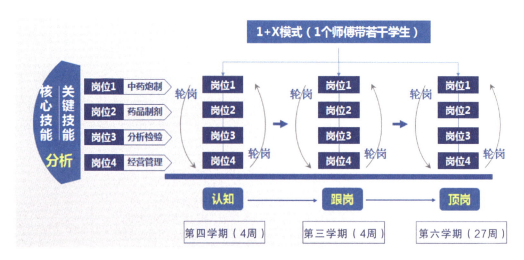

图 5 药物工程分院——"现代学徒制"(东科药业)模式

了较大提升。截至 2017 年年底,学院获全国职业技能大赛奖 39 项,省级职业技能大赛奖 98 项。

2. 学生创新创业能力显著提升

学院在前三届中国"互联网+"大学生创新创业大赛中共有 915 个参赛项目,累计参赛学生 4 728 名,获国赛铜奖 1 项,省赛金奖 3 项、银奖两项、铜奖 15 项。在校生成立企业 22 个、农业合作社两家,创办创新创业社团 15 个,先后涌现出"全国大学生创业之星"许彦云、"陕西省大学生自主创业明星"吕江江、赵向阳、李松等。学院被确定为"陕西省高校实践育人创新创业基地"。

(二)标志性成果特色鲜明

经过近年来在实践教学组织、运行、管理方面的探索,学院多项教学成果获奖。其中,"园林工程技术专业技能型创新创业人才培养模式研究与实践"获陕西省政府教学成果特等奖;"高职施工类专业'全过程、三阶段、四融入'校企协同育人模式的研究与实践""高职电子商务专业'训、赛、创、服'四位一体实践教学模式的研究与实践"获陕西省政府教学成果一等奖;"教学型水工实训中心建设的探索与实践"获陕西省政府教学成果二等奖;"依托职教集团、引企入校、协同育人的探索与实践"获水利教育协会教学成果一等奖;"水利工程专业'54831'顶岗实习管理模式"获农业职教学会教学成果二等奖。

(三)社会影响力持续扩大

学院不断推动教育教学综合改革,持续深化产教融合、校企合作、协同育人,在学生实践教学、技能提升、创新创业等方面取得了一系列成果。中国教育报、中央人民广播电台、中国高职高专网、人民网、凤凰网、央视网、陕西日报、陕西电视台等

20 多家新闻媒体，报道成果实践探索形成的典型经验 370 多条。

四、未来发展

实践教学是职业教育的根本所在，实习实训是实现高职教育目的的重要途径和手段，只有重视实践教学，充分发挥实践教学在人才培养和推进教育教学改革中的作用，才能真正办出高职教育的特色。结合科技进步、信息化发展和"00 后"的个性特点，以及国家对创新型技术技能人才的需求，学院将不断创新实践教学模式，加强顶岗实习管理，使学生在实践教学、顶岗实习过程中，进一步增强对职业的认识与规划能力，帮助学生更好地掌握各自专业知识、提高技术应用能力，并养成良好的职业道德素养。

构建校企深度融合 岗位高度匹配的实习管理体系

长春汽车工业高等专科学校

【摘要】长春汽车工业高等专科学校是国家首批 28 所高职示范院校之一，校企密切合作贯穿了整个办学历程，为高水平开展实习管理奠定了基础。学校通过创新校企合作人才培养模式，保障了学生的实习效果；通过体系化的制度建设保障了实习的规范性；通过全员管理与信息化管理手段相结合，保障了实习管理的及时性和有效性。实习管理工作的有序开展，实现了学生高质量实习。实习生深受企业认可，促进了高质量就业。

一、管理创新背景

（一）学校概况

长春汽车工业高等专科学校起源于 1952 年为创建长春第一汽车制造厂而建立的长春汽车技术学校；2006 年成为国家首批 28 所高职示范院校之一；2009 年学校由一汽集团划归长春市政府主办；2010 年学校的"探索政企校联盟办学"项目被列入国务院教育体制改革试点项目，形成了校企融合、教培一体、政企校联合办学的格局；2013 年被吉林省委、省政府确定为高教强省高职龙头学校；2015 年成为国家首批"现代学徒制"试点项目单位、国家数字校院建设实验校；2017 年学校顺利通过吉林省现代职业教育示范校验收；同年，学校入选为全国职业院校国际影响力 50 强；2018 年学校成为吉林省新能源汽车、汽车零部件等产业技术技能人才培养重点依托院校。

（二）校企合作情况

学校始终高度重视校企双元育人工作，在师资队伍建设、资源共用共享、校园文化建设与工匠精神培育等领域与合作企业开展了深度融合（见图 1）。互利共赢的合作模式，充分调动了企业参与人才培养的积极性。学校现有 10 个"现代学徒制"试点、56 个校企联合人才培养项目，得益于学校对双元育人工作的深刻认知，企业作为育人主体参与，使学生双重身份、校企双重管理得以实现，有力助推了人才培养质量的提升。

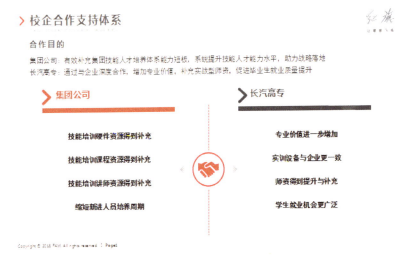

图 1 学校与一汽集团的校企合作支持体系

1. 人力资源共享

学校聘任了 12 位来自企业的中华技能状元、国家科技进步奖获得者等能工巧匠为客座长白山技能名师，企业选派优秀技术人员来校上课，企业兼职教师年均课时总量 3 万多学时。充分利用企业资源，开展教师培训与认证工作。目前，企业认证的专业教师 128 人，占专业专任教师比例 40% 以上。认证教师同时承担合作企业的员工培训任务，实现了校企师资资源的共享。

2. 硬件设施共建

企业资源为学校所用，学校资源为企业所用，资源共享、优势互补。在校内共建了捷豹路虎、奥迪、东风本田、丰田、吉利等满足教学和企业培训、竞赛、技能鉴定等需要的实训基地 43 个。同时，在企业共建了满足教学实习需要的实习基地 113 个。

3. "工匠精神"共育

学生职业精神的培养离不开企业的支持，学校充分利用地处一汽新中国汽车诞生地、长春汽车城资源，传承自主汽车文化，培养学生建设汽车强国的责任与使命意识，开展企业工匠进校园活动，弘扬红旗"工匠精神"，激励学生成长成才。

二、典型做法与具体措施

（一）遴选行业优质企业 实习岗位匹配所学专业

对实习企业考查由学校就业创业中心、教务处联合完成，依据"长春汽车工业高等专科学校实习企业选拔标准"遴选的实习企业，设备技术处于行业领先水平，企业的管理理念先进，企业文化先进、社会声誉好，品牌知名度高，以保证学生能够在合法经营、管理规范、实习设备完备、符合安全生产法律法规要求的实习单位开展实习。

学校结合专业人才培养目标选定实习企业和实习岗位。

（1）在学校汽车运用技术专业群、汽车工程专业群中，学生的实习企业主要集中在一汽—大众汽车有限公司、一汽轿车股份有限公司、浙江吉利汽车有限公司、一汽新能源汽车分公司等整车制造企业。

（2）在现代制造技术专业群、自动控制技术专业群中学生的实习企业主要集中在大众一汽发动机（大连）有限公司、一汽模具技术中心、大连机床集团有限责任公司、长春市施耐利机器人系统有限公司等。

（3）在汽车服务与贸易专业群中，学生的实习企业主要集中在奥迪、大众、丰田等国际品牌的 4S 店、二手车品鉴中心等。

在优选实习单位的同时，学校也充分注重学生实习岗位与专业的匹配程度。例如，在学校机械制造与自动化专业与大众一汽发动机（大连）有限公司合作的"现代学徒制"项目中，每届实习学生都定点到汽车 EA888 发动机平衡轴生产线实习，保证实习岗位与专业的匹配；在汽车服务与贸易专业与奥迪的合作项目中，汽车销售方向的每届学生都到奥迪 4S 店新车销售与售后服务岗位开展实习，二手车鉴定与评估方向的学生则定点到奥迪品鉴二手车（独立经销商）开展实习。

（二）校企双主体实施　实习方案满足培养需要

深厚的校企合作基础、互利共赢的校企合作模式与系统的保障机制，激发了企业参与学校人才培养的热情，保障了实习管理方案制定过程中企业的深入参与。校企联合人才培养的形式主要有"现代学徒制"、车间式教学、订单班等。在合作企业的深度参与下，不同培养模式制定了差异化的实习方案，为良好的实习效果提供了有力的保障。

1. "现代学徒制"项目实习方案，体现鲜明的"师带徒"特点

学校是国家"现代学徒制"首批试点单位，9 个专业为长春市"现代学徒制"试点。为充分体现学徒企业实践期间"双主体""双身份"的鲜明特征，针对学徒培养的实习方案，充分体现出"师带徒"的特点，明确企业师傅职责和学校指导教师职责。校企根据学徒职业能力发展的阶段性特点，将学徒的培养过程划分为四个阶段共同实施，借助学校、企业培训中心、企业工作岗位三个类型的教学场所，实现了学徒能力的分阶段培养。

2. 车间式教学实习方案，专业知识系统化的车间实现形式

2017 年，学校在原有校企合作人才培养模式的基础上，创新性地开始了车间式教学工作的探索。学校与一汽模具技术中心合作，将教学场所由学校转移到企业车间，围绕专业人才培养的目标，将人才培养全过程内容进行了系统转化，转变成适合以车间为教学场所的实施方案。以模具设计与制造专业为例，学生在实习过程中，根据产品工艺方案设计—模具制造工艺编制—模具零部件制造—模具的总装调试的顺序完成学习。通过岗位轮换，多导师指导等方式进行，充分体现了以学生为中心，以专业内

容递进的逻辑顺序学习的特征。

3. 订单班项目实习方案，体现鲜明的企业需求特征

学校与德国、英国、法国、日本、一汽—大众、一汽技术中心、吉利等企业合作，开办了中德 SGAVE 订单班、捷豹路虎订单班、中法实验班、丰田 T—TEP 订单班、大众—TQP 订单班、大众 ACC 订单班、汽研订单班、吉利沃尔沃 V 项目订单班等 66 个与国际国内高端品牌合作的订单班。

根据订单培养计划，订单班学生在相应的时间节点赴订单企业开展实习，实习方案充分体现了企业对于职业人才的需求。例如，在同为与奥迪品牌合作的汽车营销与服务专业的奥迪订单班，定向到销售顾问岗位和二手车评估师岗位培养的学生，在实习期间即分别在新车销售和二手车销售部门实习，学校和奥迪事业部合作共同为学生制订实习方案，学习内容分别针对新车销售和二手车销售、二手车鉴定与评估等岗位，以满足企业对不同人才需要的培养要求。

（三）多元全程管理　保证实习管理及时有效

1. 制度规范，保证实习管理无死角

学校实习管理工作由教务处与企业人事部门共同牵头，充分强化实习作为教学环节的地位，学校各部门联动，共同实施实习管理工作。制定了《长春汽车工业高等专科学校学生实习管理细则》《实习学生安全及突发事件应急预案》《长春汽车工业高等专科学校实习学生安全管理规定》等文件，形成了 12 个教学管理文件，明确了工作职责及工作流程，保障实习管理的有序性。

在实习规模较大的企业，如一汽—大众汽车有限公司、一汽解放公司，专门设置学校实习指导教师办公室，派驻专业教师到企业值班，在指导学生、管理学生的同时学习生产一线新技术。

2. 校企沟通，保证实习管理及时性

学校与实习企业建立了良好的合作模式，企业始终对实习学生保持着极高的关注度。企业人事部门、实习车间、实习工段、实习班组等各层级的负责人都与学校教务处和实习管理教师保持着联系。

企业定期向学校通报学生的出勤情况、实习情况、学习效果等内容，对于优秀的学生给予表彰。在良好氛围的影响下，学生的实习积极性提高，主动学习和钻研生产技术。许多学生提出的合理化建议被企业采纳，为企业创造了实际的经济价值。

3. 信息化实习管理手段助力提高管理效率

学校引入实习管理信息系统，指导教师通过系统实时与学生保持联系，通过签到功能，掌握学生每天实习的出勤情况；通过周记功能，了解学生在实习过程中的收获与困难，及时帮助学生解决实习中的问题。通过各项数据报表，及时了解学生实习的总体情况，提高了实习管理的效果。

4. 实习评价立足岗位实践，保证评价的有效性

实习评价采取过程评价与终结性评价相结合的方式。校企合作设计过程评价指标体系，一级指标包括实习态度、工作质量、岗位技能、遵章守纪、现场管理、出勤情况、安全意识、身体条件、理论学习等几方面，由企业指导教师和学校实习指导教师，根据学生每个月的实习情况共同做出评价。

终结性评价由企业教师完成。实习结束后，学生完成实习总结，要求学生结合实习岗位内容，运用专业知识解决现场实习问题或者提出改善方案。

完成实习的学生由企业颁发实习证书，实习成绩评定为优秀的学生，企业予以奖励，在毕业时用人单位优先录用。

（四）多层级递进式安全教育　保证实习安全

学校始终高度重视学生实习的安全工作，由于学校以制造类专业为主，针对学生实习单位主要集中在生产现场的特点，学校扩大了安全教育的外延和内涵，将安全教育由校内延伸到校外，贯穿人才培养始终。

1. 安全教育纳入教学计划

学校将安全教育纳入人才培养方案，保证了安全教育的系统性和每名学生的全覆盖。为安全教育专门设置课程，配备经验丰富的师资队伍，在第三学期结束前，完成本年级所有学生的安全教育课程。

2. 开展校内两级安全教育

对于即将赴企业实习的学生，设置学校、学院两级安全教育。针对学生实习企业和实习岗位的特点，进行实习前安全教育。

3. 重视企业三级安全教育

学校实习指导教师与学生全程参与企业三级安全教育（人事部门、生产车间、生产班组）（见图 2）。并将学生在企业学习安全教育的效果纳入学生实习成绩的考评当中，将学生完成企业安全教育的合格成绩设定为 90 分，未达标学生必须重学重考，直至合格才可赴企业实习。学校指导教师必须参加安全培训考试，成绩合格方可上岗。

4. 强化实习全过程安全管理

学校将学生实习安全工作置于首位，将安全管理认知、安全意识培养、安全管理基本方法等内容渗透到实习学生日常安全管理当中。通过专业岗位安全案例和安全讲座，对不同专业实习学生实施差异化安全教育。持续的安全强化意识和安全教育使得安全理念深入人心，学生自我保护意识不断增强，切实保障了学生的实习安全。

三、成效与反响

（一）专业对应性高

学校与相关的大型国企、合资企业均保持着长期稳定的合作关系，与企业签订人才培养协议，连续多年向企业选派实习生。大型企业的资质符合学校对于实习单位的

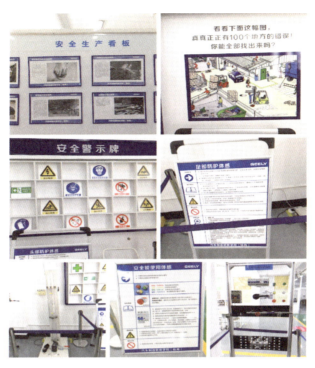

图 2 企业为学生进行安全培训的实训场

要求，规范的制度、科学的管理，使得学生实习的基本权益得到切实的保障。

根据汽车制造企业的特点，学校以学院或专业为单位向大型企业选派实习学生，规模化的实习方式，更有助于学生的实习岗位高度匹配所学专业，也使得校企共同制定实习方案、共同实施过程管理、共同落实实习方案、共同完成实习评价等工作的落实更加高效。

（二）企业满意度高

规范、高效的实习管理为学生在实习期间学有所长创造了条件，很多学生在企业实习期间已经能够通过参与班组管理、提出合理化建议等方式为企业做出较大的贡献。例如，在一汽—大众汽车有限公司焊装车间实习的学生刘健在焊接操作时，发现迈腾右前纵梁前端工艺孔与定位销干涉，他迅速将此信息上报给班长，避免了一起迈腾批量质量事故的发生。企业为了鼓励实习学生善于发现问题并积极参与产品质量控制，促进产品质量稳定的做法，奖励刘健同学 1 000 元并颁发了嘉奖令。

校企共育，学生在实习中不断成长。实习学生的优秀表现深受企业好评，学生在实习企业的就业率始终保持在较高的水平。企业对实习学生的高度认可，保障了校企合作与人才培养质量提升工作的可持续开展。

（三）就业质量高

根据 2017 年学校最新的统计结果，实习企业录用顶岗实习毕业生比例达到了

92.89%。根据第三方权威数据机构麦可思公司调查显示，学校装备制造大类毕业生的月收入达到了 4 000 元以上，就业对口率和稳定性也保持在较高水平（见表 1）。

表 1 2014 届至 2017 届毕业生工资水平（元）

	2014 届	2015 届	2016 届	2017 届
本校	3 791	4 077	3 934	4 303
全国示范校	3 335	3 532	3 794	4 027

四、未来发展

今后，学校将加强信息化手段在实习教学中的应用，将更多校内优质学习资源和企业培训资源在线向实习生开放，丰富学生的知识技能体系。

学校将在合作企业中择优开展"一岗双徒"的交替实习模式探索，即对应一个实习岗位安排两名实习学生交替进行实习，学生实习一周回校上课一周。学校学习与企业实习交替进行，学校教师能更加及时掌握学生情况，指导更有针对性，理论学习与企业实践学习互相补充，相互促进。目前已经与一汽模具技术中心达成了合作协议，具体计划已在制定当中。

借助职业教育集团、中高职衔接等合作形式，结合汽车行业技术技能人才培养特点开展实习管理经验交流，在进一步提高实习管理水平的同时推广经验与成果。

校企"双主体、三级管理、四岗递进"
"现代学徒制"实践

长沙高新技术工程学校

【摘要】基于卓越职校建设与教学改革提质的要求，学校深化校企合作，认真落实合作实习单位；实现校企双主体共同招生招工，共同育人，育德育技并重；实行校企三级管理，细分各级责任；实行四岗递进，践行"现代学徒制"实习管理模式，形成全员轮岗，严抓过程管理，抓实安全防范，全面推进"现代学徒制"的落实，确保实习安全与实习效果，从而助推学生成长，继续为职业教育的发展做出更大的贡献。

长沙高新技术工程学校是由长沙国家高新技术产业开发区主办的全日制中等职业学校，是国家级重点、湖南省示范性中等职业学校，湖南省首批卓越职校建设单位。

一、管理创新的背景

（一）服务产业发展　满足园区经济发展需要

我校是长沙国家高新技术产业开发区唯一的职业中专学校，现开设了电子与信息技术、电气运行与控制、汽车电子应用技术、计算机网络技术、机械加工技术、数控技术应用、机电设备安装与维护、建筑工程施工、工程造价、电子商务 10 个专业。对接高新区六大支柱产业，学校重点建设电子信息、加工制造、建筑工程三大专业群，目前三个专业群在校学生占全校学生的 4/5。这些学生毕业后，直接进入园区相关企业工作。学校自 1983 年改办职业教育以来，累计为长沙高新区输送了 2 万余名技术工人，现在这些毕业生多是企业的技术骨干，服务于园区各行各业，有效促进了园区经济发展。

（二）提升学生能力　促进学校内涵发展的需要

2015 年，学校被评为湖南省首批卓越职业学校建设单位；2016 年 9 月 14 日，教育部部长陈宝生来校视察，对我校各项工作给予了高度肯定，欣然题词"把学科建在产业链上，把学校建在开发区里，把工匠精神刻在学生心中，把创新意识融入学生血液"，给学校的发展指明了方向。教育教学质量是学校的生命线，而作为实践性教学活动的实习工作，更应当创新管理方式，将职业精神养成贯穿实习全过程，提升学生职业技能与职业素养，培养就业创业能力，为学生的终身发展与职业生涯奠定基础。

（三）"现代学徒制"试点　创新中职人才培养的需要

2015 年 8 月，长沙市成为教育部首批"现代学徒制"试点城市，我校作为长沙市"现代学徒制"试点学校，率先在机械加工技术、电子与信息技术、建筑工程施工三个专业中与中联重科、威胜集团、东方红建设集团开展"现代学徒制"试点工作，"现代学徒制"学生经过"四岗"递进的学习，完全熟悉相关工作岗位，初步具备独立操作的能力，进入企业不需要花时间进行培训，直接能胜任相关工作岗位，有效服务企业所需，节约了企业培训员工的成本，直接受益的学生达 1 000 余人，实现零距离上岗。

二、建立校企"双主体、三级管理、四岗递进""现代学徒制"实习管理

（一）校企双主体　育德育技并重

深化校企合作，学校招生与企业招工一体，共同组建"现代学徒制"班级。学校校训是"立德崇高、精技惟新"，围绕"德"与"技"培养学生，学生在校期间，常规实训教学采用实训周项目教学强化技能训练，为弥补实训时间不足，我校与合作企业共同开展课外专业技能社团，提高学生专业兴趣与技能水平，学校每学期召开一次技能节，并将"现代学徒制"班级技能节放在企业实施，在"现代学徒制"中选拔优秀选手参加各级技能竞赛，由学校教师和企业师傅共同培养和提升学生专业技能。在培养技能的同时注重人文素养的培育，企业文化的宣传，实行教室"30 秒"整理习惯的养成、实训室"10 秒"管理的教育、食堂"1 米"谦让线、班级文明值周等，加强学生养成教育，学生不管在教室、实训室，还是在寝室、食堂，不论是上课，还是实训，都会自觉整理、整顿，养成经常清扫、保持清洁的好习惯。实习期间，学生将良好的行为习惯带到企业，通过实习的强化学习与训练，实现"德"与"技"的双提升，促进综合素养的整体提升。

（二）三级管理　细分各级责任

学校坚持学生实习立足地方，按照"长沙高新技术工程学校实习单位遴选办法"，建立了 124 家实习单位资源库，内容涵盖实习单位基本情况、发展方向、岗位设置、员工待遇、招聘链接等；建立了近五年学习实习资源库，内容包括学生基本情况、实习岗位、实习待遇、转岗情况、考核评价等；可随时查看情况，调取数据，分析对比，为今后学生实习及学校决策提供参考。学校成立了学生实习领导小组，由校长担任组长，加强对实习工作的宏观调控与指导；成立了实习工作小组，由学校、企业共同组成，明确职责与要求，按要求开展工作。坚持实行"学校（企业）—专业群（车间）—班级（班组）三级管理"，学校与企业招生招工一体化，让学生走进企业，了解企业文化与岗位职能；专业群与车间具体对接岗位标准；班级与车间班组具体落实"德与技"的培养；企业定期组织家长参加企业接待日，由家长全程监督。学校与企业

坚持将学生实习工作摆在教育教学工作首位，由教务部门和人力资源部直接管理，企业师傅按任课教师标准落实待遇，实习班级纳入常规班级评比、实习管理纳入教务科绩效考核，牢固树立作为实践性教育教学活动的学生实习工作在学校工作的中心地位。

（三）四岗递进，践行"现代学徒制"

"现代学徒制"班级成立后，在专业建设指导委员会指导下，在第一学期开展"识岗"教学。"识岗"教学以学习理论及"项目实训"为主，每学月在企业见习一至两天，在企业专业人员的介绍下，了解企业文化与工作岗位，正确认识今后从事的岗位。

在第二、第三学期进行"熟岗"教学，每学期在校实训 3 周，企业实训 3 周，目的是培养良好职业素养，熟悉岗位能力要求，熟悉岗位技能（见图 1）。同时，在校实训时企业安排多名师傅指导学生，每个工种一般至少有一名师傅。在企业实训时，先安排两种以上岗位（两个工种）让学生进行轮岗实习。学生在企业轮岗实习期间，学校安排班主任和德育辅导员负责学生的行为规范管理。

图 1 "中联机加班"学生在车间熟悉工作岗位

在第四、第五学期进行"练岗"教学。企业和学生进行岗位双向选择，学生选择一个适合自身发展的工种进行实践，企业和学校都要安排师傅，两个师傅同时指导学生实训。每学期在校实训 4 周，在企业实训 6 周，目的是让学生养成良好职业素养，熟透岗位能力要求，掌握岗位技能。同时，在校实训时企业安排多名师傅指导学生，每个工种一般至少有两名师傅。在企业实训时，学校安排班主任和技能指导老师负责学生的行为管理与技能指导。

在第六学期进行"顶岗"实习。学生顶岗实习严格按专业教学要求，学校精心制订学生顶岗实习方案，即我校联合行业、企业及家长委员会四方配合，在企业师傅与学校教师的共同指导下，完成"培训、实践、入职"三阶段的顶岗实习，每一个阶段的实习，都有目标、有任务、有措施、有时间安排、有具体要求、有评价方案，操作

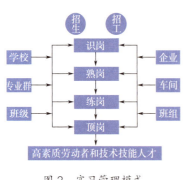

图 2　实习管理模式

性强，保证了实习的效果。学生到企业进行顶岗实习，做到岗位技能过关，由学徒转为准员工，顶岗实习结束同时取得相应职业资格证书与中等职业教育学历证书，经校企双方或第三方考核合格，转为企业正式员工。

在招生过程中校企共同参与，实现招生招工一体化，在教学管理过程中分别以学校—专业群—班级、企业—车间—班组"三级管理"，在教学中通过"识岗、熟岗、练岗、顶岗"形成"四岗递进"的实习管理模式（见图 2）。

三、成效与反响

（一）全员定岗轮岗　创新实习方式

学生在熟岗实习过程中，学校专业群与企业生产车间将学生以小组为单位进行管理，根据实习岗位定人、定组、定岗、定位；实习一段时间后，再进行周期轮岗，每个学生必须参加 2~3 个核心岗位实习。定岗能让学生更快地融入企业的实际岗位，能让学生专一、专心、专注地认识岗位、操作岗位；轮岗能让学生熟悉其他岗位，全方位培养学生专业技能和综合素养，创新顶岗实习人才培养新模式。

如我校电子与信息技术专业学生在威胜集团进行实习时，学生实习岗位有生产一线产品装配工、焊接测试工、检测维修工、产品包装工、物流搬运工、生产线管理负责等。学生熟岗实习与练岗实习都要进行轮岗，通过轮岗，他们能清楚地了解到一个好的电子产品问世，要经过从制订生产计划、物品采购、元器件和印制电路板检测、按电路原理图插件、焊接、调试、检测、维修、包装到物流等 51 道工序才能完成，也真正明白，51 道工序中间任何一道工序出现问题都会导致产品夭折，直接给企业造成经济损失，影响企业的社会声誉。只有学生亲身经过这样的岗位实践后，才能真正体会企业与学校、学习与生产、专业与技能的内在关系，为自己将来就业打下坚实的基础。

（二）严抓过程管理　确保实习效果

学校建立健全了实习管理各项制度，根据实习类型，结合专业，精心制订实习方案，做到有目标、有任务、有措施、有时间安排、有具体要求、有评价方案，操作性强，确保了效果，同时抓实过程管理。实习前做好各项准备工作：开好四个会议，即学校统筹部署会、学生实习动员会、校企实习工作协调会和家长会；做好三项专题培训，即学习企业文化与规章制度、专业岗位能力实操训练、安全教育；签好三方协议，即学校、实习单位、学生三方签订协议，知晓所规定的权利、义务和责任，做到有据可查，有据可依。学生到实习单位后，开好入职入岗培训会、师徒见面会。实习全程由实习指导教师与企业师傅指导，按企业与学校相关制度进行管理与考核，同时利用实践教学管理平台结合移动互联网与手机 APP，及时发布通知公告、即时通信、签到定位、日志管理、在线测评、考勤管理、实习考评，随时了解学生的学习状况，确保了实习效果（见图3）。学校还与企业达成共识，设立家长接待日，让家长了解学生在企业生活、工作情况，方便对学生进行思想引导。

实习期间，学生人手一本"顶岗实习手册""顶岗实习日志"，通过成长手册向学校与企业及时反映思想动态，通过"实习日志"总结归纳实习所获，确保实习效果。实习完毕实行学校与企业"双主体"评价，建立第三方（行业、企业）考核评价机制与激励机制。考核实行现场考核与过程考核相结合，分优秀、良好、合格、不合格四个等级。考核优秀的可作为学校优秀实习生与省级三好学生评选条件；考核不合格者，延长实习时间，重新考核达到及格后，才准予毕业。2018 年毕业生中，有 4 人因顶岗实习未达到合格要求，需要新考核，已延迟毕业。

图3 互联网+顶岗实习

（三）抓实安全防范 确保学习安全

学校始终把实习安全摆在最重要位置，强化安全措施，截至目前没有发生实习期间学生生命安全与严重工伤事故。一是加强安全教育，普及安全知识，提高学生安全意识。学生在校或企业实习期间，经常开展安全教育，将实习安全操作当作练岗实习与顶岗实习必修的第一课。二是加强心理辅导。顶岗实习期间，班主任不定期跟岗管理，心理健康教育老师每周深入企业，了解学生实习情况，帮助学生缓解工作压力，树立积极健康的心态。三是做好安全工作防范措施。实习前，学校提前实地查看学生实习车间环境、往返交通、实习员工宿舍等，提醒学生注意事项，及时处理安全隐患。实习期间，定期召开实习工作总结会议，重点强调安全工作。四是做好各项实习保障。根据《教育部办公厅关于实施全国职业院校学生实习责任保险实习统保项目的通知》（教职成厅函〔2012〕13 号）、《湖南省教育厅 湖南省财政厅 中国保险监督管理委员会湖南监管局关于推进职业院校学生实习责任保险工作的通知》（湘教通〔2012〕267号）精神，切实保障我校实习学生的实习安全和合法权益，真正做到学生人人参保，应保尽保，制定了《长沙高新技术工程学校学生实习责任保险统保实施办法》。与实习单位共同落实实习期间的薪酬待遇，实习结束后，按时发放，切实保障学生合法权益。

四、未来发展

通过学生"四岗递进"实习，加强校企深度合作与产教融合，紧跟企业用人需求，优化专业设置和人才培养方案，加大学校教师和企业能工巧匠之间的角色互换力度，真正做到企业需要什么样的人才，学校就培养什么样的人才，实现学校与企业零距离对接。

全面推行"现代学徒制"工作，做实各项具体工作，通过校企双主体作用让专业教学标准落地，真正做到专业工种与产业链需求的真对接，理论知识与职业标准的准对接，技能水平与职业等级的实对接，教学过程与生产过程的零对接，工匠素养与终身学习的活对接，顶岗岗位与就业岗位的有效对接。完善招生招工制度，根据企业的标准制定考核制度。完善学分制管理制度、创新考核评价与督查制度，达到校企"合作共赢、职责共担"的效果。创新实习管理，进一步提升人才培养质量。

打造校企合作联盟，按照学校电子信息专业群、加工制造专业群、互联网+电子商务专业群对应长沙国家高新产业开发区六大支柱产业，分别成立电子信息类校企合作联盟，加工制造与智能控制校企合作联盟，移动互联网+电子商务校企合作联盟，真正打造校企一家共同管理学生、共同培养出高素质的技能型人才。

产教融合 四环联动 构建实习空间管理新模式

长沙民政职业技术学院

【摘要】针对学校专业分布面广、综合性强且专业之间差异大、实习学生人数多、实习地点分散等问题，以深度产教融合为主导，牵手行业领军企业，共建校内跨专业生产性实习基地，依托世界大学城空间云平台，构建四环联动顶岗实习空间管理新模式。实现了校企双导师对顶岗实习学生教育管理的全过程、全方位跟踪，客观公正地考核评价学生，增强了学校实习导师、企业导师和学生的及时沟通与了解，有力破解了学生顶岗实习"放养"的瓶颈。

一、管理创新背景

目前，学校正处于湖南省卓越校建设，冲击全国特色高水平高职院校的关键时期，为适应民政行业、区域现代服务业、智能制造产业转型升级的需求，学校通过优化调整专业结构、撤并转增等方式，依据专业基础相通、技术领域相近、职业岗位相关、校企资源共享的原则，将原有 54 个专业调整为 41 个专业，归并组建"社会管理与服务""健康养老服务""民政信息及智能化技术服务""现代商务服务""创意设计与传媒""应用外语服务" 6 个特色专业群。如何在专业集群发展的新背景下，有效解决年均 6 000 余名毕业生顶岗实习的问题日趋凸显。

二、典型做法与具体措施

（一）推进校企合作产教融合机制 打造校企双主体育人平台

众所周知，对于高职院校而言，行业企业资源无疑是影响毕业生顶岗实习工作的关键因素。为了有效解决顶岗实习工作的源头问题，学校十分重视推进校企合作、产教融合工作，一方面正式出台《长沙民政职业技术学院校企合作管理办法》，从组织机构、制度流程、操作程序、资金保障、奖惩措施等方面对校企合作工作予以规范和明确；另一方面配套《长沙民政职业技术学院柔性引进行业企业兼职教师条例》《长沙民政职业技术学院年度教学工作目标管理办法》《长沙民政职业技术学院专业教师下企业顶岗实习管理办法》《长沙民政职业技术学院专业设置管理办法》等相关文件，同时将校企合作、产教融合标志性成果纳入教师职称评定范畴，支持和激励广大教师整合行业企业资源，真正搭建校企双主体育人平台。

迄今为止，学校先后与养老服务产业生态链（上海杨浦社区养老院、湖南康乃馨等）、ICT 产业生态链（中兴通讯、思科等）、商务营销产业生态链（阿里巴巴、京东等）、ERP 产业生态链（金蝶、用友等）、智能制造产业生态链（博世、西门子、三菱等）、传媒产业生态链（湖南体育产业集团）中的龙头企业建立校企合作关系，在人才培养方案修订、企业教师及课程进课堂、教师学生顶岗实习、社会服务成果转化、共建校内外实习基地等方面开展深度合作。

（二）牵手一流行业企业　构建跨专业（群）校内生产性实习基地

现代商务服务专业群依托合作企业在校内共建物流、电子商务、影视制作等 10 个生产性实习基地，提供近 500 余个顶岗实习工位，在校企双导师联合指导下，面向全校近 2 万名师生提供市场化服务、创新创业运营服务。连续 7 年先后与梦洁家纺、森马电商合作开展"双十一"、京东"6.18"企业客服顶岗实习活动，累计处理商品物流订单 500 万个，提出物流优化方案 200 多个，5 个优秀案例被企业采纳，2017 年"双十一"总业绩突破 8.219 亿元。创意设计与传媒专业群与湖南省体育产业集团合作共建校内生产性实训基地，配合 CCTV5、湖南省体育媒体完成 2014 年湖南省大学生运动会，2015 年亚洲男篮锦标赛等 30 多场大型赛事活动的现场拍摄，以及每年 22 期校内新闻、各专业课程视频的拍摄制作任务。从 2012 年开始，金蝶集团先后投入 1 000 余万元，在我校建立国内高校唯一的校内生产性实训基地，采取企业、学校双导师管理体制，为会计、金融、计算机信息管理、计算机网络等专业提供顶岗实习工位 200 个，承接集团总部技术支持近 1/3 的业务量，累计为金蝶集团培养技术骨干或业务主管 360 余人。

（三）依托大学城空间云平台　创新学生顶岗实习管理模式

从 2011 年开始，学校依托世界大学城空间云平台，通过搭建学校顶岗实习管理空间、学校指导教师空间、企业指导教师空间、学生个人空间，构成了四环联动、多向沟通的网络教学及管理平台。四方职责分明，流程规范，相互联系，互动频繁（见图1）。

学校顶岗实习管理机构（校、

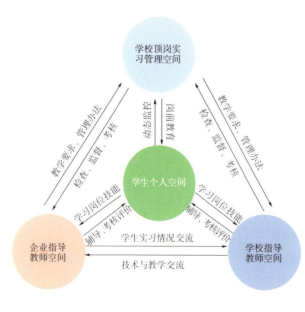

图 1　顶岗实习空间管理联动关系

院、教研室)、学校指导教师、企业指导教师、学生只需要按照顶岗实习空间教学与管理流程(见图2)建立相应的栏目即可实现顶岗实习过程管理的信息化(见表1)。

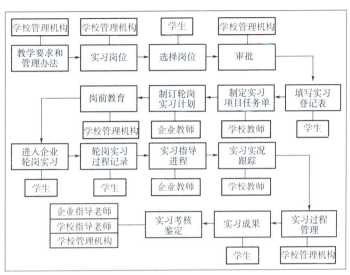

图2 顶岗实习空间教学及管理流程

表1是近三年毕业生顶岗实习管理工作数据统计情况。

表1 2016—2018届毕业生顶岗实习数据

届	实习周志数 (篇)	实习总结数 (篇)	校内指导教师 指导记录(条)	企业指导教师 指导记录(条)
2018届	140 760	5 965	200 187	153 367
2017届	141 072	5 878	189 643	135 426
2016届	140 544	5 856	185 981	128 974

　　大学城空间云平台创建的实名管理、内容丰富、交流便捷、开放互助的学生顶岗实习管理平台,给学校和企业导师指导学生顶岗实习创造了极为便捷的路径,突破了时间和地域的限制,实现了对顶岗实习学生教育管理的全过程、全方位跟踪,客观公正地考核评价学生,增强了学校导师和企业导师的及时沟通和了解,搭建了校企紧密对接的平台,有力破解了学生顶岗实习"放养"的瓶颈。

三、成效与反响

　　近年来,学校学生实习管理工作紧紧围绕校企合作、产教融合的主旨思路稳步推进提升,形成了校企协同育人的良好态势。2015年,学校成为国家教育部首批"现代学徒制"试点单位;2017年,学校成为教育部第二批深化创新创业教育改革示范校;连续三年在湖南省毕业设计顶岗实习工作抽查、专业技能抽考中名列前茅。同时学校十分重视对实践教学成果的凝练与固化，反哺到教学环节，助力创新人才的有效培养。

（一）优化专业资源

医学院与行业企业共同完成民政部招标项目——全国养老技能培训系列教材研发任务，项目金额达520万元，开发培训教材7部、服务指南4个，共300多万字，开发远程培训视频课程13门，视频390个，该教材不仅适用于培训，同时也是优质的专业实习教学资源。民政与社会工作学院联合行业企业共同修订社区管理与服务专业国家教学标准，引领专业的持续发展。电子信息工程学院依托电气火灾监控系统和助老服务机器人项目的研究成果，重构基于企业真实项目的课程体系、技能训练内容及专业教学方法。艺术学院在开发共享智能拐杖过程中，积累了丰富的专业教学资源，创新学习素材和教学方法。

（二）培育双师队伍

物联网应用技术专业在与北京钢铁侠科技有限公司共同研发"钢铁侠"项目过程中，专业老师深入企业接受机器人操作系统、人工智能与机器人前沿技术、新一代智能机器人等系列培训，极大提升了实践教学能力。智能化技术服务与健康养老专业群组建跨专业师生团队和企业共同研发助老服务机器人，连续两届获得中国机器人大赛与中国服务机器人大赛助老服务机器人——助老环境与安全服务项目冠军。

（三）提升培养质量

应用技术研发与专业教学实现深度融合，协同创新研发平台转化为人才培养基地，研发项目转化为专业教学项目，研发团队转化为双师型教学团队，促进了人才培养质量的持续提升。近几年，学校在全国职业院校技能大赛共获得一等奖21项，在全国职业院校民政职业技能竞赛中独领风骚，共获得一等奖及以上93项，毕业生得到行业企业的广泛欢迎和高度认可。学校招生录取分数线连续10年超过三本线，位居湖南省专科学校第一，就业率和就业质量稳居同类院校前列。

四、未来发展

高职院校学生实习管理工作是一项系统工程，涉及培养目标定位、教学方案设计、教学组织实施、社会资源配置、质量体系保障等方面，关乎政府、行业企业、学校、学生四方面要素，未来学校将从三方面进一步加强实习管理工作：一是建立顶岗实习有效反馈机制，形成顶岗实习与人才培养的良性互动闭环，实现顶岗实习工作精细化管理；二是按照专业集群与产业集群协同发展的原则，通过建立职教集团、产教联盟、混合所有制二级学院等方式，进一步拓展校企合作产教融合工作的广度和深度；三是以职业为逻辑起点，以职业能力培养为导向，构建"岗位见习、跟岗实习、顶岗实习"能力递进式实践教学体系，实现学生角色由校园人到准职业人、再到职业人的完美蜕变。

区块集中　企业定点
——顶岗实习管理模式探索与实践

浙江机电职业技术学院

【摘要】学校从 2005 年开展顶岗实习以来，一直积极探索与优化顶岗实习有效管理模式，形成特色鲜明的"区块集中，企业定点"的顶岗实习模式，制定基于"工学交替"校企育人培养模式的专业顶岗实习方案，构建了"315"多层次合作企业网络，同时在省内乃至全国首创基于"互联网+"的学生顶岗实习管理平台。通过上述顶岗实习的典型经验和做法，进一步规范我校实习管理流程，提高顶岗实习效能，实现了管理信息化，有效提升学生实习质量。

一、背景

顶岗实习是高职院校有效推进工学结合人才培养模式改革的重要内容，也是加强高职学生实践能力和职业技能培养的有效途径。顶岗实习的实施涉及学校、企业、学生等各方面的利益，如何安排顶岗实习并提高顶岗实习的质量，使之具有可操作性和长效性，一直是高职院校急需解决的问题。

2005 年以来，学院建立以"产学指导与合作委员会"为中心和纽带的政行企校"四方联动"组织机构（见图 1），逐步开展"区块集中、企业定点"顶岗实习模式。针对上述顶岗实习的管理模式，如何有效吸收优点、摒弃缺点，是我校管理层急需解决的问题。为此，学院领导班子在企业现场走访学生、开展调查研究的基础上，根据浙江块状特色经济的特点，提出了设立学院产学合作工作站的想法。学院产学工作站全面协调管

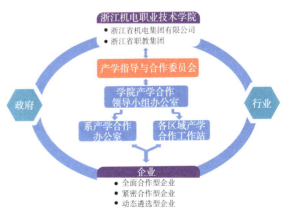

图 1　政行企校"四方联动"产学合作组织机构

理学生顶岗实习，通过顶岗实习企业的"集中与定点相结合"的管理，实现"有条件的集中"和"有组织的定点"，形成顶岗实习管理的长效机制；同时不断拓展工作站在专业教学中的教学功能，使之成为课程外移的集散地，培训与技术服务工作的协作窗口。

2014 年以来，学校在产学合作工作站的基础上，全面采用了学校开发的基于"互联网+"的学生顶岗实习监管平台。同时，为了让更多的企业能提供更多优质的顶岗实习岗位，在服务企业的形式上呈现了多样化的趋势，如在"校企互聘""企业助学""企业培训""技术开发"等方面展开富有成效的合作，实现校企双赢。

二、典型做法与过程

（一）产学工作站的区块集中管理

浙江省民营经济发达，中小企业众多，产业集群特征明显。如浙江省在全国著名的制造业产业集群就有台州黄岩的塑料模具产业群、宁波地区的精密模具产业群、温州地区柳市的低压电器产业群、温岭大溪的泵业产业群、绍兴地区上虞的电机风机产业群等。产业集群区汇集了行业与企业等职业教育的要素，是高职机电类专业开展校企合作、工学结合教学改革实践的优质基地。从学生就业的角度看，大多数高职毕业生在中小企业工作，因此对众多的学生来说，走入中小企业进行专业顶岗实习是最现实的选择。将学生的专业顶岗实习区域锁定在产业集群的区域，从而较好地实现高职教育的产业性、行业性、企业性、职业性，其优越性不言而喻。

1. 产学合作工作站的组织管理和功能

产学合作工作站是校企合作、信息互通的组织管理机构，由学院和工作站依托校友会或企业人员共同参与（见图 2）。

专业群对准产业群，学院统筹资源共享与系部责任管理相结合。目前，学院已在全省各地建立了 16 家地区产学合作工作站（见图 3），由院产学合作办公室统筹，工作站的合作企业资源可由各系、各专业共享，管理职能由主要专业群对准区域产业群的所在系负责。如滨江工作站的电子信息产业群与设备制造业产业群主要与机电一体化、电气自动化、计算机信息等专业密切相关，主要管理职能落实在电气工程系。

我校产学合作工作站的主要功能有四点。

（1）开发、协调与管理区域内的企业实习基地，负责区域内顶岗实习的过程管理。地区工作站的建立为学院提供了可选择的企业实习基地，为学生选择专业对口的实习岗位及实现顶岗实习教学目标的规范化创造了条件。

（2）承担专业教学功能外移后的教务管理和企业兼职教师队伍的建设与管理。产学合作工作站在顶岗实习"课程化"中的重要作用，主要在教学内容具体化；兼职指导教师长期化；课程评价定量化等方面。

（3）产学合作工作站是学院进行区域企业技术服务与职业技能培训的平台，通过

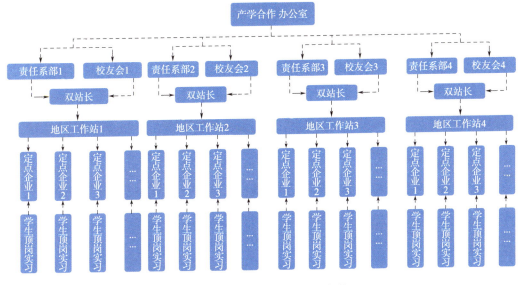

图2　产学合作工作站的组织架构

序号	工作站名称	挂靠企业	驻地站长
	产学合作工作站汇总表		
1	高新技术开发区（滨江站）	杭州大和热磁电子有限公司	周毅
2	台州工作站	台州新立橡塑有限公司	陈关德
3	温州工作站	温州宇辰能实业有限公司	金伟军
4	宁波工作站	宁波华光不锈钢有限公司	李士良
5	金华工作站	金华汤齿齿轮箱有限公司	何忠明
6	衢州工作站	开山集团有限公司	吴杏
7	绍兴工作站	卧龙控股集团有限公司	宋立英
8	嘉兴工作站	嘉兴瑞瑞邦机械工程有限公司	施明
......	......	......	......

图3　我院产学合作工作站全省分布情况

这个平台，学院与企业加强了联系与合作，增进了互信与了解，工作站为专业教师寻找科研技术项目的开发线索，为校企合作研发项目"牵线搭桥"，同时，还拓展了企业员工培训、技术服务等功能。

（4）产学合作工作站成为学院与企业的联络纽带，"校企合作、工学结合"的宣传窗口。工作站所在地企业为学院提供就业岗位信息，学院为企业提供适用的毕业生，工作站成为学生就业的指导站。同时工作站也是"企业宣传企业"的平台，工作站通过挂靠企业的模范作用带动了一批企业主动参加与学院的合作，使学院的实习基地建设有了较大的扩展。

2. "区块集中、企业定点"的顶岗模式

工学结合顶岗实习过程中针对具有明显产业群区的专业，采用"区域集中，企业定点"模式，如模具设计与制造专业面向台州地区。

产学合作台州工作站联络众多的中小企业，充分发挥校友分会作用，落实比较满意的实习单位。台州地区的产学工作站是由学校机械系牵头，实行双站长制，模具专业教师徐志杨老师和新立模塑有限公司陈关德总经理是工作站的站长。工作站的地点设在校友企业内，该站点同时联络台州区域内的 42 家企业，每年为学校顶岗实习提供约 400 多个岗位（见图 4）。另外，学校和企业通过顶岗实习招聘等双向选择手段落实企业实习岗位。最后，学校和企业共同制定校企顶岗实习方案，管理好顶岗实习的学生。同时，学院派遣的教师在实习指导期间还要参与工作站有关的工作，并与当地校友建立更密切的联系；聘请有关校友担任实习的管理、指导以及开展专题讲座、综合素质讲座等。

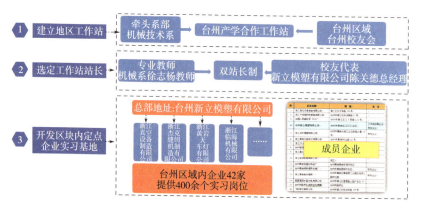

图 4　建立产学工作站流程

3. 区块集中管理的特色与成效

（1）充分体现了职业教育和工学结合的特色（见图 5），而且在校友的大力支持与参与下，执行得十分理想，效果良好，学生的满意度高。

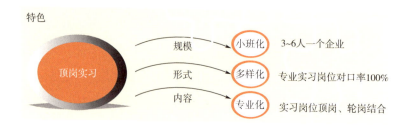

图 5　区域集中、企业分散的顶岗实习特色

（2）进一步密切了校企合作关系，扩大并加强了与校友的联系。深化并拓展了工作站的工作职能，为工作站更好地、持久地搞好校企全面合作积累了成功经验。

（3）教师积极参与工作站的建设，结交了更多企业界的朋友，深入了解企业生产实际，双师型师资队伍建设效果明显。

（二）构建"315"多层次合作企业网络

为了遴选出足够数量的优秀企业作为学生的顶岗实习企业，实施顶岗实习企业动态入库制度，相继出台了关于《推进学校"315"校外实训基地建设工作的通知》《校外实训基地的建设标准》《315企业的建档规范》《315校外实训基地建设年度建设规划表》等文件。

学校选择管理严格、经营规范、社会声誉好的企业作为学校校外实习教学的合作伙伴，构建了"315"的多层次合作企业网络（见图6），即30家"全面合作"型企业（平均每个专业一家），100家紧密合作型企业，500家动态遴选型合作型企业组成的合作群。每年年初开学后的第4个教学周前，各系上交校外实训基地的建设规划表，规划表填写内容包括：实训基地名称、类型（企业学院型、合作紧密型、动态遴选型）、适用专业名称以及开展校企合作的项目类别（专业建设、课程开发、顶岗实习、认知实习、订单培养、校企互聘、企业培训、技术开发、设备捐赠、企业锻炼、技术推广、企业助学、毕业就业等）。由于合作企业数量较多，规划表中对校外实训基地的编号规范性也做了明确的要求。

图6　学校"315"合作企业网络示意图

学校规定三种类型的校外实训基地需要签订校企合作协议书，经校企双方盖章，确认有效。签订协议后，"企业学院型"校外实训基地要挂牌，"合作紧密型"校外实训基地原则上也要挂牌。

（三）组织"多样化"的实习教学模式

学校通过人才培养模式改革，注重培养学生的"首岗胜任能力、岗位适应能力与可持续发展能力"，构建了"三年三阶段实习"人才培养方案：第一年，职业岗位体验性实习，时间为两周到一个月，目的是使学生得到职业岗位的初步体验，重在职业素质熏陶，学生的实习企业与专业不必一一对应；第二年，专业顶岗实习，时间为 3~4 个月，学生顶岗实习要求与专业基本对口，目的是在专业顶岗实习中得到职业素养的全面训练；第三年，就业顶岗实习，时间约 4~12 个月，是与毕业实习相结合的顶岗实习，主要目的是满足学生的就业需要。

在三个阶段实习中，较难操作的是第二年的专业顶岗实习阶段，因为有较高的专业教学功能要求。为此，学校在专业顶岗实习阶段制订了详细的实习方案。方案主要分为三个部分，即启动阶段、实施阶段和总结阶段。其中，启动阶段（每年 2~5 月）包括：企业调研、学生调查、家长访谈以及学生动员等任务；实施阶段（每年 5~9 月）包括企业招聘、任务布置、签订三方协议、微信平台填写信息、企业顶岗以及企业指导等任务；总结阶段（每年 10~12 月）包括学生自评、企业评价、指导教师评价以及召开顶岗实习表彰大会等。每个阶段都有相应的责任部门或责任人（见图 7）。

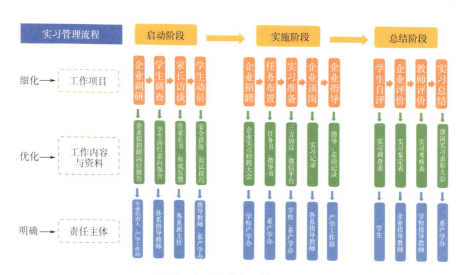

图 7　专业顶岗实习管理流程

此外，顶岗实习过程中每个专业还设计了 100 个实习思考题，学生可根据实习岗位选择完成，引导学生带着问题实习，提高实习目标的达成度。各专业根据教学进程安排、课程实施需要，将部分课程内容外延到实习企业进行，将课程教学精准对应岗位要求开展，进一步提高了顶岗实习的效能。

同时，基于专业、企业深度合作，专业群积极探索与实践多样化的顶岗实习教学组织模式。例如，工业设计类专业群主要实施"项目引导，校企双融"实习育人模式，即以企业真实项目设计为引导，运用双导师、双工作室、双向管理及双向评价的方式进行实习教学；机电类专业群先后与上海大众宁波分公司、浙江大华技术股份有限公司等企业合作，实施"岗位定向，工匠培养"的实习教学模式，该模式主要是通过校企共同制定岗位定向培养方案，校企双方共同提供师资，开展企业定岗授课等；材料类专业群以校企利益共同体为实施平台，率先在"宝鼎重工"开展"双主体、六共同"的"现代学徒制"试点，通过学校与宝鼎重工集团、学生与师傅的充分沟通及相互选择，确定师徒关系，学生在学校学习的同时，在宝鼎重工师傅的指导下进行顶岗实习全面训练；信息技术类专业群积极尝试"项目引路，企业入校"的实习模式，主要利用企业资源和企业知识更新快的特点，引进企业项目，聘请企业专家参与项目教学，安排学生在企业中实习，从而培养出具有工作经验、符合企业实际能力需要的技术技能型人才。

（四）实习管理信息化

为了破解学生顶岗实习管理中存在的难点，2012 年学校研发了省内乃至全国首创的基于"互联网+"的学生顶岗实习管理平台（已获得国家软件著作权专利，软著登字第 0827995 号、软著登字第 1800331 号），对顶岗实习过程进行科学有效的管理。平台具有使用简便、监控实时、管理有效等特点，是一个具有数据采集、实时统计、分析反馈、质量控制等功能的管理平台。顶岗实习管理平台改变了原有的金字塔型层层汇总，逐级递交数据管理的模式，提出了扁平化的新型数据管理模式（见图8）。

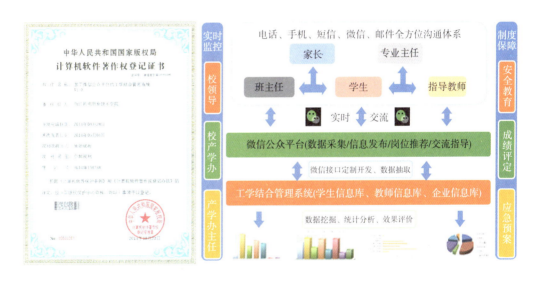

图8　扁平化的新型数据管理模型

通过对微信公众平台的二次开发，使顶岗实习管理平台具有使用简便、监控实时、管理有效等特点，同时具有大数据采集、实时统计、分析反馈、质量优化等功能，构建了校企对话窗口，可互相及时了解需求和沟通，对学生实习的数据，如实习工资收入、实习岗位、实习对口率、实习企业性质等进行统计分析，有效反馈，以便在下一轮实习中提出存在的问题和改进方法。校领导、产学办及各系产学办主任可从宏观角度对顶岗实习工学结合进行管理和效果评价，并通过问卷调查系统统计分析实习企业所在行业背景与专业的关联度、实习报酬情况、岗位落实途径等相关信息（见图9）。

图 9　基于微信系统部分数据分析界面

三、成效与反响

企业分散、区域集中的顶岗实习信息化管理模式的创新与实践，使学院的实习基地建设有了量的扩展，顶岗实习有了质的提高。校外实习基地从 2007 年的 92 个，增加到 2016 年的 630 个；合作企业从 2007 年的 235 个，增加到 2016 年的 1 160 个；合作企业对学校投入的设备价值从 2007 年的 486 万元，增加到 2016 年的 5 700 万元；专业顶岗实习学生从 2007 年的 770 人，增加到 2016 年的 4 500 人；学生顶岗实习专业对口率呈现逐年上升趋势，例如，2015 年顶岗实习专业对口率为 78.12%，2016 年为 82.01%，2017 年为 87.35%；合作企业接收就业学生数也从 2007 年的 576 人，增加到 2016 年的 4 325 人。据浙江省社科院调查，我院毕业生就业率一直稳居全省高职院校前列，例如，2014 年我院毕业生的就业率为 98.38%，位列全省高职院校第三，2015 年我院毕业生的就业率为 97.99%，位列全省高职院校第八。我院毕业生月收入指标近年来一直稳居全省前十位，特别是 2012—2014 年连续三年在全省高职院校毕业生月收入排名第一。

另外，学院在省内首创的顶岗实习"互联网+"的信息化管理监控平台也取得了良好效果，吸引了金华职业技术学院、金融职业技术学院、温州安防职业技术学院、浙江省建筑安装高级技工学校、广州市建筑工程职业学校等省内外兄弟院校前来交流学习。目前，浙江省建筑安装高级技工学校、广州市建筑工程职业学校、温州安防职业技术学院已成功使用我校开发完成的工学结合管理平台进行校企合作顶岗实习管理。

四、结语

在市场经济的大背景下，在政府指导下，依托行业协会等组织共建校企合作平台——区域产学合作工作站，使学院主动融入各块状经济体，融入行业、企业，为地方、行业、企业提供产品研发、技术支持、员工培训、管理咨询等服务，促进企业软实力提高。学院基于工作站开展的区域集中、企业定点的顶岗实习信息化管理新模式，使顶岗实习的实施成为学校提升学生职业素养、增强学生就业竞争能力的主要教学环节，成为深化校企合作，提高专业教学水平，提升专业服务企业能力的主要途径，以及形成了企业对顶岗实习合作育人，从"被合作"转为"求合作"的良性态势。

目前，高职院校在校企合作顶岗实习的过程中，仍然存在职业院校适应行业企业需求的能力不强，企业参与职业教育发展的动力不足，校企合作的有效模式尚未形成，以及激励机制不健全等问题，今后要进一步发挥政府的主导作用和完善构建校企合作的政策与管理机制，创新校企合作的运行模式，加强校企合作在内涵上的对接，有针对性地采取切实可行的措施推进顶岗实习，提高学生的职业技能水平，使实习、毕业、就业零距离，实现学生、学校、企业的互惠互利、合作共赢的目标。

基于"现代学徒制"模式下的多元共育经验

浙江科技工程学校

【摘要】学校坚持"以人为本"的实习管理理念，以"立德树人"为根本任务，强化校企协同育人，将职业精神、养成教育贯穿学生实习全过程，为家长、学校、企业三方"零距离对接"，打造"e心e意"的社会服务品牌。

学校以承担国家"现代学徒制"改革为契机，着力推动工业机器人专业试点改革，紧扣"现代学徒制"特点，创新"一核三管三跟踪"多元共育模式，加强实习管理规范，在机制建设、师资培养、课程开发、实施路径、考核评价等方面取得了阶段性成果。

浙江科技工程学校是首批国家级重点中等职业学校，全国教育系统先进集体，全国职业教育先进单位；首批职业院校先进制造业和现代服务业技能型紧缺人才培养培训基地，国家示范性数控技术职业教育实训基地，国家高技能人才培训基地，国家职业技能鉴定所；是"国家中等职业教育改革发展示范学校"，浙江省文明单位，浙江省首批名校建设单位。

规范和加强学生实习管理工作，全面落实《职业学校学生实习管理规定》，是深化职业教育改革，全面提高人才培养质量的需要。

一、管理创新背景

（一）发挥职教优势 打造特色服务品牌

职业学校学生实习是实现职业教育培养目标，增强学生综合能力的基本环节，是教育教学的核心部分。学校历来高度重视实习管理工作，完善学生实习管理工作机制，不断加强制度建设和实习指导教师队伍建设，认真开展学生职业指导和就业创业工作，落实学生实习就业政策，切实为毕业生提供"一心一意的服务"，打造"e心e意"[便捷（easy）、高效（efficient）、热情（enthusiastic）、实在（effective）]的社会服务品牌。

（二）探索"现代学徒制" 完善育人体系

工业机器人应用与维护专业作为学校的工业机器人教学改革创新试验区的特色专

业，率先试水"现代学徒制"，先后与日本工业大学创造系统工程系、上海交通大学自动化系合作，并与中国机器人产业联盟理事、嘉兴市"机器换人"产业联盟副理事长单位——浙江瑞宏机器人有限公司紧密联合，开展产学研共同体建设和"现代学徒制"培养，并按高起点规划、高标准建设、高效益运行、集约化管理和职业化教学的策略，建设机器人训练与比赛校内实训基地。学校不断总结管理经验和典型做法，探索产学研育人新模式，基于"现代学徒制"模式下的实习管理应运而生。为更好地完善育人体系，学校在机械制造系机器人（2）班和（3）班（第三年）中，招收部分学生组建"现代学徒制"试点班。"现代学徒制"试点工作日趋成熟，校企"双轮驱动"下将职业精神养成教育贯穿学生实习成长全过程，不断完善学校顶岗实习工作组织过程，实习管理工作日臻做优做强做精，形成了有效的实习考核制度和质量监督体系，探索出了人才培养新路径。

（三）深化校企合作　彰显实习就业成效

目前，学校与190多家行业企业建立了长期、稳定、实质性的合作伙伴关系，并有90家校企共建实习基地，为学生实习就业提供了保障，赢得了社会各界的赞誉。近三年，学校毕业生的一次性就业率平均保持在99.1%，平均专业对口率80.6%，满意度达90%以上，平均工资有提高，学校毕业实习生深受企业青睐。

二、典型做法与具体措施

（一）明确合作目标　制订培养方案

学校与合作企业联合制订"现代学徒制"培养方案，通过"工学结合、产训一体"校企共育工业机器人专业人才，创新"现代学徒制"人才培养模式。

1. 共同签约

为了深入开展"现代学徒制"人才培养，加强校企全面合作，学校与企业签订"'现代学徒制'项目试点校企合作培养协议"；为明确责、权、利，学生与企业签订了"瑞宏机器人现代学徒培养协议"。

2. 共同招生

校企双方先在毕业班中宣传发动，然后安排实地考察，让学生、家长充分了解"现代学徒制"及试点企业的有关情况。在招生过程中，原计划招生24名，结果报名人数达43人。学生参加由企业命题的选拔性考试，录取后既是学校的学生，又是公司的准员工。

3. 共订计划

根据企业专业人才需求，进行典型岗位、工作任务与职业能力分析及教学条件的分析，借鉴省内外高职院校相关专业的教学计划，经校企双方反复讨论，共同确定人才培养目标、教学计划、课程设置，确定培训课程的教学内容与评价方式，共同设计各类教学文件，确定人才培养方案。

4. 共建基地

企业以工业机器人生产车间作为师生专业技术培训基地，进行综合应用分析与生产性实训；学校则在企业技术支持下，建立校内实训基地，开展工业机器人的工作原理、组成及基础技术培训。校企两个实训基地互为补充各有特色。

5. 共享资源

在实施"现代学徒制"试点时，充分利用瑞宏机器人产学研共同体的平台，将人力资源、设备资源、文化资源、数字资源及无影资源充分共享共用，产生"1+1 大于2"的效果。

6. 共施教学

采用师徒结对、工学结合、产训一体等方式，全面开展面向工业机器人的双元教学，推进"现代学徒制"的建设。师徒结对指专业教师与企业工程师结对培养师资，学生与技术师傅结对培养学生；工学结合指专业教师每周固定时间下企业实践，学生周期性轮流在学校与公司两个实训基地学习；产训一体指在学校实训基地学习、培训后已掌握较好技术的师生，赴公司开展应用项目及生产性实习与培训。每次上课，学校教师和企业师傅全程参与，实训结束进行总结归纳。

7. 共育师资

工业机器人专业是新专业，而学校的师资队伍中大多数从机械专业、电气自动化专业改行而来，教师对单一学科知识与技能的传授执行力较强，而对集机械、电气、信息、传感器、液压与气动等于一体的工业机器人缺少综合的分析力与应用的把控力；对生产机器人企业的工程技术人员而言综合应用能力较强，而系统的知识体系较弱，通过"现代学徒制"试点有效进行互补，共同提高。

（二）实施网格化管理，提高管理质量

在实习管理过程中，学校对实习计划、措施、目的、要求等内容创新的"一核三管三跟踪"的网格化管理模式，覆盖学生实习"全过程、全员、全方位"，让学校、企业（实习单位）、家长、学生四方明确各自的责任、权利、义务，保证信息畅通，及时掌握相关情况和反馈意见。与此同时，学校针对专业要求制定各专业实习大纲，考察确定实习单位，结合新专业实习标准进一步强化学生实习规范化管理。

1. 发挥班主任管理核心作用（一核）

班主任掌握学生的动态信息，且承担着每月例会，每月走访企业，了解实习生在企业的情况，写返校记录，填写学生档案、班主任实习鉴定，以及学生实习成绩考核和写信息报道及优秀实习生事迹的重任。学校充分发挥班主任核心管理力量，搭建学生、家长、企业和学校四方沟通平台。

2. 建立三级管理体系（三管）

为确保学生实习安全管理落到实处，实现对学生实习教学质量的科学评价和有效监控，学校实行三级管理体系，学校层由分管校长和培训就业处负责；系部层由系主任和德育主任负责；班级层面由班主任和实习小组长负责。同时，建立三级管理的 QQ 群、微信群等渠道，层层落实学生实习管理机制。

3. 实施实习三期跟踪服务（三跟踪）

学生实习过程分为实习前期、中期、后期三个阶段，以学生实习三个阶段任务为驱动，围绕学生实习过程管理的各项工作要求，制定学校学生实习全过程管理思路，从而切实提高实习管理质量和成效。

（三）强化制度建设　共同管理评价

结合学校情况和专业特点，校企共同制定"现代学徒制"试点管理制度，从"实习守则""考勤制度""劳动纪律管理制度""安全生产管理制度"到"劳动防护用品管理制度"等规范学生实习管理全过程，形成一套科学规范、符合学校改革发展实际的学生管理制度，有效发挥职责明确、价值和利益相结合的导向作用。同时制定师生学习评价体系，做好过程性评价与考核工作，制定《专业教师下企业实践手册》《教师教学质量考核办法》《工业机器人技术项目标准》《"现代学徒制"标准》等制度，双方共同参与管理评价。

三、成效与反响

（一）构建多方共赢格局

开展"一核三管三跟踪"网格化实习管理，深化了校企合作的意义和内涵，彰显"现代学徒制"下的人才培养成效。企业零距离找到符合自身的毕业实习生，毕业生上手快、动手能力强、发展空间大，受到企业的高度赞扬，部分学生成为企业重点培养的对象；教师下企业带班，在教学资源、实际动手能力与综合分析问题等方面的能力得到提高；学校通过试点，整合人才培养模式，拉近了校企距离，拓宽了学生的成长通道，创设了教师自我完善空间，达到企业、学生和学校、教师四方共赢的局面。

据统计，参加机器人"现代学徒制"班的毕业实习生的待遇普遍比同类学生的待遇高出 18%~60%，有些学生月薪超过 5 000 元。2018 年上半年，一些学生被省外某机器人公司聘请，月薪超出 1 万元。由此可见，机器人"现代学徒制"班的学生就业前景十分广阔。

（二）改革创新课程体系

按照"针对职业定岗位、针对岗位定能力、针对能力定课程"的"三针对"原则，采用"倒推法"构建融入职业岗位能力的工作过程模块化课程体系，以培养企业急需的高素质技能型工业机器人应用人才。

经过两年多的实践和探索，学校与企业一起梳理出三大职业岗位模块，即机械装调、电气装调及应用编程与维保，每个模块对应的典型工作任务都超过了十多项。通过课程的模块化、综合化，重组与优化课程内容，弱化课程的学科性，强化课程的针对性、应用性、实践性。从实际、实用、实践的原则出发，以够用为主旨，以岗位能力和职业素质培养为主线，构建相对独立、并行并重、相互渗透、相辅相成的理论课程与实践课程一体化教学新体系。

（三）推进产学研深度融合

校企联合开展技术攻关。企业命题、教师析题、学生破题，为企业解决工艺技术难题三项、开拓市场提供技术服务等，获得国家专利三项，其中一项为工业机器人教学平台设计。同时，校企联合开发校本教材。企业提供工业机器人维护方面的知识及真实应用案例，教师组稿编辑，经试用效果良好，《工业机器人操作与编程技术》于2017年3月经机械工业出版社正式出版，并作为企业的产品使用说明书和职工培训用教材；《精密机械装配技术》《液压与气动综合实训》等校本教材，现已完成初稿并进行试用。

截至目前，教师撰写了论文与教材21篇（部），课题与专利11项，参加全国工业机器人视觉装调、移动机器人、机器人焊接及液压与气动装调两项目比赛分别获得一等奖3人、二等奖2人、三等奖3人，多次在省、市乃至全国的公开会议上交流经验，受到各界的好评与赞誉。

（四）共育共享教师师傅

自2013年下半年起，学校有16位专业教师拜企业的技术骨干为师，并签订师徒结对协议，瑞宏公司先后派遣十多位工程技术人员来校支教，2015年至今，来校参与"现代学徒制"的工程技术人员达600多人次，共同培养专业教师与学生。为更好地共享与共育，学校与瑞宏公司一起多次去江苏、无锡、广州、重庆、四川等地院校学习考察，提升校企合作的深度与广度，使学校教师与企业师傅更加融合。

以推进教师"现代学徒制"工作为契机，实施"一名教师联系一个骨干企业；一名教师结对一名企业技师；一门学科跟踪一项技改课题；一个专业群共建一个产品研发中心"的"四个一"实战能力提升工程。学校每学期派出2~3名专任教师到企业锻炼，通过参与企业管理和技术应用、生产技术革新、成果咨询等活动，教师可以跟着企业师傅学习实践技能，并应用于课堂教学。企业师傅参与人才培养方案的制定、课程标准制定、校内实践教学、基地建设、顶岗实习等工作，提升理论水平和教学能力。

（五）发挥辐射示范作用

以学生为出发点，以"成为长三角最具有品位战略性"为目标，以"现代学徒制"学生实习管理为抓手，学校形成一套科学规范、符合学校改革发展实际的教学管理、学生管理等方面的制度，有效形成职责明确、价值和利益相结合的导向作用。同时，学校加大力度保障学生管理工作正常化和高效化，把具体工作细化、分解，积极探索新的路径，形成良好的校风、教风、学风，营造了科学、和谐的育人环境。

学校通过"现代学徒制"模式，在工业机器人专业进行实践探索，试点工作得到省、市各级领导的关心与肯定，在省、市职教系统多次进行交流，反响极大，省内外中高职学校到瑞宏机器人学院考察学习的络绎不绝，起到了良好的辐射与示范作用。

在此基础上，校企共建了两个工作室及一个实训服务中心，还组建了技术转化推广平台，组织行业、企业专家进行技术咨询，举办专题讲座 7 期，培训 3 期，专业培训 468 人，还承办了全国机械行业教育教学指导委员会机电分会（中职）的工业机器人专业建设及"现代学徒制"的实施现场交流会，使"现代学徒制"试点工作经验与成果在全国得到分享与辐射。

四、未来与发展

"现代学徒制"试点工作是教育部试点项目，也是推进区域职业教育改革与集团化办学的重要抓手，也是优化学生成长成才的新路径，不同于以往"订单班"教学模式，需要政府统筹、系统设计，行业、企业与学校合力推进。

"现代学徒制"试点工作要求实现"招生招工一体化"，这是一种理想的模式，承办学校也希望能确保项目学徒制培养班学生毕业后，留在签约企业工作两年以上。由于企业受市场制约因素较多，提高企业积极性，减少企业顾虑，不只是学校经常要做的工作，也希望政府部门多作宣传、多作指导，并在税收等方面给予企业一定的政策优惠。

鉴于嘉兴市中型、小型企业多，"现代学徒制"实施仅依赖一家企业难成气候，企业的用工需求也会受到限制，企业独立承担"现代学徒制"班的教学难度会加大。建议由行业或园区牵头，搞专业性的跨企业培训中心或者由行业委托企业来承担"现代学徒制"，费用由社会承担，这是中小型企业较多的城市培养社会急需人才的有效之举。

工业机器人是"中国制造 2025"的重点战略发展方向，未来发展前景广阔。但工业机器人应用与维护还是一门新专业，专业标准刚出台。因此学校立足嘉兴、面向全国，与企业抓住"现代学徒制"的开展契机，加强实践，不断摸索总结，促使学校加快与工厂的融合、专业与行业的融合、教室与车间的融合、学习领域与工作领域的融合、学习过程与工作过程的融合。在此基础上，学校打造了一批理论基础扎实、实践能力强、综合素质高的技能人才，提升了教师队伍水平，促进了校企之间的深度融合。

学校"一核三管三跟踪"网格化实习管理模式的创新，实现了学校哺育企业、企业反哺学校的联合育人的职业教育长效机制，创新了"在做中学、在做中教"的"现代学徒制"模式下的技能型人才培养特色，取得了良好的社会效应，学生被实习单位录用并作为人才储备，已经成为学校优质就业的一条重要渠道。

创新驱动　校企协同
构建实习管理"闭路循环"系统

镇江高等职业技术学校

【摘要】镇江高等职业技术学校在学生顶岗实习管理中，实行"优先准入"的实习单位遴选办法，做好"量身定制"的学生实习方案制订，按照"流程导图"规范实习管理，建立"积分量化"的实习成果评价体系，实施"教保结合"的实习安全管理，使学生的实习管理工作在校企协同的"闭路循环"系统中规范开展。在实习过程中，学校还创新管理模式，促进实习生综合素质的提升，取得良好的管理效益。

职业学校的顶岗实习工作，主要是在校外企业进行，实习单位比较分散，难于实施统一管理，没有企业的协同，职业学校对实习生的管理难以做到周密细实；同时，部分企业存在实习生就是来打工的认识误区，而疏于对实习生的理论知识、技能水平的有效提升，在德育管理和心理辅导等方面不够重视。如何破解以上难题？镇江高等职业技术学校（以下简称：镇江高职校）进行了有益的探索。

镇江高职校通过加强校企合作，形成学校与企业协同的学生实习管理服务机制，构建贯穿学生顶岗实习全过程的教育、教学、安全保障的"闭路循环"系统，为实习生能力的提高与职业素养的提升提供完整的支撑体系。

一、案例背景

（一）政策与理论背景

2016 年 4 月 11 日，教育部、财政部、人力资源和社会保障部、国家安全监管总局、中国保监会等部门研究制定并颁布了《职业学校学生实习管理规定》，对职业学校开展学生实习管理提出明确的规定与要求。

从职业教育社会性特点看，职业教育必须走"社会办学校"的道路，加强校企合作，鼓励社会各界、各行业企业按需兴办和参与职业教育，促进职业教育的全民化。在实习管理中，必须达成校企协同育人的共识，建立相应的工作机制。

从职业教育的任务看，"培养职业专门人才，促进个体职业的社会化和个体身份的职业化",对学生的培养过程不仅是单一的专业技能,而是职业素养、社会责任、基础知识、专业技能、心理素质等综合化的过程。在此过程中,需要学校和企业的密切合作。

从人的成长规律看,学生个体的差异性决定了教育管理要符合"以人为本"的教育理念和"因材施教"的教育原则。

（二）镇江高职校情况

镇江高职校是一所以五年制高职教育为主体的职业院校,是首批国家中等职业教育改革发展示范学校,首批省现代化示范性职业学校和智慧校园。学校还先后获得全国职业教育先进单位、全国职业院校技能大赛优秀组织奖等荣誉。目前在校生 5 000 余人,教职工近 500 人。

学校历来高度重视实习管理工作,理顺学生实习管理工作机制,不断加强制度建设和实习指导教师队伍建设,认真开展学生职业指导和就业创业工作,切实为学生提供尽心的服务。学校曾被教育部授予"全国职业指导工作先进单位"称号。

面对企业界对职业人才综合素质要求的不断提升,面对学生和家长对成人成才需求的不断增长,面对国家相关部门对实习管理制度的不断完善,职业学校必须通过创新发展来适应社会需求的变化。

二、措施做法

（一）实行"优先准入"的实习单位遴选办法

1. 多位整合,积聚学生实习就业企业群体

学校遴选的实习单位来源主要包括:学校组建或参与的镇江先进制造业、镇江先进服务业、江苏机电、江苏化工、江苏核电建设等职业教育集团所汇聚的大量紧密合作企业;因多年来,学校毕业生良好的职业素养形成的优良社会声誉而主动上门寻求合作的企业;上级领导和学校师生主动向学校推荐的优秀企业。

2. 设置条件,遴选优秀企业安排实习生

学校职能部门组织系部实习管理人员、专业教师对企业进行考察,将"有发展前景、有安全保障、能协同育人、有收入保证"作为遴选条件。对优势明显的企业,采用优先推荐的原则,确保好企业能优先足量安排实习生。

3. 跟踪调研,依据两个评价固定合作单位

实习开始后,学校会定期走访企业,进行实习管理。同时,指导老师进一步向企业和学生了解企业的管理、安全、薪资、文化,向学生了解对实习单位的满意度。学校将指导教师评价与学生评价进行汇总,形成对企业的综合评定意见,也将此意见作为企业能否成为固定合作单位的重要依据。

（二）做好"量身定制"的学生实习方案制定

学校长期探索,形成了符合校情、生情实际的三步实习方案制订办法,做到对每

个学生方案的"量身定制"。

第一步，实习安排前，学校职能部门首先制定含有实习起止时间、实习工作要求、安全管理要求等关键要素的总体计划安排。

第二步，各专业教研室结合人才培养方案的要求，添加包含实习阶段技术技能培养要求、职业素养提升要求、毕业设计与答辩等核心内容的专业实习方案。

第三步，落实到每个具体学生的实习方案的制订。实习生根据自己所在企业、岗位的具体情况，继续添加含有个人专业技能发展、专业理论学习、实习岗位要求、工作日程安排、企业与学校双导师安排的实习方案。经指导老师同意后，报专业教研室审批。对于实习期间自主创业的学生，可用创业计划书代替实习方案，同样需要以上流程进行审批。

（三）按照"流程导图"规范顶岗实习管理

学校按照流程导图，对实习过程进行规范的程序化管理（见图1）。

图 1　顶岗实习管理的流程导图

1. 实习工作开始前

首先，通过遴选的企业进校宣讲，或由学校在实习生中发布企业招聘信息，帮助实习生了解企业；再通过招聘会等形式开展实习生与企业间的双向选择；对达成双选的企业与学生，学校组织三方共同签订实习协议。落实了实习单位的学生，要按学校三步实习方案制订办法，制订具有个体特点的实习方案。

2. 实习工作过程中

学校对大部分进入校外企业实习的学生，采用"以双导师为基础的双线并行五组同施"的实习管理模式进行管理；对少部分在校内工作室实习的学生，采用"工作室制"实习管理模式进行管理。

学校专业教研室及指导老师对学生在企业的实习情况进行调研，了解在企业的工作过程中是否真正配备企业导师、是否注重安全管理、是否培养实习生技术技能、是否重视企业文化与职业素养的教育、是否维护和保障实习生权益等；同时也向企业进行对实习生素质满意度、对学校教学工作的意见和建议等方面的调研。指导老师在学校规定的时间，组织实习生完成毕业设计与答辩环节的工作。

3. 实习工作结束时

（1）组织实习生对自己整个实习工作进行总结，汇总收获与问题；学校与企业共同对学生进行就业指导，帮助学生更好地就业与创业。

（2）采用学生自己评价、企业导师评价、指导老师评价相结合的方式，完成实习评价，作为优秀实习生的评定标准。

（四）开展"双轨并进"的实习工作过程管理

学校在实习过程管理中，不断创新育人模式，针对在校外企业实习与在校内工作室实习的不同情况，"双轨并进"，形成了一套较完整的实习管理模式。

1. 实习生在校外企业的实习管理

采用"以双导师为基础的双线并行五组同施"的管理模式，即实施由学校和企业的"双导师"为基础的"双线并行"（"双导师""双机构""双手段""双内容""双场所"），"五组"（"德育管理组""技能指导组""理论教学组""心理健康指导组""调研工作组"）共同开展管理的模式（见图2）。

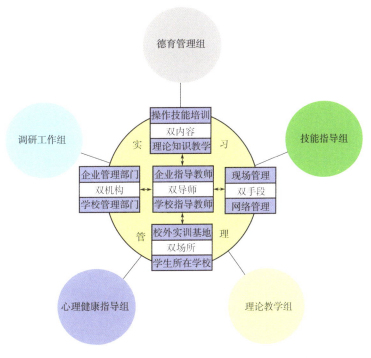

图2　"以双导师为基础的双线并行五组同施"的实习管理模式

（1）德育管理组。以校企"双导师"为基础，通过现场管理和网络管理"双手段"，立足校外实习基地与校内教学场所"双场所"，学校导师与企业导师及时联系，了解实习生在职业道德与素养、社会公德与责任等方面的情况，对实习生开展跟踪式的思想道德教育与实习行为管理，根据企业的管理规定与制度，配合企业组织学生认真学习并执行，对学生出现的行为偏差及时指导纠正。

（2）技能指导组和理论教学组。由校企"双导师"，利用企业或学校的（"双场所"）设备条件，共同对学生进行理论知识与操作技能"双内容"的指导。对学生实习期间所涉及的理论知识要求与操作技能要求全面了解，梳理实习生知识、技能掌握情况与企业要求的贴合程度，对学生实施有针对性的指导，使学生尽快达到岗位需要的技能水平。

（3）心理健康指导组。以学校教师为主导，在企业人员的协助下，在企业和在学校不同场所环境下开展工作，负责了解实习生在企业岗位上的心理状况，通过调查与交流，发现存在心理问题的学生，制订符合学生个性的心理健康辅导方案，并采用跟踪指导的方式加以调适，使学生逐步适应从学校人向企业人的转变过程。

（4）调研工作组。负责实习管理过程中对企业和学生开展的各项调研问卷的设计、审核，调研工作的实施、结果的分析与调研报告的撰写，作为学校专业教研室调整与修订人才培养方案、设计课程体系的依据与支撑。

2. 实习生在校内工作室的实习管理

自 2006 年开始，学校为破解项目化教学中的难题，提高人才培养质量，增强社会服务能力，在信息技术类专业开展了"工作室制"人才培养与实习管理模式改革的实践与研究。学校建设信息技术类专业的工作室，教学、实训、顶岗实习均在工作室中进行，创造一种新型的"教、学、做"一体的空间。为解决企业主导的顶岗实习难以完全实现教育功能的现状，提供有效解决问题的思路。

"工作室制"人才培养与实习管理模式，借鉴企业工作室运行管理机制，建立工作室团队，以项目为学习载体，集教学与生产为一体，不断整合优化课程；以实践为学习重点，集实践与理论为一体，不断提高学生职业技能；以工作室为组织形态，还原真实的工作场景，培养学生的职业素养；以自主合作学习为主要形式，不断实现自我建构，为学生可持续发展奠定基础。

工作室在项目管理上严把质量关，坚持引进项目与学校专业人才培养目标相一致，避免把学生变成简单重复劳动的廉价劳动力。进入实习环节后，部分"工作室制"培养的学生，可以通过个人申请，工作室审批的方式，以实习员工身份留在工作室进行真实项目开发；同时作为助教，协助教师做好低年级学生的管理。

工作室在实习生管理上，参照企业管理，实行日报制和周报制，及时监控实习生学习和项目进展情况；实施动态岗位管理，每个实习生可自主申报更高级别的岗位，通过对实习生能力的考评，认定其在团队中的岗位；绩效管理，同时对实习生在团队中的表现进行考核，作为实习生评价的依据，并与一定的业绩考核挂钩。

（五）建立"积分量化"的实习成果评价体系

学校建立"积分量化"的实习成果评价体系，通过学生自己评价、企业导师评价、指导老师评价相结合的评价方式，完成实习评价。

实习评价内容包含基本项和加分项两项。

（1）基本项：包括实习生的出勤情况、遵守纪律情况、重视安全情况、职业素养表现情况、职业技能提升情况、毕业设计与答辩进展情况等；该项目以月为单位，进行百分量化考核，主要由实习生申报，企业导师考核，指导老师根据抽查情况进行平衡，并汇总成绩。

（2）加分项：包括为企业做出的贡献，如企业表彰、技术小革新、管理新方案、承担完成工作项目等；此项目由指导老师根据实际情况进行量化考核。

以上两个项目考核都要公布，作为优秀实习生的评定依据。

（六）实施"教保结合"的顶岗实习安全管理

学校将学生安全教育与安全保障相结合，在"企源""师源""生源"三方面从源头入手，做好安全管理。

1. 安全教育

安全教育贯穿在学生在校学习全过程。如学校规定在学生进入校内专业实训基地前，必须通过实训基地安全培训和考核，为学生形成职业安全素养奠定基础。

学校在实习前对学生进行安全专题教育。学校组织实习生召开实习工作指导会，针对可能出现的安全隐患，指导学生知晓安全事项。

企业对实习生进行三级安全教育，即企业安全要求、车间安全规范、班组安全事项教育。

2. 安全保障

学校遴选企业的条件中，安全管理状况是一个"一票否决"的重要指标。

学校重视实习过程的安全管理，企业导师、学校导师和实习生本人都承担实习安全管理的责任。学校要求企业为所有实习生购买实习安全保险，用于处理安全事件发生后的相关事宜。

（七）形成"校企协同"的实习管理"闭路循环"系统

学校通过长期探索与积累，逐渐形成了校企深度合作、共育人才的机制，企业参与育人的全过程，实现了校企协同育人的"闭路循环"（见图3）。

三、成效与反响

（一）形成了宝贵的经验和研究成果

"以双导师为基础的双线并行五组同施"实习管理模式的研究课题"学生顶岗实习管理体系的构建与运行研究"，经江苏省教育科学规划领导小组审核，批准结题，相关案例入选《江苏省国家中等职业教育改革发展示范学校项目建设案例选》，并在江苏联合职业技术学院和镇江市职业院校的有关会议上进行交流，获得好评。

学校"职业院校毕业生就业指导基地建设研究"课题，经中国教育学会审核，批

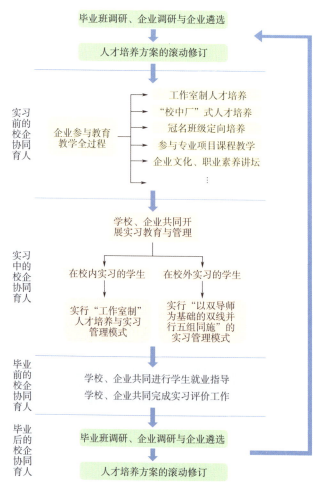

图3 "闭路循环"的校企协同育人模式

准结题，并获研究成果一等奖。

学校"信息技术类专业'工作室制'人才培养模式实践研究"先后获江苏省教学成果特等奖、国家级教学成果二等奖。

（二）校企携手共育　培养质量提高

基于校企之间的有效合作，学校办学能力得到提升，各项建设都走在省内同类院校的前列，取得令人瞩目的业绩。2010 年至今，学校连续九年获得江苏省职业院校技能大赛全省总分第一名。毕业生就业率连年保持在 99% 左右，企业对学校实习生与毕业生满意度均在 90% 以上。

四、未来发展

顶岗实习是理论和实践相结合的教学要求，是学生综合素养提升的必由之路，也是学生职业能力培养的重要组成。学校今后将在两方面继续探索与建设。

（一）实习管理的信息化与智能化建设

随着学校"智慧校园"建设的不断推进，实习管理的信息化与智能化建设已经进入学校的工作视野。学校将建设学生从入校至毕业的全程信息化管理系统，将学生的实习过程也同步纳入管理范畴，一方面可以减轻实习管理人员的工作压力；另一方面能全面系统地对学生综合素质培养状况、实习安全进行考核与管理，从而更有效地服务于学生的自我教育、学校的教育管理和企业的用人选择。

（二）"校中厂"人才培养模式的探索研究

学校"工作室制"人才培养与实习管理模式已由信息技术类专业推广到艺术设计类专业，这些专业与企业共同成立"校中厂"，学生在三年级时可以提出申请，企业和学校按照"招工即招生、入企即入校、企校联合培养"的指导方针，进行选拔聘用。"校中厂"由校企双方共同研制人才培养方案，学校承担系统的专业知识教学和技能训练，企业依据培养方案进行岗位技能训练与指导、组织学生参与企业运作。在管理上，结合学校的教学任务与企业生产管理的实际情况，即工学交替的特点，采取弹性学制，实行学分制管理。学校和企业共同实施考核评价，将学生学习和工作任务达成情况纳入考核体系，创新评价方式和考核制度。

"三段五环四扣" 中职实习管理
模式创新实践

重庆市立信职业教育中心

【摘要】 为破解中职学生发展瓶颈问题，重庆市立信职业教育中心创新了具有鲜明"立信"特色的"三段五环四扣"实习管理新模式，促进了学校高质量、高品质发展。技能大赛成效卓著，就业质量稳步提升，创业典型不断涌现，实习管理理论研究有效跟进。

一、管理创新背景

（一）"立信"是学校的核心办学思想

重庆市立信职业教育中心建立 90 年来，积淀丰厚，是国家级重点中职学校，首批国家中等职业教育改革发展示范学校，全国职业教育先进单位，培养的数万名技术技能型人才德技双馨，享誉业界和社会。现有交通运输、加工制造、土木水利、财经商贸、信息技术、教育、文化艺术、公共管理与服务 8 大类专业，7 000 多名学生在这里进德修业，习技养能。学校始终坚持"信以立志，信以守身，信以处事，信以待人，勿忘立信，当必有成"的校训和"立德树人、立信养能"的办学理念，在整体推进教育教学改革中，创新实习管理，特色鲜明，效益显著。2015 年，时任全国人大常委会委员长张德江到校调研时指出"立信学校办得非常好，在全国都是拿得出手的，像这样的学校我们今后还要多办。" 2017 年，教育部长陈宝生莅临立信考察也多有嘉许。

（二）"创新"是新时代发展的第一动力

"创新"是五大发展理念的首要理念。2014 年，习近平对职业教育做出重要指示，国务院出台了加快发展现代职业教育的决定。教育部等部门从落地落实党中央决策部署、推动现代职业教育体系建设的高度，制定了《职业学校学生实习管理规定》等职业教育制度和标准体系，为我校创新建构学生实习管理新模式提供了方向和目标。

（三）"问题"是创新实习管理模式的重要导向

教育部实习管理新规定出台前，学校一直按照"两年在校学习，一年顶岗实习"的方式安排学生实习。实践发现，最后一年全部安排顶岗实习，不符合技能人才培养规律，难以完成专业课程教学内容，无法保证人才培养质量。同时管理难度较大，难以对全体实习学生进行全方位、全过程的跟踪指导。创新建构学生实习管理新模式，成为推动职业教育可持续发展的重要课题和紧迫任务。

二、典型做法与具体措施

（一）典型做法

1. 实习安排"三阶段"

（1）认识实习。第一学年，组织学生到对口企业参观学习，认识实践岗位，触发实习心理。学校分专业、分批次组织学生深入合作企业开展认识实习，参加职业体验活动，了解职业岗位工作任务和能力要求，激发学生职业兴趣。

（2）跟岗实习。第二学年，让学生与企业师傅结对子，从师跟岗，学练一体。学校通过与企业开展"现代学徒制"人才培养试点，举办拜师仪式，校企双方共同探索协同育人机制，共同培养高素质技能人才，真正实现做中学、做中教。

（3）顶岗实习。第三学年，在师傅指导下顶岗作业，锻造独立职业能力。每年五月，学校分专业举行专场顶岗实习双选会（见图1），学生与意向企业签订三方协议，按要求到企业开展顶岗实习，进一步提升专业技能，真正实现学校、企业、学生三方共赢。

汽车专业 招聘现场　　　　学前教育专业 双选会　　　旅游、计算机、财经类 招聘现场

机械专业 招聘现场　　　　电气专业 招聘现场　　　　美术、综合类 招聘现场

图1　分专业举行专场顶岗实习双选会

2. 实习管理"五环节"

（1）校企共建实习实训基地。学校先后与广州电装集团、长安集团等300多家国内、市内大型企业开展深度校企合作，共建358个校内外实习实训基地。建成重庆市

汽车职教集团，加入行业学会 37 个，与德国 EBG、上汽通用、小康集团等行业企业开设校企合作班 52 个。其中，中德 EBG 数控技术特色班的合作办学模式，在 2015 年度全国职业教育与继续教育工作视频会议上进行了推广，成为中外合作办学典范。2010年开办北京现代班以来，连续七年考核名列全国第一，公司奖励并赠送教学实训车 13辆，教学设施设备总价值达 500 万元。学校于 2016 年成立"双创"中心，不仅建起一站式汽车快捷维修服务部、代账部、白叶摄影工作室等"双创"基地，同时组建了"双创"导师团队，开发出"双创"课程，开设"立信"讲坛。"双创"中心是企业的学校化，也是课堂的延伸化。

（2）共同研制人才培养方案。学校根据各专业人才培养方案，主动邀请学生实习合作企业到校参加校企合作研讨会，共同制订、修改、完善实习方案，明确实习目标、任务、考核标准等。专门开设实习就业指导课程，开展职业生涯教育，引导学生树立正确的职业观和就业观。同时，顶岗实习前，学校分批次开展多轮次顶岗实习讲座，详细讲解实习单位状况和实习要求。企业师傅和学校指导教师，按照理实一体化原则，共订教学计划及实施方案。在学生从模拟演练进入实践操作的过程中，"双师"点拨指导，促进实习生"理论知识转化为操作技能""完整的过程操作转化为知识重难点突破"，使之既成长为好学生，又成长为好工匠。

（3）建立校企生三维管理关系。学校构建了两个稳定并行的"三维管理关系"。一是"学校、企业、学生方"三方互信，校、企管理与学生自律各守其位；二是"学校、企业、家长"方，学校统筹，合力管好实习过程。校企分工明确，学校对在校学生进行就业指导，安全教育，组织双向选择，送工上岗，做好到岗后的监督管理、后续教育等工作；企业根据学生专业方向，提供对应岗位，委派专人指导实践，对实习实践水平进行测评，定期开展培训，及时反馈实习情况。家长做好配合管理，学生做好自我约束，确保实习效果。

（4）搭建实习信息化管理平台。学校运用现代信息技术，建立了学生实习信息化管理平台、QQ 群、微信群。平台的建立，不仅能够将学生实习相关的动态消息、制度规章、技巧法则、活动安排等传达给实习学生及合作企业，及时对学生进行思想引导、教育和行为指导；而且为学校、企业、学生三方提供了一个交流互动的平台，学生运用平台及时咨询实习过程中遇到的各类问题，企业运用平台及时反馈学生实习期间的日常表现，学校运用平台及时对学生进行有效管理，与企业沟通交流，提高了实习管理的效率。

（5）构建多元化评价体系。学生实习情况由学校、实习单位共同进行综合评价。根据学生实习岗位职责要求，校企共同制定具体考核方式和标准，坚持实习单位对顶岗实习学生实行月评价制度。实习结束前，学校依据评价指标，并征求实习单位意见，评选出优秀实习生进行表彰和奖励。召开实习成果交流会，分享实习期间的经历和感悟。学校、实习单位共同对实习成绩进行评价认定，记入学生学业成绩，对不合格者不予颁发毕业证书。

3. 实习考核"四紧扣"

学生实习管理的最终目的是为学生的幸福人生奠基。因此，学校的实习考核紧扣学生"正直"的品行、"自信"的心理、"体面"的就业和"有为"的能力四个方面，努力为区域经济转型升级输送德智体美劳全面发展的技术技能型人才。在实习管理过程中，始终坚持把"立德树人"作为中心环节，实现全程育人、全方位育人。第一，引导学生树立正确的世界观、人生观和价值观，"正直"做人，"正直"做事。第二，引导学生形成健全的人格，"自信"学习，"自信"工作。第三，引导学生树立正确的择业观和就业观，"体面"实习，"体面"就业。第四，引导学生不断强化专业技能，提高专业水平，诚信"有为"，励志成才。

通过实习安排"三阶段"、实习管理"五环节"和实习考核"四紧扣"，形成了具有鲜明"立信"特色的"三段五环四扣"实习管理新模式（见图2），促进了学校高质量、高品质发展。

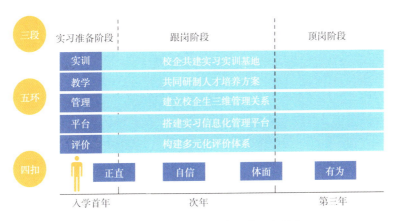

图2 "三段五环四扣"实习管理新模式

（二）具体措施

1. 加强组织保障

学校先后成立了学生实习工作领导小组和工作小组，设立教学实践科具体负责学生实习工作。实习前，学校严把进口关，精心遴选经营合法、管理规范、设备完善、信誉良好的单位参与学生实习工作。上岗前，学校、实习单位、学生（家长）签订三方协议，依法保障学生的基本权利。学校安排尽职尽责的实习指导教师，企业安排经验丰富的师傅和安全防范意识较强的生活指导教师，全程指导、共同管理。同时，实习学生设立自我管理机构，加强实习期间学习和工作的自主管理。

2. 加强经费保障

为切实做好学生实习管理工作，学校在每年的经费预算中专门设立了实习管理专项经费，以满足学生实习管理过程中双选会组织、研讨会会务服务、考察回访差旅、管理教师考核、优秀学生表彰等经费支出。同时，为进一步提高实习经费的使用效益，学校建立健全经费使用管理办法，有效确保了学生的实习效果。

3. 加强制度保障

严格按照上级要求，执行教育部等五部门制定的《职业学校学生实习管理规定》等文件精神；严格执行学校和企业共同制定的有关实习管理各项制度，包括企业到校招聘制度、校企生三方协作管理制度等；严格执行学生实习管理各项办法，包括学生顶岗实习管理办法、安全突发事件应急处理办法、实习成绩考核办法等。

4. 加强安全保障

安全无小事。学校多渠道加强学生安全教育。进入实习单位时，要求企业对实习学生进行安全防护知识、岗位操作规程培训并进行考核；实习期间，安排专人跟踪学生安全管理。同时，学校要求企业健全本单位生产安全责任制，执行相关标准、制度和操作规程，制订应急救援预案；建立学生实习强制保险制度，学校为学生购买意外、疾病险，企业为学生购买职业院校实习生责任险或职工团体意外险。

三、成效与反响

（一）技能大赛成绩卓著

学校在全体学生日常实习实训的基础上，选拔具备专业技能开发潜力的学生参加全国各级各类竞赛，以赛促学，以赛强技，训赛结合，提升了实习实训效果。近年来，学校组织学生参加全国职业院校技能大赛，共获得一等奖 43 个、二等奖 43 个、三等奖 25 个，连续十年蝉联重庆代表团参加全国大赛金牌榜和总分榜两个第一名。机械专业学生陈巧、刘世忠分别于 2014 年、2012 年参加人社部等六部委组织的全国数控技能大赛，陈巧获教师组全国冠军，并荣获"全国技术能手"称号，刘世忠获学生组第三名，两人当场被中国工程物理研究院录用为全额财政拨款事业单位正式职工。汽车专业技能大赛获奖学生张飞、王五义、崔发恒等先后被重庆市公办中职学校录用为正式员工。汽车喷涂项目获奖选手宾洪镇凭借过硬的专业技能，在家乡合川开办了汽修厂并担任厂长，年收入 50 万元以上。计算机项目获奖选手包镇源毕业后开办了四家店从事电信服务业务，月收入数万元。

（二）就业质量稳步提升

学校每年 2 000 多名毕业生，一次性就业率 100%，稳定就业率 92.5%，对口就业率 88.6%，90% 以上就业于世界 500 强和地方支柱产业。学校先后获得"全国商业与服务业校企合作与人才培养优秀院校""重庆市职业院校校企合作办学先进单位"等荣誉 13 项。学生刘莞、唐君贤、刘琼莲由于在重庆市政府实习期间表现优异，被选拔到国务院办公厅工作，成为全额财政拨款事业单位正式职工。学生雷於在啄木鸟电器公司实习后在公司就职，现已担任区域经理。学生郑素菊实习后，先后在重庆海坤医用仪器有限公司、美国索诺声公司从事财务总监工作，如今已跻身收入百万年薪的高级白领行列。

（三）创业典型事例不断涌现

学校积极响应国家"大众创业、万众创新"的号召，将创业教育融入教育教学全过程，定期邀请成功企业家、优秀毕业生为学生做辅导报告，学生创业热情和创业能力不断提升。邓强，2012 级电子专业学生，在沙坪坝区创办家电维修店，年收入 30 万元以上。唐显丹，2013 级学前教育专业学生，在四川省大竹县创办丹丹幼儿园，目前在园幼儿 300 余人。王静，2014 级平面设计专业学生，创立静鸿装饰有限公司，年营业额达 300 万元以上。冉旭，2011 级财经专业学生，目前自己经营一家科技公司和一家办公家具公司，年营业额达 600 万元。类似以上成功创业的学生，在我校毕业生中占比近 10%。

（四）实习管理理论研究有效跟进

实习实践，带动理论研究。近年来，学校组织出版了《就业与创业指导》教材，修订了《学生成长导航手册》《企业员工手册》（见图 3），参与了"中职学校班级企业化管理研究""中等职业教育工学结合人才培养策略研究"等 69 项国家、市区级课题，先后在《中国职业技术教育》等杂志上发表相关论文 124 篇（见图 4）。

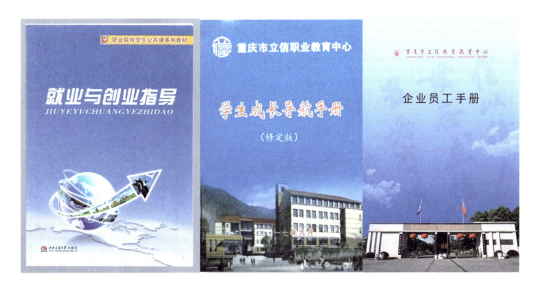

图 3　学生实习就业指导教材

四、未来发展

进入新时代，人民美好生活需要日益广泛，对职业教育结构和质量提出了更高的要求。面向未来，学校以习近平新时代中国特色社会主义思想为指导，完善职业教育和培训体系、深化产教融合、校企合作；以习近平在 2018 年全国教育大会的讲话精神

图 4　学生实习管理理论研究成果

为指导，坚持办好人民满意的职业教育；加快构建现代职业教育体系，进一步完善人才培养模式，加强实习管理；适应信息化发展趋势和要求，进一步完善实习管理信息化平台。